KB269975

세상 모든 지갑을 열게 하는

95% 법칙

세상 모든 지갑을 열게 하는

95% 법칙

초판 1쇄 인쇄	2015년 3월 31일
지은이	더글라스 밴 프랫
옮긴이	권혜숙
펴낸이	김태수
디자인	정다희
펴낸곳	엑스오북스
출판등록	2012년 1월 16일(제25100-2012-11호)
주소	서울 마포구 월드컵북로 400 서울산업진흥원 5층 16호
전화	02-2651-3400
ISBN	978-89-98266-13-4 13320

잘못 만들어진 책은 구입하신 곳에서 바꾸어 드립니다.
값은 뒤표지에 있습니다.

이 도서의 국립중앙도서관 출판예정도서목록(CIP)은 서지정보
유통지원시스템 홈페이지(http://seoji.nl.go.kr)와 국가자료공동
목록시스템(http://www.nl.go.kr/kolisnet)에서 이용하실 수 있
습니다. (CIP제어번호 : CIP2015008235)

세상 모든 지갑을 열게 하는

95% 법칙

더글라스 밴 프랫 지음 권혜숙 옮김

프로이트가 무의식에 관한 이론을 발표했을 때 당시 사회에 커다란 영향을 미쳤다. 오늘날 우리는 프로이트의 시대보다 무의식에 대해 더 자세하게 알고 있는데, 이 사실은 우리의 문화에 심오하고 근사한 효과를 발휘하고 있다. 뉴욕타임스 칼럼니스트 데이비드 브룩스, 2011년 3월 TED 강연에서

몇 년 전 나는 캘리포니아 산타모니카에서 열린 대형 컨퍼런스에서 마케팅 간부들과 광고 전문가들을 대상으로 강연할 기회가 있었다. 당시 나는 그들에게 소비자들이 브랜드 선택권을 가지고 있는 게 아니라고 말했는데, 청중들은 마치 나를 머리가 둘 달린 괴물처럼 바라봤다. 내 강연이 마케터들에게는 이해하기 어려웠을 수 있지만 뇌를 연구하는 과학자들에게는 아주 쉬운 것이었다. 아니, 어쩌면 청중들이 옳았을지도 모르겠다. 우리는 실제로 두 개의 머리를 가지고 있기 때문이다.

100년 전 프로이트가 의식과 무의식을 나누고 그 개념을 대중화시켰지만 과학이 뇌에 관한 미스터리를 풀기 시작한 것은 불과 수십 년 전이다. 인간은 의식과 무의식이라는 두 개의 인식 체계에 따라 움직인다. 역설적인 것은 인간 행동 대부분은 우리 자신도 모르는 사이에 이뤄진다는 점이다.

최근 들어 인간이 감정적이고 비이성적인 의사결정을 하는 이유에 대한 연구들이 쏟아지고 있다. 이런 연구들은 내가 강연에서 했던 주장을 뒷받침하고 있다. 소비자들, 즉 인간은 인생에서 대부분의 결정을 무의식 상태에서 내린다는 것이다.

우리는 이제 막 우리가 매일매일 선택의 기로에서 결정을 내릴 때 이 같은 주장이 어떻게 적용되는지 이해하기 시작했다. 오늘날 과학이 밝혀내고 있는 것은 우리가 마케팅을 하고 물건을 구매하는 방식을 근본적으로 바꿔 놓을 만한 것이다.

그런 점에서 마케터들은 너무 오랫동안 잘못된 질문을 던져왔다. 소비자들이 무의식적으로 결정을 내린다면, 그 상품을 고른 이유를 묻는 시장조사는 왜 해온 것일까. 이는 참치 샌드위치 판매실적을 설명하기 위해 샌드위치 구매자들의 정치적 성향을 조사하는 것과 같다. 소비자들이 의도적으로 마케터를 속이려 한다거나 의견 말하는 걸 꺼리는 것은 아니다. 그들도 왜 그 상품을 골랐는지 정말로 모르기 때문에 말해줄 수 없는 것이다.

마케터들이 마케팅 전략을 짜기 전에 먼저 유념할 게 있다. 소비자들도 나름의 전략이 있다는 점이다. 그 전략은 소비자로서 특별한 전략이 아니라 인류 공통의 전략이라고 보는 게 맞다. 문화와 시장 상황뿐만 아니라 인류의 진화과정에 뿌리를 둔 신경행동학적 단계와 연결되기 때문이다.

지금까지 밝혀진 단계들은 마케팅과 광고 전략 수립에 활용 가능하다. 마케터들은 이제 왜why를 질문하는 것을 넘어 어떻게how에 대해 질문해야 한다. 겉으로 드러난 소비자들의 태도와 표현을 조사하는 수준을 뛰어넘어야 한다. 소비자 마음속에서 일어나는 과정을 이해하고 행동을 이끌어내는 진짜 동기를 탐구해야 한다. 즉 인간의 마음이 어떻게 정보를 처리하고 경험을 구조화하며, 어떻게 행동을 이끌어내는 동기와 무의식적인 신념을 형성하는지 관심을 기울여야 하는 것이다.

가령 우리 어머니가 마트에서 타이드^{Tide} 세제를 고를 때, 어머니는 인지과학자들이 오랫동안 세워온 이론을 행동으로 보여준다. 어머니가 세제 상자에 팔을 뻗는 순간 어머니의 뇌는 수십 년 동안의 추억, 예컨대 처음으로 장만한 집에서 아버지의 빨래를 하던 날, 우리들의 옷을 갤 때마다 풍기던 향 등의 기억을 훑게 된다. 어머니는 품질이 더 낮거나 가격이 더 싸서 그 세제를 사는 게 아니다. 그 상품이 신경학적으로 깊숙이 자리 잡은 행동을 유발하기 때문에 집어드는 것이다.

불행히도 마케팅은 생물학과 뇌의 진화에 관한 진실 대신 문화와 경제학적 지식에 근거를 두어왔다. 자연과학을 무시하고 사회학에 의존한 것은 말하자면 비옥한 토지를 한심할 정도로 극소수의 농부에게 맡겨놓은 꼴이다. 인간의 행동을 문화적 측면이 아닌 생물학적 측면에서 바라보는 시각은 인류를 연구하는 데 있어 가장 흥미로운 시도가 될 것이다. 앞으로 이 책은 우리가 보는 TV쇼나 우리가 사랑하는 영화들, 우리를 움직이게 하는 광고들 그리고 우리가 매일 구입하는 상품이나 서비스처럼, 경제학적으로 눈에 띄는 흔한 현상들이 신경생물학적 결정요인들로 명쾌하게 설명될 수 있다는 것을 증명해 보일 것이다.

나는 그동안 마케팅과 광고 분야에 걸쳐 시장조사, 전략적 계획과 관련된 분야에서 일해 왔다. 지금은 여러 번의 수상 경력이 있는 미국 톱 클래스의 광고대행사 도이치 LA에서 일하고 있다. 우리의 클라이언트는 폭스바겐, 대형 할인점 타깃, 소니 플레이스테이션, 대만의 휴대폰 브랜드 HTC, 음료 브랜드인 닥터 페퍼와 스내플 등 각 업계를 대표하는 브랜드들이 즐비하다.

이들 광고주들과 일하면서 깨달은 것은 이들이 시장조사 결과에 얽

매이지 않는다는 점이다. 이들은 창의적인 도약을 위해 기꺼이 위험을 감수하며, 본능과 영감이 이끄는 대로 행하는 것이 가장 효과적인 결과를 낳는다는 것을 보여주었다. 그러나 이들과 캠페인을 진행한 마케터들이 시장조사에만 의존할 수 없다는 사실을 깨닫기는 했지만 창의적인 통찰력과 육감이 어떤 과정을 통해 발휘되는지는 분명하게 설명하지 못했다.

나는 현역 마케팅 전문가인 동시어 행동치료사로서 많은 고객들을 대하면서 다양한 경험을 쌓았다. 행등치료사가 반드시 심리적인 문제가 있는 사람들만 대하는 것은 아니다. 행동치료사로서 내가 배운 것은, 당신과 나처럼 자신을 더 발전시키고 더 충만한 삶을 살기 위해 자신의 행동을 바꾸는 데 관심이 있는 일반적인 사람들을 어떻게 돕느냐는 것이다. 삶과 자신을 개선하려는 욕구는 사람들이 브랜드에서 찾고자 하는 것과 똑같은 것이다. 그리고 행동치료사로 일하면서 나는 무의식이 그와 같은 변화를 일으키는 열쇠라는 것을 알 수 있었다.

나는 인간 심리의 더 깊은 곳에 매료됐다. 치료사들은 마케터들처럼 고객의 말이 복음이라도 되는 양 매달리지 않는다. 나는 치료사들이 고객의 말 속에 숨겨진 의미들을 어떻게 찾아내는지 궁금증을 갖게 됐다. 행동치료사가 되려면 미세한 표정과 보디랭귀지 등에서 말로 표현되지 않는 미묘한 차이를 포착하는 법을 배워야 한다. 그 순간에 사람들이 무의식적으로 진짜 감정을 드러내기 때문이다.

나는 대학과 행동과학클리닉에서 무의식적 동기에 대해 공부하고 최면치료사 자격을 얻었다. 그 과정에서 전통적인 심리학적 방법 외에도 아직은 대중적이지 않은 직관적이고 획기적인 행동교정기술을 배울 수 있었다. 비전통적인 행동교정기술은 인지과학과 신경생물학, 진화심리학, 행동경제학 등을 포함하는 신경과학으로 입증된 것이 많

들어가는 말

왔다. 이런 경험 덕분에 사람들에게서 신속한 변화를 이끌어낼 수 있다고 증명된 것에서 시작해 내가 배워왔던 규율과 지식 모두를 거꾸로 분석하기 시작했다. 마치 시계를 분해해 설계 방식을 알아내는 것처럼 말이다. 그 결과 나는 사람들의 행동을 바꿀 수 있는 나만의 7단계 방법론을 만들어냈다. 이 방법은 지금까지 내가 마케팅과 광고 전략에 적용해 상당한 성공을 거둔 것이기도 하다.

내가 이 책에서 말하는 것들은 오늘날 마케팅 현실에 대한 비판처럼 들릴 수 있다. 그러나 평가나 판정이 아니라 현장에서 직접 관찰한 내용들이다. 오랫동안 일선에서 마케터들이 시장조사를 하고 마케팅 전략을 짜는 것을 지켜보면서 나는 마케팅 업계에서 써오던 기존 방식과 활동들의 문제점을 뼈저리게 깨닫게 됐다. 그것은 바로 소비자들의 의사결정 과정에 있어서 무의식의 역할을 무시해왔다는 것이다. 그동안 증거가 꾸준히 쌓였는데도 마케팅 업계는 무의식의 중요성을 외면해왔다. 실제 마케팅 활동에서 무의식을 활용한 실용적인 방식을 쓴 마케터들은 극소수에 불과하다. 이런 상황에 대한 불만과 진실을 알고 싶은 호기심이 더 나은 답을 찾아가도록 이끌었다. 내가 찾은 해답은 시장조사가 아니라 인지과학과 행동과학 권위자들의 연구에 있었다.

이 책의 내용 대부분은 나만의 아이디어가 아니다. 세계에서 가장 뛰어난 행동과학자들의 두뇌에서 나온 것들이다. 내가 한 일은 그들의 이론이 어떻게 우리 문화와 시장, 경제에 적용될 수 있는지 설명하고, 이론과 현실을 연결하는 다리를 놓는 것이다. 이들 행동과학자들의 통찰력은 마케팅과 광고계에 큰 도움이 될 수 있지만 많은 마케터들은 여전히 그 의미를 모르고 있다. 행동과학 이론은 지금처럼 경제적인 발전과 더 나은 비즈니스 모델이 간절히 필요한 시대에 마케팅이 어떻게 이뤄져야 하는지 혁신적인 교훈을 줄 것이다.

미국의 백화점 왕으로 불리는 존 워너메이커는 이런 말을 했다. "광고비의 절반은 낭비다. 문제는 그게 어느 쪽 절반인지 모른다는 점이다." 회사들마다 마케팅에 막대한 돈을 쏟아 붓고 있는 오늘날의 상황도 100년 전의 워너메이커 시대와 크게 다르지 않다.

2010년 한 해 동안 전 세계에서 각종 시장조사에 쓰인 비용만 312억 달러에 달한다. 이 비용에는 각 계층을 대표하는 사람들로 구성된 '포커스 그룹 리서치'도 포함된다. 포커스 그룹은 참가자들에게 그룹을 이뤄 심층 토론을 하게 하는데, 이 과정에서 소비자 본인도 모르는 통찰력을 드러내도록 요구한다. 하지만 포커스 그룹 리서치에서 사람들이 말하는 것은 실제 생활에서 그들이 어떻게 행동할지 예측하는 데는 별로 쓸 모가 없다. 결과적으로 엄청난 마케팅 비용이 낭비되고 있는 것이다. 이런 시장조사를 바탕으로 하고 있으니, 미국에서 새로 나오는 상품 10개 중 겨우 2개만 성공한다는 사실도 그다지 놀랍지는 않다.

오늘날 인지신경과학은 놀라운 사실들을 증명하고 있다. 인간은 비이성적으로 결정하며, 인식은 착각에 가깝고, 정신은 자기 기만적이라는 것이다. 자신이 정직하고 신중하며, 논리적인 동시에 객관적이며, 인간의 자유의지를 실천하고 있다고 자부하는 사람은 이런 사실을 받아들이기 어려울 것이다. 실생활에 적용하기는 더욱 힘들 것이다.

비행기나 배의 자동 조종장치처럼 인간들은 자신도 모르는 사이에 자동적으로 행동하곤 한다. 소크라테스가 "너 자신을 알라"고 설파했지만 인간 정신세계의 가장 큰 아이러니는 인간의 뇌가 자신을 전혀 모른다는 점이다. 저명한 신경심리학자 크리스 프리스는 "뇌는 자신이 하는 일의 대부분을 우리에게 감추는 방식으로 한다"고 했다. 인간은 두뇌 활동의 90퍼센트 가까이를 의식하지 못한다고 한다. 하버드 대학교 마케팅 교수인 제럴드 졸트먼 역시 "소비자들 사고思考의 95퍼센트는 무의식 중에 이뤄진다"고 말했다.

소비자로서 우리는 자신이 어떻게 그 제품을 선택했는지 모르는 채 제품을 사고, 마케터로서의 우리는 어떻게 제품을 소비자와 연결시킬지 이해하지 못하는 채로 마케팅을 하고 있다. 게임이 어떻게 진행되는지 모르는 채로 게임을 하고 있는 셈이다. 이제 이전의 방식을 던져버릴 때다. 인간 행동 저변에 깔려있는 숨은 의미를 찾아내고 인간의 기본적인 본능과 감정, 타고난 성향, 무의식적으로 학습된 행동들이 브랜드와 인간을 연결시키는 데 얼마나 적합한 지 알아볼 때다.

이 책은 마케팅의 인간적 측면을 다룬다. 마케팅은 소비자들과 소통해 그들의 요구를 충족시키는 방법이라고 볼 수 있다. 그러나 소비자들은 마케팅을 자신들로 하여금 돈을 쓰도록 꼬드기는 것쯤으로 여기고 있다. 그 생각도 무리는 아니다.

만약 당신이 사람들의 마음을 조종하는 데 관심이 있다면 굳이 이 책을 읽을 필요는 없다. 현대인들은 지나치게 똑똑하고 냉소적인데다 자신의 의견을 말하는 데 거침이 없다. 그래서 의사결정 과정에서 가장 내밀하고 강력한 부분을 이용하려고 해도 속지 않는다. 그들이 자신의 속마음을 이해하지 못할지는 몰라도 자신들에게 물건을 판매하려 하는 회사의 의도를 간파하는 데는 도가 텄기 때문이다.

성공한 회사와 브랜드들은 진정한 가치를 창출해낸 곳이다. 강력한 브랜드 탄생과 소비자 만족이라는 행복한 공생을 성취하려면 소비자의 의사결정에 작용하는 진짜 동기를 이해하고, 소비자와 브랜드 양쪽 입장에서 소비주의를 이해해야 한다. 이를 통해 마케팅업계에 더 나은 변화를 유도하고, 동시에 자유시장에서 성공할 경쟁요소들을 키워낼 수 있을 것이다.

나은 변화를 유도하고, 동시에 자유시장에서 성공할 경쟁요소들을 키워낼 수 있을 것이다.

1부

95% 법칙 뒤에 숨어있는 과학

01 마케팅이라는 신화

1957년 여름, 뉴욕 인근의 뉴저지 포트 리에 소아마비가 번졌다. 소아마비에 옮을까 두려워한 주민들은 수영장조차 꺼렸다. 수영장 안에 소아마비 바이러스가 있을지 모른다는 두려움 때문이었다. 대신 한낮의 더위를 피하기 위해 사람들이 찾은 곳은 시원한 에어컨이 가동되는 영화관 리 씨어터였다. 당시 극장에서 상영된 영화는 윌리엄 홀덴과 킴 노박이 주연한 『피크닉』이었다.

그 스크린 뒤에서는 시장조사 전문가인 제임스 맥도널드 비커리가 색다른 실험을 준비하고 있었다. 그는 이 실험이 소비자와 광고주 모두에게 큰 이익이 되리라 기대하고 있었다.

영화가 상영되는 동안 스크린에는 "팝콘을 먹어라" "코카콜라를 마셔라"라는 자막이 3000분의 1초라는 짧은 순간 동안 반복적으로 깜빡거리며 등장했다. 비커리는 이 문구가 너무 순식간에 지나가서 관객들이 제대로 보지 못하기 때문에 "보이지 않는 광고"라고 주장했다.

그는 자신이 개발한 이 방법이 관객들에게는 짜증나는 광고 시간을 줄여주고, 광고주들에게는 광고를 만드는 데 드는 시간과 노력을 절약시켜줄 것이라고 홍보했다.

실험이 진행된 6주가 조금 넘는 기간 동안 4만5000명이 극장을 찾았는데, 실험 결과는 비커리 본인조차 깜짝 놀랄 만한 것이었다. 팝콘 판매는 무려 57.5퍼센트나 치솟았고, 코카콜라 판매 역시 18.1퍼센트 늘었다.

광고 전문지인 <애드버타이징 에이지>는 1957년 9월 15일 비커리의 비밀 실험을 공개했다. 또 비커리가 관객들의 무의식을 겨냥한 이 프로젝트를 TV에까지 확대할 계획이라고 보도했다. 그러나 비커리의 계획은 역풍을 맞는다. 그의 실험이 나쁜 의도로 악용될 가능성이 제기되자 대중의 공포와 분노가 일어난 것이다. 급기야 상황이 집단 히스테리로 치닫자 신변에 위협을 느낀 비커리는 전화번호부에서 자기 이름을 삭제하고 공식 석상에서 모습을 감췄다.

그리고 같은 해에 광고계에 큰 영향을 끼친 밴스 패커드의 『은폐된 설득자들』이라는 책이 출간됐다. 마케터와 광고주들이 우리도 모르는 새 우리를 모니터하고 있으며, 물건을 사도록 조종하고 있다는 내용이었다. 파문이 커지자 미국 정부는 1년간의 CIA 조사를 거쳐 화면에 잠재의식을 파고드는 문구를 금지시켰다. 당시 뉴스는 이렇게 보도했다. "특정한 사람들은 특정한 시간과 특정한 상황에서 자신도 모르는 새 평소와 다르게 행동하도록 영향을 받을 수 있다."

다행스럽게도 우리들은 이와 같은 잠재의식을 공략하는 광고의 위험성을 잘 알고 있다. 또한 기업들이 대중을 마인드 컨트롤하려는 시도를 막을 수 있도록 법이 작동하고 있다는 것을 잘 알고 있다.

그러나 한 가지 문제가 있다. 비커리의 실험 자체가 거짓이었다는 점이다. 그는 1962년 <애드버타이징 에이지>와의 인터뷰에서 애초에 시장조사는 관심을 끌기 위한 술책에 불과했고, 데이터 역시 의미를 부여하기에는 너무 적은 양이었다며 자신의 사기행각을 털어놓았다. 그러나 이미 사태는 걷잡을 수 없이 커진 후였고, 잠재의식 조종에 대한 사람들의 공포는 살아남았다. 지금까지도 몇몇 사람들은 광고 속에 숨겨진 메시지와 이미지에 의심의 눈초리를 보내고 있다. 그러나 광고 속 나뭇잎 더미 사진에 남근을 연상시키는 물건을 슬쩍 끼워 넣거나 풀장 속 나체 이미지를 몰래 넣어도, 그게 술이든 담배든 판매량을 끌어올리는 효과는 없다.

'부지불식간'이라는 뜻의 영어 단어 'subliminal'은 라틴어 'sub'와 'limen'에 뿌리를 두고 있다. sub는 아래라는 뜻이, limen은 문턱이란 뜻이 있다. 지각과 인식은 의식의 문턱 아래에서 일어난다는 의미를 담고 있는 것이다. 50여 년 전 실패한 비커리의 가짜 시장조사가 미국에서 잠재의식 광고를 오해하게 만든 것은 사실이다. 하지만 그 덕분에 우리는 무의식이 소비자와 기업 모두에게 심대한 영향을 끼칠 수 있다는 '불편한 진실'을 알게 됐다.

인생에서 중요한 일들은 실제로 의식의 문턱 아래에서 이뤄진다. 우리는 다른 사람들이 우리의 정신을 컨트롤하는 것을 두려워하고 있지만 진정 우리가 궁금해 해야 하는 것은 과연 우리가 우리 스스로를 얼마나 잘 통제하고 있느냐는 점이다.

빙산의 일각

우리는 환상 속에서 살고 있다. 우리는 자신이 이성적이며, 의식이 있는 상태에서 스스로 상황을 잘 통제하고 있다고 생각한다. 마찬가지로 소비자들도 자신의 의식이 자신의 행동을 주도한다고 생각한다. 마케터들 역시 소비자의 구매 행위가 의식적인 선택이라고 생각한다. 하지만 이는 잘못된 예단이다. 우리 통념과는 정반대인 경우가 오히려 사실임을 과학은 알려준다.

2008년 독일 라이프치히에 있는 '막스 플랑크 인간인지뇌과학연구소'는 실험을 통해 인간의 의사결정이 무의식적으로 이뤄진다는 사실을 뒷받침하는 깜짝 놀랄 만한 증거를 제시했다. 막스 플랑크의 존 딜런 헤인즈 박사팀은 뇌 스캔을 이용하면 실험 참가자가 결정을 내리기 7초 전에 그들의 결정을 예측할 수 있다고 발표했다. 연구팀은 2008년 4월 13일자 <네이처 뉴로사이언스>지에 게재한 논문에서 이렇게 밝혔다.

"뇌에서 일어나는 많은 과정은 우리가 인식하지 못하는 상태에서 자동적으로 이뤄진다. 이 과정이 없다면 우리의 의식은 매일 일상적으로 반복되는 단순한 일들을 처리하느라 과부하가 걸릴 것이다. 그러나 사람들은 자신의 모든 결정은 의식이 주도하는 상태에서 이뤄졌다고 믿고 싶어하는 경향이 있다. 우리는 우리의 발견을 통해 이런 경향에 의문을 제기하고자 한다."

연구 대상이 된 의사결정 행동은 단순한 선택이었다. 양 손에 버튼 하나씩을 쥐고서 버튼을 누르고 싶을 때 왼손이나 오른손 중 쓰고 싶은 손으로 버튼을 누르는 것이었다. 피실험자들은 자기 의지에 따라 자유롭게 결정을 내리되, 자신이 결정을 했다고 생각하는 시점을 표시하게 했다. 연구팀은 이때 뇌기능 자기공명영상^{fMRI}을 통해 실험 참가자들의 뇌에서 일어나는 미세한 뇌 활성 패턴을 관찰했고, 그 결과 피실험자의 선택을 예상할 수 있었다. 실험 참가자 본인이 자신이 결정을 내렸다는 사실을 깨닫기도 전에 말이다. 헤인즈 박사의 설명은 이렇다.

"뇌는 당신이 어떤 결정을 내리기 전에 미리 준비한다. 의식이 그 결정을 깨달을 쯤에는 이미 대부분의 두뇌 활동이 끝난 다음이다."

인간의 결정을 미리 예측할 수 있다는 이 실험 결과는 전례가 없던 것이었다. 이 실험은 우리가 자유의지로 의식적인 결정을 내린다는 믿음에 커다란 충격을 불러일으켰다. 말하자면 마케팅 종사자들 역시 수십 년 동안 소비자들의 진짜 욕구와 진짜 동기에 말을 거는 게 아니라 혼잣말을 해온 꼴이 된 것이다. 마케팅 전문가들은 의식이라는 잘못된 대상을 향해 잘못된 마케팅 방법을 사용하면서도 그 효과를 합리화해온 셈이다. 하지만 그들 탓만 할 수는 없다. 그들도 자신이 착각하고 있다는 것을 알지 못했을 뿐이다.

사람의 마음을 빙산이라고 생각해보자. 눈에 보이는 빙산의 끝부분이 인간의 의식에 해당한다. 눈으로 볼 수 없는 빙산의 대부분이 바로 무의식이다. 우리의 생각과 신념, 결정은 대부분 우리가 인식하지 못하는 상태에서 이뤄진다. 소비자들의 구매 동기를 자세히 이해하려면 마케터들은 인간 행동의 원인을 좀 더 깊이 들여다 볼 필요가 있다. 다행히도 과학이 이 분야를 놀라운 속도로 파고들고 있고, 오랫동안 베일에 싸여있던 미스터리를 하나씩 풀어가는 중이다. 인간의 직관과 감정, 무의식은 수면 아래에 숨어있으며, 빙산의 감춰진 부분이야말로 거의 모든 행동을 이끌어내는 곳이다.

앨버트 아인슈타인은 "상상력이 지식보다 더 중요하다"고 말한 바 있다. 그는 상대성이론을 다듬어가는 동안 빛의 속도를 상상하면서 무의식의 힘과 중요성을 이해했던 것 같다. 신경심리학에서 환자가 당면한 문제를 다른 각도에서 볼 수 있도록 돕는 방법 중에 '해리 dissociation解離'라는 게 있다. 자신의 의식 바깥으로 나가서 의식 상태를 바꾸는 의식의 분열을 가리킨다. 아인슈타인은 "불가사의한 것이야말로 모든 예술과 과학의 원천"이라고도 말했다. 그는 오늘날의 신경과학 혁명을 예견했음이 틀림없다.

아인슈타인의 가장 큰 재능은 직관적인 무의식적 통찰에 인식과 논리적인 사고를 통합하는 능력이었다. 그는 이를 통해 상상력의 한계를 뛰어넘어 도약할 수 있었고, 다른 사람들이 볼 수 없는 것을 창조해낼 수 있었다. 그는 빙산의 윗부분에 의존해 살았던 것이 아니라 눈에 보이지 않는 빙산의 아랫부분도 충분히 활용했다. 자신의 연구와 이론에 영감을 불어넣을 수 있게 직관력을 끌어올린 것이다.

사실 우리 대부분도 아인슈타인과 똑같이 스스로 깨닫지 못하는 채 매일 많은 일들을 해내고 있다. 빙산 전체를 존중하는 의미에서라도 마케터들은 소비자가 항상 의식적으로 구매 행동을 결정한다는 잘못된 고정관념을 바꿀 필요가 있다.

무의식의 파워

이제 아인슈타인이 '잊혀진 재능'이라 불렀던 직관의 힘을 보여주는 증거를 마케터들이 사용하는 지표들을 통해 찾아보도록 하자. 소비자의 인식과 인지도는 언제나 광고와 브랜드의 성공을 평가하는 가장 중요한 기준이다. 마케팅 전문가들은 광고와 메시지, 제품의 인지도를 평가하는 데 지나칠 정도로 많은 예산을 쓰고 있다. 그러나 카피나 콘셉트

테스트, 사후 트래킹 조사처럼 광고 효과를 측정하기 위한 리서치 대다수는 수박 겉핥기에 불과하다. 이런 방법들로는 소비자들의 마음 깊은 곳에 깔려있는 무의식적인 이유를 포착하거나 이해하기 어렵다.

스티브 잡스는 소비자 조사를 믿지 않았던 대표적인 마케터다. 애플이 아이패드를 출시하기 전에 얼마나 시장조사를 했냐는 기자의 질문에 잡스가 재치 있게 했던 말은 유명하다.

"전혀 하지 않았다. 소비자가 무엇을 원하는지 아는 것은 소비자의 몫이 아니다."

인간의 뇌는 우리의 의식이 전하는 것보다 더 많은 것을 경험하고 있다. 시장조사에서 참가자들이 답변서를 스스로 작성하게 하는 방식은 참가자가 의식하지 못하는 '비선언적 기억nondeclarative memory' 같은 함축된 의미를 측정할 수 없다. 잠재 기억이라고도 불리는 비선언적 기억은 뇌의 정서적 시스템 깊숙이 자리 잡아 무의식적으로 브랜드와 광고 메시지를 받아들일 수 있도록 준비시키는 역할을 한다. 그러나 시장조사 전문가들조차 브랜드 친밀도와 충성도를 조사할 때 소비자가 브랜드를 어떻게 인식하고 있는가만 기록하곤 한다. 소비자가 브랜드와 오랜 기간 동안 쌓아온 깊은 유대감을 파악하기는 어렵다.

누군가에게 코카콜라와 펩시콜라 중 하나를 고르라고 하면 그 사람의 뇌는 바삐 움직이기 시작한다. 본인이 인식하기도 전에 뇌에서 지금까지 콜라에 관련된 기억과 문화적으로 배워온 지식들을 떠올리는 것이다. 이때 두뇌 활동은 과거의 경험과 현재 눈앞에 주어진 브랜드를 연결시키는데, 개인적인 경험은 브랜드에 대한 특정한 느낌으로 집약된다. 하지만 대부분의 소비자들은 브랜드에 대한 이런 느낌이나 생각이 어디에서 비롯됐는지 깨닫지 못한다.

해답은 언어가 아닌 느낌으로 말하는 무의식의 영역에 있다. 무의식

코카콜라의 마케팅 원칙은 누구든 언제나 쉽게 알아볼 수 있는 브랜드 이미지를 구축하는 것이었다.

에는 평생 동안 일어났던 모든 사건들의 데이터가 기록되어 있다. 만약 무의식이 말을 할 수 있다면 그 많은 사건과 생각, 그때그때의 감정과 연상되는 것들을 떠올리느라 조리 없이 무한정 떠들게 될 것이다. 이 모든 데이터를 다 더한 것이 소비자 개인에게 브랜드의 가치가 된다. 데이터 목록은 자신의 경험과 얽혀있는 시시콜콜한 기억들로 끝없이 이어질 것이다. 의식은 이 데이터를 사용하지 않는다. 하지만 데이터는 대신 직관이라는 거대한 메모리 뱅크에 차곡차곡 저장될 것이다.

그래서 사람들은 설문 조사에서 제품이나 브랜드 선호도에 대한 질문을 받으면 자신의 선택이 논리적이고 그럴 듯하게 보일 수 있게 이유를 만들어 내거나 뒤늦게 합리화하곤 한다. 인간의 의식은 자신의 행동에 의미를 부여하고 그 행동을 유발한 숨은 요인들을 설명하도록 설계되어 있다. 많은 사람들이 "나는 펩시보다 코카콜라를 좋아합니다. 코카콜라가 더 맛있으니까요"라고 말하는 것도 마찬가지다.

그러나 시장조사에서는 이런 대답이 사실에 입각한 반응으로 받아들여진다. 그리고 이런 응답이 시장조사 데이터로 입력되고, 보고서의 핵심 사항으로 올라가게 된다. 몇몇 마케터들은 이 데이터를 곧이곧대로 받아들여 끝내주는 맛을 강조한 탄산음료 CF를 만들지 모른다. 현명하게도 코카콜라의 마케팅 담당자들은 그런 CF를 만들지 않았고, 덕분에 압도적인 시장 점유율을 유지하고 있다.

코카콜라의 마케팅 초점은 누구든 언제나 쉽게 알아볼 수 있는 브랜드 이미지를 구축하는 것이었다. 변함없는 클래식한 코카콜라 로고, 코카콜라의 상징이 된 윤곽이 살아있는 병 디자인, 두운을 맞춘 듣기

좋은 브랜드 이름, 마음을 따뜻하게 하는 최고 수준의 광고를 만들기 위한 투자, 구석구석 어디에나 뻗어 있는 판매망…. 이 모든 요소 때문에 코카콜라는 진정한 의미에서 글로벌 브랜드라 불릴 수 있는 최초의 브랜드가 되었을 뿐 아니라 세계에서 가장 인정받는 상표가 됐다.

코카콜라의 브랜드 가치는 2011년 당시 740억 달러로 추산됐다. 다른 인기 음료 브랜드인 버드와이저와 펩시, 스타벅스, 레드 불을 다 더한 가치보다 높았다. 하지만 이 같은 브랜드 가치는 2010년 한 해 동안 광고에 29억 달러를 쏟아 부은 결과물이다. 코카콜라가 쓴 광고비는 마이크로소프트와 애플의 광고비를 더한 것보다 많았다.

내가 모르는 나

마케팅 업계에서는 "광고는 하나의 콘셉트로 이뤄져야 한다"는 말을 격언처럼 여겨왔다. 그러나 이 말에는 근본적인 오류가 있다. 우리 모두의 마음에는 내재된 이중성이 있기 때문이다. 영향력 있는 광고는 이성의 제약을 극복하고 감성에 호소할 때 탄생한다. 무의식적인 감성과 이성의 갈등 사이에서 효과적인 브랜드의 싹이 트는 것이다. 소비자가 광고를 보고 브랜드가 전하는 메시지를 받아들일 때 소비자는 광고 내용을 이성적으로 이해하는 등시에 광고의 감성에 동화된다.

마케터들이 광고 전략을 짤 때는 먼저 타깃층을 한 사람인 것처럼 상정하는 데서 시작한다. 사전 시장조사를 통해 수집된 정보를 바탕으로 만들어지는 이 대상을 대개 '페르소나'라고 부른다. 이 페르소나는 문화, 상품, 미디어 이용 등의 항목에서 인구통계학적으로 소비자들의 개성과 라이프 스타일을 대표하는 인물로 묘사된다. 그러나 나머지 소비자들과 구별되는 페르소나만의 특징에 집중하다 보면 그 외의 보편적인 공통점을 무시하기 쉽다. 남녀노소, 소득 정도, 사회문화적 위치 등과 관계없이 인간이라면 모두 공유하고 있는, 행동을 유도하는 통찰력 말이다.

예를 들어 자동차 마케팅을 위해 이런 페르소나를 설정했다고 하자. 35~44세 연령대의 미국산 세단 운전자로, 미국 중부에 거주하며, 리얼리티 TV 프로그램을 즐겨 보고, 일주일에 두 번 이상 운동을 하는 사람이다. 그런데 사전 시장조사를 통해 얻은 응답대로 이 페르소나가 새 차를 구입할 때 가장 중요하게 고려하는 기준이 브랜드 신뢰도라는 정보를 맹신한다면, 인간에게 공통된 깊은 욕구와 중요한 열망을 무시하는 것이다.

차를 구입할 때 가격부터 따져본다고 응답한 소형 세단 오너들과 인터뷰를 진행한 적이 있다. 이들에게 디자인을 새롭게 바꾼 폭스바겐의 준중형 세단 제타를 보여준 후 이렇게 물어봤다. "당신이 이 차 모는 걸 당신 친구가 봤다면 그 친구는 무슨 생각을 했을까요?" 돌아온 대답은 대부분 이런 식이었다. "난 남들이 날 어떻게 생각하는지 신경 안 씁니다. 자동차라는 건 A 지점에서 B 지점으로 가기만 하면 되는 거 아닙니까?" 그리고 나서 바로 같은 사람들에게 뉴 제타를 묘사하는 몇 개의 콘셉트를 보여주고 어떤 것이 가장 마음에 드는지 물었다. "뒤돌아보게 하는 멋진 디자인이 좋네요." 대답은 똑같았다.

이들의 페르소나는 성실하고 스마트한 이미지로 설정되었다. 하지만 마음속 깊은 곳에서 이들이 진짜 원했던 것은 사람들이 자신을 뒤돌아볼 만큼 주목받고 인정받는 것이었다. 만약 이들이 자기도 모르는 사이 스스로 만들어놓은 페르소나에 우리가 속아 넘어갔더라면 폭스바겐과 이들 모두가 만족할 만한 결과는 나오지 않았을 것이다.

이런 인터뷰 후 우리는 이들이 합리적인 가격을 최우선으로 고려한다는 점을 세련되게 파고들 전략을 세웠다. 광고는 이런 표현으로 압축됐다. "좋은 차를 사기에 좋은 가격."

이런 노력 덕분에 그 해 뉴 제타는 미국에서 최고 판매량을 기록했다. 광고는 제타의 실용성만을 강조하지 않고 차 오너의 지위도 높아 보일 수 있다는 암시를 풍김으로써 소비자의 두 가지 마음을 모두 만족시켰다. 사람은 누구나 마음속 깊은 곳에서 약간이라도 더 높은 사회적 지위를 원하기 마련이다. 만약 당신은 예외라고 생각한다면 당신이 스스로를 속이고 있을 가능성이 아주 높다.

그럼에도 마케터들은 너무 자주 페르소나의 표면적인 부분에 사로잡혀 우리 모두가 갖고 있는 인간적인 특성들을 무시하곤 한다. 재미있는 것은 심리학자 칼 융이 만든 '페르소나'라는 용어의 원래 의미가 다른 사람에게 강한 인상을 주기 위해 자신의 본성을 숨긴 채 만들어낸 가면이라는 점이다. 페르소나는 우리가 다른 사람들에게 받아들여지고 사회와 문화에 적응할 수 있도록 진화론적으로 중요한 역할을 해왔다. 페르소나는 인간이 수천 년 동안 사회에서 살아남을 수 있도록 도왔고, 오늘날에도 그렇게 하고 있다. 페르소나는 상처받기 쉬운 진짜 자신을 숨기고 스스로를 보호하기 위해 우리 모두가 쓰고 있는 일종의 사회적인 가면이다.

때로는 페르소나가 자신감과 자부심의 가면이 되기도 한다. 사람들은 자신을 더 좋은 사람으로 포장하기 위해 자신의 취향대로 현실과 이야기를 꾸며내는 성향이 있기 때문이다. 이 점이 시장조사 전문가들을 딜레마에 빠지게 한다.

예를 들어보자. 한 설문조사 결과에 따르면 대학교수들의 95퍼센트는 자신이 평균 이상으로 강의를 잘한다고 응답했고, 대학생의 96퍼센트는 자신이 평균 이상의 사회성을 가지고 있다고 대답했다.

<타임>지가 미국인들에게 "당신은 연봉 상위 1퍼센트에 해당됩니까?"라고 물었을 때 19퍼센트나 되는 사람들이 그렇다고 답했다. 이외에도 여러 사회과학 실험은 사람들이 선천적으로 자기합리화를 하며 끊임없이 자신의 능력과 기여도, 성품, 자율성을 과대평가한다는 것을 보여준다.

사람들은 성공하면 자신의 능력 덕분이라고 하고, 실패하면 운 탓으로 돌린다. 마찬가지로 사람들은 광고가 자신에게 별 영향을 끼치지 않는다고 말한다. 데이터가 그렇지 않다는 것을 증명하는 데도.

사람들은 또 동료가 자기보다 쓰레기통을 덜 치운다고 생각한다. 따져 보면 거의 똑같이 치우는 데도 말이다. 인간은 천성적으로 자기 자신과 자기 잇속만 생각하기 때문에 믿고 싶은 대로 현실을 왜곡한다.

어떤 사람들은 거짓말 탐지기 앞에서도 자기에게 유리한 착각을 바꾸지 않는다. 설문 조사자에게 의도적으로 거짓말을 하는 것이 아니라 자기 자신에게 거짓말을 하는 것이다. 사람들이 이렇게 행동하는 것은 우울증으로부터 스스로를 보호하고 더 나은 삶을 살기 위해 일종의 적응 기술을 발휘하는 것이다. 실제로 이런 착각에 빠져 사는 사람들이 인생과 직업에서 더 성공하고 더 행복하다는 연구 결과도 있다.

포커스 그룹에 참가한 사람들은 같은 그룹 사람들에게 받아들여질 만한 수준에서 자신의 발언을 조절하고, 진행자를 존중하는 방향으로 의견을 바꿔가며 페르소나를 드러내게 된다. 상징적이든 전략적으로든 조사 진행자를 테이블 상석에 앉히면 사람들은 그에게 위축되는 경향을 보인다. 또 참가자 중에 토론 중간 중간에 끼어들어 아는 체를 하며 다른 이들에게 인상적으로 보이려고 애쓰는 사람이 있으면 그에게 휘둘리기 십상이다. 페르소나는 자아 정체성의 일부이지만 주변 환경에 따라 몸의 색깔을 바꾸는 카멜레온처럼 자신의 의견을 숨기고 그룹 토론에서 내린 결정에 따르곤 한다. 그러나 빙산 아래 숨겨진 거대한 부분은 이렇게 감춰진 개인적인 의견들이다.

사람들이 미지의 것을 두려워하듯 페르소나는 인터뷰가 진행되는 거울 뒤의 방에서 자신을 관찰하는 이들을 경계하게 된다. 내가 로스 앤젤레스에서 서브프라임 모기지론(저신용자층을 대상으로 한 비우량 주택담보대출)을 얻으려던 사람과 심층 인터뷰를 진행할 때 겪었던 일이다. 그 사람은 내 인터뷰가 여론조사인 것처럼 꾸며서 대출 심사를 하는 과정이라고 굳게 믿고 있었다. 어떤 질문으로도 그의 철저한 방어벽을 뚫을 수 없었다. 나는 은행과 아무런 관계가 없다고 계속 안심시켰지만 그는 끝까지 성실한 채무자 이미지를 고수했다. 물론 나는 그 사람을 탓하지 않는다. 짜증스러운 인터넷 배너 광고와 스팸 메일에 대해 묻는 대로 솔직하게 의견을 말하는 것보다는 나를 속여서라도 주택담보대출을 받는 것이 훨씬 더 중요할테니까.

만약 사람들이 자기 자신과 다르게 포장하고, 스스로 만들어낸 거짓말과 이야기를 진심으로 믿는다면, 우리는 그들 자신조차 모르는 진정한 자아에 다가가기 위해 더 깊이 들어갈 방법을 찾아야 한다. 칼 융이 말한 대로 "우리 각자에게는 우리가 모르는 또 다른 우리가 있다." 융이 사용한 '내적 자아'라는 말은 우리의 의식과 무의식적인 깊은 열망과 의도가 온전하게 통합된 정신의 완전체를 가리킨다. 본질적으로 '진정한 자신'을 일컫는 개념이다. 소비자들의 자아와 진심이 숨어있는 곳이야말로 마케터들에게는 진리가 있는 기회의 땅이다.

포커스 그룹의 한계

10명의 사람들이 불을 환하게 밝힌 방에 앉아있다. 천장에 매달린 형광등 불빛은 취조실 같은 분위기다. 참석자들은 의자에 앉은 채 몸을 움직여가며 자세를 바꾸었다. 그들은 어떤 질문을 받게 될지 모르지만 질문에 대해 '정확한' 대답을 해야 한다는 것 때문에 불편해 보였다. 참석자 중 한 명은 자신들이 둘러앉아 있는 회의실 탁자를 손가락으로 신경질적으로 두드려댔고, 그 소리는 제대로 감춰지지 않은 마이크를 통해 더 크게 울렸다. 카메라는 거울로 된 유리를 통해 이 모든 장면을 녹화하고 있었다. 참석자들이 볼 수 없도록 한 쪽 면이 거울로 된 유리 뒤편에는 관찰자들이 있었다. 잠시 후 참석자들은 뒤쪽 방에서 누군가가 들어와 조금 전에 합류한 진행자에게 뭔가 수상쩍은 메모를 건네는 것을 지켜봤다. 뒤편의 커다란 양면 거울이 유독 으스스하게 보였다. 참석자들은 불안하게 웃으면서 대화를 나눴다. 그나마 인터뷰가 시작되자 가끔 서로 눈이 마주치는 것조차 꺼리게 되었다.

대부분의 포커스 그룹 인터뷰가 진행되는 방식은 여기서 크게 벗어나지 않는다. 그러나 이런 분위기는 참석자들의 진짜 페르소나가 드러나는 것을 방해한다. 이렇게 피상적으로 진행되는 인터뷰는 더 내밀한 실제 자아를 계속 숨게 할 뿐이다.

부자연스러운 환경에서 감정이 담긴 속 깊은 답변이 나오리라 기대하는 게 과연 타당할까? 소비자들이 자기 자신에게도 거짓말을 한다면 포커스 그룹의 진행자에게 거짓말을 하는 건 더 쉽지 않을까? 분명 그럴 것이다. 그렇기 때문에 마케터들은 소비자들의 거짓말이 전하는 것을 반드시 이해해야 한다.

포커스 그룹의 인터뷰가 진행되는 동안 관찰자들은 유리 뒤 숨겨진 방에서 참석자들이 자신들의 기대와 예상에 들어맞는 성향을 보여줄 때마다 증거로 남기기 위해 재판정 속기사처럼 키보드를 두드려댔다. 몇 시간 동안의 대화 중에 예상과 다른 이야기가 나오면 관찰자들은 참가자들의 발언 하나하나에 집중해 매달렸다. 커뮤니케이션에서 진정한 의미가 있는 전후 맥락을 무시하면서 말이다.

해답은 단어 자체에 있는 것이 아니라 그 단어가 어떤 상황에서 나왔으며, 또 말해지지 않은 것은 무엇이냐에 달려있다. 단어에 집중하는 대신 말하는 사람의 내적 자아에 주의를 기울여야 한다. 보디랭귀지나 힌트, 무심코 튀어나온 말, 억양의 변화, 미세한 얼굴 표정, 부자연스런 행동 등이 종종 잘 계산된 이야기라 할지라도 그것이 거짓임을 보여주기 때문이다.

포커스 그룹과 같은 연구방법은 빙산 아래 즉, 사람들의 내면에서 어떤 일이 벌어지고 있는지 제대로 살펴볼 수 있는 방법이다. 직접 소비자들의 눈을 바라보며 몸으로 표현하는 리액션까지 관찰할 수 있다는 점에서 전화나 인터넷을 통해 진행되는 대규모 설문조사보다 확실한 장점이다. 소비자들이 코카콜라와 펩시콜라 중 어느 것을 더 좋아한다거나, 이 광고보다 저 광고를 좋아한다는 대답을 얻어내는 단순한 차원이 아니라 그들이 대답을 하면서 어떤 반응을 보이는지 관찰하고 분석할 수 있기 때문이다.

그러나 이런 작업은 보디랭귀지가 전하는 미묘한 차이와 행간에 숨어있는 의미를 감지해낼 줄 아는 숙련된 진행자에 의해서만 가능하다. 포커스 그룹 진행자는 참가자들의 이야기를 액면 그대로 받아들여서는 안 된다. 심리학자나 테라피스트처럼 그들이 말하는 것 뒤에 숨어있는 진짜 이야기를 찾아야 한다. 드물긴 하지만 노련한 진행자들은 포커스 그룹 참가자들을 참가자 본인보다 더 잘 알고 이해할 수 있다.

이런 진행자들은 말로 표현된 것 이상의 의미를 찾는 사람들이다.

UCLA 심리학과 명예교수인 앨버트 메라비언은 커뮤니케이션에서 말을 통해 전달되는 메시지는 7퍼센트에 불과하고, 38퍼센트는 억양을 통해, 그리고 나머지 55퍼센트는 표정이나 동작을 통해 전해진다고 발표한 바 있다. 그의 연구대로라면 포커스 그룹 내에서 이뤄진 대화나 보고서를 살펴봐도 의사소통이 제대로 이뤄지지 않은 것이다. 행동으로 표현된 진심을 놓치고 있다면 보고서 내용이 과연 충실할 수 있겠는가.

포커스 그룹으로 대표되는 질적 연구에 비해 양적 연구는 대규모 설문조사 등을 통해 통계 분석을 한다. 따라서 그만큼 더 탄탄하고 안정적이다. 하지만 최근에 밝혀졌듯이 이 방법은 조사 대상자의 감성적인 측면과 무의식에 도달하는 데 자주 실패하고 있다. 양적 연구는 조사자와 응답자 간의 친밀도가 낮고, 설문조사의 경우 조사 대상자가 직접 대답을 작성하는 등 데이터를 얻는 방식에 근본적인 한계가 있다. 때문에 조사 대상자들이 실제로 느끼는 것이 반영되지 못하고, 그들이 말하는 그대로를 전달하는 수준에 그치게 된다. 더 심각한 것은, 최근 들어 대부분의 양적 조사가 온라인을 통해 이뤄진다는 점이다. 온라인 설문은 익명으로 응답이 가능하고, 연극을 하는 것처럼 다른 사람의 입장에서 상상해 응답할 수도 있다. 양적 연구는 이런 점들을 감안해 신중하게 설계되어야 한다.

더 나은 시장조사 방법이 개발될 때까지 마케터들은 인간의 뇌가 어떻게 작동하는지 이해할 필요가 있다. 그 첫 번째 단계가 관심의 초점을 무의식에 맞추는 것이다.

감성적인 너무나 감성적인

아인슈타인이 말했듯 인간의 무의식이 정보를 처리하는 능력은 의식보다 훨씬 더 강력하다. 버지니아대학 심리학과 교수이자 『나는 내가 낯설다』의 저자인 티모시 윌슨은 인간은 오감을 통해 1초에 1100만개의 정보를 받아들이지만 그중 겨우 40개 정도만 인식한다고 지적했다. 즉 1100만개 중 나머지 정보는 우리가 알아채지 못하는 새에 처리되는 것이다. 의식이라는 눈을 통해 세상을 보는 것은 아주 작은 열쇠구멍을 통해 인생을 보는 것과 같다. 인간의 의식은 몸을 통해 처리되고, 감각을 통해 흡수된 광대한 정보 중에서 아주 작은 조각을 감지할 뿐이다.

이렇게 압도적인 무의식이 의식을 손쉽게 눌러버린다는 것은 전혀 놀랄 일이 아니다. 간단한 실험을 통해 직접 확인해보자. 의자에 앉아서 당신이 편한 쪽 다리를 쭉 뻗어보라. 그 발로 작은 원을 시계방향으로 계속 그려보라. 이 동작을 계속하면서 동시에 오른손 검지로 허공에 숫자 6을 그리는 거다. 결과는 어떤가? 실험을 한 사람들의 반응은 딱 두 가지다. 발이 멈추거나 발의 방향을 바꿔 시계 반대방향으로 원을 그리는 것이다. 손가락은 계속 아무 문제 없이 6을 그리고 있는 데 말이다.

무슨 일이 벌어진 걸까? 6을 그리는 동작은 무의식적인 운동 기능에 따른 것이다. 이전에 너무 많이 해왔기 때문에 아무런 생각도 할 필요 없이 자동적으로 하게 되는 습득된 행동이다. 반면 발로 원을 그리는 것은 많이 해본 동작이 아니라 생각과 에너지를 집중해 의식적으로 해야 하는 행동이다. 아무리 의식적으로 노력을 기울인다 하더라도 무의식적으로 습득된 행동을 이기기는 어렵다. 사는 동안 누구나 자주 이런 일을 경험하게 된다. 인간은 새로운 방식이나 절차에 적응하는 대신 무의식적으로 자동적으로 습득한 반응을 따르기 마련이다.

이렇듯 무의식이 의식을 지배하고 있지만, 사실 의식을 거치지 않고는 무의식에 이를 수 없다. 의식적인 행동과 경험들이 계속 반복되다 보면 우리가 깨닫기도 전에 쉽게 뇌 깊은 곳에 뿌리내리게 돼 유용한 지능으로 바뀌게 된다. 나아가 무의식 안에 자리 잡은 많은 것들이 의식 속에서도 작동하게 된다.

우리가 알고 사랑하며, 충성을 바치는 브랜드들도 마찬가지다. 글씨를 연습할 때 숫자 6을 반복해서 쓰는 것처럼, TV에서 광고를 계속 보는 것처럼, 의식적으로 반복했던 행동들은 제2의 천성처럼 굳어지게 된다. 이런 행동들은 시간이 흐르면서 우리의 두뇌와 육체에 속속들이 스며들게 된다.

무의식은 감성의 영역에 속한다. 우리가 사물에 대해 좋거나 나쁘다고 느끼는 감정 말이다. 셰익스피어는 햄릿에서 "아무것도 좋거나 나쁜 것은 없다. 우리의 생각이 그렇게 만들 뿐"이라고 했지만 그가 진짜 말하고자 한 것은, 생각이 아닌 '감정'이 그렇게 만든다는 뜻일 것이다. 가치 판단은 사고나 논리가 아닌 감정과 느낌을 바탕으로 이뤄진다고나 할까.

여성이라면 식당에서 종업원이 들고 온 디저트 접시 위의 벨기에산 초콜릿 트러플 케이크에서 눈을 뗄 수 없었던 경험이 있을 것이다. 이때 당신이 초콜릿에 대해 갖고 있던 추억과 좋은 느낌들로 당신의 감성 시스템은 작동하기 시작한다. 이성은 케이크가 고 칼로리의 살찌는 음식이고 건강에 좋지 않다며 당신을 설득하려 할 것이다. 그러나 당신은 이미 '케이크=강렬한 기쁨'이라는 공식을 알고 있으므로 결국 이성은 감정의 희생양이 되고 말 것이다. 당신의 뇌는 사실보다 느낌을 더 중요하게 여기기 때문이다.

브랜드는 어쩌면 사람과 같다. 당신이 어떤 사람에게 매긴 가치는 주로 그가 당신에게 어떤 느낌을 주는가에 달려있다. 당신이 친구나 연인에게 자연스럽게 끌리는 것은 두의식적인 감정이 당신을 위해 이미 선택을 끝냈기 때문이다. 이런 판단은 마음속 깊은 곳에서 이뤄진다. 수백 만 년 동안의 진화 과정을 거치면서 인간의 뇌는 키 큰 남자나 몸매가 풍만한 여성처럼 특정한 특징을 선호하도록 프로그램화 되었다. 당신이 의식적으로 노력한다고 해도 이런 취향을 바꿀 방법은 없다. 본능적으로 전혀 끌리지 않는 상대와 억지로 사랑에 빠지라고 자신을 논리적으로 설득할 수 없는 것도 그래서다. 아무리 논리적으로 생각해보더라도 당신이 느끼는 타를 바꿀 수는 없다. 감정은 논리나 이성적인 선택과 무관하고, 논리나 이성이 발동하기도 전에 먼저 끼어들기 때문이다. —

우리는 동네 마트에서 매주 같은 브랜드 제품을 사곤 한다. 세제를 살 때 그동안 쭉 타이드^{Tide} 상표만 써왔다면 올^{All} 브랜드 세제가 특별 판매나 쿠폰으로 유혹해도 마트를 나올 때 타이드 제품을 사들고 나올 가능성이 높다.

감정은 판단을 내릴 뿐 아니라 자동적인 신체 반응을 하도록 한다. 크레스트 치약과 콜게이트 치약, 도요타와 혼다, 나이키와 아디다스 중 어떤 브랜드의 상품을 고를 것인지 혹은 금발과 짙은 갈색머리, 작은 키와 큰 키 중 어떤 사람을 선택할지 정하는 것은 이성이 아닌 감정이다. 우리의 감정은 판매대에서 어떤 제품을 고르고, 어떤 사람과 관계를 맺고 어떤 활동에 참가하게 될 것인지 결정한다. 어떤 제품을 선택하고, 그 선택에 만족하고, 그 브랜드를 찾도록 만드는 것은 감정이다.

　　　　　　　　　　　　　　　　　　

무의식은 문자 그대로 몸을 움직이게 한다. 무의식은 우리의 모든 감각 인식과 무수한 신체 기능이 아무 문제 없이 작동하도록 끊임없이 컨트롤한다. 지금 이 순간에도 무의식은 당신 몸의 균형을 유지시키고, 심장을 뛰게 지시하며, 폐에게 숨을 쉬라고 명령하고 있다. 머리카락과 손톱이 자라는 것, 노화된 세포가 새로운 세포로 교체되는 것, 혈류에서 독소를 제거하는 것도 무의식이 하는 일이다.

무의식은 언제나 당신의 내적 상태를 살펴보는 동시에 당신 주변에서 일어나는 일들을 관찰하고 있다. 예부터 사나운 동물 같은 잠재된 위협을 경계하고, 식량이나 짝짓기 상대 같은 기회를 탐색해온 것도 무의식이다. 무의식의 주된 목표는 자기 보호와 생존, 번식이다. 무의식은 인간 본능과 학습된 습관의 원천이자 특정 제품이나 브랜드를 꾸준히 구매하게 하는 반복적 행동의 원인이다.

무의식의 세계를 거대한 저장소라고 생각해보자. 이 저장소에는 우리가 과거의 경험을 통해 터득한 교훈은 물론 조상들이 DNA에 새긴 정보를 통해 우리에게 남겨준 자연스러운 본능도 담겨있다. 이런 기억들은 마치 초등학교 5학년 더운 여름날 시원한 콜라를 마셨던 기억처럼 아련하게 남아있다. 그래서 또렷하게 기억하지는 못하지만 현재의 행동에 영향을 미친다. 그런 의미에서 '암묵적 기억' 또는 '비선언적 기억'이라고 부른다. 우리는 행동할 때 자신도 모르는 새 자동적으로 이렇게 내재된 기억을 참고해 반응하게 된다. 결국 우리는 본질적으로 현재만을 살고 있는 게 아니다. 앞으로 어떤 일이 벌어질지 예측하기 위해 항상 과거와 현재를 무의식적으로 비교하기 때문이다.

우리의 사고와 직접적으로 연결되는 의식은 한 가지 과제와 논리적인 사실에 집중한다. 그러나 무의식은 의식과 달리 총체적이고 직관에 의존하며 여러 감각을 활용한다. 무의식은 다양한 정보들을 동시에 끊임없이 받아들이고 여러 가지 작업을 처리한다. 예를 들어 의식이 누군가가 말하는 것을 듣는 동안 무의식은 그 사람의 말과 행동이 얼마나 일치하는지, 그 사람이 어느 정도 믿을 만한 사람인지 신뢰도를 따져본다. 그 사람과 관련해 떠오르는 느낌은 어떤 것인지, 다른 사람들은 그의 말에 어떻게 반응하는지 종합적으로 고려해 판단을 내린다.

무의식은 메시지의 내용이 아니라 메시지의 맥락과 전후 사정, 구조에 반응한다. 단순히 무슨 말을 들었느냐가 아니라 그 정보가 어떻게 전달되었느냐에 관심을 기울이는 것이다. 광고계의 거장인 빌 번바흐가 말했듯 "말하는 것만으로는 팔 수 없다." 따라서 소비자 마음속의 무의식에 도달하는 가장 좋은 방법은 소비자의 감정을 불러일으키는 것이다. 개인적이고 내면적이며 다양한 해석이 가능한 방법을 통해 메시지를 전달하는 것이다. 이것이 바로 마케팅에 스토리와 시, 노래, 유머, 그림, 상징, 캐릭터, 역할, 비유를 사용하는 이유다. 이들은 효과적인 마케팅 도구이며, 마케팅이 지나치게 감정에 호소한다는 비판을 피할 수 있는 방법이기도 하다. 이들은 우리 가슴 깊숙한 곳에 있는 무의식에 호소한다. 무의식은 커튼 뒤에 있어 다들 관심을 기울이지 않지만 큰 영향력을 행사하는 막후 실력자와 같다.

브랜드는 기대감이다

소비자들의 삶에서 브랜드가 차지하는 의미와 역할을 제대로 이해하려면 더 나은 조사 방법이 필요하다. 다행히도 신경과학이 이런 질문에 대한 대답을 내놓고 있다.

선구적인 신경과학자들의 연구를 통해 브랜드가 소비자들의 마음속에 어떻게 자리 잡는지 밝혀졌다. 베일러 의대의 '브라운 휴먼 뉴로이미징연구소' 소장 리드 몬터규는 펩시 챌린지라는 이름으로 잘 알려진 펩시콜라의 마케팅 전략을 실험실 안으로 끌어들였다.

펩시 챌린지 캠페인은 거리에서 소비자들에게 펩시콜라와 코카콜라를 시음하게 하고, 그들의 선택을 그대로 방송광고로 내보내 주목을 받았다. 어느 쪽 콜라인지 모르는 채 블라인드 테스트에 참가한 사람들은 콜라를 마신 후 대부분 펩시를 선택했다. 그럼에도 콜라를 좋아하는 사람들은 여전히 코카콜라를 더 많이 사고 있다. 이런 현상을 어떻게 이해해야 할까? 더 맛있는 브랜드가 따로 있는데 왜 살 때는 다른 브랜드를 고르는 것일까? 더 맛있는 음료수를 사는 게 당연해 보이는데 말이다.

이 질문에 답하기 위해 신경과학자들은 펩시 챌린지 실험을 살짝 바꿔 재연했다. 실험에 자원한 사람들은 뇌기능자기공명영상^{fMRI}으로 뇌를 스캔하면서 콜라를 마셨다. fMRI는 인체에 무해하고 고통을 주지 않으면서 뇌가 어떻게 활동하는지 시각적으로 관찰할 수 있는 장치다. fMRI는 뇌 안에서 혈액이 활발하게 몰리는 장면을 보여줌으로써 뇌의 어떤 부분과 기능이 활성화되는지 보여준다.

실험을 위해 fMRI 장치에 들어간 참가자들에게 빨대 모양의 튜브를 통해 콜라가 전달됐다. 첫 번째 실험은 펩시 챌린지와 똑같이 진행됐다. 참가자들은 브랜드 이름을 모르는 채로 콜라를 마셨다. 실험의 두 번째 단계에서는 참가자들에게 콜라를 주기 전에 미리 각각 펩시와 코카콜라 캔 이미지를 보여줬다. 브랜드를 알고 마시는 것이 콜라 선호도와 뇌 활동에 어떤 영향을 미치는지 밝히기 위한 것이었다.

브랜드를 모르는 상태에서 블라인드 테스트가 진행됐을 때 코카콜라나 펩시콜라에 대한 뇌신경 반응은 비슷했다. 그러나 콜라 브랜드를 알고 마셨을 때 참가자들은 코카콜라가 더 낫다고 응답했고, 뇌 스캔 사진 역시 큰 차이를 보였다.

펩시콜라를 마셨을 때와는 달리 코카콜라인 것을 알고 마셨을 때는 뇌의 더 많은 부분들이 훨씬 더 강하게 반응했다. 특히 배외측 전전두엽피질이라고 불리는 뇌의 앞부분이 크게 활성화됐다. 배외측 전전두엽피질은 의사결정과 단기기억, 연상작업, 고등 인지 사고와 관련된 기능을 담당하는 곳이다. 전전두엽피질은 성격, 자아인식과도 관계가 있다. 아울러 실험 과정에서 뇌의 변연계와 해마의 활동도 활발해졌다. 변연계는 뇌의 감성 센터에 해당하는 곳이고, 해마는 기억의 형성과 저장에 중요한 역할을 하는 부분이다.

몬터규는 "코카콜라라는 상표는 뇌 활동, 특히 행동을 조절하고 기억에 관여하며 자아상과 관계가 있는 부분에 엄청난 영향을 미친다"고 말했다. 몬터규의 실험은 브랜드 라벨을 먼저 보고 나면 행동을 계획하는 전전두엽피질을 통해 소비자들이 코카콜라 브랜드를 생각하게 된다는 사실을 증명했다.

사람들은 행동을 계획할 때 현재의 경험을 과거의 경험, 과거의 기억과 연결시킨다. 브랜드는 그 시대의 문화뿐 아니라 사람들의 뇌 속에도 살아 있다. 브랜드는 무의식적인 생각과 신념을 활성화시킨다. 몬터규는 이렇게 결론 내렸다.

"우리는 문화적인 메시지의 바다에 살고 있다. 코카콜라는 코카콜라라는 브랜드가 전하는 메시지가 우리 신경계에 서서히 입력된 경우다. 그리고 행동에 영향을 주는 뇌 부분이 그 메시지에 따라 반응을 일으킨 것이다."

도파민에게 물어봐

무언가를 결정한다는 것은 미래를 선택하는 것인데, 우리의 뇌는 주로 도파민 분비를 통해 이런 일을 한다. 도파민이라는 신경전달물질은 욕구와 열망을 책임진다. 섹스와 약물, 도박, 게임은 물론 쇼핑 욕구를 포함해 사람들이 하는 거의 모든 일에 동기를 부여한다. 도파민은 쾌락과 행복을 느끼게 한다는 점에서 아편과 비슷한 작용을 하는 '오피오이드'라는 진통·마취제와 밀접한 관계가 있다. 몬터규는 "사람들의 99.9퍼센트는 도파민이 분비된다는 사실을 모르지만 그들의 99.9퍼센트는 도파민이 뇌의 다른 부분으로 실어나르는 정보와 감정에 따라 움직일 것"이라고 말했다. 도파민은 또 학습 등 뇌 기능의 적응력과 유연성을 제어하며 기억 작용에도 핵심적인 역할을 한다.

몬터규의 실험에서 참가자들에게 코카콜라 브랜드를 보여주면서 뇌를 스캔했을 때 쾌감을 관장하는 전전두엽피질 등이 활성화되었다. 참가자들이 무의식적으로 코카콜라를 펩시콜라보다 매력적으로 인식하고 있기 때문이다. 콜라 한 모금 마시지 않고 그저 코카콜라 라벨을 보는 것만으로 뇌의 쾌감중추가 자극될 수 있는 것이다. 뇌에서 자연적으로 도파민 분비를 증가시키기 때문에 가능한 일이다.

뇌세포 신경전달물질인 도파민은, 선물 같은 보상을 받거나 기대했던 것보다 큰 보상을 받았을 때 활발하게 생성된다. 전전두엽피질과 뇌의 쾌감 시스템 사이에는 도파민 링크가 있다. 우리가 미래에 취할 행동은 현재의 감정에 바탕을 두고 있다. 더 많은 보상이 있을 거라고 느끼게 되면 그 행동을 할 가능성은 더 높아진다. 도파민은 기대감을 끌어올려 기분을 좋게 만드는 일종의 '약물'이기도 하다. 그렇다고 도파민 분비를 위해 약물에 의존할 필요는 없다. 앞으로 일어나기를 바라는 일을 마음속에 그리고 상상하며 전전두엽피질을 활성화시키는 것으로 충분하다.

몬터규 팀은 뇌 자기공명영상^{MRI}을 사용해 실험 참가자가 콜라를 마시기 전에 그의 선호도를 꽤 확실하게 예측할 수 있었다. 몬터규는 "얼마나 쉬운지 우리도 어리둥절할 지경이었다"며 "뇌 스캔을 보면 참가자들이 어떤 선택을 할지 맞출 수 있었다"고 말했다.

펩시콜라와 코카콜라 블라인드 테스트 결과에 따르면 논리적으로 사람들은 펩시콜라를 좋아해야 한다. 그러나 브랜드 선호도는 합리적인 것과는 별 상관이 없다. 도파민은 결정을 내릴 때 기준이 되는 가치 판단에도 개입한다. 그런데 도파민의 선택 기준은, 다른 것을 고를 때보다 '기분이 좋아지는' 것일 뿐이다. 사람들이 코카콜라를 선호하는 것은 코카콜라가 펩시콜라보다 맛이 더 낫기 때문이 아니라, 더 맛있으리라 기대하는 감정에서 비롯된 것이다. 그런 의미에서 마케팅 전문가들은 '기분이 좋아지는' 그 어떤 것들을 파는 사람들이라고 보아도 무방하다. 사람들은 달기만 한 탄산음료가 아니라, 코카콜라라는 브랜드를 사랑하는 것이다.

사람들의 브랜드 선호도가 이성적인 것이 아니라 감성적이라는 분명한 예가 크리스탈 펩시와 코크 클리어의 실패다. 두 제품은 1990년대 초반 등장하자마자 마케팅 열풍에 불을 당겼다. 마케팅 전문가들은 새로 나온 색깔 없는 투명한 콜라를 첨가물이 섞이지 않은 순수함과 연결시켰다. 이성적인 소비자라면 인공 갈색 색소가 함유되지 않은 맑고 깨끗한 콜라를 고를 것이라고 생각하면서 말이다.

마케팅 계획은 이랬다. 캐러멜 색깔이란 결국 설탕을 태웠을 때 나오는 것이며, 생물학자가 광고에 등장해 탄 설탕은 사실 발암물질이라고 설명하면 될 것이다. 그러나 결과적으로 사람들의 무의식은 갈

"
브랜드는 객관적인 그 무엇이 아닌
주관적인 경험이다.
브랜드는 과거 느낌과
생각에서 출발하지만
결과에 대한 기대감을 반영하는
일종의 상징이다.
"

색 색소를 더 좋아하는 것으로 판명됐다. 이미 콜라라는 이미지가 우리의 기억 속에 깊이 뿌리내렸기 때문이다. 풍부한 갈색이 아니면 늘 마셔왔던 콜라라는 기분이 들지 않았다. 신제품은 콜라의 갈색 빛깔처럼 사람을 끄는 적극적인 에너지가 부족했고, 결국 소비자들에게는 짝퉁처럼 느껴졌던 것이다. 콜라의 색깔은 단순한 탄산음료의 색소가 아니라 사람들의 생각을 물들인 셈이다. 투명한 콜라는 맛도 이전의 콜라와 똑같게 느껴지지 않았다. 우리가 마시고 있는 것에 대한 '생각'이 우리가 실제 맛보고 있는 것에 대한 인식까지 바꿨기 때문이다.

시각적인 인식이 맛에 대한 기대에 미치는 영향을 입증하기 위해 프랑스 보르도 대학의 연구진이 실험을 진행했다. 이들은 54명의 프로 와인 감식가들에게 무미·무향의 붉은색 색소를 넣은 화이트 와인을 건넸다. 와인의 맛이 어땠는지 평가해달라는 질문에 전문가 전원은 레드 와인을 설명할 때에나 쓰는 전문용어를 사용하며 이 와인을 평했다. 가장 전문적인 와인 감식가들조차도 뇌의 화학작용에 속아 넘어간 것이다. 당신이 평범한 콜라 애호가든 와인 소믈리에든, 당신의 무의식은 다양한 감각을 동원해 다양한 수준의 정보를 동시에 처리하고 있다.

무의식은 종종 가짜 환상에 사로잡혀 진짜 믿음을 만들어냄으로써 무의미한 것에 의미를 부여하기도 한다. 진화심리학을 개척한 존 투비는 이렇게 설명했다.

"우리가 우리 의식 밖에 존재한다고 생각하는 모든 것들은 사실 우리 머릿속에서 작동하며, 우리가 우리 스스로를 위해 조직한 세계인 매트릭스 프로그램 안에 있다. 때때로 진짜 외부 세계가 이 매트릭스 프로그램과 일치하기도 한다. 그러나 우리는 우리가 현실이라고 착각하는 이 비디오 게임 속에 푹 빠져있을 뿐이다."

브랜드는 객관적인 것이 아닌 주관적인 경험이다. 브랜드는 우리의 과거 느낌과 생각을 바탕으로 결과에 대한 기대감을 반영하는 일종의 상징이다. 코카콜라의 갈색빛과 맥도날드의 금빛 아치형 로고, 타이드 세제의 향기, 이 모든 것들이 우리의 과거 경험에 뿌리내린 브랜드 자산이다.

이런 요소들은 우리의 무의식적인 기억과 생각, 경험을 자극하는 감각 신호가 되고, 우리가 의식하게 될 때는 몸으로 감지할 수 있는 느낌의 형태로 나타난다. 이 느낌은 우리를 행동으로 이끌어 미처 깨닫기도 전에 코카콜라나 빅 맥을 사도록 유도한다. 신경과학자 데이비드 이글먼은 무의식보다 한 발짝 늦는 의식을 신문기사에 비유했다. "우리가 신문 1면 머리기사 제목을 읽을 때에는 이미 중요한 사건이 다 벌어진 뒤다. 상황은 끝난 것이다."

브랜드는 경험을 통해 자신도 모르는 사이에 자동적으로 배우게 된, 후천적으로 학습된 행동이다. 학습된 행동은 파블로프의 개 실험처럼 내면화된 조건 반응이다. 생각할 필요 없이 행동과 선택을 하게 함으로써 우리의 삶을 단순화시킨다.

가끔 뇌가 외부 자극 때문에 너무 많은 생각으로 과부하가 걸릴 때가 있다. 뇌가 할 수 있는 것보다 더 많은 일을 처리하도록 강요할 때 그런 현상이 일어난다. 인간의 기억은 크게 단기기억과 장기기억 두 가지로 나뉜다. 실험심리학 연구에 따르면 인간의 단기기억의 한계는 위 아래로 두 개 정도의 차이는 있을 수 있지만 평균적으로 7개 항목 정도임을 알 수 있다. 전화번호나 자동차 번호판이 7자리 숫자로 되어 있는 이유가 이 때문이다. 그러고 보면 요즘 우리 뇌는 모든 결정을 의식적으로 처리하는 과정에서 너무 많은 정보에 노출되어 있다.

의식적인 생각은 신진대사 측면에서 상당히 많은 에너지를 필요로 한다. 지나치게 많은 정신 활동이 우리를 지치게 하는 것도 그 때문이다. 그래서 사람들은 집중력과 맑은 정신을 유지하기 위해 더 많은 에너지와 당분이 높은 간식, 카페인을 찾게 된다. 때문에 외부로부터의 정보를 일일이 의식적으로 처리하기 위해 늬에게 초과근무를 시키는 것보다는 무의식이 대신 생각하고 처리하도록 내버려두는 것이 훨씬 효율적이다. 암산으로 답을 구하는 대신 계산기를 사용하고, 지도를 보며 끙끙대는 대신 내비게이션을 켜는 것도 비슷한 이유에서다. 결국 우리는 쉬운 방법을 택하고 걸림돌이 적은 길로 가게 되어 있다.

브랜드는 우리가 따라가고 있는 길의 도로 표지판과 같다. 브랜드는 진지한 고민이나 큰 에너지 소비 없이 저절로 반응하게 되는 체험적인 판단이자 심리적인 지름길이다. 으리가 선택한 브랜드는 우리에게 기쁨과 즐거움을 안겨줄 뿐만 아니라 물건을 사는 과정에서 오는 노력과 수고, 선택의 고민으로부터 벗어날 수 있는 편안함도 선사한다.

뉴로마케팅이라는 신세계

뉴로마케팅은 소비자들의 머릿속 안으로 들어가고자 하는 시장조사의 새 분야다. 이 연구의 주된 목표는 사람들의 말과 행동의 격차를 줄이고, 사람들이 느낀다며 말하는 것과 진짜 느끼는 것의 차이점을 좁히는 것이다.

몇 년 전만 해도 손에 꼽을 수 있을 만큼 몇 안 되던 뉴로마케팅 회사들이 지금은 전세계적으로 100개 정도로 늘어났다. 이 분야의 연구는 뇌전도EEG·electroencephalogram와 뇌기능 자기공명영상fMRI, 뇌영상법, 전기 피부 자극 등의 기술을 이용해 마케팅 자극에 대한 소비자들의 반응을 탐구한다. 이런 연구 기법들이 마케팅에 꼭 필요한, 무의식에 관한 통찰을 키워준다는 것은 분명하지만 아직은 초기 탐험 단계다.

뇌의 반응을 측정하는 이 방법들은 이미 마케팅 전문가들이 소비자들의 페르소나라는 방패를 뚫고 진짜 생각을 얻어낼 수 있도록 돕고 있다. 스낵회사 프리토레이의 최고 마케팅 책임자 앤 무케르지는 뇌영상법이 포커스 그룹보다 더 정확할 수 있다고 말한다. 실제로 뇌영상법은 이 회사의 치토스 TV CF를 평가하는 데 큰 도움이 됐다.

이 광고에는 흰색 옷으로 가득 찬 빨래 건조기에 오렌지 색깔 치토스를 부어넣어 빨래방 주인에게 복수하는 여성이 등장한다. 포커스 그룹에 참가한 사람들은 광고 속 여성의 장난에 거부감을 드러냈고, 광고가 옹졸하고 천박하다며 반감을 나타냈다. 그러나 뇌 검사 결과 포커스 그룹 참가자들은 사실 이 광고에 호감을 갖고 있는 것으로 밝혀졌다. 우리의 내적 자아는 우리의 페르소나만큼 도덕적으로 반듯하지는 않은 모양이다. 프리토레이 마케터들은 광고를 그대로 내보내기로 결정했다. 그 결정은 타당했다. 호감도는 설득력과 비례한다는 것을 시사하는 증거가 있기 때문이다. 광고는 소비자와 브랜드 사이의 관계를 나타내는 매개변수가 될 수 있다. '나는 그 광고를 좋아한다, 고로 나는 그 브랜드를 좋아한다'는 것처럼.

그러나 이것이 항상 옳은 접근방법일까? 선호도가 판매 성공으로 연결되지 못한 예들도 있다. 닷컴 시대에는 재미있고 유쾌하며 호감을 얻어낸 광고들이 많았지만 최악의 성적을 남긴 경우도 많다. 특히 펫 닷컴의 사랑스러운 양말 인형이 그렇다. 단추로 만든 눈에 한 손으로는 마이크를 들고 나머지 손을 마구 흔들어대는 이 강아지 마스코트 인형은 열광적이고 폭넓은 인기를 얻었다. 슈퍼볼 광고에 등장했고, ABC 방송의 아침 프로그램 '굿모닝 아메리카'에 게스트로 출연하

"

고통과 쾌락이라는 두 가지 기둥은
모든 인간행동의 동기가 된다.
마케팅에서는 둘 중 하나,
혹은 둘 다 이용하면 뭐든지 통한다.

"

는가 하면 <피플>지와도 인터뷰를 했다. 1999년 메이시 백화점의 추수감사절 퍼레이드에 이 인형의 대형 풍선이 등장하기도 했다. 그러나 이 마스코트의 인기조차도 펫 닷컴이 기업공개 후 채 1년도 안 돼 파산하는 것을 막기에는 역부족이었다.

반대로 호감을 얻지 못한 광고가 유난히 좋은 효과를 얻은 경우도 있다. 1980년대 뉴욕에 거주했던 사람이라면 누구나 "가격이 미쳤어!"라며 고래고래 외쳐대던 크레이지 에디 광고를 기억할 것이다. 이 전자제품 상점의 공격적인 광고는 수백만 명의 TV 시청자들을 짜증 나게 만들었지만 전성기에 43개 매장에서 3억 달러 이상의 판매 실적을 올리는 데 일등공신이 되었다. 비록 크레이지 에디는 나중에 탈세 사건으로 파산했지만 말이다.

광고를 통해 소비자들을 즐겁게 하는 것은, 제품 구매라는 반응을 이끌어내는 것과는 별개의 것이다. 마케터들은 재미를 주는 것을 목표로 하지는 않는다. 그들은 소비자들이 광고를 보고 웃는 것이 아니라 궁극적으로 제품에 대해 생각해주기를 원한다. 당신이라면 건강보험을 고를 때 즐겁거나 기쁘기를 바라겠는가, 아니면 안정감과 안전함을 원하겠는가? 그렇기 때문에 광고에 대한 정서적 반응이 반드시 긍정적일 필요는 없다. 나는 행동변화치료사로서 화, 분노, 혐오감, 증오, 공포와 같은 부정적 감정들이 사람들을 움직이게 하는 가장 강력한 원동력이 될 수 있다고 배웠다.

사람들은 본능적으로 쾌락을 추구하기보다 고통을 피하려는 성향이 더 강하다. 갑작스런 자극을 접했을 때 싸우거나 도망치려는 '투쟁-도피 반응'은 우리를 위험으로부터 지켜준 인류 진화 과정에서 가장 강하고 뿌리 깊은 행동패턴일 것이다. "고통이라는 길을 거쳐 지혜에 이른다"는 말처럼 뇌는 종종 괴로움을 통해 배워간다. 뜨거운 난로를 만졌다가 손을 데고 나면 다시는 그러면 안 되겠다는 것을 배우는 것처럼 말이다. 그래서 어떻게 하면 승리할 수 있는지 가장 큰 교훈을 주는 것은 따끔한 실패 경험이다. 고통과 쾌락이라는 두 가지 기둥은 인간의 모든 행동의 동기가 된다. 때문에 마케팅에서는 둘 중 하나, 혹은 둘 다 이용하면 뭐든지 통한다는 속설이 있다.

인간의 뇌는 너무 복잡하고 모순되기 때문에 신속한 효과를 얻을 수 있는 마법의 해결책을 찾는 게 쉽지 않다. 예컨대 뇌의 편도체는 분노와 증오를 조절하면서 동시에 성욕도 관장한다. 단 하나의 버튼으로 뇌를 조절할 수 있는 방법은 없다. 대문에 실험실에서 뇌의 반응을 논하는 것은 신경 반응들이 실제 생활에서 행동에 어떤 영향을 미치고, 마케팅 솔루션에 어떤 영향을 미치는지 설명하는 것과는 거리가 멀다.

뛰어난 통찰력이 있더라도 엉뚱한 사람 손에 쥐어지면 나쁜 광고가 나올 수 있다. 예를 들어 뉴로마케팅 분야의 선도 기업인 뉴로포커스에 따르면 사진을 왼쪽에 넣고 카피를 오른쪽에 두면 뇌가 광고 정보를 빨리 이해하는 데 도움이 된다고 한다. 왼쪽에 있는 항목들이 시각적 정보를 처리하는 우뇌의 전두엽에 의해 처리되고, 오른쪽에 있는 것들은 언어를 이용한 논리적 사고를 맡는 좌뇌 전두엽에 의해 다뤄지기 때문이다. 모든 마케터들이 이 의견을 법칙처럼 따른다면 결국 모든 광고가 비슷해져 아무것도 돋보이지 않을 것이다.

뇌는 본질적으로 뇌가 지휘하는 사람과 마찬가지로 모순점이 많다. 따라서 정해진 규칙을 세우거나 파격적인 주장을 펴는 것은 실패로 향할 수 있다. 아울러 마케팅의 혁신과 성공의 원동력인 창의성과 영감을 발휘하는 데 방해가 될 수 있다. 마케터들이 제품과 포장, 광고, 홍보, 전시, 웹사이트 등을 똑같은 규칙에 따라 계획한다고 상상해보라. 설사 그 규칙들이, 뇌가 마케팅 경험을 어떻게 처리하는지를 설명

해주는 이론적 기반 위에 있더라도 결과물은 단조로울 것이다. 천편
일률적인 것이야말로 브랜드의 종말을 알리는 전조다.

이 책의 목적은 마케팅 종사자들에게 도움이 될 만한 토대를 제공하
고 뉴로마케팅의 발전을 알리는 것이다. 중요한 것은 누구나 뇌 스캔 한
번 하지 않고도 뉴로마케팅을 할 수 있다는 점이다. 마케팅 자료를 뇌 스
캐너와 센서, 생체 인증 시스템을 통해 테스트할 수 있는 기회를 무시해
도 된다는 이야기가 아니다. 이들 테크놀러지들은 흥미롭고 매력적인
가능성과 장래성이 있다. 이제 막 깊이 있고 의미 있는 연구를 시작한 상
황이고, 우리가 뇌의 신비에 대해 더 많이 알 수 있게 될 것이다.

그러나 이런 기술에 접근할 때는 조심스러운 낙관론이 필요하다. 진
화 행동과학자이자 마케팅 교수인 개드 사드는 빠르게 부상하는 뉴로
비즈니스에 대해 이렇게 경고했다.

"지금까지의 혼란스러운 뇌 연구 결과에 일관성을 부여할 만한 이론
적 가이드라인이 세워지지 않는 한 뇌 영상기술 패러다임은 특별한 목
표도 없이 그저 보기 좋은 뇌 영상을 찾아 헤매는 수준에 그칠 것이다."

눈먼 시계공

인간 뇌의 미스터리를 풀기 위해 노력하는 것보다 더 복잡하고, 사람
을 겸손하게 만드는 것도 없다. 우리에겐 규칙이 아니라 도구가 필요
하다. 뇌에 관해 지금까지 이해한 것을 넓게 보고 미래를 전망할 수 있
게 해줄 시스템이 필요하다. 이 시스템은 신념 체계를 형성하고, 선택
대상을 평가하며, 브랜드를 구입할 때 무의식과 의식이 겪는 과정을
고려해야 한다. 이들이 행동변화에 미치는 영향에 대해 여러 각도에

서 전체 스펙트럼을 설명할 수 있어야 한다. 거기서부터 우리는 다양한 사고방식과 새로운 해결책을 모색할 수 있게 될 것이다.

세계 최고의 품질경영 대가인 에드워즈 데밍은 이렇게 달한 적이 있다. "만일 당신이 전체 프로세스의 일부분으로서 자신이 지금 무엇을 하고 있는지 설명할 수 없다면 당신은 자신이 무엇을 하고 있는지 모르는 것이다." 미국의 통계학자이자 컨설턴트였던 데밍은 전후 일본 산업에 대혁신을 일으켰고 1980년더 포드 자동차를 되살렸다. 조직을 혁신시키는 그의 14가지 경영철학 핵심에는 이 원칙이 있다. "품질을 개선하고 생산성을 향상시키기 위허 생산과 서비스 시스템을 영원히 끊임없이 개선하라. 그러면 지속적으로 비용을 절감할 수 있다." 마케팅 프로세스를 개선하기 위해 우리는 회사 내부가 아닌 사람들의 마음 속 깊은 곳에 초점을 맞춰 인간 내부의 행동변화 과정을 밝혀야 한다.

영어로 뇌를 뜻하는 브레인^{brain}이 명사인 반면 마음^{mind}과 행동^{behavior}은 명사이자 동사로도 쓰인다. 마음과 행동은 변화의 과정이란 의미를 지니고 있기 때문에 바구니나 쇼핑 카트에 담을 수 없다. 뇌가 행동 변화를 처리하는 방식은 여느 다른 과정과 비슷하다. 빵을 구울 때에도 특정한 단계에서 반드시 이뤄져야 하는 핵심적인 요소들이 있다. 만약 엉뚱한 재료를 쓰고 잘못된 순서로 재료를 섞어버리면 빵이 완성되지 않듯이, 행동의 변화도 얻지 못한다. 일단 순서와 구조가 밝혀지면 그에 따라 측정이 가능해지고 변화 과정을 조절할 수도 있다. 마음속 무의식의 변화 과정을 알아내면 그 흐름에 집중해 관찰할 수 있고, 행동을 바꿀 가장 효과적인 전략을 세울 수 있다. 효과적인 시장조사도 수행할 수 있다. 무의식을 의식으로 만듦으로써 어디를 조사해야 하는지 알게 되기 때문이다.

이 과정은 늙은 보일러공의 이야기를 떠올리게 한다. 이 보일러공은

   01 가케팅이라는 신화

대형 증기기관선에서 일하고 있었는데, 어느 날 엔지니어에게서 엔진에 문제가 있다는 이야기를 듣게 됐다. 엔지니어에게 몇 가지 질문을 한 후 그는 직접 엔진을 체크하러 보일러실로 내려갔다. 보일러공은 복잡하게 꼬여있는 파이프들을 꼼꼼하게 점검한 뒤 간간히 손으로 파이프를 만져가며 쿵쿵대는 엔진 소리를 집중해 들었다. 그러고 나서 공구 가방에서 작은 망치를 꺼내들고 밸브를 한 번 톡 두드렸다. 보일러는 다시 완벽하게 작동하기 시작했다. 일주일 후 배 소유주는 보일러공에게서 1000달러짜리 청구서를 받았다. 선주는 보일러를 수리하는 데 겨우 15분이 걸렸고, 보일러공이 한 일은 거의 없다고 불만을 토로했다. 항목별로 작성한 청구서를 보여 달라는 선주의 말에 보일러공이 보낸 명세서는 다음과 같았다.

		영 수 증 (공급받는자용) 귀하
월일	**품 목**	**금 액**
	망치로 두드리기	0.5달러
	어디를 두드려야할지 파악하기	999.5달러
	합계	1000달러

　　노력하는 것은 중요하다. 하지만 당신이 가지고 있는 자원을 어디에 집중해야 하는지 아는 것은 상황을 완전히 다르게 만든다. 보일러공처럼 어디를 두드릴 것인가를 아는 것으로 우리는 빙산의 덩어리를 옮겨 수면으로 떠오르게 할 수 있으며, 마침내 빙산을 완전히 살펴볼 수 있을 것이다. 칼 융은 "당신이 무의식을 인식하게 될 때까지 무의식은 당신의 삶을 안내할 것이고, 당신은 그것을 운명이라 부를 것이

다"라고 말했다.

대부분 무의식적으로 일어나는 정신작용의 본질과 과정, 순서, 구조를 인식하지 못한다면 당신은 눈 먼 시계공과 같다. 눈 먼 시계공이라는 표현은 영국의 생태학자 겸 진화생물학자인 리처드 도킨스가 자연선택과 진화의 돌발적인 특징을 설명하기 위해 사용한 것이다. 마케팅 업계에서 쓰는 말로 옮기자면, 당신은 "벽에 붙는 게 어떤 것인지 알아보려고 벽에 오물을 던지는" 격이다. 이처럼 무의식에 대한 이해가 없다면 지금까지 당신이 얻은 성과는 시장에서 경쟁하는 데 필수적인 효율성과 방향성, 초점을 잃은 우연에 불과하다.

마케팅 종사자들은 매일 마케터와 소비자라는 두 개의 모자를 쓴 채 살아간다. 우리는 일터에서 자신을 팔고, 시장에서는 제품을 판매하며, 생활의 매순간 소비자로 살아간다. 우리는 우리의 모든 선택과 행동 뒤에 작용하는 강력한 무의식의 힘을 모른 채 살아가고 있다. 무의식의 힘을 인식하게 된다면 우리가 하는 일을 왜, 어떻게 결정하는지 이해하게 될 것이다.

소비자보다
인간

소비자는 통계자료이고, 고객은 사람이다.
미국의 백화점 니만마커스의 전 회장 스탠리 마커스

우리는 우리가 말하는 방식에 따라 생각하고, 생각하는 방식에 따라
의사소통을 한다. 대화로 하든 글로 하든, 상징이나 제스처를 사용하
든, 언어는 의미를 만들어 내고 의미를 나누는 방법 중 가장 중요한
방법이다. 우리가 사물에 이름을 붙이면 그것이 우리 관점의 틀을 만
든다. 우리가 부여한 꼬리표에 따라 원래 있던 뜻을 바꾸게 되기도 한
다. 그래서 일상적으로 너무 흔히 쓰는 소비자라는 말을 들을 때마다
나는 불편함을 느낀다.

마케팅 업계에서 소비자라는 단어를 사용하는 것은 불가피하다. 그
러나 대부분의 업계 사람에게 소비자란 상품과 서비스 구매를 통해
경제발전을 촉진하는 집합체일 뿐 감정과 꿈, 목표, 포부가 있는 현실

속 진짜 사람이 아니다. 하지만 만약 당신의 '평균적인 소비자'가 이런 식으로 자신이 정의되고 있다는 것을 알게 된다면 기뻐하기보다는 짜증스러워할 것이다. 소비자라는 꼬리표는 추정에 불과하고 역효과를 초래할 수 있으며, 심각하게 잘못 판단한 것이다.

마케터들은 또 사람들을 '구매자'나 '느림보들' 등으로 부르기도 한다. 그러나 사람들을 이렇게 자기중심적으로 비인간적 마케팅 라벨로 낮춰 부르는 것은 도움이 되지 않는다. 마케터들의 가장 큰 잘못은 무엇보다 아직 일어나지 않은 사람들의 행동을 미리 추정하는 것이다. 마케터들이 광고 타깃을 제대로 이해하는 첫 번째 방법은 사람들이 단순히 소비하는 것보다 더 많은 일을 한다는 것을 인식하고, 무엇보다 먼저 그들을 제대로 정의하는 것이다. 마케터들이 사람들을 본질적으로 예민한 존재가 아니라 단순한 제품 구매자로만 이해한다면 마케터들은 광고를 만들기 전부터 형편없는 의사소통 능력을 보여주는 꼴이다.

마케터들은 소비자들 사이의 유형과 문화 트렌드를 확인하기 위해 과도한 노력을 쏟는다. 그러면서 정작 이런 유행을 만들어낸 인간으로서의 선천적인 욕구에 대해서는 무관심하다. 유행은 활발하게 변하고 순식간에 지나가지만 인간으로서의 본성은 꾸준하고 상대적으로 잘 변하지 않는다. 미국의 생물학자 에드워드 윌슨은 이렇게 말했다.

"문화는 유전자라는 긴 끈에 매달려 있다."

진화는 알아차릴 수 없을 만큼 점진적인 속도로 진행된다. 우리의 인지능력과 관계된 부분도 진화에서 가장 오래된 것이지, 새롭게 개선된 것이 아니다. 인간의 통찰력은 세월이 흘러도 꾸준히 광범위하고 다양한 부문에 영향을 끼친다. 인간의 욕구는 소비자로서의 욕구와는 다르게 행동의 변화에 더 깊고 더 중요한 영향을 미친다.

사람들의 목표는 자신들의 욕구와 충동을 만족시키는 것이지 당신이 마케팅하는 제품을 소비하는 게 아니다. 마케터들은 '소비자'라는 단어를 사용함으로써 자만심과 회사 중심적인 시각을 드러내고 있다. 이런 태도는 사람들이 왜 물건을 사는지, 그들에게 물건을 팔 수 있을 만큼 신뢰를 얻으려면 뭐가 필요한지 더 깊게 이해하는 것을 가로막는다. 마케터들의 이런 시각은 고객의 이익보다 회사 이익을 강조함으로써 오히려 마케팅 전략의 법칙을 어기는 것이다. 많은 마케터들이 매출을 눈에 띄게 끌어올리는 것을 목표로 삼고 있기 때문에 내 말이 언뜻 납득되지 않을 수도 있을 것이다. 내가 말하고자 하는 것은 소비자들의 행동에 대해 더 깊이 이해하려면 먼저 인간을 폭넓게 정의할 필요가 있다는 것이다. 우리는 똑같은 브랜드의 소비자는 아니지만 결국 똑같은 사람이기 때문이다.

석기시대 마인드

240만 년 전 인류라는 속(屬)이 시작된 이래 우리 조상들은 대략 8만 4000 세대에 걸쳐 수렵과 채집 생활을 해왔다. 그에 비해 산업시대를 살아온 세대는 고작 일곱 세대에 지나지 않는다.

인류라는 종種은 진화과정의 99퍼센트 이상을 수렵과 채집 사회에서 보냈다. 인류의 욕구는 수천 년 동안 상품과 브랜드가 존재하기 오래 전부터 형성되고 있었다. 인간의 정신은 오늘날의 소비자로서 부딪히는 문제가 아니라 수렵채집 시절 겪었던 문제들을 풀어나가는 데 맞춰져 있다. 그래서 사람을 소비자로 좁게 정의하면 안 되는 것이다. 사람을 소비자라는 한정된 시각으로 보게 되면 광고 대상과 제품 관계에만 관심을 기울이게 된다. 인류의 뇌와 행동을 형성해왔고, 오늘날에도 여전히 뇌와 행동의 관계에 큰 영향을 미치는 진화과정의 영향은 무시한 채 말이다.

수백 만 년의 진화를 거쳐 현대 인류의 조상은 홍적세 기간에 나타났다. 이들은 아프리카 동부의 대초원에서 수렵채집 생활을 하며 작은 유목민 무리를 이뤄 살았다. 이들 초기 인류의 삶은 캠프 여행과 비슷했다. 물론 필수품을 아웃도어 용품점에서 살 수 없었고, 평생 캠핑을 해야 한다는 점에서 훨씬 고되긴 했을 것이다. 인류가 냉난방이 되는 집에서 살게 되고, 슈퍼마켓에서 장을 보며, 패스트푸드를 먹고, TV를 보며 한 곳에 정착해 살게 된 것은 100년도 채 되지 않았다. 무척 오래된 생활 방식처럼 느껴지는 이런 삶은 인류 역사라는 레이더 화면 상에서 깜박거리는 아주 작은 신호에 불과하다. 더 큰 시각으로 보자면 디지털 시대는 이제 겨우 두 세대가 지났을 뿐이다. 우리는 목표를 정하고 돌을 던져서 맞추던 사냥꾼에서, 물건을 클릭해 쇼핑하는 존재로 순식간에 변했다. 그러나 생활방식이 바뀌었다 해도 우리의 뇌가 아마존 닷컴보다 실제의 아마존 정글에 더 적합한 상태에 머물러 있다는 사실은 변함이 없다. 진화심리학자들이 말하듯 "현대식 머리 안에 석기시대의 정신이 살고 있는 것"이다.

이렇듯 21세기를 살고 있는 오늘날에도 초기 인류 시대를 거쳐 진화하고 적응해온 인지구조와 멘탈 프로그램은 여전히 우리 안에 남아 있다. 지금과는 매우 다른 환경과 상황에서 형성된 두뇌 구조가 우리 행동에 일차적인 영향을 미친다는 의미다. 우리는 더 이상 우리의 정신이 형성된 환경에 살고 있지 않음에도 뇌는 계속 그 상황에 있는 것처럼 작동하고 있다. 인간의 생활방식은 빛과 같은 속도로 바뀌지만 자연도태, 혹은 우리가 진화라고 부르는 과정은 더디게 진행된다. 진화는 매우 느린 과정이어서 후기산업사회에 적응할 두뇌회로를 설계하기에는 시간이 모자랐다. 그러나 우리가 살고 있는 환경은 계속 빠르게 변하기 때문에 언제나 똑같은 문제를 겪게 된다. 인간은 인간의 정신보다 더 빠르게 변하고 있는 것이다.

마케팅에서 사람들이 구입한 물품 목록을 기록하는 대신 사람들이 왜 그 물건을 샀는지 그 뒤에 숨은 동기를 찾아내야 하는 이유도 그 때문이다. 인류에게 상품과 서비스를 쇼핑하는 것은 상대적으로 새로운 행동이다. 하지만 우리가 영양상 더 나은 재료와 조건을 선택하게 하는 아주 오래된 두뇌회로는 변하지 않은 채 고스란히 남아 있다. 세렝게티 초원에서 수렵과 채집을 하던 시절의 기본 전략과 오늘날 월마트에서 쇼핑하는 방법은 본질적으로 매우 비슷하다. 사람들이 시리얼 브랜드를 고르는 것은 수렵채집 시절 무, 당근, 과일, 감자, 견과류, 곡물, 씨앗을 줍는 것과 다르지 않다. 고통을 피하고 기쁨을 주는 것으로 알려진 안전하고 익숙한 것들을 선택하기 때문이다.

웰빙을 추구하게 된 동기가 불안과 공포라는 사실은 역설적으로 보일 수 있다. 하지만 인류의 진화 과정은 주로 피해에서 벗어나고자 하는 욕구에서 비롯되었다. 현대 인류 초기인 홍적세 시대에 특이하고 독성이 있을 가능성이 높은 과일이나 식물을 고르는 것은, 질병으로 이어지거나 최악의 경우 죽음을 의미했다. 오늘날에는 그 시절만큼 위험이 크지는 않지만 그것을 피하고자 하는 행동은 남아있다. 사람들은 평범한 일상의 안온함에서 벗어나는 것을 좋아하지 않는다. 그런 점에서 믿을 수 있는 제품을 선택하고, 그런 브랜드에 충성도를 갖는 것은 홍적세 시대의 유물이라고 볼 수 있다.

선천적 메커니즘

공장에서 새로 나온 신차처럼 인간드 표준적인 특징과 기능 일습을 갖추고 태어난다. 타고난 특성과 성격을 말하는 거다. 모든 사람은 진화심리학자들이 '진화된 심리학적 적응Evolved Psychological Mechanisms, EPMs'이라고 부르는 선천적인 메커니즘을 가지고 있다.

'진화된 심리학적 적응'은 무의식적으로 자동적인 결정을 내리도록 이끈다. 종교적인 의례, 세력권 싸움, 집단적인 의사 결정, 동맹 형성, 포식자 회피, 먹이 선택, 짝짓기 선택, 동성끼리의 경쟁 등과 같은 인지 메커니즘은 인류가 지속적으로 해온 수많은 행동에서 중요한 역할을 했다. 종종 아주 작은 정보에도 생각 없이 튀어나오는 즉각적인 행동 반응을 만들어낸다. 순간적으로 뱀을 보면 머릿속으로 생각하기도 전에 몸이 화들짝 놀라 뛰어오르는 것처럼 말이다.

수십 년 동안 많은 사회과학자들은 인간 행동에서 '타불라 라사tabula rasa' 이론을 지지해 왔다. 라틴어로 '깨끗한 석판'을 의미하는 이 이론은, 인간이 무구한 백지 상태로 태어난다는 이론이다. 스스로 데이터를 처리할 수 있는 어떤 규칙도 없으므로 인간의 마음 구조는 부모의 양육과 사회화, 집단문화 같은 후천적 경험에 의해 형성된다는 것이다.

마케터들 역시 이 의견을 따라왔다. 오로지 문화적 요인과 시장 요인에만 관심을 쏟은 것이다. 달걀을 부화 바구니에 넣어두고 자연의 영향과 생명 활동은 무시한 셈이다. 광고주들은 대개 소셜 미디어와 테크놀로지, 패션, 음악, 엔터테인먼트 등에서 가장 인기 있는 유행에 휘둘리고, 지금 시장에서 어떤 것이 팔리고 있는지 집착한다. 인간의 기본적인 욕구와 욕망 같은 심오하고 영원한 진실에는 관심이 별로 없거나 아예 없다.

그러나 미국 폭스바겐의 부회장이자 최고 마케팅 경영자 겸 최고 제품 책임자인 팀 마호니는 이렇게 지적했다. "우리는 가끔 반짝거리는 새로운 것에 마음을 빼앗기곤 한다. 하지만 마케터에게는 위험할 수 있는 일이다. 마케팅은 무엇보다 사람들의 내면에 다가가는 것이기 때문이다."

문화적 요인보다 인간의 행동이 설명할 수 있는 것들이 훨씬 많다. 코넬대 생물학과 부교수 앨런 맥닐은 "많은 사회과학자들의 주장과는 반대로 인간의 행동이 계속 문화의 영향을 받는 것은 아니며, 오로지 문화라는 요인으로만 설명할 수도 없다"고 말했다. 실제로 신경과학과 인지과학, 진화생물학에서 최근의 발견은 '타불라 라사'라는 백지 상태 이론을 뒷받침하지 않는다. 인간의 모든 행동이 사실상 후천적인 요소와 선천적인 것 두 가지 모두를 가지고 있는 것처럼 보인다는 것이다. 하버드대 진화심리학자 스티븐 핑커는 저서 『빈 서판: 인간은 본성을 타고 나는가』에서 이렇게 썼다.

"가장 최근의 연구는 뇌의 많은 속성들이 오감을 통해 얻은 정보에 좌우되는 것이 아니라 유전적으로 체계화된다는 것을 보여주고 있다."

핑커는 또 이렇게 덧붙였다.

"행동은 문화권마다 다르게 나타날 수 있다. 그러나 그 행동을 하게 하는 멘탈 프로그램의 설계가 문화마다 다를 이유는 없다. 인간은 학습을 담당하는 선천적인 시스템을 가지고 있기 때문에 지능에 의존하는 행동들을 성공적으로 습득할 수 있다."

“

마케팅은 무엇보다
사람들의 내면에 다가가는 것이다.
반짝거리는 새로운 것에
마음을 빼앗기면 안 된다.

”

자동화된 행동

인간을 다른 동물과 관계없는 별개의 존재처럼 다루는 것은, 우리가 우리 자신의 행동을 실증적으로 깊이 있게 이해하는 데 방해가 되어왔다. 자연상태에서 동물들의 행동패턴을 연구하는 학문인 행동학은 동물과 인간을 구분하지 않았기 때문에 인간의 행동을 새로운 시각에서 보게 했다. 물론 인간 행동을 이해하기 위해 마케팅 종사자들이 동물학자가 될 필요는 없다. 하지만 동물들의 자연스러운 패턴을 관찰함으로써 인류 진화의 중요한 비밀을 알아낼 수 있다. 찰스 다윈의 자연선택 이론도 그가 어린 시절 많은 개를 주의 깊게 살펴본 경험과 갈라파고스섬 여행에서 보았던 작은 핀치새들과의 만남에서 큰 영감을 받은 것이다.

저명한 심리학자인 로버트 치알디니는 인간 관계에서 사람들끼리 주고받는 영향에 대해 연구해왔다. 그는 독창적인 저서 『설득의 심리학』에서 소비자들의 행동을 촉진하는 무의식적인 촉매를 소개했다. 치알디니는 행동학자들이 '고정행동양식^{fixed action pattern}'이라 부르는 동물들의 행동반응과 인간 행동을 비교함으로써 사람들이 어떻게 비슷비슷하게 정해진 방식으로 움직이는지 설명했다. 고정행동양식은 태어날 때부터 입력돼 특정 자극에 자동적으로 취하는 행동반응을 가리킨다.

치알디니는 어미 칠면조 실험을 예로 들었다. 어미 칠면조들은 새끼새들이 짹짹거리는 소리를 들으면 자기 새끼가 아니어도 가까이에 있는 순서대로 따뜻하게 품고 보살피는 경향이 있다. 그런데 이 보호 본능이 지나치게 자극받게 되면 혼란 상태에 빠진다.

과학자들은 칠면조의 천적인 족제비 인형에 새끼들이 내는 소리를 담은 녹음기를 붙였다. 짹짹 소리가 나는 동안 어미 칠면조는 족제비 인형을 자기 새끼인양 품고 돌봤다. 하지만 소리가 꺼지자 마치 지킬 박사가 하이드씨로 바뀌는 것처럼 맹렬히 즉제비 인형을 공격하기 시작했다. 이렇게 동물의 본능이나 행동을 일으키는 데 가장 중요한 자극을 '신호 자극'이라 부른다. 어미 칠면조에게 쨱쨱거리는 소리 즉, 신호 자극은 천적을 알아보지 못하게 할 만큼 다른 감각기관을 통해 들어온 정보들을 압도하기에 충분했던 것이다.

그러나 문제는 남아있다. 만일 동물이 사전에 특정의 신호 자극에 반응하도록 만들어진다면 인간도 비슷한 방식으로 프로그램화 될 수 있을까? 이를 테면 사람들이 특정 마케팅 방식에 반응하는 것이 가능할까? 이 방식에 어긋나는 광고에 거부 반응을 보이고, 이 방식을 잘 적용한 광고는 호의적으로 받아들일까? 마케터와 소비자 양쪽이 모두 모르고 있는 무의식의 방아쇠가 있는 것은 아닐까? 만약 그렇다면 그 방아쇠는 무엇이고, 브랜드와의 유대감을 더 강하게 하기 위해 어떻게 그 방아쇠를 활용할 수 있을까? 마케팅 프로그램에서도 앞에서 말한 '진화된 심리학적 적응'의 존재를 인정할 수 있을까? 타 브랜드와 공동 마케팅을 기획하거나 브랜드 커뮤니티를 만들어 고유한 세력권을 만드는 것이 그 예가 될 수 있겠다. 마케터들의 위험한 기만행위를 경고하는 인터넷 블로거들을 피하려는 것 역시 포식자를 피하려는 진화된 심리학적 적응으로 볼 수 있다.

이미 밝혀진 대로 인간에게는 선천적으로, 또 교육을 통해 자동화된 행동이 있다. 즉 환경의 자극에 의식적인 노력을 기울이지 않고 자기도 모르는 사이에 반응하는 것은, 타고난 성향과 자라면서 배운 사회적 규범 때문이다. 삶이 더 바쁘고 복잡해질수록 우리는 어떤 결정을 내릴 때 점점 더 맹목적으로 이런 정형화된 경험칙을 따르게 된다. 자동화된 행동은 언제나 일어나고, 훨씬 더 복잡한 상황에서는 더 자주 일어나게 될 것이다.

예를 들어 시장을 선도하는 제품의 위력과 1등 브랜드의 위상은 사람들의 군중심리로 설명할 수 있다. 무엇을 해야 할지 모를 때 다른 사람들이 하는 대로 따라하는 것 말이다. 치알디니 박사는 이렇게 다른 이들의 선도를 따르려는 성향을 '사회적 입증$^{social\ proof}$'이라고 부른다. 이 성향은 인류가 수천 년을 거쳐 진화하는 동안 강화되어 왔다. 수렵 채집 사회에서는 생존을 위해 단체 의견이 중요했기 때문이다. 미국에서 도요타 캠리가 가장 잘 팔리는 승용차로 꾸준히 꼽히는 이유는, 최근에 있었던 리콜 사태와 안전에 대한 우려에도 불구하고 많은 캠리 오너들이 도요타에 대한 신뢰와 헌신적인 태도를 보여준 덕분이다.

또 다른 심리적인 경험칙으로는 '싼 게 비지떡'이라는 게 있다. 어미 칠면조에게 짹짹 거리는 소리는 곧 그 대상을 보호해야 한다는 신호로 여겨지는 것처럼, 사람들도 제일 좋은 것을 얻고자 할 때는 비싼 것을 사야 한다고 믿는 것이다. 생각이 이런 식으로 흐르게 되면 조심하지 않을 경우 천적인 족제비와 친해지는 결과를 낳아도 그리 놀라운 일이 아니다.

우리는 돈을 지불한 만큼 가치 있는 것을 얻을 수 있다고 경험을 통해 배웠다. 그래서 우리는 결코 싸지 않은 제품의 유혹에 넘어가곤 한다. 사람들이 복제약 대신 유명 브랜드의 약을 85퍼센트 더 비싸게 주고 사는 이유도 이 때문이다. 복제약이 미국 식품의약국^{FDA}의 기준에 맞춰 유명 브랜드의 약과 똑같은 효능과 똑같은 품질을 갖췄음에도 말이다.

벨기에 맥주 '스텔라 아르투아'가 이 경험칙을 이용해 큰 성과를 거뒀다. 상식과는 반대로 비싼 가격을 강점으로 내세운 것이다. 그러지 않았다면 벨기에에서 지극히 평범한 맥주에 머물렀을 브랜드이지만

벨기에 맥주 회사 스텔라 아르투아는 평범한 맥주에 비싼 가격을 매겨 미국에서 대박을 터트렸다.

스텔라 아르투아는 미국 로우 앤 파트너
스가 만든 광고 카피 '완벽한 것은 그만
한 값어치가 있다'에 힘입어 엄청나게 성
장했다.

STELLA ARTOIS
PERFECTION HAS ITS PRICE.

미국에서는 프리미엄 수입 브랜드로 자리 잡았다. 스텔라 아르투아는 미국 로우 앤 파트너스가 만든 '완벽한 것은 그만한 값어치가 있다 Perfection has its price'라는 광고 카피에 힘입어 엄청나게 성장했다. 그게 소비자에게나 스텔라 아르투아에게나 나쁜 일은 아니었다. 스텔라 아르투아가 벨기에 기준으로는 평균이어도 미국인들 입맛에는 꽤나 고급인 것은 사실이니까.

그러나 이 같은 일반화는 소비자들에게 프리미엄 와인 브랜드를 살 때도 더 많은 돈을 내게 만들었다. 이들 브랜드들이 사실상 똑같은 와인을 세컨드 라벨로 더 저렴한 가격에 팔고 있는데도 말이다.

디자이너 베라 왕의 경우에도 두 개의 브랜드를 가지고 있다. 좀 더 비싸고 고급스러운 '베라 왕', 합리적인 가격대의 캐주얼한 세컨드 라인 '심플리 베라'가 그것이다. 저가 의류백화점 콜스에서 판매되는 심플리 베라를 샀다면 똑똑한 소비를 했다는 기분이 들겠지만, 베라 왕 가운을 샀을 때는 자신이 세련되고 수준이 높다는 자부심을 맛볼 것이다. 핸드백이든 구두든 아니면 시리얼이 됐든, 우리는 이런 이유로 자신의 값비싼 선택에 더 만족하게 된다.

반대로 당신이 짝퉁 롤렉스를 차고 있다면 그 시계가 그다지 당신을 기분 좋게 만들지는 못할 것이다. 당신도 그것이 5000달러가 아닌 50달러짜리라는 것을 알고 있으니까. 당신이 가격을 의식한다는 것은 중요하다. 세상과 브랜드에 대한 우리의 관점은 이런 경험칙으로 얻게 된 믿음에 달려 있다.

자동화된 행동은 우리 의식에 정신적인 부담을 주지 않고도 끊임없이 결정을 내릴 수 있게 돕는다는 의미에서 일종의 '인지적 지름길'이다. 복잡하고 불안한 세상을 헤쳐 나가는 데 도움이 되는 내비게이션 역할을 하기 때문이다. 물론 천적을 포옹하는 칠면조나 잘못된 브랜드를 선택하는 소비자처럼 역효과가 날 수는 있다.

상호 이타주의

인간의 가장 강력한 행동 원칙 중 하나는 가능한 한 다른 사람에게 받은 대로 돌려주려는 '보답'일 것이다. 찰스 다윈은 이 같은 상호주의가 도덕적 행동의 토대라고 믿었다. 영장류들이 혼자서는 다듬기 어려운 부위의 털을 서로 손질해주는 것, 이를 테면 '네가 내 등을 긁어주면 나도 네 등을 긁어줄게'에서부터 기독교 교리 즉 '남에게 대접받고자 하는 대로 남을 대접하라'에 이르기까지, 다른 사람이 우리를 위해 뭔가를 해줬거나 뭔가를 받았을 때 당연히 보답해야 한다는 의무감을 갖게 된다.

이런 이타주의의 근원은 인류의 진화 역사 속에서 찾을 수 있다. 18개월짜리 유아가 남을 먼저 배려하는 이타주의적인 행동을 한다. 진화 단계에서 인류와 가장 가까운 침팬지도 남을 돕는 행동을 보인다. 세계적 과학저널 <사이언스>에 실린 독일 연구진의 논문에 따르면 이타주의의 증거는 대략 600만 년 전 인간과 침팬지의 공통 선조에서부터 찾을 수 있다고 한다.

선물을 주고받는 명절 기간에 제조업체들의 매출이 일제히 증가하듯이 이러한 상호 이타주의는 시장경제를 촉진할 수 있다. 선물을 교환하는 것 역시 인류 공통적인 유전적 성향이 작용한 것이기 때문이다.

마케터들 또한 체험용 제품이라는 구실로 공짜 샘플을 뿌리며 우리 마음속의 '보답'이라는 키워드를 활용해왔고, 아마 앞으로도 가능한 한 영원히 활용할 것이다. 작은 치약 하나를 받은 것만으로도 마음속 어디에선가는 다음번에 치약이 떨어졌을 때 그 화이트닝 치약을 떠올리는 의무감을 갖게 된다. 대형마트 시식코너에서 친절한 여성 판매원이 공짜로 치즈를 맛보게 할 때 그냥 먹고 가는 것에 내심 미안한 마음을 갖기도 한다. 마침 치즈 판매대에서 살 만한 치즈를 발견하면 안도하게 된다.

버룩 칼리지의 카필 바와와 뉴욕대학교의 로버트 슈메이커는 "쿠폰 같은 판촉물과 달리 공짜 샘플은 장기적으로 눈에 띄게 매출에 영향을 끼친다"는 보고서를 발표했다. 어느 대학교수가 생면부지의 사람들에게 크리스마스 카드를 보냈더니 서로 알지도 못하고 만난 적도 없는 이들에게서 답장이 쏟아졌다. 받은 대로 돌려줘야 한다는 생각이 얼마나 많은 사람들에게 널리 퍼져있으며 자연스러운 것인지 보여주는 예다.

인류의 진화 과정 동안 인간이 유대감을 쌓거나 관계 맺기를 거부해온 대상은 회사가 아닌 사람이었다. 따라서 소비자들은 자신이 사려고 하는 제품이나 서비스를 제공하는 회사 직원들과의 경험에 따라 그 회사를 판단하게 된다. 직원과의 기억이 좋았던 곳에는 보답을 하고, 나빴던 곳에는 징벌을 가할 것이다. 노드스트롬 백화점과 리츠 칼튼 호텔처럼 고객 서비스가 뛰어난 업체들이 성공을 거둔 것도 이런 인간 본성 덕분이다. 회사 직원들이 고객에게 상냥하거나 혹은 불친절하다면, 소비자들은 자유 시장경제에서 균형과 견제의 형태로 똑같이 되갚아줄 것이다.

인간의 이런 성향을 진화생물학자들은 상호 이타주의라고 부르는 반면 문화 인류학자들은 '부채의 망web of indebtedness'이라고 부른다. 이 독특한 적응기제는 다양한 물품과 서비스의 상호교환이 가능하도록 개인들을 분업에 효율적인 단위로 묶는다. 수렵채집 사회에서 보편적이었던 물물교환은 식량이나 가치 있는 물건들, 토지 등에 접근하는 것을 통제하는 방법이 되기도 했다. 사람들 간의 상호 교환은 모든 인류 문명의 전형적인 특징이자 산업시대의 무역과 상업의 시초가 되었다.

이타주의적 성향은 소비자들이 브랜드와 제품을 선택하는 데에도 작용한다. 예를 들어 친환경적인 녹색운동은 진화심리학자들이 경쟁적 이타주의^{competitive altruism}라 부르는 상호 이타주의와 비슷한 성향으로 설명할 수 있다. 친환경 하이브리드 자동차인 도요타 프리우스를 사고, 전기를 절감할 수 있는 전구를 설치하는 행동은 공동체적 가치를 추구한다는 의미에서 다른 사회 구성원들에게 좋은 평판을 얻을 수 있는 계기가 된다. 연구에 따르면 이타적인 사람들, 특히 공개적으로 자선 행위를 과시하는 사람들이 높은 사회적 지위를 얻을 가능성이 좀 더 많다. 따라서 수명이 짧은 상품 트렌드나 문화적 표현에 집중하는 대신 우리는 한 발짝 뒤로 물러서서 인간의 보편적 특성을 이해할 필요가 있다.

상품이 개발되고 소비되는 라이프 사이클 말고 모든 사람들의 삶에서 변하지 않는 성향은 무엇일까? 어떻게 이런 성향들이 인류의 역사와 문화를 초월해 유지되는 것일까? 또 이런 성향은 어떻게 현재의 선택을 내리는 데 작용하는 것일까? 이런 성향을 어떻게 활용하면 인간의 오래된 본능과 진화된 정신을 조화시켜 강력한 브랜드를 만들 수 있을까?

인간의 근본적인 성향에 대한 통찰력을 지니고 있는 브랜드들은 엄청난 성장과 함께 시장에서 우위를 점할 수 있다. 1980년대 AT&T는 이미 미국 내 전기통신산업에서 독적적 지위와 지배력을 가지고 있는 거대기업이었다. 하지만 '손을 뻗으면 누군가에게 연결될 수 있다^{Reach out and touch someone}'는 캠페인을 통해 다시 한 번 미국인들의 마음을 사로잡았다.

AT&T는 다년간의 캠페인을 통해 겨우 전화를 연결하는 것이 아니라 인간의 사회적인 본능과 인간관계에 대한 욕구를 연결함으로써 강력한 브랜드 반열에 오르는 데 성공했다. 최근 예로는 애플을 꼽을 수 있다. 광고 뉴스 전문지 <애드위크>는 2010년 애플의 '매킨토시 대 PC'로 잘 알려진 "맥을 가져라Get a Mac" 광고가 21세기 첫 10년 동안 최고의 광고 캠페인이라고 발표했다. 66편의 장기 시리즈로 이어진 이 캠페인은 2012년 애플을 베스트 브랜드에 올려놓았다.

애플은 한때 틈새시장을 공략하는 기업이었다. 창의적인 생각을 가진 사람들과 현재 상황에 안주하는 것을 거부하는 사람들끼리의 동맹을 통해 회사의 기틀을 세웠다. 이러한 차별화에 자부심을 갖는, 자유로운 정신을 가진 사람들만의 집단을 창조함으로써 독보적인 영역을 확보했다. 애플은 '맥을 가져라' 캠페인에서 PC와 경쟁하는 맥을 의인화했고, 이 광고를 통해 사회적 지위를 원하는 인간의 보편적 욕구를 자극함으로써 대세 브랜드로 성장했다. 당신이라면 흔들림 없이 차분하고 패셔너블한 맥과 우유부단하고 지루한 PC 중에서 누구와 어울리고 싶겠는가? '맥을 가져라' 캠페인은 매력적이고 경쟁력 있는 제품의 홍보 포인트를 잘 짚어내 애플을 그저 더 나은 제품이 아니라 세련된 이들의 필수품으로 자리 잡게 했다.

인간의 뇌는 스마트폰

캘리포니아대학교 샌타바버라 캠퍼스의 레다 코스미데스와 존 투비는 빠르게 성장하는 진화심리학 분야에 대해 이렇게 평했다.

"진화심리학의 바탕에는 '인간의 뇌야말로 기능적으로 특화된 컴퓨터 장치들의 거대한 집합체'라는 생각이 깔려 있다. 이 장치들은 인류의 선조들이 채집과 수렵 생활을 하는 동안 자주 부딪히던 문제들을 해결하기 위한 방향으로 진화되어 왔다. 이렇게 진화된 뇌를 가지게 된 사람들은 각자의 선호도와 행동 동기 등에 대해 개별적인 해석 체계를 발전시켰다. 이 체계는 문화적 다양성이라는 수면 아래에서 작동하는데, 이 체계가 모여 인간의 본성을 구성하게 된다."

진화심리학자인 로버트 커즈번은 2011년 나와의 인터뷰에서 인간의 정신은 다양한 애플리케이션을 미리 깔아둔 스마트폰과 비슷하다고 설명했다. 이 앱들은 각자 특정한 기능을 갖고 있으며, 우리가 인식하지 못하는 순간에도 작동하고 있지만 가끔 서로 충돌을 빚기도 한다는 것이다. 이 앱들은 우리로 하여금 먹을거리를 구하고, 사회적인 지위를 얻으려 노력하고, 건강과 몸매를 유지하며, 적을 피하고, 정직하게 행동하거나 남을 속이는 행동을 하도록 고안된 것이다.

따라서 이렇게 보편적인 멘탈 프로그램을 무시하는 것은, 인간의 행동을 이해하고 변화시키는 가장 기본적인 방법을 간과하는 것이다. 조상이 같은 인류는 생물학적으로 똑같이 진화한 뇌를 가지고 있다. 인류학자 커티스 마리안은 "유전학적 기록에 따르면 인류는 600명 남짓한 적은 수의 조상들로부터 갈라져나온 후손들"이라고 했다. 시기와 숫자에 이견이 있겠지만 오늘날 지구상에 살고 있는 우리는 모두 아프리카에서 살았던 소수의 인구에서 파생된 것으로 보인다. 진부한 표현이지만 '우리는 하나'라는 말은 사실이다.

과거로 되짚어 갈수록 사람간의 관계는 더 가까워진다. 인류는 모두 아프리카에 기원을 두고 있으므로 마케터들이 인구통계학적으로 가장 정확하게 광고 대상을 정하고 싶다면 미국인을 백인, 히스패닉, 아시아계, 기타 인종 등으로 분류한 카테고리를 모두 포괄하는 '아프리칸 아메리칸'이라는 거대한 이름표 아래에 두어야 할 것이다. 결국 따지고 보면 세상에는 인류라는 단 하나의 인종이 있을 뿐이다.

성공한 마케팅의 핵심 포인트

우리가 왜 그렇게 먹는 행위를 좋아하고, 먹는 데서 큰 기쁨을 얻는지 진지하게 생각해본 적 있는가. 음식이 생명을 유지하는 데 가장 중요한 자원이라지만 그런 점에선 산소도 마찬가지다. 그러나 우리는 산소를 좋아하거나 갈구하지는 않는다.

우리가 음식을 가치 있게 여기는 것은 음식이 중요할 뿐 아니라 인류 역사의 대부분 기간 동안 음식을 얻기 어려웠기 때문이다. 반면 공기는 언제 어디서나 풍부했다. 이런 환경이 우리의 정서적 욕구의 토대를 이뤘다. 우리는 중요하면서 동시에 희소한 것을 원한다. 이는 모든 브랜드 전략이 왜 '중요성과 독특함'을 강조하는 데 초점을 맞추는지 설명해준다. 중요성과 독특함을 강조함으로써 구매 동기에 차별성을 더하는 것이다.

진화를 거치면서 우리는 우리가 좋아하는 것 외에도 선조들의 취향에 영향을 받게 됐다. 예컨대 역사적으로 음식에 대한 본능이 강했던 사람들은 이 중요한 자원을 얻는 데 덜 적극적인 사람들보다 더 높은 지위를 얻어냈다. 이런 사람들이 상대적으로 살아남을 가능성이 높았고, 이들이 음식에 대한 애정을 후손들에게 물려주면서 여러 세대를 거치는 동안 같은 성향이 굳어졌다. 따라서 요즘처럼 풍요한데도 불구하고, 단지 뭔가를 먹고 싶은 마음이 떠오르기만 했음에도 당장 음식이 필요하다고 느끼는 건 놀라운 일이 아니다.

햄버거 시장의 강자인 맥도날드는 2010년 미국에서 320억 달러가 넘는 매출을 올렸다. 이 같은 패스트푸드 산업의 성공은 맥도날드처럼 영향력 있는 광고주의 마케팅 때문만은 아니다. 패스트푸드점의 메뉴 대부분이 우리가 진화를 거치는 동안 유전적으로 물려받은 음식 선호도와 관련이 있기 때문이다. 진화심리학의 개척자 중 한 명인 데이비드 버스는 "인류가 맥도날드를 좋아하는 유전자를 가지고 있다는 이야기가 아니다. 다만 우리가 맥도날드에서 먹는 음식들이 인류 조상들의 생존 전략을 반영하고 있는 것은 사실이다"라고 말했다.

맥도날드 메뉴를 좋아하는 것은 지방과 당분, 염분이 많은 음식을 선호하는 데서 비롯됐다. 과거에는 이런 영양소가 생존에 필수적이었기 때문이다. 초기 인류의 하루는 음식과 물을 구하고, 부족민과 어울리고, 육식동물을 피하고, 옷과 잠잘 곳을 유지하는 활동으로 채워졌다.

이 일과는 모두 엄청난 에너지를 필요로 했다. 거칠고 험한 지역으로 몇 마일씩 길을 떠나는 경우도 있었는데, 이렇게 육체적으로 정신적으로 고된 일에는 당분과 지방이 필요했다. 인간의 활발한 신진대사는 강도 높은 육체 활동뿐 아니라 두뇌를 써야 하는 고도의 인지 활동에도 에너지를 낼 수 있는 고칼로리 음식이 필요하다.

인간은 영장류나 다른 동물과 비교했을 때 유독 신경계가 발달했는데, 신경계는 당분인 포도당을 필요로 한다. 인간의 인지 능력이 발달하면서 동시에 그것을 유지하기 위한 자양분도 더 필요하게 되었다. 인간의 뇌는 평균 무게가 3파운드(1.36kg)에 불과하고 몸무게의 2퍼센트밖에 차지하지 않지만 몸 전체에 필요한 에너지의 20퍼센트를 사용한다. 우리의 행동 대부분이 별도의 사고 과정 없이 이뤄지는 것도 그 덕분이다. 인간의 뇌는 에너지를 아끼기 위해 지름길을 찾거나 게을러질 필요가 있는 것이다.

마찬가지로 우리가 좋아하는 패스트푸드 가게의 짠 음식 역시 조상

때부터 생존을 위한 필요조건이다. 나트륨과 소금은 세포 건강, 특히 근육세포와 신경계 세포에 필요한 핵심 성분이지만 홍적세 시대에는 극히 드물었다. 홍적세에는 흙이나 암석에서 새어나온 나트륨과 소금을 빗물이 바다로 쓸어갔다. 식물들은 땅에서 나트륨을 흡수하지 않기 때문에 인간이 소금을 섭취하려면 동물에게서 얻을 수밖에 없었다. 육류와 소금에 대한 욕심은 수렵채집 시대의 선조들로부터 전해져 내려온 것이다.

결과적으로 당분과 지방, 소금을 얻으려는 의욕으로 가득 찬 사람이 살아남을 가능성이 높았고, 똑같은 입맛을 자녀에게 물려주었을 것이다. 그로부터 수천 세대가 지난 오늘날에도 우리는 달고 기름기 많으며 짭짤한 음식을 갈구한다. 현대 식생활에서는 이런 영양소가 더 이상 귀하지도 않고, 당뇨병과 심장질환 같은 질병의 원인이 되는 부작용을 낳는데 말이다. 수렵채집 시절의 사고방식에서 여전히 벗어나지 못해 우리는 이런 맛에 대한 취향을 공유하고 있는 것이다. 정크 푸드에 대한 애정이 건강을 위협할 가능성이 있지만 우리의 본능은 합리적 사고보다 우위에 있는 셈이다.

본능이 앞서면 종종 불행한 결과를 낳기도 하지만 성공한 모든 마케팅 스토리에는 언제나 본능을 활용한 전략이 있다. 맥도날드의 '슈퍼사이즈 미Supersize me' 캠페인은 큰 논란을 빚었지만 시장가치를 높이는 데 인간 본능을 어떻게 활용해야 하는지를 보여준 중요하고 영리한 예다. 2000년대 초반 시작된 '슈퍼사이즈 미'는 지방과 당분, 염분을 언제 어디서든 가능한 한 많이 섭취해야 한다는 무의식적 본능을 겨냥한 판매 전략이었다. 이 전략은 음식에 접근하기 어렵고 경쟁이 치열한 환경에서나 통하던 것이다.

이성은 우리에게 더 이상 이런 음식이 귀하지 않다고 말한다. 하지만 본능은, 식량을 구하기 위해 하루에 12마일(19.3km)씩 헤매다녔던 시절에나 귀 기울였음직한 이야기를 우리에게 속삭인다. 만약 지금 이 음식을 먹지 않으면 필수불가결한 영양분이 부족해지는 위험에 처할 수 있다고. 먹을거리를 찾아 헤매던 시절에 비하면, 몇 달러를 쥐고 드라이브 스루 패스트푸드점에 자동차를 대는 것은 훨씬 힘이 덜 드는 일이다. 그러나 우리의 삶이 이만큼 바뀌었음에도 음식 선호도는 바뀌지 않았다. 조상들이 부딪혔던 문제들을 풀기 위해 설계된 뇌회로가 현대인에게는 역효과를 낳고 있는 것이다.

음식에 탐닉하는 성향은 사실 패스트푸드에만 국한된 게 아니다. 레이의 감자칩 광고로 유명한 '하나만 먹고는 못 배길 걸Betcha can't eat just one' 이라는 카피는 전 세계에서 매출을 끌어올리는 데 기여했다. 레이의 과자들은 맛있지만 지방과 소금 범벅이다. 판매량을 극대화시키는 데 선봉에 섰던 이 광고 카피의 성공은 인류의 가장 오래된 본성 중 하나를 자극했기에 가능했다. 당신이 광고 대상을 모든 방면에서 욕구가 강한 소비자로 삼고 있다면 일단은 폭넓고 수익성 있는 사업 모델과 광고 카피의 기반을 갖춘 셈이다.

생물학적인 충동을 극복하고 선천적으로 타고난 행동을 억누르는 일이 불가능한 것은 아니다. 그러나 말로는 쉽지만 실제 행하기는 훨씬 어렵다. 음식점 메뉴판에 칼로리를 표시하는 유행이 빠르게 번지고 있지만 한 연구에 따르면 단순히 칼로리 정보만 제공해서는 음식 섭취량을 줄이는 데 기여하지 못한다. 워싱턴주에서 이뤄진 연구는 패스트푸드 체인점 메뉴판에 칼로리를 써넣은 후 1년 동안 매출을 추적했는데, 판매량에는 전혀 변화가 없는 것으로 나타났다.

뉴욕에서 진행된 연구 결과는 좀 달랐다. 뉴욕시는 미국 주요 도시 중 최초로 패스트푸드 칼로리를 표시하도록 의무화한 곳이다. 뉴욕의 소비자들에게 "칼로리가 메뉴를 정하는 데 영향을 주는가"라고 물었을 때 놀라운 결과가 나왔다. 88퍼센트나 되는 응답자들이 칼로리가 낮은 메뉴를 주문한다고 대답한 것이다. 그러나 소비자들의 실제 행동은 응답과 또 달랐다. 칼로리를 표시하기 전과 표시한 후 소비자들의 영수증을 비교했더니 선택의 차이가 없는 것으로 드러났다. 가책을 느끼게 하는 음식 취향이 희망 취향을 앞지른 것이다.

광고주들은 이렇게 본능을 자극하는 방법을 쓸 수 있고, 소비자들은 본능을 인정하되 억누르는 방법을 선택할 수 있다. 그러나 이런 경우 진화는 철저히 마케터들의 편에 서왔다. 만약 어느 날 세븐 일레븐에 들러서 청량음료 수퍼 빅 걸프를 사거나 버거킹에서 트리플 와퍼에 치즈를 추가해 먹고 싶은 생각이 든다면 잠시만 멈춰보라. 갈증이나 배고픔 때문이 아니라 당신 뇌 속의 본능을 자극하는 마케팅의 힘에 휘둘리고 있는 것은 아닌지 생각하도록 말이다. 마케팅 종사자들도 소비자들의 강력하고도 뿌리 깊은 욕구의 본질에 관심을 기울여야만 이 같은 본능이 시장경제에 미치는 진짜 영향력을 이해하게 될 것이다.

자랑하고 싶은 마음

인간의 뇌를 이해한다는 것은 우리가 사회적 존재라는 것을 이해하는 것이다. 우리는 생물학적으로 다른 사람들과 섞이도록 만들어졌고, 사람들끼리의 교류는 결과적으로 더 많은 사회 활동을 위해 노력하도록 영향을 끼쳐왔다. 인간의 뇌는 물리적 환경에만 반응해 진화한 게 아니다. 아마도 더 중요하게는 그 사람이 살아온 사회적 환경에 반응해 진화했을 것이다. 신경정신과학자 루안 브리젠딘은 "인간의 뇌는 수

많은 세월 동안 서열에 신경을 써야 하는 계급 시스템 속에서 형성됐
다"고 말한 바 있다.

인간은 본질적으로 집단적인 존재다. 상대적으로 작은 무리를 이루
어 살아왔고, 또 앞으로도 그렇게 살아갈 것이다. 인간의 집단은 과거
에나 현재에나 지배 질서를 유지하고 있다. 닭들에게 모이를 쪼아 먹
는 순서가 있는 것처럼 인간도 서열과 상호관계에 따라 위계 체계가
잡힌 사회 시스템을 이루고 있다. 그러나 우리는 성공을 위해 집단 내
에서 이타주의와 이기주의, 협력과 갈등 사이에서 까다로운 균형을
맞춘다. 집단의 공공 이익을 따르면서도 한편으로는 끊임없이 자신의
사리사욕을 추구한다.

인간의 본성은 원래 모순적이고 극단적이다. 폭력적이고 공격적인
가 하면 동시에 이해심 많고 도덕적이다. 다른 이들을 돌보기도 하고
이해타산에 따라 움직이기도 한다. 인간의 계급 사회는 공공선을 위
해 노력해왔는데, 이는 사회 전체에 이익이 되는 일이 대개는 개인이
나 친족들에게도 좋은 일이었기 때문이다. 집단이 중요한 것 못지않
게 집단의 주요한 역할은 구성원 각자의 생존을 보장하는 것이었다.
우리가 남에게 친절한 것은 그들이 우리에게 친절히 대하고 우리에게
도움이 되는 존재이기 때문이다.

오늘날의 우리도 선조들과 거의 비슷한 방식으로 현대적 의미의 부
족 사회 안에서 살고 있다. 사무실 너의 역학관계도 그렇다. 구성원들
은 회사의 성공이라는 공통된 임무를 위해 동료들과 협력한다. 하지만
진짜 목표와 숨겨놓은 계획은 개인적인 승진과 그를 위한 경쟁이다. 이
런 방법은 동성끼리 경쟁해온 남성들의 진화 심리 기제와 다르지 않다.
남성들은 승진을 위해 혹은 아름다운 여성이나 뛰어난 2세를 위해 친
구를 쓰러뜨린다. 여성들은 자신과 아이들을 돌볼 수 있는 지위가 높은

남성의 보호 아래 들어가기 위해 서로 경쟁한다. 이 사실을 인정하든 안 하든, 때 묻지 않은 본능은 우리의 DNA로부터 비롯되곤 한다.

사람들이 노력하는 매일 매일은 비유하자면 이야기 속 이야기와 같다. 이야기의 주제는 살아남아 번성하고, 피붙이들을 보호하고, 결과적으로 자신의 유전자를 성공적으로 다음 세대로 퍼뜨리는 것이다. 이야기의 이런 결말을 위해 인간은 계급 내 서열을 높이고자 분투한다. 은밀하면서 또 공공연한 치열한 경쟁을 통해 사회적 지위를 지키고, 도전하며, 도약하기 위해 책략을 동원한다. 이 과정에서 자신보다 높은 계급의 사람에게 복종하게 된다.

높은 서열은 무척 중요하다. 음식과 잠자리, 옷 같은 물질적 자원에 쉽게 접근할 수 있고 짝짓기 상대도 얻을 수 있기 때문이다. 수렵채집 사회가 물질과 자원을 분배하는 면에서 일견 평등한 것처럼 보이지만 실제로는 다분히 계급 중심적이었다. 물론 그 시대에는 통화(通貨)가 달러나 주식이 아니라 고기 같은 것이었지만.

최고의 사냥꾼에게 주어지는 혜택 중에는 많은 아내도 포함되어 있었다. 사냥꾼의 아내들은 풍부한 고기를 포함해 남편의 재물을 공유했다. 2009년 독일 라이프치히에 있는 막스 플랑크 진화인류학연구소는 야생 암컷 침팬지들이 규칙적으로 먹이를 가져오는 수컷들과 짝짓기를 할 가능성이 더 높다는 연구를 발표했다. 연구원들은 학술지 <플로스 원>에 실은 논문에서 "이 연구 결과는 야생 침팬지들이 먹이와 섹스를 교환하며, 이들의 관계는 장기간 지속된다는 것을 강하게 시사한다"고 밝혔다. 이 연구 결과는 디너 데이트의 오랜 전통을 설명해주는 실마리를 던져 준다.

높은 지위에 오르면 이 같은 성적인 보상이나 물질적·영양상의 혜택을 넘어 일상적인 정신적 즐거움도 누리게 된다. 높은 지위 덕분에 다른 사람들에게 알려지거나 중요한 인물이 되는 것은 기분 좋은 일이다. 노벨 경제학상 수상자인 존 하사니는 이렇게 말했다. "경제적인 보상을 제외하면 인간의 사회적 행우에 있어 가장 중요한 원동력이자 인센티브는 높은 사회적 지위를 얻는 것이다."

듀크대학교 신경생물학과의 로버트 디너와 아밋 케라, 마이클 플랫은 짧은꼬리원숭이 연구를 통해 영장류의 사회적 지위에 대한 욕구를 입증했다. 짧은꼬리원숭이들은 자기 무리에서 높은 서열의 원숭이 사진을 보는 대가로 그들이 좋아하는 과일 주스를 내놓았다. 높은 지위의 인물 정보를 얻는 것은 중요하다. 자기 자신의 서열에 영향을 줄 수 있는 사회적 행동을 계획하는 데 필요하기 때문이다. 인간들도 짧은꼬리원숭이처럼 이런 정보를 얻으면 기분이 좋아지게 된다.

이 연구는 '엑스트라' 'TMZ' 같은 미국 TV 쇼와 <피플>지, 악명 높은 타블로이드 등에서 볼 수 있듯이 유명인에 대한 뿌리 깊은 집착을 설명하는 데 도움이 된다. 우리가 사회적 지위가 높은 사람들에게 관심을 갖는 것은 그들로부터 진화에 도움이 되는 정보를 얻을 수 있기 때문이다. 우리가 중요한 고객이나 중심이 되는 사람, 추진력 있는 사람들과 점심식사를 하는 이유는 그저 함께 있고 싶어서가 아니라 그들의 비결을 나누고 싶어서다.

마케터들이 브랜드 대변인이나 홍보대사를 선택할 때 신중을 기하는 것도 같은 맥락이다. 소비자들이 다른 사람들에게 브랜드를 자랑삼아 이야기할 수 있어야 하기 때문이다. 사업이든 운동이든 승승장구하는 사람이 브랜드 모델이라면 우리는 에어 조던 멜로 운동화를 사거나 뉴욕 트럼프 타워에 들른다. 농구선수 마이클 조던이나 부동산 재벌 도널드 트럼프가 되는 기분이 어떤지 알고 싶어 하는 심리가 있기 때문이다.

마음속 깊숙이 자리 잡은 이런 심리는 다른 이들보다 더 많이 더 잘 아는 사람이 되는 매력을 알려준다. 그리고 다른 이들보다 더 잘 알고 있다고 자랑스레 말할 수 있는 특권을 마케팅에 활용하는 것은 확실하게 효과가 증명된 전략이다. 이 방법은 고객들의 충성도를 높이기 위한 로열티 프로그램에도 효과적인 것으로 나타났다. 단골이나 구매력이 큰 핵심 고객층에게 브랜드의 신상품 정보를 제공해 가장 먼저 아는 사람이 되게 하는 것이다. 이 방법은 주요 고객들 사이에 입소문이 나게 하는 효과도 있다. 알고 있는 사람들은 자신이 아는 것을 이야기하려고 하고, 모르는 사람들은 그 정보를 알아내려고 할 때 내부자와 아웃사이더 사이의 불균형이 균형을 맞춰가게 된다.

이렇듯 정보를 교환하고자 하는 성향과 그로 인해 기분이 좋아지는 자연스러운 반응을 활용한 캠페인들은, 정보를 원하는 고객의 욕구를 채우는 동시에 효율적으로 브랜드 메시지를 전파했다. 이때의 정보는 사회적으로 화폐처럼 가치가 있다는 뜻에서 사회적 통화(通貨)라 한다.

브랜드가 주는 선물, 소속감

사회적 존재이고자 하는 인간의 욕구는 생존하고 번식하려는 오래된 본능에서 생겨난 것이다. 홍적세 시대에 무리에서 멀어진다는 것은 안전과 보호, 주거지, 식량, 짝짓기 등 무리 속에서 살 때 보장받던 것들을 위태롭게 하는 것이었다. 부족에게 거부당하고 무리에서 방출되는 것은 이런 혜택이 없어진다는 점에서 사형 선고나 다름없었다. 즉 당신이 무리에서 쫓겨난다면 생존할 가능성이 줄어들고, 당신의 유전자는 사실상 유전자 풀에서 제외된다는 것이다.

무리를 이루려는 인간의 본능은 살아남고자 하는 인간 유전자에 뿌리를 두고 있다. 우리가 중요하다고 생각하는 것들은 우리의 유전자가 가치 있게 여기는 것들이다. 사회적인 지위를 추구하는 것이 더 나은 기분을 느끼고 싶어서라면, 거부당하는 것을 피하려는 본능은 육체적 고통의 두려움에서 생겨난 것이다. 즉 인간관계에서 거부당하게 되면 인간은 정신적 고통은 물론 신체적으로도 고통을 인지하기 때문이다.

왕따처럼 거부당할 때 겪는 고통에 예민하게 반응하는 것은 유전 때문이라는 과학적 증거가 있다. 2009년 UCLA의 심리학자들이 사회적 거부를 당하면 실제로 육체적 통증을 느끼는 이유를 규명해주는 유전학적 연결고리를 발견했다. 논문의 공동 저자이자 심리학 교수이며 UCLA 사회 및 감정 신경연구소 소장인 나오미 아이젠버거에 따르면, 인체에서 진통제와 마취제 역할을 하는 '뮤-오피오이드'라는 수용체 유전자가 사회에서 거절당했을 때 나타나는 반응에 관여한다는 사실을 증명했다.

과학자들은 실험 참가자 일부에게 서로 공을 주고받는 가상 공놀이 게임을 하게 하고, 뇌기능 자기공명영상을 이용해 이들을 관찰했다. 참가자들은 자신이 뇌기능 자기공명영상 스캐너 안에 있는 다른 두 명의 참가자와 함께 인터넷으로 공을 던지고 받는 게임을 하고 있다고 생각했다. 그러나 실제로는 미리 결과를 정해놓은 컴퓨터 프로그램과 게임을 하는 것이었다. 초반에는 실험 참가자도 공을 주고받는 게임에 참가했지만, 이후에는 다른 두 명의 가상의 참가자가 서로에게만 공을 던지고 실험 참가자에게 공을 주지 않게 되면서 결국 참가자는 게임에서 소외되는 프로그램이었다.

과학자들은 실험 참가자가 다른 두 명에게 무시당한다고 느꼈을 때 등쪽 전두대피질과 전측뇌섬엽 부분이 활성화되는 것을 발견했다. 두

“

브랜드는 사회적 집단에 들어가기 위한 수단이다.
메르세데스 벤츠처럼 고급 브랜드라면
엘리트 그룹에 진입할 힘이 되고,
타깃이나 이케아 같은 저가 브랜드는
감각 있는 스타일과 비교적 여유 있는 사람들이
찾는 곳이라는 이미지로
서민들에게 만족감을 줄 수 있다.

”

곳은 주로 신체적 통증이 있을 때 활성화되는 영역이다. 즉 신체적으로 고통을 느끼는 뇌의 부위와 사회적으로 거부당했을 때 고통을 느끼는 부위가 일치하는 것이다.

논문의 주 저자인 볼드윈 웨이는 "짝사랑 상대에게 무시당하거나 운동 팀에 끼지 못하고 왕따가 됐을 때 느끼는 감정은 똑같은 뇌회로에서 비롯된다. 이 감정은 모르핀 같은 진통제로 진정시킬 수 있다"고 썼다. 거부당할 때 실제로 몸이 아픈 것은 똑같은 수용체 유전자가 뇌에서 감정적 상처와 신체적 통증을 함께 다루기 때문이다.

아이젠버거의 추가 설명을 들으면 사회적인 고통과 신체적인 통증이 겹쳐진다는 것을 이해할 수 있다. 아이진버거는 "사회적인 관계는 생존과 관계가 있다. 사람들과의 관계가 끊겼을 때 신체적으로 고통을 느끼는 것은 사회적인 관계를 유지하게 하기 위한 방법일 수 있다. 진화를 거치는 동안 타인과 연결을 맺게 하는 애착 시스템이 사회적 관계를 지속시키기 위해 통증 체계 일부를 빌려왔을 수 있다"고 지적했다. 아이젠버거와 연구팀은 후속 연구에서 타이레놀 같은 진통제를 복용하면 거부당했을 때 느끼는 정서적인 아픔도 누그러뜨릴 수 있다는 사실을 밝혀냈다. 만약 데이트를 하다 차였거나 파티에 초대받지 못했을 때 슬픔을 잊기 위해 술을 마시거나 아이스크림 한 통을 먹어치우는 대신 타이레놀을 복용하는 편이 낫다.

그런 의미에서 브랜드 제품은 단순한 상품이 아니다. 브랜드는 사회적 집단에 들어가기 위한 수단이다. 메르세데스 벤츠처럼 고급 브랜드라면 엘리트 그룹에 진입할 힘이 되고, 타깃이나 이케아 같은 저가 브랜드는 감각 있는 스타일과 비교적 여유 있는 사람들이 찾는 곳이라는 이미지로 서민들에게 만족감을 줄 수 있다. 소니의 플레이스테이션 마니아나 두카티 오토바이족, 그레이구스 보드카 팬들처럼 특정 브랜드에 신앙과도 같은 열정을 가진 핵심 소비자 집단을 구축하는 것은 그래서 중요하다. 이들은 핵심 소비자 집단에 속하고 싶다는 소망 때문에 특정 브랜드에 충성하는 사람들이다.

따라하려는 본성

지난 20년 동안 신경과학 분야에서 가장 중요한 발견 중 하나를 꼽자면 '거울뉴런'을 들 수 있다. 1990년대 초 이탈리아의 신경생리학자인 지아코모 리졸라티와 파르마대 대학원 연구팀은 중추신경계의 일부분인, 움직임을 관장하는 뇌의 운동신경을 연구하던 중 놀라운 발견을 하게 됐다.

당시 연구팀은 짧은꼬리원숭이를 대상으로 운동신경세포의 전기적 활동을 조사하고 있었다. 이들은 원숭이의 뇌에 바늘처럼 얇은 전극을 꽂아 뇌에서 신체 움직임을 계획하고 통제하는 전운동피질의 활동을 체크했다. 예상한 대로 원숭이가 물건을 잡으려 팔을 움직일 때마다 운동신경세포들이 활성화 됐다.

그런데 어느 더운 여름날, 뜻밖의 일이 벌어졌다. 연구팀이 점심을 먹으러 연구실을 나오면서 장비 끄는 것을 잊어버리고 원숭이를 장비에 연결한 채 그대로 남겨둔 것이다. 점심을 먹고 돌아올 때 리졸라티와 함께 일하던 대학원생 한 명이 아이스크림을 들고 왔고, 그가 아이스크림을 핥아먹는 모습을 원숭이가 간절한 표정으로 바라보고 있었다. 대학원생이 아이스크림을 핥을 때마다 전극은 놀랍게도 원숭이의 전운동피질 신경세포의 활동이 급증하는 것을 보여주었다. 원숭이는 움직이지 않고 가만히 있었는데도 말이다.

이 발견 이전까지 '원숭이는 보고, 움직이는 존재'로 알고 있었다. 하지만 이 원숭이는 몸을 움직이는 대신 마음속으로 대학원생과 똑같은 동작을 흉내 낸 것이다. 자신이 아이스크림 먹는 것을 상상하면서 아이스크림을 먹을 때 사용하는 똑같은 신경세포들을 움직인 것이다.

리졸라티 팀은 이날 공감과 감정이입이 뇌의 운동신경서포에 의해 이뤄진다는 것을 우연히 발견했다. 리졸라티는 이것을 '거울뉴런'이라고 이름 붙였다. 거울뉴런 덕분에 사람들은 다른 사람의 마음과 감정, 행동을 자기 자신에게 투영해 경험을 나눌 수 있는 것이다. 리졸라티는 이렇게 설명했다.

"우리는 아주 정교한 사회적 존재들이다. 다른 사람들의 행동과 의도, 감정을 이해하느냐 못하느냐에 우리의 생존 문제가 달려있기 때문이다. 거울뉴런은 개념적인 이성을 통해서가 아니라 직접적으로 타인을 따라함으로써 그 사람의 마음을 이해하게 만든다. 생각이 아닌 느낌으로 공감하는 것이다."

거울뉴런은 행동과학에서 '마음이론'이라고 부르는 새 이론의 기초를 형성하는 데 영향을 미쳤다. 마음이론은 사람들이 어떤 행동을 하며 왜 그 행동을 하는지를 규명하는 이론을 발전시키는 과정에서 나왔다. 결국은 다른 사람의 동기와 의도, 행동을 이해하는 능력을 다루는 이론이다. 사람들은 다른 이들의 고통을 느낄 수 있는 거울뉴런의 공감능력을 통해 이타적으로 행동하게 된다.

그러나 때때로 타인의 기만적인 진짜 의도를 파악해 경쟁심을 불태우기도 한다. 동료의 불행에 슬픔으로 가슴이 찢어지는가 하면 적들의 얄팍한 아첨을 꿰뚫어 볼 수도 있다. 직접적이든 매개체를 통하든 개개인이 서로 관찰하고 소통함으로써 공감이 이뤄진다는 점을 인식한다면 거울뉴런은 공감과 이해에 이르는 열쇠가 된다.

리추얼, 연합, 그리고 현실

거울뉴런은 사람들이 경험을 나누게도 하고, 서로를 이해하는 능력을 주기도 하고 사상을 문화적으로 전승하게도 함으로써 모방을 통해 배울 수 있는 힘도 주었다. 마케터들이 널리 퍼지기를 바라는 브랜드 리추얼, 유행, 트렌드 등과 같은 브랜드 정보도 전염성 강한 모방을 통해 자동적으로 전파된다. 폭스바겐 비틀을 볼 때마다 광고에 나왔던 대로 옆 친구를 가볍게 때리는 장난을 하거나, 코로나 맥주에 라임을 짜 넣거나, 오레오 쿠키를 먹을 때 가운데를 먼저 먹거는 것은 머릿속에 각인된 광고를 따라하다가 전통처럼 자리 잡은 브랜드 리추얼이다. 이렇게 광고를 따라하는 행동 역시 거울뉴런의 반사적인 반응에 의한 것이다.

거울뉴런은 리얼리티 쇼의 비약적인 성장을 이해하는 데도 도움이 된다. 닐슨 미디어 리서치에 따르면 리얼리티 쇼는 현재 미국에서 방영되는 유료방송 프로그램의 절반 이상을 차지하고 있으며 전 세계적으로는 거의 3분의 2에 해당한다. 리얼리티 쇼 속의 캐릭터들이 더 리얼할수록, 내용이 덜 억지스러울수록 시청자들은 더 많이 캐릭터들에 공감하게 된다.

리얼리티 쇼 중 가장 영향력이 컸던 프로그램은 아마 '서바이버'일 것이다. 이 쇼는 여러 원시적인 상황에서 인간의 생존능력을 성공적으로 보여주면서 11년 동안 미국 시청률 톱10 안에 오르는 장수 프로그램이 되었다. 짜여지지 않은 각본과 리얼한 출연자들 덕분에 '서바이버'는 한 곳에 정착해 생활하는 오늘날의 TV 시청자들을 과거의 유목민 생활과 접속시켰다. 서바이버의 인기는 시청자들로 하여금 거울뉴런의 반사작용을 통해 경쟁하면서 협동하던 고대 부족의 극적인 생활을 체험하게 했기에 가능했다. 서바이버에서는 시청자들과 비슷한 평범한 사람들이 오지에 남겨져 그들 나름대로 원시사회의 지배 서열을 만들어가는데, 이 과정에서 동맹 형성, 세력권 형성, 집합적 의사결정 등 진화된 심리학적 매커니즘이 동원된다.

버거 킹은 소비자들이 얼마나 자사의 와퍼를 좋아하는지 증명하기 위해 인간의 본능을 이용했다. 버거 킹은 페이스북에서 친구 10명을 삭제하면 공짜로 와퍼를 얻을 수 있다는 내용으로 '와퍼 새크리파이스(와퍼를 위한 희생)' 캠페인을 벌였다. 불과 일주일 남짓한 기간에 총 20만 명의 친구들이 삭제됐다. 지나치게 극단적인 방법을 동원했기 때문에 버거 킹은 결국 짧은 기간에 캠페인을 접었지만 강렬한 마케팅으로 이목을 끄는 데 성공했다.

거울뉴런의 힘은 대형 스크린에서도 통했다. 리얼리티 공포영화인 <블레어 윗치 프로젝트>와 <파라노말 액티비티>가 그 예다. 이 영화들은 적은 제작비를 투입하고도 관객 동원에 성공해 흥행수익을 극대화시켰다. 이들은 끊임없이 흔들리는 핸드헬드 촬영기법, 나쁜 화질의 거친 흑백 화면, 그리고 고정된 감시 카메라를 활용해 마치 영화 속 사건이 우리에게 실제로 일어나고 있는 일처럼 느껴지도록 더 리얼하고 더 사실적으로 만들었다.

1999년 여름 영화 개봉에 맞춰 시작된 블레어 윗치의 소셜 미디어 캠페인은 인터넷상에서 이뤄진 최초의 바이럴 마케팅(소비자가 온라인 매체를 이용해 자발적으로 기업이나 제품 등을 홍보해 널리 퍼뜨리는 마케팅 기법) 중 하나다. 포브스 닷컴은 이 마케팅을 역대 최고의 소셜 미디어 캠페인으로 꼽기도 했다.

네티즌들은 젊은 영화학도들이 다큐멘터리 촬영 중 숲에서 실종됐다는 영화의 내용이 사실인지 아닌지를 놓고 이런저런 추측을 쏟아냈다. 마케터들은 가짜 신문기사와 영화 속 실종자들이 탔던 자동차 사진들, 경찰의 조사보고서 등을 인터넷에 올려 궁금증을 유발했다. 또 생방송으로 사건 속보를 전하는 것처럼 홍보해 네티즌들로 하여금 더 많은 다음 정보를 기다리게 하며 열광적인 관심을 조성했다.

제작자들은 영화에 아주 적은 투자를 했지만 수익은 엄청났다. 2만 2000천 달러를 들인 블레어 윗치 프로젝트는 총 2억4050만 달러를 벌어들여 기네스북에 예산 대비 최고 흥행수익 기록을 세운 장편 영화로 올라있다. 제작비 1달러당 1만931달러를 번 셈이다. 파라노말 액티비티 역시 1만5000달러를 투자해 대대적인 마케팅 없이 전 세계에서 1억9400만 달러를 벌어들인 것으로 알려져 있다.

파라노말 액티비티의 성공은 온라인 입소문 덕분이다. 할리우드 닷컴의 박스 오피스 분석가 폴 더가러비디언은 "당시 소셜 네트워킹 사이트에서 다들 이 영화가 얼마나 소름끼치게 무서운지 이야기했다"며 "이런 일은 매일 있는 게 아니다. 파라노말 액티비티는 정말 대단한 개가를 올렸다"고 말했다. 파라마운트 영화사의 부회장 롭 무어는 "이 영화에는 거창한 마케팅이 적합하지 않다. 이 영화는 구식으로 입소문을 잘 내야 하는 작품이다"라고 말했다. 만약 당신이 이 영화들이 했던 것처럼 인간의 본능을 최대한 잘 활용한다면 소비자들이 당신을 대신해 알아서 마케팅을 해줄 것이다.

이와 비슷하게 도이치 LA의 우리 팀은 예전 폭스바겐 비틀 캠페인에 썼던 펀치 버그 게임을 살짝 변형해 '펀치 더브'라는 새 이름으로 다시 썼다. 폭스바겐의 비틀뿐만 아니라 브이-더브 모델을 볼 때마다 옆 친구에게 장난삼아 펀치를 날리게 한 것이다. 마케팅을 시작한 지 몇 달 지나지 않아 미국 성인의 3분의 1 이상이 이 게임을 해봤다는 조사 결과가 나왔다.

마케팅의 목적이 기본적으로 브랜드에 대한 긍정적인 기억을 남기는 것이라면 이런 게임에 대한 추억은 강력한 브랜드 파워를 불러일으킬 수 있다. 이전에 사랑받았던 광고의 먼지를 털어내고 다시 새롭게 불을 붙임으로써 우리 팀은 폭스바겐을 사람들이 여러 브랜드 가운데 가장 먼저 떠올리는 브랜드로 만들었고, 소비자들이 우리를 대신해 마케팅을 하도록 만들었다.

뉴로마케팅 분야의 선두 기업인 샌즈 리서치는 사람들의 뇌파 검사 기록과 시선 추적 데이터를 이용해 2010년 제44회 수퍼볼 광고 중 우리 팀의 광고를 가장 효율적인 작품으로 선정했다. 샌즈 리서치 회장이자 최고과학책임자 Chief Science Officer·CSO인 스티븐 샌즈 박사는 "폭스바겐의 펀치 더브는 2010년 광고 중 거의 모든 분야에서 최고점수를 기록했다. 광고를 본 사람들로 하여금 길가에서 폭스바겐 차를 찾게 만들어 소비자들을 '폭스바겐 탐지기'로 만들었다. 광고 끝부분에 손가락으로 폭스바겐 로고처럼 V와 W를 만들어 보이는 장면은 30초 동안의 전체 광고 효과를 극대화시켰다"고 평했다.

21세기 부족들

리얼리티 쇼의 인기는 시청자들이 출연자 중 자신과 비슷한 사람과 공감대를 얼마나 형성하는가에 달려있다. 인간은 진화하는 동안 서로 비슷한 사람들끼리 부족을 이뤄왔고, 그들 중 많은 수가 친족 관계였다. TV 프로그램이나 광고에서 자신과 닮은 사람을 보게 되면 사람들은 그들이 매일 펼쳐 보이는 드라마 속 생활을 자신과 더 가깝게 연관 짓기 마련이다. 우리는 그들이 갈등을 겪을 때 같이 긴장하고, 그들의 노력이 성공으로 보상받을 때 함께 기뻐한다. 우리는 오늘날에도 수렵채집 사회 시절 누렸던 긴밀한 공동체 유대감처럼 다른 사람들과 관계 맺기를 원한다. 현재의 브랜드와 뉴 미디어는 현실 생활의 한 부분이면서 일부는 상상의 세계에 기반을 두고 있다. 브랜드와 뉴 미디어는 우리의 사회적 감수성을 충족시켜줄 방법을 제공한다.

사회적 애착관계에 대한 우리의 욕구가 너무 강한 나머지 사회와 시장구조를 형성하는 데까지 영향을 끼치게 된다. 우리의 사회적인 성향은 본능으로 출발해 가족, 마을, 도시, 국가, 그리고 그 이상으로 뻗어나간다. 사회적인 욕구는 친구들과 공동체 사이에서 관계를 형성하게 만든다. 종교 그룹이나 지지정당, 온라인 커뮤니티, 구매한 브랜드의 소비자 클럽 등 상대적으로 덜 친밀한 집단 구성원들 사이를 끈끈하게 만드는 역할도 한다. 우리 모두는 사회적 그룹에서 동질감과 공감대를 찾고자 한다. 특히 테크놀러지 분야 브랜드 마케팅에 커뮤니티 개념을 도입하는 것은 필수가 됐다. 소비자들은 단순한 PC 구매자가 아니라 델 사용자 커뮤니티에 속하려고 하고, 플레이스테이션이나 X박스로 게임을 즐기는 데 그치는 게 아니라 게임 커뮤니티의 일원이 되기를 원한다.

사실 유대감은 실체가 있는 사람과 얼굴을 맞대며 이뤄진다. 그렇다면 어떻게 얼굴 없는 회사가 소비자들과 공유할 수 있는 유대관계를 형성할 수 있을까? 마케터들은 이 간극을 메우기 위해 커뮤니티에 대한 애착과 동질감을 불러일으킬 만한 브랜드를 만들어내는 데 노력을 기울였다. 그 결과 애플과 할리 데이비슨, 타깃, 나이키처럼 강력한 아이콘이 된 브랜드의 제품을 구입하는 것은 이들 제품이나 서비스에 대한 개인적인 관심을 반영하는 것일 뿐 아니라 생각이 비슷한 구매자끼리 유대감을 나누는 것을 의미하게 됐다. 즉 애플은 창의적인 사람을 상징하고, 할리 데이비슨은 자유로운 영혼을, 타깃은 합리적이면서도 감각적인 소비자를, 나이키는 성공한 사람의 이미지를 떠올리게 하는데, 이런 예가 되는 브랜드는 많지 않다.

진화심리학자인 제프리 밀러는 브랜드야말로 짝짓기 상대나 친구 후보로서 자신의 생물학적 능력과 건강 상태를 과시하려는 오래된 본능의 현대판 지표라고 했다. 사람들은 모두 우승팀과 핵심 그룹에 속하기를 바라고, 브랜드는 오늘날의 사회와 시장에서 사교 클럽의 레드 카펫을 밟을 수 있는 통행증이 되었다.

인터넷은 수렵채집 시대의 사교 범위를 한참 넘어서 멀리 떨어진 가상의 사람들과도 연결시켜준다. 온라인 커뮤니티는 마케터들에게는 마케팅 효과를 측정하고, 마케팅에 대한 새로운 시각을 제공하는 든든한 사회과학 실험실이 된다. 지금까지 나온 증거들은 시장경제에서 소비자의 행동변화를 설명하는 데 진화톤적 시각이 매우 효율적이라는 것을 뒷받침하고 있다.

우리는 인류 역사를 통틀어 인간의 정신이 어떻게 과거의 문제들을 해결하도록 설계되어 있는지 파악해야 한다. 아울러 무의식적인 행동 패턴에 대한 이론을 쌓아가야 한다. 역설적인 것은 디지털 시대가 도래하면서 사람들의 행동이 빠르게 변하고 있지만 인류가 존재한 기간 대부분을 지배해왔던 것과 똑같은, 예측 가능한 행동패턴을 반복하고 있다는 점이다. 인터넷이 인간의 행동을 바꾸고 있다는 것은 두말할 나위 없다. 그러나 이런 변화에도 불구하고 디지털 시대의 우리 행동이 수렵채집 시대와 여전히 동일하다는 점은 아이러니다.

온라인 비즈니스의 첫 세대이자 가장 성공한 모델인 이베이를 예로 들어보자. 이베이가 한 일은 자원 교환과 공유라는 인류 역사상 가장 깊숙이 뿌리 내린 행동을 현대적으로 온라인에 옮겨놓은 것이다. 이

베이는 파는 사람과 사는 사람 각자가 상호 이타주의와 집단 의사결정을 통해 물품의 교환과 공유를 가능하게 한 자가 점검 커뮤니티이자 인터넷상에 만들어진 부채의 망이다. 물건을 내놓는 사람은 만족스러운 거래를 통해 자신의 신뢰 등급을 높일 수 있고, 구매자와 판매자는 서로 만족도와 불만족도에 대해 피드백을 주고받는다.

소셜 미디어가 화제의 중심이자 가장 빠르게 성장하는 미디어로 급부상한 것은 IT 기술의 발달 때문이 아니라 우리의 뇌가 사회적인 것을 지향하도록 설계되었기 때문이다. 2012년 3월 현재 전 세계에서 9억100만 명이 70개 언어로 페이스북을 사용하고 있다. 페이스북의 엄청난 성공은 페이스북이 과거 '부족'의 개념을 온라인상에 가장 직접적으로 구현했기 때문이다. 페이스북 가입자는 친구 맺기라는 온라인 동맹을 통해 자신만의 디지털 부족을 만들 수 있다. 페이스북에는 친구 순위와 방문자 수 랭킹, 포스팅에 대한 '좋아요' 숫자, 찬성하거나 반대하는 댓글 등과 같은 서열도 존재한다. 페이스북 포스팅은 이메일을 통해 개인적으로 대화하는 것과는 별개로 자신만의 부족 구성원들과 공개적인 대화를 가능하게 해 상호작용에 역동성을 더했다. 대화는 부족민 개개인 간의 커뮤니케이션이면서 동시에 부족 전체에게 보내는 메시지가 됐다. 새 멤버를 디지털 부족에 받아들일 것인가 혹은 거절할 것인가를 결정하는 일은 클릭 한번으로 놀랄 만큼 단순해졌다.

페이스북은 동맹자를 찾고 지리적인 한계를 초월해 연합을 맺고자 하는 인간의 욕구를 채울 수 있도록 했다. 과거의 친구들을 다시 모이게도 하고, 가입하고 싶었지만 이전까지 현실적으로 불가능했던 모임에 가입해 새로운 만남이 가능해졌다. 페이스북은 가입자를 가상세계에 연결시켜 사용자 프로필과 맞춤형 콘텐츠를 통해 자신이 친구가 될 수 있는 역량을 스스로 광고하게 함으로써 그들이 실제 생활에서 느낄 수 있는 소외감을 덜어준다.

트위터처럼 문자를 중심으로 하는 모바일 앱들의 성장과 성공은 사람들의 관계를 유목민처럼 만들었다. 이동 중에도 쓸 수 있는 트위터는 언제나 다른 이들과 연결이 끊어지지 않기를 바라는 마음속 욕구를 반영한 것이다. 이동 중에 트위터에 글을 올리는 것은 자신이 만들어낸 가상공간에서 서열을 올리려는 노력이기도 하다.

인간은 모두 다른 사람들이 자신을 인정하고 존경하거나 자신의 지휘를 따르기를 바란다. 이런 욕망이 너무 강한 나머지 비영리 광고협회인 '원 클럽'이 2000년부터 2010년까지 10년간 가장 창의적인 디지털 캠페인을 선정했을 때 리스트의 첫머리에 오른 것은 버거 킹의 '시키는 대로 하는 닭^{Subservient chicken}' 캠페인이었다. 광고대행사 '크리스핀 포터+보거스키'가 버거 킹의 치킨 샌드위치를 홍보하기 위해 기획한 이 캠페인은 인터넷 사이트에 고객이 요구사항을 입력하면 닭으로 분장한 인물이 그대로 무조건 따라하는 것이었다. 사이트 방문자들이 화면 속 닭을 지배할 수 있다는 점이 홍보의 핵심이었다.

위치 기반 소셜 네트워크 서비스인 포스퀘어 역시 마찬가지다. 포스퀘어는 이용자가 방문한 장소를 지도에 표시하고, 방문한 곳의 정보를 남길 수 있는 체크인 기능을 제공한다. 따라서 콘서트와 파티, 스포츠 행사 등 어느 정도 지위가 있는 사람들만이 참석할 수 있는 곳에 갔을 때 그 사실을 입증할 수 있게 했다. 이용자는 그들이 진짜 세계에서 경험한 것들을 디지털 세계의 부족 구성원들에게 뽐내고, 포스퀘어에 체크인을 할 때마다 그 대가로 뱃지를 받을 수 있다.

인간은 인류의 영속적인 본능과 미리 정해진 성향에 따라 움직이기 마련이다. 어떤 사람을 소비자로 편협하게 정의하는 것은 그 사람의 소비본능에만 초점을 맞춘 것이며, 인간의 깊은 본성을 무시하는 것이다. 마케터들이 소비자를 하겐다즈 공짜 샘플로 유혹할 때, 혹은 누군가가 포스퀘어에서 자신이 특권층이 찾는 곳에 들렀다는 것을 광고할 때, 수천 수만 년 전에 그랬듯 지금도 우리 모두의 안에 살아있는, 고대 홍적세 시대로부터 이어져온 뇌회로의 존재를 잠시 되짚어봐야 한다.

얼마 전 바쁜 하루 일과를 마치고 집 근처 치킨구이집에 들렀다. LA 해변에 있는 우리 집에서 멀지 않은 이 식당은 내가 생각하는 이상적인 패스트푸드 레스토랑에 가까운 곳이다. 나는 건물에서 인도를 바라보는 쪽에서 잠시 멈춰서 판유리에 알록달록하게 새로 붙여놓은 홍보용 문구를 바라보았다. 거기에는 이렇게 적혀있었다.

'치킨 드셨어요?Got Chicken?'

재미있기도 했지만 동시에 짜증이 일었다. "아, 좀 더 창의적일 수는 없는 거야?" 하지만 내 못마땅함에도 불구하고, 예전에 히트했던 중독성 있는 카피를 제 멋대로 각색한 이 문구는 거의 20년 전에 굿비 실버스틴 & 파트너스가 제작했던 '우유 드셨어요? Got Milk?·사진' 광고가

거의 20년 전에 굿비 실버스틴 & 파트너
스가 제작했던 '우유 드셨어요?' 광고가
여전히 위력을 발휘하고 있다. 특정 광고
문구가 이처럼 긴 생명력을 갖는 것은 무
엇 때문일까? 해답은 우리의 뇌와 인류
진화의 기원에 있다.

여전히 위력을 발휘하고 있다는 증거였다. 특정 광고 문구가 이처럼 긴 생명력을 갖는 것은 무엇 때문일까? 해답은 우리의 뇌와 인류 진화의 기원에 있다.

찰스 다윈은 『인간과 동물의 감정표현』이란 책에서 뇌는 시간의 흐름에 따라 성장하고 진화한다고 주장했다. 뇌는 진화를 통해 오래된 뉴론 시스템 위에 새 뉴론 시스템을 더하게 되고, 이에 따라 뇌 전체가 형성된다는 것이다. 인간의 뇌를 이해하기 위해서는 이와 같은 진화론적 관점을 인정하고, 뇌가 진화과정에 따라 켜켜이 쌓인 층을 가지고 있는 인체의 유일한 장기라는 시각을 받아들일 필요가 있다. 다윈으로부터 시작된 이 이론은 인간의 뇌를 옛 유물과 현대의 기록이 공존하는 고고학 유적지에 비유하고 있다. 인간의 진정한 깊이를 이해하려면 그만큼 깊게 캐고 조심스럽게 파들어갈 필요가 있다는 것이다.

훗날 미국 국립정신보건원 '뇌 진화와 행동 실험실' 실장이 된 신경과학자 폴 매클린은 1960년대에 뇌의 3층 구조론을 제안해 다윈의 이 개념을 더 유명하게 만들었다. 매클린은 진화 단계에 따라 인간의 뇌가 3개의 서로 다른 층으로 이뤄져있다고 주장했다. 이들 별개의 층이 서로 쌓여 하나의 뇌를 이루고, 각각의 층은 저마다 독특한 추진력과 주체성을 가지고 있다는 것이다. 3개의 뇌는 각자 독립된 생물학적 컴퓨터처럼 작동하는데, 신경이 이들을 함께 연결해 서로 협동하기도 하고 충돌하기도 한다. 이들 3개의 뇌는 인간으로 하여금 육체적, 감성적, 이성적인 3가지 차원으로 세상을 경험하게 한다. 이 같은 뇌의 3층 이론은 뇌 구조를 단순화하기는 했지만 마케팅에 적용하는 데 충분히 유용한 모델이다.

파충류의 뇌

3층 중 1층인 육체적인 뇌는 두개골의 가장 아랫부분에 있다. 선사시대부터 남은 이 영역은 뇌에서 가장 오래되고 가장 작은 부분이다. 이 부분은 포유류보다 대략 2억년 먼저 나타난 파충류의 뇌와 유사한 점이 있기 때문에 '파충류의 뇌'라고도 불린다. 육체적인 뇌는 감각기관을 통해 감지된 환경 자극을 모니터하고 육체적으로 반응하도록 돕는다. 또 싸우거나 도망쳐야 할 상황이 되면 자기보호를 위해 몸을 움직이게 한다.

육체적인 뇌는 인간의 자연스러운 본능의 영역이자 아주 오랜 옛날부터 원형을 이루는 오래된 기억의 영역이다. 육체적인 뇌는 자동반사적인 행동을 포함해 기본적인 생명 활동을 관장한다. 호흡, 혈액 순환, 소화, 수면, 기상, 식사, 번식, 수렵·채집, 식량 비축 등 생명을 유지하는 습관에 관여하는데, 이런 습관들은 생존에 필수적인 것이므로 쉽게 변하지 않는다. 몸의 균형과 운동기능을 조절하는 소뇌도 육체적인 뇌에 포함되어 있다. 육체적인 뇌는 대뇌 반구 아래 밑 부분에 있으며, 감각기관의 반응을 통해 신체 움직임과 운동 기능을 책임진다. 육체적인 뇌는 이성이나 지성이 부족해 경험으로부터 새로운 것을 배울 능력이 없다. 따라서 종종 똑같은 무의식적인 행동을 반복하고, 충동적이며 융통성 없고, 강박적인 행등을 하게 한다.

이런 행동은 대부분 공포나 분노에서 촉발되므로 육체적인 뇌는 인간을 불안감과 피해망상, 음울한 성향으로 몰아갈 수도 있다. 가끔 공격적이고 폭력적인 행동을 낳기도 한다. 속임수, 편견, 세력권 싸움, 서열에 따른 행동, 권력 유지, 권위에 대한 두려움, 선례를 따르는 경향 등이 포함된다. 육체적인 뇌는 뇌 아랫부분에 있지만 뇌의 기초가 된다. 전적으로 무의식적이지만 인간의 행동에 동기를 부여하는 서열에서는 가장 높으며, 인간의 가장 기본적인 본능과 원초적 충동을 불러일으킨다.

인간의 강력한 본능과 충동을 이해하려는 마케터들에게 도움이 되기 위해 나는 이들을 '6개의 S'라고 부른다. 생존survival, 안전safety, 보안security, 생명유지sustenance, 성sex, 지위status를 가리키는 표현이다. 진화생물학자들은 이들을 '4개의 F'라고 달리 부르기도 한다. 전투fighting, 도주fleeing, 식량feeding, 성교fucking를 일컫는 말이다. 친선 스포츠 경기에서 과하게 흥분했을 때, 조심성 없는 다른 운전자 때문에 참을 수 없이 화가 났을 때, 교통사고 현장을 더 잘 보려고 목을 길게 뺄 때, 크리스피 크림 도넛을 간절하게 먹고 싶을 때, 모두 우리의 몸은 육체적인 파충류의 뇌가 지배하는 생존주의자적 본능에 따라 움직이고 있는 것이다.

마케팅에 적용해 설명하면, 육체적인 뇌는 생존과 생명 유지를 위한 무의식적 욕구와 관련이 있기 때문에 자신도 모르게 '우유 드셨어요?' 같은 카피에 끌려 반복적으로 사용하게 되고, 퍼뜨리게 되는 것이다. 1980년대 광고대행사 로우 앤 파트너스는 식량 혹은 조미료나 소스라도, 음식을 구할 수 있는 능력에 경제적 지위를 결부시키면, 소비자들에게 브랜드를 널리 각인시킬 수 있고 문화적인 관심도 불러일으킬 수 있다는 사실을 발견했다.

한때 전국적으로 화제가 되었던 그레이 푸폰사의 머스터드 소스 광고를 생각해보자. 이 광고에는 기사가 운전하는 차에 탄 두 명의 영국 귀족이 병에 담긴 머스터드 소스를 고상하게 나눠먹는 장면이 등장한다. 그리고 "실례합니다만 그레이 푸폰 있으신가요?"라는 문구에 이어 "삶의 최상의 즐거움"이라는 카피로 마무리 된다. 그레이 푸폰은 상류층이 즐기는 제품이라는 고급화 전략을 통해 소비자들이 열망하는 먹을거리 브랜드로 자리매김했다. 이런 원초적 본능은 생명력이 긴 또 다른 광고 슬로건을 탄생시켰다. 캠벨이 큰 식품회사로 성장하는 데 10여 년 동안 도움이 된 "음…음, 좋구만" 같은 카피와 라이프 시리얼의 유명 CF인 "미키가 좋아해요!"가 매력적으로 느껴지는 이유도 여기에 있다.

안전과 관련된 메시지를 던지면 육체적인 뇌가 반응해 소비자들의 주의를 끌 수 있다. 아메리칸 익스프레스 카드의 전설적인 카피 "이것 없이는 집을 떠나지 마세요"나 안전함과 신뢰감을 강조하는 올스테이트 보험사의 장수 광고 "올스테이트와 함께라면 안심할 수 있습니다"는 이런 통찰을 완벽하게 잡아냈다. 또 1980년대 후반과 1990년대 초반의 TV CF를 기억하는 사람이라면 무명에 가까웠던 브랜드가 탄생시킨, 미국에서 가장 유명한 사투리를 떠올릴 수 있을 것이다. 이 광고에는 자기 집에서 넘어져 위기에 처한 할머니가 나온다. 이 할머니는 속수무책으로 바닥에 누워서 사투리가 섞인 억양으로 "넘어져서 일어날 수가 없어"라고 외치고, 결국 노약자 전용 응급 서비스 회사인 '라이프 얼러트'의 경보 시스템에 의해 구조된다. 이 대사는 그때부터 지금까지 라이프 얼러트 광고에 사용되고 있다.

감정의 뇌 : 변연계

육체적인 뇌 다음으로 진화한 뇌의 두 번째 층은 매클린이 '변연계'라고 부른 부분이다. 감정의 뇌, 포유류의 뇌라고도 한다. 감정의 뇌는 사람들과 부족들, 그룹, 브랜드와 유대감을 쌓고 감정과 기억, 사회적인 관계와 애착 관계를 조절한다. 이 부분은 소뇌의 편도체, 대뇌 측두엽의 해마, 시상하부와 같은 뇌의 핵심적인 구조를 포괄한다. 무의식적인 신경계의 기능을 제어하며, 체온과 혈압 등 몸의 균형과 안정성과 관련된 항상성 및 생물학적 과정을 조절하는 통제 시스템의 역할을 수행한다.

변연계의 중심에는 두 개의 아몬드처럼 생긴 편도체가 있는데, 이 기관이 인간의 감정에 이르는 관문 역할을 한다. 뇌 안쪽에 자리 잡은 편도체는 일종의 알람 신호처럼 작동하기도 한다. 필요할 때는 투쟁-도피반응을 촉발함으로써 10억분의 1초 만에 동작을 취할 태세를 갖추게 한다. 위협이나 위기를 맞으면 편도체가 시상하부에 위험 신호를 보내고, 시상하부는 육체적인 뇌인 뇌간에 행동 개시를 명령한다. 영어로 감정emotion과 동기motivation는 둘 다 라틴어에서 움직임을 의미하는 movere라는 단어에서 나왔다. 따라서 모든 감정과 동기에는 본래 행동을 취하려는 경향이 있다는 해석이 가능하다. 특정 경험에 감정을 부여하고 물건이나 이벤트에 감상을 연결시키는 게 바로 편도체의 역할이다. 예컨대 뜨거운 난로를 만지면 고통스러운 느낌과 연결돼 다음에는 난로 가까이 가지 않게 하는 학습된 반응으로 이어진다. 마찬가지로 소비자들이 말뿐인 약속을 하거나 기대에 미치지 못하는 마케터들에게 데였을 때 경고 신호를 보내는 것도 편도체다. 마케터가 준 감정적인 상처는 소비자들로 하여금 그 브랜드에게서 떠나게 하는 원인이 되고, 심한 경우에는 블로그나 상점에서 반격하게 하는 원인이 된다. 때로는 그 상처가 광고주에게 오히려 유리하게 작용할 수 있다. 그간 많은 광고들이 택했던 문제 해결형 포맷을 통해 브랜드에 대한 감정을 고통에서 기쁨으로 바꿀 수 있는 방법을 찾았기 때문이다.

편도체는 가까이 있는 해마와 함께 연상기억장치associative memory라 불리는 과정을 통해 학습을 책임진다. 해마는 경험한 사실과 세부사항들을 암호로 바꾸고, 뇌로 들어온 감각 정보를 장기 기억으로 전환한다. 그러고 나면 편도체가 그 경험에 특정한 감정을 덧붙인다. 뛰어난 신경과학자인 조지프 르두는 이렇게 표현했다. "해마는 기억을 통해 여러 사람 중에서 당신의 사촌의 얼굴을 알아보는 데 중요한 역할을 한다. 그러나 당신이 사촌을 좋아하지 않는다는 감정을 더하는 것은 편도체다."

기억은 이렇게 해마와 편도체가 합작해 이뤄진다. 해마가 인지적 표상을 맡고 편도체가 감성적인 반응을 불러일으킨다. 이렇게 두 개로 나뉜 기억 과정은 무의식적으로 이뤄지는 것으로 보인다. 르두는 "이 두 과정은 동시에 일어난다. 편도체 기억은 무의식적으로 촉발되기 때문에 기억을 작동시키기 위해 그것이 어떤 자극이었는지 인식할 필요가 없다. 해마 기억 역시 무의식적으로 촉발되지만 작동을 시작할 때는 그 기억을 인식하게 된다. 이것이 바로 해마 기억이 하는 일이다. 해마 기억은 의식 경험을 나타낸다."

이와 같은 학습 과정은, 브랜드나 광고를 단순히 기억하게 하는 것만으로는 소비자의 행동변화를 이끌어낼 수 없다는 것을 보여준다. 소비자가 브랜드의 가치와 유용성을 판단하게 하려면 해마가 브랜드와 광고의 내용을 암호로 바꾸고, 정보와 특징을 기억하는 것뿐만 아니라 브랜드와 광고에 감정까지 부여해야 한다. 따라서 마케터들은 소비자를 시각적으로 사로잡는 것 못지않게 감정을 자극하는 부분에도 주의를 기울여야 한다.

변연계는 기억 속의 과거 패턴에 근거해 경험한 사건들을 기분 좋은 것, 불유쾌한 것, 또는 그저 그런 것으로 분류하면서 가치를 정한다. 해마가 상징적인 병 모양과 빨간색과 흰색의 색 배합, 필기체 서체, 클래식한 로고를 보고 그 제품을 코카콜라로 인식했다 하더라도 당신에게 "난 코카콜라가 좋아"라고 속삭이는 것은 편도체다. 결국 코카콜라라는 브랜드와 연관된 감정이 코카콜라를 마실 것인가를 결정하고, 이 결정이 코카콜라를 선택하는 행동을 낳는다.

변연계는 사물과 사건, 경험들을 과거의 기억과 결부시켜 감정을 더함으로써 각각의 가치를 매긴다. 이렇게 하나씩 하나씩 삶의 패턴이 쌓이게 된다. 무의식의 영역인 변연계는 우리도 모르게 작동하는 부분이다. 하지만 신체 자극이나 정서적인 자극을 받게 되면 때로 이런 감정들을 의식적으로 느끼게 된다.

감정의 뇌는 또한 어떤 것에 주목할 것인가를 결정한다. 특정 브랜드에 대해 정서적으로 더 많이 기억할수록 그 브랜드는 뒤죽박죽 쌓여있는 기억들을 뚫고 튀어나와 당신에게 뇌가 보내는 메시지를 받아들이라고 재촉하게 된다. 정서적인 자극은 뇌가 특별한 경험에 대해 생생한 기억을 만들어내고, 그 기억에 중요성을 부여할 때 일어난다.

영화 <타이타닉>을 보고 울었다거나 오랜만에 가족이나 친구들을 만나 기뻤다면, 예전 노래를 듣고 감동을 받았다면, 아름다운 예술품을 보고 감탄했다면, 친숙한 브랜드를 고르고 난 뒤 편안함을 느꼈다면, 혹은 새로운 브랜드를 선택해 설레었다면 당신의 감정의 뇌가 충분히 활성화된 것이다.

가장 효율적이고 기억에 남는 광고 캠페인으로 꼽히는 많은 작품들이 바로 변연계를 활용한 것들이다. 영국의 광고대행사 IPA가 광고제에 출품된 작품들을 대상으로 광고의 효율성을 분석하는 연구를 진행했다. 그 결과 이성적인 부분에 초점을 맞춘 작품보다 주로 감성에 호소하는 광고들이 두 배 정도 높은 효과를 거둔다는 사실을 밝혀냈다.

감성이 사람들의 마음을 움직여 제품을 구입하게 만든다. 회사 마스코트인 래브라도 종 강아지 안드렉스 퍼피를 모든 이들에게 사랑받게

감성은 사람들의 마음을 움직여 제품을 구
입하게 만든다. 사랑스러운 래브라도종 안
드렉스 퍼피를 활용해 거대기업으로 발돋
움한 영국의 화장지 회사 안드렉스

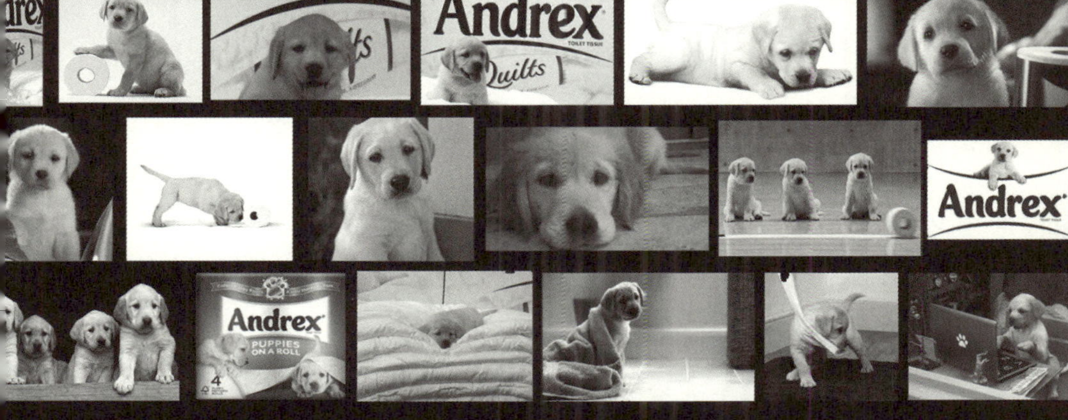

만든 영국의 휴지 회사 안드렉스, 사진으로 남기고 싶은 특별한 순간에 '코닥 모먼트'라는 이름을 붙여 캠페인을 전개했던 코닥 필름, 광고계에서 가장 잘 알려지고 큰 호응을 얻었던 "최고의 마음을 전하고 싶을 때"라는 문구로 최고의 카드 제작업체에 등극한 홀마크…. 이들의 성공비결은 모두 일맥상통한다. 소비자의 감정을 이끌어낼 수 있는 마케터가 시장을 이끌 수 있다는 것이다.

이성의 뇌 : 신피질

뇌에서 가장 바깥에 있고 가장 늦게 발달한 부분이 이성의 뇌라고 불리는 신피질이다. 신피질은 뇌의 진화가 이뤄낸 최고의 성과로, 뇌에서 고차원적인 역할을 수행한다. 인간의 자유의지와 의식적인 자각 활동이 이뤄지는 곳이기도 하다. 신피질은 말하기와 쓰기, 문제 해결 능력, 분석적인 사고, 수학 능력 등과 같은 고도의 인지적 기능을 담당한다. 신피질은 대뇌피질, 혹은 줄여서 피질이라고도 부른다. 뇌라고 하면 흔히 떠올리는 제일 겉에 있는 쭈글쭈글한 부분이 바로 신피질이다.

신피질은 그 유명한 좌뇌와 우뇌로 나뉜다. 좌뇌는 분류·분석적이고 이성적이며 언어와 관련이 있는데 비해 우뇌는 공간 지각에 뛰어나며 예술적이고, 추상적이다. 감정의 뇌가 정보에 가치와 중요성을 부여한다면, 신피질은 감정의 뇌가 가지고 있는 느낌과 감정에 대해 자신이 왜 그렇게 느끼는지 이유와 영향을 설명하며 이성적인 의미를 부여한다.

매클린은 신피질을 가리켜 '발명의 어머니이자 추상적인 사고의 아버지'라고 했다. 신피질은 전전두피질을 포함하는데, 전전두피질은 인간의 뇌에서 가장 진화되고 진보된 브분이자 인간을 다른 모든 동물들과 가장 분명하게 구분해준다. 전전두피질은 인간에게 행동을 계획하는 능력과 새로운 가능성을 만들어낼 수 있는 능력을 부여한다. 또 그 행동이 가져올 결과를 예상하고 상상할 수 있게 해 미래에 대한 일종의 정신적 시뮬레이터 역할을 수행한다. 전전두피질은 굳이 실행에 옮기지 않아도 공기보다 무거운 비행기가 과연 날아갈 수 있는지, 동물의 간 맛이 나는 아이스크림이 히트할 상품인지 그 결과를 짐작하게 한다.

전전두피질은 또 추론과 비교·분석적 사고를 가능하게 한다. 비유하자면 상점 판매대 앞에서 살까 말까 신중하게 생각하는 과정이 머릿속에서 반복되는 것과 비슷하다. 긍정적이든 부정적이든 결과를 그려볼 수 있기 때문에 전전두피질은 심사숙그 후 내려진 선택을 행동으로 옮기게 하고, 부적절한 충동을 억누르는 등 도덕적인 결정을 내린다. 행동하기 전에 한 번 더 생각하게 하는 것도 전전두피질의 몫이다. 컨버터블 BMW를 빌리기 전에, 2500달러짜리 구찌 핸드백을 사기 전에, 고디바 초콜릿 한 접시를 더 먹어치우기 전에 이성이 브레이크를 걸어 자제할 수 있도록 말이다.

아울러 전전두피질은 자신이 누구인지 인식하는 자아 개념과 자아상을 책임지는 곳이기도 하다. 거울에 비친 모습이 실제 자신임을 알게 하고, 사회계층상 자신이 어디에 속하며, 주변 사람들에게 어떻게 자기 자신을 표현할 것인가를 결정한다.

이성의 뇌는 뇌의 마지막 진화단계에서 완성됐지만 고차원적 사고에 있어서 가장 중요한 부분이다. 주변 세계를 이해하고 질서를 만들며, 사물을 합리적으로 해석하고, 자신의 느낌과 무의식적인 반응에 의식적이고 주관적인 의미를 부여한다.

전전두피질이 뇌에서 지휘자와 같은 최고의 역할을 맡고 있지만 인간의 많은 행동에 일일이 영향을 미치지 못하고, 또 모든 행위에 항상 개입하는 것은 아니다. 당신이 십자말풀이를 할 때나 브랜드 라벨에 써있는 내용을 체크할 때, 어학원에서 외국어를 배울 때, 갑자기 라스베이거스로 주말여행을 떠나기로 결정했을 때, 이 모든 순간 이성의 뇌인 전전두피질이 왕성하게 활성화되고 있다. 마케터들도 다른 브랜드와 비교한 사실이나 숫자를 광고하고자 할 때 전전두피질을 끌어들이곤 한다. 논리적인 자료 자체가 소비 욕구를 불러일으키기에 충분하지 않을지는 몰라도 느낌과 충동을 행동으로 옮기도록 하는 데에는 영향력을 발휘한다. 따라서 합리적인 정보는 마케팅과 광고에서 부수적이지만 중요한 역할을 맡는다.

가격 할인 하나만 강조하는 이성적 접근방식이 놀라운 효과를 발휘하는 때도 있다. 특히 기존 브랜드에 비해 감성을 자극할 요소가 적은 신생 브랜드의 경우가 그렇다. 지금은 정보통신업체 버라이즌에 인수된 MCI의 '일요일에는 5센트Five-cent Sundays'와 '친구와 가족Friends and family'이 대표적이다. 당시 MCI는 뉴욕의 광고대행사 유로 RSCG의 고객이었고, 내가 MCI의 전략 설계를 맡았다. 이들 요금제는 각각 일요일마다 1분당 5센트로 전국 통화가 가능하고, 전화한 사람과 받는 사람이 모두 MCI 가입자면 가격을 할인해주는 프로그램이었다. 당시 AT&T의 독점체제에 도전하던 MCI는 합리적이고 영리한 새 요금제를 통해 효과적으로 AT&T에 타격을 입혔다. 거대통신사인 AT&T는 친숙한 브랜드라는 유리한 위치에 있었지만 MCI는 통신비 절감의 중요성을 공략한 것이다. MCI의 이 요금제는 통화량이 많은 가입자에게 할인혜택을 주는 고객 보상 프로그램의 초기 모델이 되었다.

기분이 행동을 지배한다

매클린은 뇌의 3층 이론을 통해 그동안 우리가 뇌에 대해 생각하던 방식을 근본적으로 바꿔놓았다. 매클린의 이론 이전에는 뇌에서 가장 나중에 진화된 부분이자 이성적인 부분을 총괄하는 신피질이 뇌의 나머지 부분을 지배한다고 추정해왔다. 그러나 매클린은 정반대의 이론을 제시했다. 신피질 아래에 있는 육체적이고 감정적인 뇌가 종종 이성의 뇌를 장악한다는 것이다. 감정의 뇌는 인간 행동의 주된 동력으로 작용하는 부분이자 가치 판단이 이뤄지는 곳이다. 비유하자면 이성의 뇌가 자동차 뒷좌석에 앉아 소극적으로 간섭하는 구경꾼이라면 감정의 뇌는 핸들을 잡은 운전수라고 할 수 있다. 인간이 무엇을 하고자 하는 진정한 자유의지를 가졌다기보다는 차라리 무엇을 하지 않으려는 의지를 가졌다고 보는 편이 옳다. 이성이 감정의 힘에 대항해 제동장치를 가동할 수 있지만 자주 제 때 멈추는 데 실패하기 때문이다.

마음 한 쪽에서 A라는 느낌이 드는데 다른 한 쪽에서 B라는 느낌이 들 때 어떤 결정을 내릴지 고민한 경험이 있는가. 당신도 한 번 쯤은 '악마의 케이크'라고 이름 붙인 크림 범벅 케이크의 유혹에 빠지고 싶은 충동을 느낀 적이 있을 것이다. 이때 당신 머릿속에는 세 개의 뇌가 서로 경쟁하며 갈등을 벌이고 있다. 육체적인 뇌는 음식 없이 살아갈 수 없다는 사실을 우선시하기 때문에 케이크를 반긴다. 감정의 뇌는 케이크와 관련된 과거의 즐거웠던 추억과 감정들을 떠올릴 것이다. 마지막 이성의 뇌는 케이크를 먹지 말아야 하는 이유를 잘 알고 있다. 하지만 이성의 뇌는 다른 뇌들의 욕구와 감정에 쉽게 굴복하곤 한다. 이성의 뇌는 케이크가 설탕과 지방이 너무 많고 칼로리가 높아 건강에 좋지 않다는 사실을 잘 이해하고 있다. 그러나 가장 중요한 것은 케이크를 먹으면 금세 기분이 좋아진다는 점이다. 기분이 논리를 이긴다. 세 개 중 두 개의 뇌가 나머지 하나인 이성의 뇌를 압도하는 것이다.

너무 비싼 물건을 사기 위해 서둘러본 적이 있는가. 자동차일 수도 있고, 핸드백이나 시계, 운동화일 수도 있다. 당신이 지나치게 비싼 가격표가 선사하는 혜택을 꼽으며 애써 합리화하기도 전에 사실상 이미 결정은 내려졌다고 봐도 무방하다.

"인생은 짧다, 그러니 디저트를 먼저 즐겨라"라는 말이 있다. 이 말이 그럴 듯하게 들리는 것은 우리의 뇌가 눈앞의 단기적인 이득을 추구하도록 설계되어 있기 때문이다. 홍적세 시대로 되돌아가면 매일 닥쳐오는 위협과 고난 때문에 수명은 지금보다 훨씬 짧았다. 그때는 위험과 굶주림을 피해 살아남아 다음 세대에게 유전자를 남기려면 단기적인 전략들이 필요했다. 과거에 맹수를 피하듯 오늘날에는 신뢰할 수 없는 브랜드를 피해야 한다. 과거에 그랬듯이 사람들은 현대에도 음식을 탐하거나 성관계를 가질 수 있는 기회를 재빨리 움켜쥔다. 수렵과 채집을 하던 과거에는 생각을 거치지 않은 즉각적인 대응이 생명을 구했고 새 생명을 낳았기 때문이다. 오늘날 이런 방식을 고수한다면 곤란한 상황에 빠지게 되겠지만 말이다. 심각한 금융 위기, 넘쳐나는 먹을거리, 급증하는 포르노 산업, 증가하는 10대들의 임신비율 등은 감정의 뇌가 행동을 압도했을 때 생기는 직접적인 결과물이다.

지금까지 신경과학자들은 우리의 뇌가 매클린의 3층 이론보다 더 복잡하게 뒤얽혀 있으며, 서로 더 많은 갈등을 빚는다는 것을 밝혀냈

다. 몇몇 신경과학자들은 변연계의 개념이 시대에 뒤떨어졌다고 지적한다. 감정은 뇌의 어느 특정부위에서만 비롯되는 것이 아니라 뇌 전체에 고루 분포되어 있다는 것을 뇌영상 기술이 보여주고 있기 때문이다. 또 뇌의 3층 이론이 제시했던 뇌의 진화에 대한 직선적 시각이 상상에 가깝다는 것도 학자들 사이에서 공감을 얻고 있다. 진화는 현실적으로 밑에 깔려있는 층에 아무런 변화 없이 새로운 층을 쌓는 방식으로 이뤄지지 않는다. 자연선택은 새롭게 찾은 것을 바꾸는 동시에 원래 있던 것에도 작용하기 때문이다.

그러나 여전히 뇌는 수백만 년 동안 쌓여진 아이스크림 더미처럼 설명하기 어려운 미지의 영역으로 남아있다. 복잡하게 덧대어진 조각보 같은 상태의 뇌는 결점이 없는 것은 아니지만 어쨌든 작동하고 있다. 아니, 불가사의할 만큼 잘 작동하고 있다.

매클린의 뇌의 3층 이론은 지금도 뇌의 구조를 단순화한 중요한 연구로 남아있다. 그리고 마케터들에게는 실제적으로 적용할 여지가 많은 유용한 모델이기도 하다. 서로 싸우는 이드와 자아, 초자아 세 요소가 인간의 정신을 이룬다는 프로이트의 주장은 서구 문화와 당대의 분위기에 지대한 영향을 끼쳤다. 마찬가지로 뇌의 3개층이 서로 경쟁한다는 매클린의 이론도 많은 과학자들은 물론 비전문가들에게도 영감을 주었다. 매클린의 연구는 이제 소비자가 어떻게 물건을 구매하는지 마케터들이 더 잘 이해할 수 있게 돕는 데에도 활용되고 있다.

모든 사람들의 경험과 행동, 뇌의 기능은 매클린이 단순화시킨 신경학적 카테고리로 분류할 수 있다. 뇌의 가장 아래 단계에는 뇌의 안쪽에 위치한 기저핵과 소뇌로 이뤄진 육체적인 뇌가 있다. 가운데에는 변연계라 불리는 감정의 뇌가 있다. 마지막으로 이성적이고 합리적인 사고를 하는 신피질이 있다. 이렇게 3단계로 된 접근법은 인간의 행동이 어느 정도까지 의식적이고 무의식적인지 이해하는 데 효과적이다. 뇌에서 더 안쪽이거나 낮은 부분일수록 무의식적인 행동이 이루어지기 때문이다.

우리의 신념은 주로 과거의 경험을 근거로 형성되는데, 과거의 경험은 이들 3개의 차원으로 분류될 수 있다. 즉 우리의 신념에서 비롯되는 결정들은 신체를 통한 육체적인 경험, 가슴으로 느끼는 감정, 머리에서 이뤄지는 합리적 사고라는 세 가지 요소를 바탕으로 한다. 훌륭한 마케터라면 이 3가지 차원에 맞춰 새롭게 우선순위를 매기고 인간의 모든 영역을 포괄하는 더 나은 마케팅 전략을 발전시킬 수 있을 것이다. 정리하자면, 마케터들은 감성적으로 또 신체적으로 자극이 되면서, 동시에 감성과 충동에 저항하고자 하는 이성적인 우려를 잠재울 수 있는 브랜드를 만들어내야 한다는 것이다.

육체적인 뇌 다루기

감정과 느낌, 동기가 원초적일수록 이들을 자극하면 강력하고 꾸준한 행동반응을 유도할 수 있다. 파충류의 뇌가 행동을 유발하는 주된 역할을 하기 때문이다. 몇몇 마케팅 아이디어가 다른 아이디어보다 더 좋은 결과를 낳고 더 널리 퍼지는 이유도 여기에 있다.

육체적인 뇌의 욕구를 분석함으로써 소비자의 행동변화에 영향을 줄 수 있는 아이디어를 더 발전시킬 수 있다. 소비자와 브랜드와의 접점을 반복해서 만들고, 마케터라면 누구나 꿈꾸는 브랜드에 대한 충성도에 불을 붙일 수도 있다.

영국의 생태학자이자 진화생물학자인 리처드 도킨스는 그의 혁신적인 저서 『이기적 유전자』에서 '밈^{meme}'이라는 용어를 처음 제시했다. 밈은 유전자와 유사하게 모방과 복제를 통해 전해지는 문화적 정보의 단위를 가리킨다. 멜로디, 슬로건, 표어, 패션, 스타일 등을 포함하는데, 이들은 마치 나름의 의도와 의지를 갖고 있는 것처럼 문화를 통해 퍼져나간다. 나는 다음 장에서 대부분의 밈이 사실은 내가 6개의 S로 명명했던 생존, 안전, 보안, 생명유지, 성(性), 지위와 같은 우리의 가장 깊은 무의식적인 생물학적 욕구를 반영한다는 점을 보여주려 한다. 이 요소들은 가장 쉽게 퍼져나가는 많은 밈들의 기초가 된다. 6개의 S와 밈이 모두 무의식적인 것들이고, 둘 다 생존에 있어 무엇보다 중요한 요소이기 때문이다.

식량의 힘

인간의 뇌는 문자 그대로 생존을 위한 기관이다. 시대를 불문하고 가장 널리 퍼진 마케팅 밈 두 가지가 충분한 식량을 얻고자 하는 인간의 가장 기본적인 생존 욕구에 편승한다는 점은 우연의 일치가 아니다. 이들 밈들은 단순한 문구로 사람들에게 필수적인 식량의 결핍을 경고하고 질문을 던진다. 패스트푸드점 웬디스의 '쇠고기 어디 있어요?^{Where's the beef}'와 캘리포니아 우유가공진흥위원회의 '우유 드셨어요?^{Got milk}?'가 그 예다. 이 두 개의 카피는 의문형인 문장 구조도 닮았지만 그 효과 역시 똑같이 강력했다.

웬디스의 '쇠고기 어디 있어요?'는 웬디스의 소박한 브랜드 특성과 1980년대 미국 사회의 분위기를 잘 포착해 폭넓고 깊숙하게 미국 문화 속에 스며들었다. 이 카피는 직장인들의 잡담부터 대통령 후보자 토론에 이르기까지 어디에나 등장할 만큼 화제를 모았다. 광고 모델로 등장했던 자그마한 체구의 80대 할머니 클라라 펠러도 전국적인 스타가 되었다. 30년이 흐른 뒤 웬디스는 업그레이드된 웬디스 햄버거 출시를 축하하며 TV CF에 다시 이 카피를 등장시켰다.

당시 미국 어디에서나 볼 수 있었던 이 카피의 영향력을 뛰어넘은 유일한 캠페인은 또 다른 필수 먹을거리 광고였던 '우유 드셨어요?'일 것이다. 웬디스의 카피와 신기할 정도로 비슷한 이 슬로건은 1990년대 초반에 탄생했지만 여전히 활동적인 밈이자 전 세계적인 아이콘이 됐다. 미국 광고 역사상 이 카피만큼 많이 패러디되고 아류작을 낳은 문구는 없을 것이다.

복제가 유일한 목표인 이기적인 유전자처럼 밈도 영리한 변형이든 그렇지 못한 변형이든 더 멀리 퍼지고자 하는 목적에 따라 조직적으로 진화한다. '우유 드셨어요?'도 사람들과 기업이 자신의 입맛에 맞는 대로 우유 대신 상상할 수 있는 거의 모든 제품과 서비스, 콘셉트를 바꿔 넣으면서 끊임없이 셀 수 없는 돌연변이를 낳았다.

'우유 드셨어요?'와 '쇠고기 어디 있어요?'가 모범적인 광고의 예라는 데는 이론의 여지가 없다. 이들 카피는 전략적으로 소비자의 원시적 본능을 자극하는 토대 위에 만들어졌기 때문에 유기적으로 확산될 수 있었다. 그 결과 광고계의 선두를 차지하고 문화의 전방에 서게 되었다. 이들 밈은 육체적인 뇌의 강력한 영향권 아래 있으면서 이성과는 무관하게 별다른 노력 없이 생명력을 이어갈 수 있었다.

도킨스는 인간이란 그저 이기적인 유전자들을 복제하려는 목표를 위해 프로그램된 대로 "느릿느릿 움직이는 로봇"에 불과하다고 표현했다. 두 광고 카피의 경우는 이기적인 밈의 전파를 위해 움직인다고 바꿔 말할 수 있겠다.

만약 아직도 '쇠고기 어디 있어요?'와 '우유 드셨어요?'의 성공이 우연의 일치에 불과하다고 생각한다면 다시 생각해볼 필요가 있다. 식량 밈의 영향력에 대해 더 많은 증거를 원한다면 다른 사람들에게 왜 온라인에 음식 사진을 찍어서 올리는지 물어보라. 페이스북에 들어가서 당신이 포스팅한 목록을 훑어보면 아마 당신 역시 간식이든 디저트든 메인 메뉴든 적어도 음식 사진 한 장은 올려놓았을 것이다. 이런 현상은 페이스북에만 국한된 것이 아니다. 사진 공유 사이트 중 가장 크고 활발하게 활동이 이뤄지는 플리커에는 '내가 먹은 것^{I Ate This}'이라는 그룹이 따로 있다. 트위터, 마이스페이스, 푸드스팟팅, 셔터플라이, 푸드캔디, 차우하운드에서도 마찬가지다. 음식을 자신의 디지털 부족에게 과시하는 것은 우리 뇌의 비합리적인 부분이 시킨 일이다. 타당성과는 전혀 관계없고, 상관있는 것은 오로지 생존을 위해 무엇인가를 먹어야 한다는 인간의 가장 기본적인 본능뿐이다.

레스토랑 광고를 제작할 때마다 나는 카피라이터와 미술감독들의 불평을 견뎌야 했다. 이들은 광고주들이 하나같이 요구하는 진부한 음식 사진을 꼭 넣어야 한다는 점을 괴로워했기 때문이다. 갓 만든 피자에서 치즈가 쭉쭉 늘어나는 장면이나 맛있어 보이도록 실제보다 더 크게 만든 샌드위치, 격자무늬 그릴 자국이 선명한 스테이크처럼 틀에 박히고 의무화되다시피 한 사진들 말이다. 크리에이티브 팀은 내 의견에 반박할지 모르지만, 나는 이 점에서만큼은 광고주들이 옳다고 생각한다. TV에 김이 모락모락 나는 음식이 나오면 누구나 저절로 집중하게 되고, 마침내 육체적인 본능으로 가득 찬 소뇌가 우리에게 명령한다. 당장 자리를 박차고 일어나 집 근처 버거 킹이나 피자 헛, 타코 벨로 달려가라고.

유전자 번식 본능

우리는 성^性의 위력을 잘 알고 있다. 성의 중요성은 배우자가 될 가능성이 있는 이성에게 육체적인 매력을 뽐내는 것을 넘어 성적 접촉의 결과물, 즉 2세 탄생으로 이어진다. 이것은 우리가 아기와 어린아이들에게 쉽게 매료되는 점에서도 확인된다. 진화의 관점에서 봤을 때 성관계의 목적은 아이를 갖고 유전자를 대물림하는 것이다. 금융사 이트레이드의 재미있는 광고에서부터 롤러 스케이트를 타고 백덤블링과 브레이크 댄스를 선보이는 에비앙 베이비에 이르기까지 마케팅 곳곳에 아기와 아이들이 등장하는 이유이기도 하다. 컴퓨터 그래픽을 동원해 만든 에비앙 베이비는 세계에서 가장 많이 조회된 온라인 광고 동영상으로 기네스북에 오르기도 했다.

사실 광고에 나오는 아기들은 우리가 잘 알지도 못하는 아이들이다. 페이스북을 보면 부모들이 자기 아이들 사진을 올리는 경우가 파스타나 쇠고기 수프 사진보다 더 흔하다. 어떤 부모들은 아예 자신의 프로필 사진에 아이 사진을 올려놓기도 한다. 이들이 아이 사진을 포스팅하는 것은 그 사진이 유전자 번식이라는 가장 중요한 임무를 해냈다는 자부심처럼 진한 감정을 불러일으키기 때문이다. 저명한 신경학자인 안토니오 다마지오는 자부심과 존경심 등 사회적 관계에서 비롯되는 감정은 "생물학적으로 뇌에서 정한 대로 미리 결정된다"고 말했다. 즉 우리는 이런 감정들을 타고난다는 설명이다.

원초적 충동을 건드려라

이 사안에 대한 공식은 아주 간단하다. 원초적인 충동을 자극할수록 마케팅 효과가 더 커진다는 것이다. 유명인들이 임신했다는 뉴스가 나오면 자동적으로 인터넷 검색어 순위 1위에 오르는 이유가 그것이다. 그들이 임신했다는 것은 성과 번식에 관한 의미를 담고 있는 동시에 그들의 사회적 지위가 우리의 본능적인 관심을 끌기 때문이다.

케이블 채널 브라보에서 9년 넘게 방송되고 있는 요리 오디션 프로그램 '아메리카 톱 셰프'는 본편에서 갈라져 나온 두 편의 관련 프로그램 '톱 셰프: 마스터들'과 '톱 셰프: 디저트'를 낳았다. 그 외에도 두 편이 더 기획 중

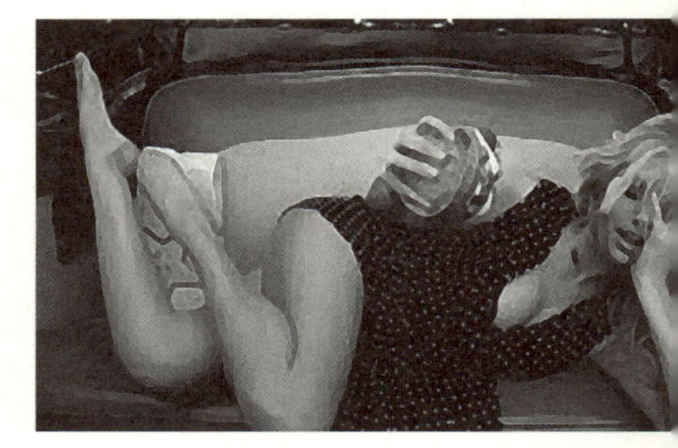

이다. 이 프로그램의 성공은 높은 지위에 대한 열망과 생존에 직결되는 음식을 결합한 덕분이다. 2007년 케이블 TV에서 가장 성공한 프로그램 중 하나였던 '생명을 건 포획'은 대게잡이 어부들을 등장시켜 식량과 안전, 생존이라는 본능적인 요소들을 두루 결합시켰다. 2010년 대게잡이 선장의 죽음을 다룬 후속 시리즈는 디스커버리 채널 사상 세 번째로 높은 시청률을 기록했다. 인간의 가장 중요한 목표는 생존하는 것이기에 시청자들은 죽음이라는 메시지 앞에 모두 채널을 고정할 수밖에 없었던 것이다.

광고가 성이나 음식처럼 본능적인 충동을 자극하면 소비자가 의식하지 못하는 사이에 브랜드의 이미지와 느낌을 심어주는 효과가 몇

미쉐린 타이어는 광고에 아기를 등장시키는 한편 상징적인 카피 "너무나 많은 것이 타이어 위에 있기에'란 문구를 통해 큰 효과를 거두었다.

배로 증폭된다. 패스트푸드 체인점인 칼스 주니어 앤 하디스는 2012년 광고에 <스포츠 일러스트레이티드> 잡지의 수영복 표지 모델이었던 케이트 업튼을 기용해 대히트를 쳤다(사진). 업튼이 자동차 극장의 차 안에서 매콤한 햄버거를 먹으면서 핑크 스웨터를 벗어던지고 가슴골 사이로 땀을 흘리는 이 CF는 단시간에 전 세계에서 5억이 넘는 광고 노출 횟수를 기록했다.

미쉐린 타이어는 광고에 아기를 등장시키면서 그에 걸맞은 '너무나 많은 것이 타이어 우에 있기에'라는 상징적이고 효과적인 카피를 붙였다. 이 광고의 성공 역시 우리의 생물학적 본능에 뿌리를 두고 있다. 미쉐린 브랜드 매니저는 "몇 년째 이어지고 있는 아기 캠페인의 효과를 아주 자랑스럽게 생각한다"며 "광고 중에 이 정도로 장수하고 영향력이 큰 캠페인은 드물기 때문"이라고 말했다.

이렇듯 진화라는 관점에서 안전, 보안, 아이 • 가족 등과 같은 핵심 요소들을 영리하게 활용하면 훌륭한 광고를 만들 수 있다. 인간의 원초적 정서에 기반을 둔 광고는 소비자들의 마음을 사로잡고, 계속 마음을 움직일 수 있는 힘을 가지고 있기 때문이다.

하버드 경영대학원의 제럴드 잘트먼 교수는 미쉐린 타이어 광고의 경우 타이어 안에 앉아있는 아이를 보여줌으로써 소비자르 하여금 무의식적으로 미쉐린 타이어를 가족의 안전을 지켜주는 도구로 연상하게 했다고 평했다. 잘트먼 교수는 소비자의 브랜드 선택 등기 중 무의식적이고 비유적이며, 문자를 사용하지 않은 것들의 영향력을 알아보기 위해 이미지를 활용한 시장조사 기법을 동원했다.

미쉐린의 최근 광고에는 동물 인형들에게 둘러싸인 채 미끄러운 길위에 놓인 타이어 안에 앉아있는 아이가 나온다. 잘트먼 교수는 이 광고가 대홍수를 이겨낸 성경 속 노아의 방주의 안전한 이미지를 형상화했다고 말했다. 마케터들은 이렇게 브랜드와 광고 뒤의 숨겨진 의미를 파악하고, 그림과 스토리텔링 등을 활용한 무의식적인 비유를 찾아내야 한다. 이를 통해 자칫 가려진 채로 남아 있었을 소비자들의 브랜드 선택 동기를 이해할 수 있고, 그 동기들을 직접 겨냥한 광고를 만들 수 있기 때문이다.

2004년 슈퍼볼 중간휴식 시간 공연 도중 여가수의 한 쪽 가슴이 노출되는 사건이 온 미국을 뒤흔든 적이 있다. 저스틴 팀버레이크가 자넷 잭슨과의 합동 공연에서 잭슨의 겉옷을 벗기는 퍼포먼스를 펼치다가 순간적으로 가슴이 드러난 것이다. 이 해프닝은 TV 역사상 디지털 방식으로 가장 많이 녹화되고 재생된 순간이자, 슈퍼볼 역사상 가장 화제가 되고 논란을 불러일으킨 공연으로 꼽힌다. 그런데 사람들은 왜 이런 사소한 일에 관심을 쏟는 것일까? 그것은 육체적인 뇌에게 성^性은 생존과 연관된 문제이기 때문이다.

나이키는 분명 가장 마케팅을 잘하는 브랜드 중 하나다. 나이키의 광고 캠페인은 사람들에게 '그냥 해봐^{Just do it}'라고 외치며 그들의 꿈과 포부를 이루라고 도전의식을 불러일으킨다. 그런데 나이키가 캠페인을 벌이기 이전에도 '두 잇^{do it}'이라는 표현은 이미 유행하던 것이다. 이 말은 '성관계를 갖다'는 뜻을 돌려 표현한 것이었다. 1968년 비틀즈는 그들의 화이트 앨범에 '길에서 하면 왜 안돼?^{Why Don't We Do It in the Road?}'라는 곡을 실었다. 비틀즈 멤버인 폴 매카트니는 원숭이 두 마리가 인도의 길거리에서 교미하는 장면을 보고 이 곡을 썼다고 한다.

최근 수십 년 동안 사람들은 같은 표현을 사용해 자신의 성적인 능력을 과시해왔다. 차 범퍼에 붙이는 스티커나 티셔츠만 봐도 '아마추

나이키는 분명 가장 마케팅을 잘하는 브랜드 중 하나
다. 나기키의 광고 캠페인은 사람들에게 '그냥 해봐
Just do it'라고 외치며 그들의 꿈과 포부를 이루라고
도전의식을 부추겼다.

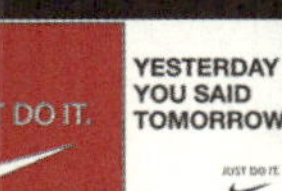

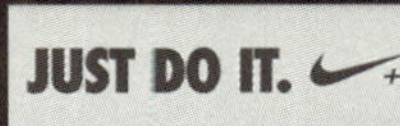

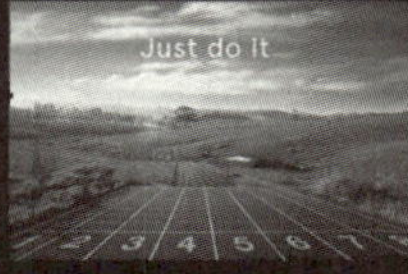

어 무선사들은 엄청나게 자주 한다(영어로 frequency가 빈도와 주파수의 두 가지 의미인 것을 활용한 표현)', '원반던지기 선수들은 수평으로 한다', '보수주의자는 제대로 한다' 등등의 문구가 쓰여진 게 많다.

2008년에는 나이키의 카피와 똑같은 『저스트 두 잇』이라는 제목의 책이 출간된 바 있다. 책은 101일 연속 성관계에 도전했던 부부의 이야기를 날짜대로 기록한 것이다. 선견지명이든 직감이든, 나이키가 성적인 의미를 담고 있는, 이미 존재하던 표현을 브랜드 캠페인에 쓰기로 한 결정은 현명했다. 이 카피는 사람들의 관심을 최고조로 끌어모으며 나이키를 마케팅의 정점에 올려놓았다.

투쟁, 도주, 그리고 공포

무명 디자이너가 틈새시장을 노리고 만든 '노 피어$^{No\ Fear}$'라는 익스트림 스포츠웨어 브랜드가 있다. 1989년에 만들어진 이 브랜드는 기존의 의류 브랜드들과 비교하면 아주 적은 광고 예산에도 불구하고 1990년대 중반 전국적인 유명세를 타며 인기를 누렸다. 젊은 층의 급진적 태도를 대변하는 브랜드 이름과 콘셉트가 빠른 성장의 원동력이 됐다. 반항적인 청년들은 노 피어의 모자와 셔츠, 장신구를 통해 공포라는 인간의 근본적 성향을 극복하겠다는 결의와 함께 사회 법규에 대한 도전의식을 드러냈다.

노 피어는 소비자에게 무의식적으로 브랜드의 정체성을 심어주는 탁월한 브랜드다. 이름 자체가 마케팅 수단이고, 본질적으로 복종하기보다 지배하고 싶어하는 광고 타깃의 욕구를 노렸다. 노 피어라는 이름은 인간의 타고난 자기기만적 성향을 드러내는 측면도 있다. 인간 모두가 가지고 있지만 다들 잘 감추고 있는 공포라는 감정을 대외적으로 부인하고, 공포와 동전의 같은 면이나 다름없는 도주 대신 맞서 싸우는 투쟁을 택하는 것으로 공포를 대신했기 때문이다.

영화 <타이타닉>은 1912년 초에 있었던 세계 최대 여객선의 비극적 첫 항해를 다룬 작품이다. 타이타닉은 1998년 18억 달러를 벌어들이며 역대 최고 흥행작의 자리에 올랐고, 10년 넘게 그 자리를 지켰다. 영화는 12년 후 외계 생명체들과의 우주 전쟁을 그린 <아바타>가 전 세계 흥행 수익 20억 달러를 돌파하면서 1위 자리를 넘겨주었다. 다른 이들과 싸우는 것이거나 자연의 힘에 맞서는 것이거나, 혹은 외계의 우주인과 전투를 벌이는 것이거나, 사람들은 전쟁과 재앙, 파괴를 좋아한다. 인간은 어둡고 폭력적인 파충류의 뇌의 본성에 따라 프로그램되어 있기 때문이다. 실제 생활에서도 자동차 사고가 일어나면 사람들은 그 현장을 직접 확인하려고 일부러 운전 속도를 늦춘다. 인간은 갈등과 원초적 감정이 드러난 장면에 강하게 마음을 빼앗기기 때문이다.

영화 <타이타닉>이 대형 여객선의 침몰이라는 20세기에서 빼놓을 수 없는 재난을 다룬 것처럼, 영화 <아바타>는 9·11 테러로 세계무역센터가 무너진 21세기의 대참사와 연관성을 띠고 있다. 우뚝 솟은 나비족의 홈트리가 미사일 공격으로 쓰러지면서 불씨가 대지를 덮을 때, 많은 관객들은 미국인들의 뇌리에 평생 남아있을 2001년 9월 11일의 일을 떠올리지 않을 수 없었을 것이다. 타이타닉과 아바타 두 편 모두 감독을 맡고 각본을 썼던 제임스 카메론에게 이 장면과 세계무역센터의 유사성에 대해 물었을 때 그 역시 "9·11과 너무 비슷하게 보여서 놀랐다"고 대답했다. 이것이 의도적인 계산이든 무의식적인 영감에 따른 것이든, 터미네이터와 람보, 어 어리언 등을 만들었던 카메론 감독은 또 한 번 자신이 인간 존재와 인간 뇌의 핵심을 뒤흔드는 블록버스터 액션 영화의 대가임을 입증했다.

현대 미디어의 본질에 대한 논쟁이 많이 있지만, 미디어는 사람들에게 자기 자신과 다른 사람을 해치지 않고도 인간 본연의 폭력적이고 육체적인 천성을 만족시킬 수 있는 기회를 제공한다. 가상으로 전쟁을 체험하는 '콜 오브 듀티: 블랙옵스', '콜 오브 듀티: 모던 워페어 3' 같은 비디오 게임이 막대한 수요를 바탕으로 성공을 거둔 것이 그 예다. 이들 게임은 모두 출시 첫 날 최다 판매기록을 세웠다. 비디오 게임 사업이 이렇게 커지자 미국 NBC 방송의 인기 토크쇼인 '레이트 나이트 위드 지미 펄론'은 일주일 내내 비디오 게임을 주제로 다루면서 배우나 연예인들이 아닌 게임 개발자와 게임 디자이너, 업계 주요 인물들을 인터뷰했다. 이 게임들을 출시한 액티비전 퍼블리싱의 CEO 에릭 허시버그는 2012년 6월 11일 방송 인터뷰에서 "오늘밤 '콜 오브 듀티' 게임을 하고 있는 사람들로 2만 석짜리 매디슨 스퀘어 가든 400개를 채울 수 있을 것"이라고 공언했다. 전쟁을 영화 아바타의 외계인 휴머노이드의 시각에서 바라보든, '킬존'이나 '모던 워페어 3' 게임을 하면서 킬러의 관점으로 보든, 아니면 전쟁을 방불케 하는 격렬한 미식축구 경기를 거실 소파에서 즐기든, 많은 사람들은 어느 정도 안전한 거리를 두고 폭력에 끼어들기를 좋아한다.

따라서 폭력과 파괴적인 요소가 소비자들이 주목할 수밖에 없는 강렬한 광고를 만드는 데 기여한다는 점은 분명하다. 다만 강화된 검열과 감시 때문에 농담이나 풍자를 통해 이뤄질 뿐이다. 믹서기 회사인 블렌드텍은 지명도가 낮은 그들의 토털 블렌더를 홍보하기 위해 '이것도 갈 수 있을까? Will it blend?'라는 동영상 시리즈를 인터넷에 올렸다. 이 동영상에서 토털 블렌더는 야구공부터 캠코더, 그리고 아이패드에 이르기까지 거의 모든 것을 갈아버렸다. 소비자들은 이 파괴적인 짧은 동영상 시리즈에 완전히 마음을 빼앗겼고, 토털 블렌더의 판매량은 무려 700퍼센트 증가했다. 경제 전문 주간지 <포브스> 인터넷 판은 만장일치로 블렌드텍의 동영상이 <블레어 위치 프로젝트>에 이어 역대 두 번째로 효과적인 소셜 미디어 캠페인으로 선정됐다고 소개했다.

인간이 폭력에서 재미를 찾는 것은 전혀 새로운 일이 아니다. 심리학자 스티븐 핑커는 16세기 파리에서는 고양이를 불에 타우는 것이 인기 있는 오락거리였다는 예를 들었다. 수십 명의 구경꾼들이 흥분해 소리 지르고 야유하는 가운데 살아있는 고양이들을 바구니나 자루에 담아 모닥불 불꽃에 집어넣었다고 한다. 요즘에는 동물을 학대하면 도덕적인 분노의 대상이 된다. 뿐만 아니라 불법 투견장을 운영하다 적발됐던 미식축구 선수 마이클 빅처럼 징역형을 받을 수도 있다. 그래서 우리는 이런 직접적인 오락거리 대신 <한니발>이나 <새벽의 저주> <드래그 미 투 헬>같은 공포영화를 보거나 '스릴 킬' '레지던트 이블' '데드라이징' 같은 게임을 한다.

언론 또한 파충류의 뇌의 폭력적인 면을 강조하면 어떤 이점이 있는지 잘 알고 있다. 아픔과 고통은 시청률과 몰입도를 끌어올린다. 테러, 전쟁, 혁명은 매일 국제 뉴스를 장식하고 살인, 강간, 강도는 국내 뉴스에서 계속해서 다뤄지곤 한다. 그럼에도 불구하고 현대 사회는 과거 역사와 비교하면 훨씬 덜 폭력적이다. 핑커에 따르면 전 세계적으로 폭력이 줄어드는 추세라고 한다. 그는 "부족사회 시대에 벌어진 전투의 사망자 비율을 20세기에 전쟁으로 목숨을 잃은 사람들의 숫자로 환산하면 1억 명이 아니라 20억 명이나 됐을 것"이라고 말했다.

언뜻 납득이 잘 안 되는 이런 추세는 폭력에 대한 본능적인 갈망을

     03 행동의 생둘학

채워주는 현대 미디어의 역할과 관계있다. 과연 다양한 매체들이 폭력을 더 많이 다루기 때문에 인간의 폭력적 성향을 만족시킬 기회가 많아져 현실에서 폭력이 줄어든다는 게 가능할까?

어떤 이들은 미디어가 폭력을 부추긴다고 주장하지만 사회학자들이나 비평가는 반대의 주장을 펼 수 있지 않을까? 실제로 비디오 게임 속 가상의 폭력이 실제 폭력으로 이어지지는 않는 것 같다. 폭력적인 비디오 게임을 하면서 자란 아이들이 한 세대를 넘겼지만 이 아이들 중에 이전 세대보다 반사회적인 소시오패스나 총격사건의 범인이 더 많이 나왔다는 증거는 없다. 정신보건 및 미디어센터를 설립하고 하버드 의과대학 정신과에서 강의하고 있는 로렌스 커트너와 셰릴 K. 올슨은 지난 20년간 미국에서 비디오 게임이 쏟아져 나오는 동안 오히려 청소년 범죄율이 줄어들었다고 밝힌 바 있다.

어린아이들은 충동을 억누르거나 걸러낼 능력이 부족해 외부의 영향을 받기 쉽고 충동적이다. 뇌에서 이런 역할을 하는 전두피질이 아직 완벽하게 형성되지 않았기 때문이다. 그런데 미디어가 현실적으로 사람들의 폭력적인 욕구를 덜 해롭고 사회적으로 받아들여질 만한 방법으로 발산하는 분출구가 될 수 있을까? 아이가 폭력적인 비디오 게임을 하면 다른 아이들 위에 군림하고 왕따를 주도하고 싶은 충동을 바람직한 방향으로 돌릴 수 있을까?

물론 이런 가능성 때문에 미디어에 폭력이 등장하는 것을 용납하거나 권장해야 한다는 것은 아니다. 미디어 속 폭력이 계속 많아지고 있으며, 만족할 줄 모르고 더욱 더 많이 원하는 인간의 욕구를 설명하기 위해 꺼낸 이야기일 뿐이다.

당신이 싫어하든 좋아하든 간에, 폭력적인 것은 잘 팔린다. 폭력성이 인류의 DNA에 새겨져 있기 때문이다. 모든 사람은 어두운 측면을 가지고 있다. 칼 융은 배출구 없는 저수지처럼 깊어지기만 하는 부정적인 성향의 개인 무의식을 '그림자'라고 불렀다. 그리고 매우 더디게 진행되는 뇌의 진화속도를 고려했을 때 인간의 폭력적인 성향은 당분간 그리 빠르게 사라지지는 않을 것이다.

볼 수 없어도 보이는 것

네덜란드 틸버그 대학의 베아트리체 드 겔더 교수는 실험을 통해 몇 번의 뇌졸중으로 완전히 시력을 잃은 사람이 감각을 이용해 장애물 코스를 통과할 수 있다는 것을 보여줬다. 드 겔더 교수는 "우리 팀의 실험은 이 같은 인간의 감각 능력을 다룬 최초의 연구"라며 "우리는 인간이 장애물을 의식적으로 피하지 않아도, 또 자신의 시각을 의식하지 않아도 장애물을 피할 수 있다는 것을 알아냈다"고 말했다. 그는 "이 연구는 진화 과정에서 오래된 원시적 시각 경로의 중요성을 보여준다. 이들은 실생활에서 우리가 생각하는 것보다 더 많은 기능을 담당한다"고 덧붙였다.

'맹시盲視·blind-sight'(시야에 있는 자극은 볼 수 없지만 다른 방법으로 그 자극의 위치를 지적할 수 있는 상태)라고 알려진 이 현상은 파충류의 뇌가 남긴 유산의 영향력을 보여준다. 맹시는 인간의 지각과 행동의 원동력이 되는 무의식의 존재와 그 중요성을 증명해주는 증거다. 생각하지 않고도 정확하게 움직임으로써 환경에 유연하게 반응한다는 점에서 맹시는 도마뱀이 가지고 있는 능력과 비슷해 보인다.

드 겔더 교수의 실험에서 TN이라는 이름으로 알려진 시력을 잃은 환자는 상자와 의자가 무작위로 놓여진 곳을 단 한 번도 부딪히지 않고 안전하게 통과했다. 전문가들은 우리 눈이 물체를 알아보지 못할 때에도 뇌의 일부분이 무의식 수준에서 물체에 반응한다는 사실을 맹시가 입증한다고 주장한다.

또 다른 연구에서도 맹인이 분노와 기쁨 등 감정을 담은 얼굴 표정에 반응할 수 있다는 결과가 나왔다. 이 사람은 시각적인 정보를 처리하는 뇌의 영역이 완전히 비활성화된 상태였다. 이런 일이 가능한 것은 시각적인 정보가 두 개의 경로를 따라 뇌의 서로 다른 30개 영역에서 처리되기 때문이다. 첫 번째 경로는 뇌간으로부터 뻗어져 나온, 진화 과정상 오래된 예전 경로인데 무의식적으로 작동한다. 두 번째 경로는 뇌 뒤쪽의 시각피질로 연결되는 경로로, 진화적으로 새롭기 때문에 새로운 경로라고 불린다. 우리가 의식하고 물체를 보는 데 필요한 경로다.

저명한 신경과학자인 V.S. 라마찬드란은 캘리포니아대학교 심리학부 신경과학 프로그램 교수이자 뇌인지연구소 소장으로 활동하고 있다. 그는 이렇게 '보지 않는데도 보는' 역설을 설명하기 위해 시력을 완전히 상실하고도 시야를 통해 동작을 감지하는 환자를 예로 들었다.

"이 환자는 마치 초능력을 가지고 있는 것 같았다. 볼 수 있으면서 볼 수 없으니, 모순이 아닐 수 없다. 이 현상을 연구한 결과 안구에서부터 시각 이미지를 해석하는 뇌의 더 높은 중추에 이르기까지 단 하나의 경로만 있는 것이 아니라, 시력의 다른 측면을 보조하는 두 개의 분리된 경로가 있는 것으로 밝혀졌다. 두 개의 경로 중 하나는 진화상 새로운 것이고 더 정교한 것이다. 안구로부터 시작돼 시상視床을 거쳐 뇌의 시각피질로 연결된다."

사람이 무엇인가를 보기 위해서는 시각피질이 필요하다. 그러나 진화적으로 더 오래된 또 다른 경로가 뇌와 척수를 이어주는 줄기 역할을 하는 뇌간으로 연결된다. 라마찬드란의 설명이 이어진다.

"이 오래된 경로는 쥐·토끼 같은 설치류와 하급 포유류, 새, 파충류 등의 동물들에게서 두드러진다. 이 오래된 경로와 연결된 뇌간으로부터 뇌의 더 높은 중추로 시각 정보가 전달된다. 뇌간을 관통하는 이 오래된 경로는 반사행동과 관계가 있다."

여기서 반사행동이란 시야에 들어온 것에 집중하고, 눈 움직임을 조절하며, 어느 쪽을 쳐다봐야할지 지시하는 것이다. 라마찬드란은 이렇게 말했다.

"이런 환자들은 두 개의 경로 중 하나인 시각피질이 손상된 경우다. 따라서 환자들은 의식적으로는 아무것도 볼 수 없다. 하지만 나머지 경로 하나는 온전한 상태다. 그래서 물체를 볼 수 없는데도 그 경로를 이용해 물체가 움직이는 방향을 정확하게 맞출 수 있는 것이다."

라마찬드란은 우리 모두가 어떤 점에서는 매일 맹시를 경험하고 있다고 덧붙였다. 자동차를 운전하면서 동승한 사람과 대화할 때를 생각해보자. 이 때 운전대를 잡은 사람의 의식은 대화를 나누는 데 집중하게 된다. 그럼에도 사고 없이 무사히 운전할 수 있는 것은 도로 위에서 벌어지는 일에 무의식적으로 반응하기 때문이다. 사실 운전자가 의식적으로 운전에 집중하게 될 때는 갑자기 큰 트럭이 지나갈 때처럼 뭔가 평범하지 않은 일이 일어났을 때다. 그래서 맹시란 의식이 활발하게 깨어있지만 동시에 일종의 자동 조종 모드에 들어간 상태라고 볼 수 있다.

이런 의미에서 마케터들은 소비자들이 언제나 두 가지 차원에서 정보를 처리한다는 점을 유념해야 한다. 소비자들이 보지 못한다고 여겨지는 부분이라도 무시해서는 안 된다. 뉴로마케팅이 몸과 뇌의 반

사람들의 마음을 빠르게,
거부감 없이 움직이려면
신체적·감정적 경로에 신경 써야 한다.
이 경로가 바로 소비자들의 무의식에 닿을 수 있는
초고속도로이기 때문이다

응을 연구하는 것도 소비자들이 보지 못하거나 분명히 표현하지 못하는 반응들을 감지하고 이해하기 위한 것이다.

소비자로 향하는 초고속도로

감정의 신체적 측면에 처음으로 주목한 학자는 1880년대 미국 심리학계의 아버지로 불리는 윌리엄 제임스였다. 그는 인간의 감정과 이성적인 사고 과정에 대해 선구적인 시각을 제시했는데, 신체적인 상태를 정신적으로 해석한 것이 감정이라고 주장했다. 즉 감정의 변화가 신체적 변화를 일으킨다기보다, 신체적 변화가 감정의 변화를 일으킨다고 보는 것이다. 예를 들어 그는 우리가 공포를 느낄 때 심장박동이 빨라지고 근육이 긴장하거나, 손에 땀이 나는 신체적 반응을 먼저 느낀다고 믿었다. 이런 신체상의 반응을 겪고 난 후에야 우리는 비로소 공포라는 감정을 인식한다는 것이다. 훗날 신경과학이 제임스의 이 이론을 뒷받침했다. 신경과학은 이성이 인간의 인지와 의사결정에 큰 영향력을 발휘한다는 일반적인 믿음을 뒤집는 데도 큰 역할을 했다.

조지프 르두 뉴욕대 신경과학센터 교수는 생물학적 현상으로서 감정에 관한 획기적인 연구를 진행했다. 공포와 불안에 관한 그의 연구는 우리의 신체가 정신보다 먼저 공포와 불안에 어떻게 조치를 취하는지 보여줬다.

우리는 사건이 생기면 종종 합리적인 과정을 완전히 무시하고 감정에 따라 행동하게 된다. 르두는 "뇌는 의식적으로 사건에 전적으로 집중하고 있을지도 모른다. 그러나 의식한다는 것은 뇌가 하는 일 중 지극히 작은 부분에 불과하다. 그리고 의식은 의식 아래 단계에서 작용하는 다른 것들에 종속돼 있다"고 말했다.

르두의 연구는 감정 회로의 중심인 편도체가 고차원적 사고를 관장하는 대뇌피질을 건너뛴 채 즉각적인 반응을 보이게 함으로써, 감정이 문자 그대로 우리의 몸과 마음을 장악할 수 있음을 보여준다. 르두는 인간의 뇌에는 환경의 자극에 반응하는 두 개의 핵심 신경 경로가 있다고 보았다. 빠르고 충동적이며 무의식적인 반응을 이끌어내는 하위 경로low road와 느리지만 좀 더 심사숙고하며 의식적으로 반응하게 하는 고위 경로high road가 그것이다.

고위 경로는 뇌에서 감정과 사고를 담당하는 영역 사이를 반복 순환하는 경로로, 정서적인 것과 이성적 요소를 모두 포함한다. 당신이 뱀 같아 보이는 것과 우연히 맞닥뜨리게 됐다고 상상하면 이 신경 경로들이 어떻게 작동하는지 이해할 수 있다. 뱀을 봤다고 생각했을 때 하위 경로의 빠른 반응으로 아마 그 즉시 제자리에서 펄쩍 뛸 것이고, 그리고 나서 고위 경로의 작용으로 제대로 살펴본 후 그게 사실은 정원에서 쓰는 물 뿌리는 호스였다는 것을 확인하게 될 것이다.

과거 수렵채집 시대에는 과도하게 활성화된 편도체의 역할이 필수적이었다. 날카로운 이빨을 가진 호랑이의 위협과 다른 부족과의 싸움에서 살아남으려면 생각을 거치지 않은 빠른 반응과 즉각적인 행동이 목숨을 구할 수 있었기 때문이다. 그 결과 오늘날 우리의 뇌회로 역시 논리적이고 의식적인 사고과정을 거치지 않은, 속사포처럼 빠르고 연속적인 감정적 반응을 선호한다. 이성적 체계에서 출발해 감정적 시스템을 거치는 경로가 시골길 수준이라면, 편도체에서 시작해 피질에 이르는 뇌 신경세포 속 정보의 흐름은 초고속도로에 비유할 수 있다. 대뇌피질 속 전두엽피질이 의식에 따라 행동을 선택하는 부분인

데, 이런 고차원적 기능을 무시하고 하위 경로에서 감성 시스템에 따라 내려지는 결정은 무의식 상태에서 이뤄지는 것이다.

결과적으로 감정이 사고에 미치는 영향은 사고가 감정에 끼치는 영향보다 훨씬 크다. 르두는 "인간의 뇌는 몸의 다른 부분과 마찬가지로 진화 중이다"라고 말했다. 또 "진화는 계속 진행되는 과정이지만 속도가 무척 느리기 때문에 논리적으로 추론하고 계획을 세우고, 의식적으로 의사결정을 내리는 뇌의 영역과 정서적인 부분과 연관된 뇌의 영역은 잘 연결되지 않는다"고 덧붙였다. 르두의 말은 왜 감정이 우리를 휘두르고, 또 왜 감정을 통제하는 것이 어려운지 설명해준다.

여기서 마케터들이 깨달아야 하는 것은 분명하다. 사람들의 마음을 빠르게, 거부감 없이 움직이려면 하위 경로인 신체적·감정적 경로에 집중해서 신경을 써야 한다는 점이다. 이 경로가 바로 소비자들의 무의식에 닿을 수 있는 초고속도로이기 때문이다.

추억을 컨트롤하라

감정 시스템은 대뇌피질과 무관하게 독립적으로 작동하기 때문에 기억과 그에 대한 감정은 우리가 인식하지 못하는 사이에 형성될 수 있다. 인간의 의식을 관장하는 신피질은 기억과 그에 대한 감정적 반응이 순간적으로 형성된다는 사실을 자주 인식하지 못하곤 한다.

조지프 르두가 어떻게 이런 일이 생기는지 예를 들었다. "어느 날 당신과 내가 빨간 색과 흰색 체크 무늬 식탁보가 깔린 식탁에서 점심을 먹다가 다퉜다고 가정해보자. 그런데 다음날 거리에서 낯선 사람을 봤는데 직감적으로 이 사람은 아주 나쁜 사람이고, 내가 싫어하는

    03 행동의 생물학

유형의 사람이라는 생각이 들었다. 왜 그랬을까? 아마 그 사람이 빨간색과 흰색 체크 넥타이를 매고 있었기 때문일 것이다. 나는 그 사람 차림새가 마음에 들지 않았기 때문에 그런 직감이 들었다고 설명할 것이다. 그러나 진실은 그 사람의 넥타이가 시상을 통해 편도체를 자극했기 때문이다. 편도체는 사람들에게서 공포에 대한 반응을 끌어내는 소위 하위 경로에 해당한다. 이 경우 내가 직감적으로 그 사람을 좋아하지 않는다고 느끼는 것은 공포에 대한 반응이다. 내가 의식적으로 처리하지 않은 넥타이라는 외부 자극에 의해 반응이 촉발된 것이다."

쇼핑학의 저자이며 컨설턴트이자 뉴로마케팅의 선구자인 마틴 린스트롬은 영국의 인기 담배 브랜드인 '실크 컷'을 예로 들어 설명했다. 영국에서 모든 담배 광고에 담배 상표와 카피가 노출되는 것을 금지한다는 법안이 통과를 앞두고 있을 때의 일이다. 사실상 담배 광고를 막는 법안이 생기게 된 것이다.

법안이 예고되자 실크 컷은 모든 광고에 보라색 실크를 배경으로 깔고 그 위에 브랜드 로고를 넣기 시작했다. 이후 법안이 발효되자 실크 컷은 로고나 카피 없이 보라색 실크만 등장하는 광고를 선보였다. 그런데 이전의 광고를 접했던 소비자들은 보라색 실크만 보고도 무의식적으로 실크 컷 브랜드를 떠올리게 됐다. 광고에 더 이상 로고와 카피가 필요 없었다. 소비자들은 실크 컷 브랜드에 대한 느낌과 인식을 보라색 실크라는 다른 변수로 전환한 것이다.

소비자들은 광고와 카피, 로고, 마스코트, 디자인 등에서 특정 브랜드에 대해 부정적이거나 긍정적인 인상을 가질 수 있다. 그러나 아마도 소비자는 자신이 왜 특정 브랜드를 다른 브랜드보다 더 좋아하는지 이유를 모를 것이다. 의식적인 사고는 호불호가 정해지는 감정적인 부분과는 관계가 없기 때문이다.

린스트롬은 이에 대해 음료업체의 마케팅을 도왔던 자신의 경험을 예로 들었다. 그는 CF에 음료 캔을 딸 때 나는 소리를 활용했다. 다른 회사 제품의 캔을 딸 때와는 미묘하게 다른 독특한 소리가 그 음료를 마시고 싶은 열망을 불러일으킬 수 있다고 생각했던 것이다. 제조사는 소비자가 '딱' 소리를 듣는 순간 이 브랜드만의 맛에 대한 기대감을 갖게 할 수 있도록 차별화된 소리를 만들고자 캔을 새르 제작했다. 그리고 스튜디오에서 캔 따는 소리를 따로 녹음한 다음 광고에 넣어 CF를 완성했다. 이후 대형 콘서트나 스포츠 행사에서 이 캔 따는 소리를 틀 때마다 현장에서 즉각적으로 음료 판매량이 늘어나게 됐다. 하지만 막상 이 음료를 선택한 소비자들에게 왜 다른 음료수 대신 이 제품을 골랐냐고 물었을 때 돌아온 대답은 대개 "나도 모르겠어요. 그냥 그러고 싶었어요"였다고 한다.

이렇게 나도 모르는 채 기억되는 정보에 관해 생각해둬야 할 점은, 선명한 기억이 반드시 정확한 것은 아니라는 점이다. 또렷한 기억으로 남게 되는 건 당시 함께 저장된 감정적인 기억이 강렬한 경우다. 과거를 회상할 때 기억과 함께 당시의 감정 상태까지 같이 떠올리게 되는 것이다. 이 때의 감정은 우리로 하여금 그 사건이 진짜 일어났기 때문에 기억나는 것이라고 믿게 만든다.

많은 연구들은 감정으로 가득 찬 추억이 시간에 따라 어떻게 변하는지 보여주고 있다. 기억이 또렷하다 해도 기억 속 사실과 세세한 부분들은 변하기 쉽다는 것이다. 르두는 이렇게 말했다.

"감성적인 추억들이 다른 기억보다 더 생생하게 저장된다. 과거에는 이런 기억들이 더 정확하다고 여겼지만 지금은 그렇지 않으며, 단지 개인적인 의미에서 더 선명하고 강렬하다는 사실이 밝혀졌다. 이런 추억들이 오히려 더 부정확할 수 있다."

르두는 설사 자신이 어떤 경험을 생생하게 기억한다고 확신해도 그 사건에 대한 기억이 바뀔 수 있다고 설명했다. 그는 우주왕복선 챌린저호 폭발사고가 있었던 직후 사고를 목격한 사람들에게 당시 참사에 대한 증언을 들었던 연구를 예로 들었다. 학자들이 1년 후 같은 목격자들에게 다시 사고에 대해 물었더니, 이들의 기억이 첫 번째 원래 증언과는 완전히 다르더라는 것이다. 두 번째 조사 이후 몇 년이 지난 뒤 한 번 더 질문했을 때 목격자들의 대답은 또다시 달라졌다. 르두는 "우리가 기억하는 것이 꼭 우리가 경험했던 그대로는 아니다. 기억의 정확도는 시간의 흐름에 따라 달라진다. 하지만 기억의 강도는 당시의 경험을 얼마나 강렬하게 느꼈는가 하는 개개인의 주관적 기분에 달려있다"고 말했다.

간혹 시장조사에 참여한 이들이 자신의 취미, 선호하는 것, 관심거리들이 어떤 상황에서 어떻게 시작됐는지 확신에 차서 설명하는 경우가 있다. 그런데 알고 보면 세부사항들이 실제 사실이나 경험에 근거를 둔 것이 아닐 때도 있다.

우리의 감정은 때때로 우리 스스로를 속일 수 있다. 마케터들 역시 이런 감정에 속아 넘어갈 수 있다. 시장조사는 챌린저호 연구 못지않게 자주 오랜 시간을 두고 이뤄진다. 그럴 경우 조사에 응답한 사람들이 갖고 있는 기억의 정확도는 반드시 이 점을 감안해 꼼꼼하게 검토해야 한다. 경험상 사람들의 의견을 듣는 것보다 그들의 행동을 관찰하고 추적하는 것이 더 나은 이유가 여기에 있다.

감정이 우리를 속일 수 있다는 가능성은 마케터들에게는 동시에 기회이기도 하다. 브랜드에 대한 소비자들의 좋지 않은 기억을 강력한 긍정적인 경험으로 지워버릴 수 있기 때문이다. 케이블TV와 위성TV 가입자들과 이야기하다가 비슷한 경험을 한 적이 있다. 케이블이나 위성을 설치하는 과정에서 서비스에 불만을 품은 고객의 마음을 회사의 깜짝 선물로 되돌릴 수 있다는 것을 확인할 수 있었다. 예컨대 사과와 감사의 뜻으로 케이블TV 프리미엄 패키지를 6개월 동안 무료로 보게 하는 것이다. 인간의 감정은 쉽게 용서할 수 있고 쉽게 잊을 수 있게 만든다. 좋은 기분은 나쁜 기억을 지울 수 있게 돕는다.

느끼는 것이 믿는 것이다

기억과 연상 학습이 어떻게 서로 연결되어 작동하는지 라마찬드란이 흥미로운 예를 들었다. 라마찬드란의 환자 중 자동차 사고로 혼수상태에 빠진 사람이 있었다. 몇 주 후 그는 의식을 되찾았지만 자신의 어머니를 알아보지 못했다. 어머니가 병실을 찾았을 때 그는 "이 사람은 누굽니까? 우리 어머니를 닮기는 했지만 이 사람은 가짜예요!"라고 소리 질렀다. 이 증상은 뇌에 구조적인 문제가 생겨 일어나는 것인데 '카그라스 증후군'이라 한다. 자신의 가족이나 친구, 주변 사람들과 똑같이 생긴 가짜가 그 사람 행세를 하고 있다고 믿는 것이다.

정상적인 사람이라면 어머니와 닮은 누군가를 보았을 때 뇌에서 안면 인식과 관련된 '방추상회'라는 부분이 활성화된다. 방추상회가 얼굴을 확인하고 어머니임을 확인하게 되면 얼굴과 어머니에 대한 정서적인 기억을 담고 있는 뇌의 편도체에 신호를 보낸다. 라마찬드란의 설명에 따르면 카그라스 증후군 환자들은 시각적 인지와 감성적 인지 사이의 신경 연결망이 끊어진 경우다. 그 결과 누군가가 자신의 어머니와 닮았다는 것은 인식하지만 어머니라는 존재에 대한 감정과 기억이 함께 떠오르지는 않는 것이다.

라마찬드란은 카그라스 증후군에 대해, 시각적으로는 어머니라고 인식했지만 정서적인 반응에 좌우되는 게 인간이기 때문에 감정이 인식을 압도할 때 생긴다고 했다. 따라서 뇌는 어머니가 어머니인 척하는 사람으로 바꿔치기 된 것이라고 합리화한다는 것이다.

이 설명에 대한 증거는 카그라스 증후군 환자의 흥미로우면서도 기이한 행동에서 찾을 수 있다. 어머니와 전화통화를 했을 때 그는 전화상의 목소리를 통해 자신의 어머니가 맞다고 쉽게 인정했다. 하지만 어머니가 손에 전화기를 든 채로 방으로 들어왔을 때 자신의 생각을 뒤집고 어머니가 아닌 가짜라고 다시 주장하기 시작했다. 이처럼 인간의 합리적 사고라는 것은 꽤 비합리적일 수도 있는 것이다.

라마찬드란은 편도체가 뇌의 청각 체계, 시각 체계와 각기 다른 연결망을 가지고 있기 때문에 이런 현상이 일어난다고 지적했다. 환자의 감정과 청각 체계 사이의 연결은 손상되지 않고 온전했기 때문에 어머니의 목소리를 들으면 어머니에 대한 익숙한 감정들이 떠올라 목소리로 어머니임을 확신할 수 있다는 것이다.

라마찬드란의 발견은 인간의 감정과 감각적인 인식이 복잡하게 연결되어 있음을 보여준다. 인간은 자신이 경험한 것들을 의미 있는 것으로 합리화하기 위해 각각의 경험에 감성적인 가치를 부여한다. 어머니와 우리의 관계는 감정적으로 가장 강력한 것이다. 그래서 어머니라는 의미에 대한 정서적 연결고리가 없어지면 카그라스 증후군 환자의 어머니는 아들과의 소중한 관계는 물론 어머니로서의 정체성을 모두 잃게 된다. 마찬가지로 브랜드 역시 소비자와의 정서적 연결에 실패하면 소비자와의 접점을 잃게 된다. 또 정서적 애착이 형성되지 않는다면 그런 브랜드들은 쉽게 짝퉁으로 대체될 것이다.

의사결정의 마법

인간의 인지 메카니즘과 의사결정 연구에 가장 주목할 만한 공헌을 한 학자로 신경학자이자 서던캘리포니아대학교 교수인 안토니오 다마지오를 꼽을 수 있다. 다마지오는 조지프 르두와 함께 인간의 감정을 인지과학의 주류에 통합시키는 데 큰 역할을 했다. 이들은 감정과 인지가 불가분하게 연결되어 있고, 감정 시스템이 사고 능력의 기반이 된다는 점을 입증함으로써 인간의 판단과 결정이 감정에 달려있다는 이론을 확고히 했다.

다마지오는 이해를 돕기 위해 자신의 환자가 보였던 독특한 행동을 예로 들었다. 엘리엇이라는 이름의 이 환자는 뇌의 '복내측 전전두엽피질' 손상으로 고생하고 있었다. 복내측 전전두엽피질은 결정을 내릴 때 그에 따르는 위험요소와 이득을 분석하는 역할을 맡고 있다. 또 이 부위는 현재의 사건과 과거에 주었던 감정을 연결시키는 데에도 매우 중요하다. 엘리엇은 겉보기에는 평범해 보였지만 단 하나 두드러진 예외가 있었다. 그는 결정을 내리는 능력이 부족했다. 검은 색 펜과 파란색 펜 중 어떤 것으로 글씨를 쓸 것인가 하는 간단하고 일상적인 선택을 하는 데도 끝없이 생각하고 또 생각했다.

엘리엇은 음식점을 고를 때도 전체 메뉴 하나하나를 공들여 따졌고, 조명이나 어느 자리에 앉을 것인지 등등 사소한 세부사항까지 고민했다. 가고 싶은 식당 후보들이 손님으로 붐비는지 알아보기 위해 일일이 직접 가보기도 했다. 엘리엇은 세세한 것들에 집착하면서 각각의 선택에 대한 장단점을 비교하고 대조했다. 식당에 손님이 적으면 자리가 나기를 기다려야할 염려는 없지만 한편으로 음식이 맛 없을 수 있기 때문에 고민하는 식이었다. 뇌 손상으로 이성적인 사고와 감정간의 연결이 끊어졌기 때문에 엘리엇은 신기하리만치 감정이 없었고, 의사 결정을 할 수 없는 자신의 비극적인 상황에 대해서조차 무감각했다.

다마지오는 '아이오와 도박 과제'라고 알려진 실험을 통해 엘리엇의 특이한 성향을 설명했다. 이 실험은 실생활에서 사람들의 의사 판단 능력을 이해하기 위한 심리 테스트로 구성되어 있다. 카드마다 상금과 벌금이 걸려있는 A, B, C, D 4벌의 카드 중에서 참가자가 카드를 한 장씩 자유롭게 뽑아 뒤집으면서 돈을 따게 하는 테스트다. 그런데 카드 4벌 중 2벌은 높은 상금과 높은 벌금이 걸려있는 고위험군인 반면 나머지 2벌은 액수가 적긴 하지만 꾸준히 수익을 거둘 수 있고, 벌금을 내야 하는 위험도 낮았다. 실험 참가자는 카드 4벌 중 가장 수익이 높은 카드가 어느 쪽인지를 결정해 카드를 선택함으로써 가장 큰 돈을 벌어야 했다.

실험 진행자는 참가자들에게 A, B, C, D 중 어느 쪽 카드를 더 많이 선택했는지, 또 언제 왜 그렇게 골랐는지 설명해 달라고 했다. 참가자들은 평균적으로 카드 50장을 뒤집어 본 후 행동을 바꿔 특정한 위치에 있는 카드를 더 많이 뽑기 시작했다. 그리고 80장 정도를 뽑고 나서야 자신이 왜 그 특정 위치에 있는 카드를 계속 고르고 있는지를 알아차렸다.

합리성을 실현하는 것은 이처럼 상대적으로 더딘 과정이다. 실험 진행자는 또 테스트를 진행하면서 참가자들에게 그들의 행동을 설명해 달라고 하는 동시에 전기 피부 반응을 통해 참가자들의 정서적 반응을 측정했다. 전기 피부 반응은 불안이나 스트레스를 느낄 때 땀이 나는 것처럼 감정 변화에 따른 피부의 전기 전도 변화를 측정하는 것이다. 거짓말 탐지기에도 이 원리가 이용된다.

결과적으로 참가자들은 고위험군에서 뽑은 카드로 10번 정도 돈을 크게 잃고 나자 전기 피부 반응 실험을 통해 몸에서 불안해하는 반응을 보였다. 참가자 본인은 아직 스트레스를 받고 있다는 것을 인식하지 못한 상태였다. 참가자들의 신체가 이성보다 훨씬 먼저 걱정과 불안, 두려움을 정확하게 감지하고 그 감각을 쌓아가고 있었다. 무슨 일이 벌어지고 있는지를 의식이 알아차리기도 전에 느낌이 더 빠르고 더 정확하게 사태를 파악한 것이다.

그런데 신경이 손상된 엘리엇 같은 환자들은 계속해서 돈을 잃는 불리한 쪽 카드를 선택했다. 이들은 수익이 나는 쪽에서 카드를 뽑아야 한다는 것을 깨닫지 못했다. 전전두엽피질의 손상으로 자신의 감정에 닿을 수 없었기 때문이다. 엘리엇처럼 온전히 이성적이기만 한 환자들은 불리한 고위험군 카드에 대해 부정적인 느낌을 감지할 수 없었기 때문에 돈을 모두 잃기도 했다. 돈을 잃을 때의 고통과 딸 때의 쾌감 같은 감정을 느낄 수 없는 탓에 이들은 적절한 방식으로 반응하고, 제대로 된 결정을 내리는 법을 배우지 못했다.

'아이오와 도박 과제'에서 관찰한 것을 바탕으로 다마지오는 기념비적인 '신체표지 가설^{somatic marker hypothesis}'을 발표했다. 이 가설은 의사결정에서 감정의 역할을 강조한 것으로, 감정은 신체 반응으로 인식되거나 표현될 수 있다고 주장한다. 즉 다마지오가 신체표지라고 부른 무의식적인 신체 감각에 따라 인간의 판단이 좌우된다는 것이다. 다마지오는 "신체표지라는 말 그대로 어떤 것이 좋은 것인지, 나쁜 것인지, 아니면 그저 그런 별 볼일 없는 것인지 감정이 판단한 대로 표시해주는 것이 바로 신체 반응이다"라고 말했다.

이처럼 감정을 표현하는 신체 상태는 종종 생각하는 과정 대신 우리의 선택을 결정한다. 따라서 마케터들은 의도적으로 신체표지를 자

인텔은 델, IBM 등 인텔에서 CPU를 공급받는 PC 제조업체들에
게 마케팅 비용 일부를 제공하는 대신 그들의 PC 광고에 인텔 인
사이드를 반드시 넣게 했다. 광고주들은 자사의 PC 광고 끝 부분
에 '딩동댕동~'하는 인텔 특유의 효과음과 인텔 로고를 포함시켰
다. TV 광고에 자주 등장해 소비자들에게 친숙해진 인텔의 로고
음은 금세 가장 강력한 영향력을 가진 소리가 됐다.

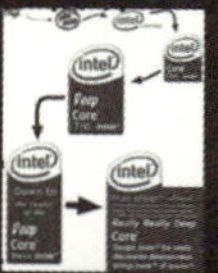

극하는 방법을 배울 필요가 있다. 시각과 청각, 후각 등 특정한 감각적인 자극을 반복적으로 꾸준하게 가하면 긍정적인 메시지가 전달될 수 있다. 엄청난 성공을 거둔 '인텔 인사이드' 프로그램이 좋은 예다.

이 프로그램은 인텔사의 중앙처리장치^{CPU}를 컴퓨터 업계에서 세계 최고를 뜻하는 동의어로 자리매김하게 했다. 인텔 인사이드 마케팅은 인텔을 대신해 광고를 집행한 다른 컴퓨터 제조업체들과 협업을 통해 이뤄졌다. 즉 인텔은 델, IBM 등 인텔에서 CPU를 공급받는 PC 제조업체들에게 마케팅 비용 일부를 제공하는 대신 그들의 PC 광고에 인텔 인사이드를 반드시 넣게 했다. 광고주들은 자사의 PC 광고 끝 부분에 '딩동댕동~'하는 인텔 특유의 효과음과 인텔 로고를 포함시켰다. TV 광고에 자주 등장해 소비자들에게 친숙해진 인텔의 로고음은 금세 가장 강력한 영향력을 가진 소리가 됐다. 광고에 3초 동안 나오는 이 효과음은 기억하기 쉬운 다섯 가지 음계로 만들어져 소비자들에게 긍정적인 감정을 불러일으키는 역할을 했다. 그것은 자신의 컴퓨터에 제일 좋은 칩이 꽂혀있다는 믿음과 안심이었다.

내가 일하고 있는 도이치 LA도 비슷한 작업을 했다. 우리는 인터넷 여행 사이트 사업이 시작된 초기에 익스피디아 광고에 2초짜리 소리를 넣었다. 모든 스팟 광고 끝에 들어간 '익스피디아~ 닷컴' 하는 쉬운 멜로디는 확실하게 브랜드를 각인시켰다. 아울러 익스피디아가 빠르게 떠오르는 온라인 여행 사업에서 선도기업의 위치를 확고히 하는 데 일조했다.

호텔 체인들은 몇 년 전부터 자신들만의 향기로 브랜드를 각인시키는 마케팅 작업을 시작했다. 나는 폭스바겐 미국 본사를 방문하는 길에 워싱턴 DC 외곽에 있는 웨스틴 레스턴 하이츠 호텔에 들르곤 한다. 이 호텔 입구에 들어서면 언제나 똑같은 향을 맡게 된다. 그 향기는 자동적으로 그 호텔에 묵었던 지난 기억들을 떠올리게 만든다.

후각적 자극이 얼마나 쉽고 선명하게 기억을 되살리는지 경험해 본 적 있는가? 시각과 청각, 미각 등은 모든 감각을 중계하는 시상을 거치게 되지만, 후각적 자극만큼은 시상을 건너뛰고 기억중추와 감정중추로 직행하게 된다. 때문에 향기와 냄새는 더욱 막강한 감정의 홍수를 불러일으킬 수 있다. 할머니가 구워준 애플파이 냄새를 맡는 순간 간절히 그 맛있는 디저트를 먹고 싶어지는 것처럼, 마케팅에서도 특유의 향기와 좋은 이벤트가 만나면 긍정적인 감정을 촉발할 수 있다.

고객이 다양한 브랜드 중에서 어떤 특정 브랜드를 선택하게 되는 상태를 '브랜딩 모멘트'라 부른다. 오감을 활용해 마케팅의 일관성을 유지하는 것은 브랜딩 모멘트를 이끌어내는 핵심이다. 신체표지를 활성화시켜 상품에 대한 기억과 경험을 제공하는 것도 좋은 방법이다.

우리는 왜 수많은 상품 중에서 오레오 쿠키와 켈로그 콘플레이크, 삼성 TV를 고르는 걸까? 이런 제품을 선택하면 기분이 좋아진다고 우리 몸이 마음에 알려주기 때문이다. 브랜드가 소비자들이 결정을 내리는 데 도움이 되는 일종의 단축키라면, 신체표지는 이런 단축키가 만들어지는 메커니즘과 같다. 키보드에서 자주 사용하는 기능을 간단히 호출하는 단축키처럼 특정 제품에 대한 기억을 좋거나, 나쁘거나, 그저 그런 것으로 분류해 저장했다가 물건을 구매할 때가 되면 마음속에서 기억을 검색한 후 제품을 선택하게 하는 것이다.

르두와 다마지오의 연구 덕분에 우리는 감정이 선택을 주도하고, 그 뒤에 이성이 따라와 결정이 내려진다는 의사결정 과정의 진짜 순서를 알게 되었다. 다마지오는 이렇게 말했다.

"인간을 생각하는 기계라고 표현하기도 하지만 꼭 맞는 이야기는 아니다. 인간은 생각할 줄 아는 감정이 있는 기계다.”

따라서 마케팅 메시지는 다른 무엇보다 감정을 최우선으로, 또 가장 효과적으로 공략해야 한다. 다마지오는 이런 메시지를 “감정과 결부된 자극”이라고 불렀다. 그렇다고 감정이 결정을 내린다는 의미는 아니다. 우리가 결정을 내릴 때 감정이 더 먼저 그리고 더 비중 있게 관여한다는 뜻이다. 감정은 이성과 떼려야 뗄 수 없이 서로 연결되어 있다.

인간의 의사결정에 대한 이 새로운 패러다임은, 광고를 보는 감각적인 경험이 생각보다 먼저 감정을 튿러일으킨다는 점을 시사한다. 그러고 나서 그 감정에 대해 자각하고 생각하게 되면 행동을 할 것인지 말 것인지 결정하게 된다. 이 과정은 순환하고 반복된다. 느낌이 생각으로 이어지다가 더 많은 느낌으로, 또 더 많은 생각으로 이어지는 식이다. 이 과정은 최종 결정이 내려지고 궁극적으로 행동으로 연결되기 직전까지 이뤄진다.

인간은 본질적으로 감정에 의존해 결정을 내리고, 그 후에 그 결정을 이성적으로 합리화하는 경향이 있다. 도이치 LA는 소매점에 초점을 맞춘 광고를 준비하면서 이 두 가지 과정에 완벽하게 들어맞는 ‘브랜드 테일링’이라는 방법을 도입했다. 먼저 소비자의 감정에 호소한 후 가격과 판매 장소 등 논리적인 정보를 제공해 광고를 마무리하는 방식이었다. 광고가 잘 만들어진다면 소비자의 감정을 공략해 브랜드를 알리는 동시에 이성을 자극하는 정보를 통해 판매를 유도할 수 있다는 믿음에 기초한 전략이었다.

인간의 마음을 빙산에 비유한다면, 신체표지는 광대한 무의식에서 의식으로 넘어가는 분기점인 수면에 해당한다. 만약 당신의 광고가 사람들의 감정을 휘저어놓지 못한다면, 당신의 메시지는 초고속도로를 타고 소비자를 향해 속도를 높여야 할 때에 시골 도로변을 정처 없이 헤매 다니는 신세나 마찬가지일 것이다.

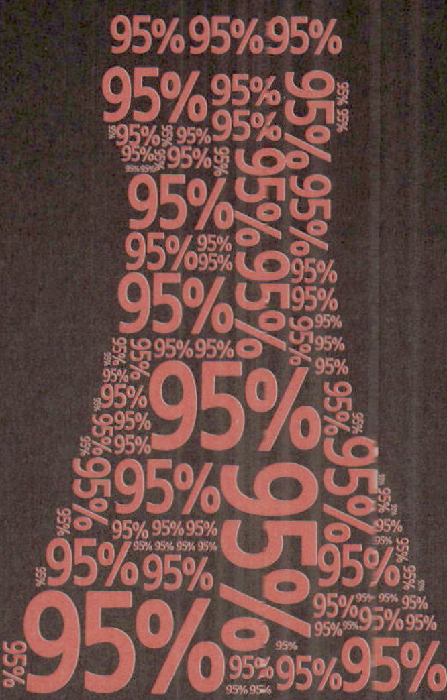

2부

소비자 행동을 변화시키는 7가지 단계

지금까지 이 책을 읽으면서 무의식이 행동의 열쇠가 된다는 기존 과학이론을 이해했을 것이다. 책의 나머지 부분은 이해한 것을 실행으로 바꾸는 데 초점을 맞추었다.

내가 제기하는 질문은 이런 것들이다. 사람들은 어떻게 정보를 처리하고 경험을 체계화하는가? 무의식적인 신념과 동기는 어떻게 형성되어 행동을 이끌어내는가? 어떻게 해야 당신이 그 무의식에 닿아 당신이 맡고 있는 브랜드를 향해 사람들을 움직이게 할 수 있을까? 그리고 이런 변화를 유도하기 위해 어떤 일들이 일어나야 할까?

이 질문들에 다른 마케터들은 어떻게 대답했는지 파악할 수 있도록 많은 사례를 넣었다. 아울러 당신의 브랜드에 영감을 불어넣을 발판이 될 수 있게 생각해볼 거리들도 넣었다. 소비자가 눈치 채지 못하게 의식의 레이더망 밑으로 몰래 메시지를 전하라는 게 아니다. 오히려 이 과정의 필수 전제 조건은 소비자가 브랜드 메시지를 의식적으로 알아차려야 한다는 점이다. 브랜드를 마음속에 강하고 깊게 심으려면 의식과 무의식이 결합해야 한다. 그래야만 소비자에게 생리학적으로 완벽한 변화를 유도해 즉각적이면서 오래 지속되는 결과를 얻을 수 있다. 지금부터 소비자의 행동변화를 유도할 수 있는 방법을 단계별로 간략하게 정리해보겠다

1단계-정해진 틀을 깨라

뇌는 패턴 인식 과정을 통해 작동한다. 패턴 인식이란 받아들인 정보를 자신이 알고 있는 패턴에 적용해 인식하는 것을 가리킨다. 만약 사람들의 관심을 끌어 그들의 행동 방식을 바꾸고 싶다면 우선 뭔가 색다르고 흥미로운 일을 벌여야 한다. 정해진 패턴 인식 과정을 깨야만 가능한 일이기 때문이다.

2단계-편안한 분위기를 만들어라

인간은 이미 알고 있는 것과 안전한 것, 신뢰할 수 있는 것에 끌린다. 새로운 것에 매료되지만 결국 익숙한 것을 찾고, 생물학적으로나 환경학적으로나 예측 가능한 방식에 의지하기 마련이다.

3단계-상상력을 이끌어내라

전전두엽피질은 인간에게 행동을 계획하고 새 가능성을 만들어낼 수 있는 특별한 능력을 주었다. 인간은 이 능력을 활용해 더 나은 생활을 상상하고 자신의 행동에 따른 결과를 예측할 수 있다. 그래서 전전두엽 피질은 가상현실을 체험할 수 있는 시뮬레이터와 같은 역할을 한다.

4단계-느낌을 바꿔라

인간은 느끼는 대로 행동한다. 인간은 자신의 감정에 따라 모든 것에 가치를 매긴다. 생각이 감정에 영향을 미치는 것보다 감정이 생각에 끼치는 영향이 더 크다. 인간의 뇌가 원래 그렇게 설계되었기 때문이다.

5단계-비판적인 사람을 만족시켜라

의식은 인간에게 그간의 경험에 비춰 이성적으로 타당하지 않은 생각이라면 거부할 수 있는 능력을 부여했다. 때문에 우리는 자신을 충동질하는 자극과 감정에 굴복할 때조차 스스로에게 그렇게 행동해도 된다는 논리적인 허락이 필요하다.

6단계-연상 작용을 바꿔라

인간의 정신과 기억은 연상 작용에 따라 움직인다. 감정이 개입되고 반복되면 연상 작용은 자동적이고 무의식적인 것으로 강화된다. 어떤 것에 대한 인식을 바꾸고자 한다면 신경의 연상 작용을 바꿔야 한다.

7단계-행동을 취하라

인간의 뇌는 움직임과 동작을 위해 존재한다. 움직이지 않는 것들은 뇌가 없다. 몸을 실제로 움직이는 행동은 앉아서 그 동작을 상상하는 것보다 훨씬 더 많이 뇌를 쓰게 한다. 뇌를 더 많이 쓸수록, 행동을 더 많이 반복할수록, 경험이 더 깊게 몸에 스며들수록 그 행동은 무의식적인 것에 가깝게 된다. 신체를 사용할 때마다 인간은 감각기관을 더 많이 활용하게 된다. 인간은 보고, 냄새 맡고, 맛보고, 듣는다. 이런 과정은 경험을 무의식 깊숙이 뿌리내리게 해 제2의 천성이 되게 한다.

1단계
정해진 틀을 깨라

예상하지 못한 갑작스럽고 대담한 질문은
여러 번 사람들을 놀라게 하고 또 사람들로
하여금 빈틈을 보이게 만든다.

프랜시스 베이컨, 수상록

추운 2월을 앞둔 2011년의 어느 날, 미국 전역의 스포츠팬들은 역사상 가장 높은 시청률을 기록할 TV 프로그램을 기다리며 후끈 달아올랐다. 제 45회 슈퍼볼 이야기다. 마침 미국프로미식축구리그[NFL]에서 가장 많이 우승컵을 안았던 두 팀 피츠버그 스틸러스와 그린 베이 패커스가 격돌을 앞두고 있었다.

그러나 매해 그렇듯이 경기장 바깥에서도 빅 매치가 준비 중이었다. 다름 아닌 광고전이다. 슈퍼볼에 맞춰 많은 광고들이 따로 제작되고, 대박과 쪽박이 쉽게 판가름 난다. 때문에 이때만큼은 광고주들도 예산에 한계를 두지 않고 아이디어를 통제하지도 않는다.

방송 사상 가장 시청자가 많고 가장 광고비가 비싼 세계 최대의 광고 경연장에서 누가 우승컵을 차지할 것인가? 2011년에는 실제로 경기 내용도, 광고 전쟁도 실망스럽지 않았다. 2년 만에 슈퍼볼 정상에 재도전한 피츠버그 스틸러스가 인상적인 경기를 펼쳤지만 그린 베이 패커스가 더 끈질겼고, 광고주들은 1억1100만 명이라는 역대 최다 시청자 덕분에 광고 효과를 만끽했다.

슈퍼볼 광고에는 특별한 안목이 필요하다. 많은 시청자와 광고 간의 경쟁을 감안해야 하고, 미국 최대의 스포츠 이벤트라는 성격에 맞춰 창의성을 발휘해야 한다. 슈퍼볼 경기가 열리는 일요일은 사실상 미국 전체의 축제일이나 다름없다. 때문에 마케터들은 다른 뛰어난 광고들과 경쟁해야 할 뿐만 아니라 집집마다 그릇에 넘치도록 담은 감자칩과 맥주를 즐기는 사람들의 시선을 사로잡기 위해 경쟁해야 한다. 마케터들은 시청자들의 관심을 끌고 더 돋보이게 하기 위해 광고에 과장된 유머와 최고의 제작팀, A급 스타들을 동원해 광고 경연장의 판돈을 올려왔다.

내가 일하는 도이치 LA팀 역시 슈퍼볼 경기 몇 달 전부터 아이디어를 뽑아내기에 바빴다. 창의성의 한계를 허물고 슈퍼볼에 걸맞은 영웅담을 느끼게 할 수 있는 아이디어가 필요했다. 그러나 어떤 아이디어도 아이디어 개발 초기 단계에 나왔던 단순한 콘셉트의 매력을 이기지 못했다.

나중에 밝혀졌듯이, 그 해 전 세계 수백만 명의 상상력을 사로잡으며 슈퍼볼 광고 왕좌를 차지한 것은 단순하지만 진심이 담긴 가슴 훈훈한 소년의 이야기였다. 우리 팀은 영화 <스타워즈>의 중심 인물인 어둠의 화신 다스 베이더를 모티브로 삼은 광고를 만들었다. 광고는 금세 화제의 중심이 되었다.

광고에는 다스 베이더 의상을 입은 꼬마가 등장해 다스 베이더처럼 초능력을 써보려고 하지만 번번이 실패하는 장면이 나온다. 세탁기와 강아지, 인형에게 기합을 넣어 손을 뻗어보지만 통할 리 없다. 폭스바

   <u>01</u> 1단계 | 정해진 틀을 깨라

겐의 2012년형 새 파사트를 보기 전까지는 말이다. 꼬마가 작은 손을 뻗자 마침내 자동차에 시동이 걸리는데, 실은 꼬마의 아버지가 아들을 위해 몰래 자동차 리모트 키로 시동을 걸었던 것이다(사진).

2012년형 파사트가 정식으로 출시되기 전에 티저용으로 만들어진 이 광고는 슈퍼볼 며칠 전에 미리 유튜브에 공개됐다. 이것 역시 치밀한 계획 하에 이뤄진 것이다. 유튜브를 통한 입소문을 노린 우리의 전략은 주효했다. 인터넷 덕분에 얼마나 많은 사람이 검색을 했고, 얼마나 많이 동영상을 보았느냐에 따라 손쉽게 광고 효과를 측정할 수 있다. 몇 번씩 다시 보는 경우도 많은데, 광고가 얼마나 매력적이었는지를 알려주는 최고의 증거가 아닐 수 없다. 파사트 광고 동영상은 슈퍼볼 경기가 시작하기도 전에 유튜브에서 조회수 1240만을 기록했고 트위터를 달궜다.

당시 파사트 광고는 성공적인 마케팅 사례를 넘어서 세계적인 문화현상이 됐다. 이 책을 쓰고 있는 시점에는 유튜브 조회수가 무려

5300만에 달했고, 셀 수 없이 많은 찬사와 패러디, 만화, 영화 예고편 등을 낳았으며, TV 뉴스에서도 다뤄졌다. 광고에 출연했던 여섯 살배기 맥스 페이지도 스타덤에 올랐다. 광고에서 한 번도 얼굴이 노출되지 않아 호기심을 불러일으켰던 꼬마가, 광고가 화제가 되자 다스 베이더 마스크 뒤에 숨어있던 귀여운 얼굴을 드러냈기 때문이다. 광고 전문잡지 <애드위크>는 이 광고를 2011년 최고의 광고로 선정했다. 또 슈퍼모델 하이디 클룸이 MC를 맡은 CBS의 '클래시 오브 더 커머셜'이 생방송으로 진행한 온라인 투표에서 역대 최고의 광고로 뽑히기도 했다.

파사트 광고는 폭스바겐을 대중적 인지도가 높은 브랜드들 중 가장 윗자리에 올려놓았다. 이 광고는 그해 모든 슈퍼볼 광고 중에서 가장 기억에 남는 광고로 뽑혔다. 온라인에서도 역대 온라인 광고 톱10 안에 들었고, 가장 많이 조회된 광고 중 하나로 꼽혔다. 아울러 칸 국제광고제에서 두 개의 황금사자상을 수상했고, 원쇼국제광고디자인상에서 황금연필상을, 국제클리오광고제에서 황금클리오상을 추가하는 등 최고의 국제 광고제에서 무수한 수상의 영예를 안았다.

더 중요한 것은 이 광고 이후 폭스바겐을 사겠다는 소비자들의 구매의사가 눈에 띄게 늘었다는 점이다. 폭스바겐 홈페이지도 트래픽이 늘었고, 그해 폭스바겐의 매출 역시 성공적이었다. 이 광고는 전 세계에서 68억 달러의 광고 노출 효과를 기록했다. 소셜 미디어를 통해서도 1억 달러 이상의 효과를 거뒀다.

이 광고의 성공에서 가장 흥미로운 점은 광고가 TV 시청자에게 미친 효과다. 이 광고는 '샌즈 리서치'가 매년 발표하는 슈퍼볼 광고 뉴로 랭킹의 신경 반응 점수에서 역대 최고 점수를 받았다. 이 점수는 시청자들이 슈퍼볼 경기에 나오는 광고를 본 후 그에 반응하는 뇌의 전기 생리학적 활동을 측정하는 것이다. 샌즈 리서치의 회장이자 최고 과학책임자인 스티븐 샌즈 박사는 "도이치 LA팀이 제작한 폭스바겐 광고가 2년 연속 정상을 차지했다"며 이렇게 덧붙였다.

"특히 올해 다스 베이더를 모티브로 삼은 광고는 시청자들의 강한 정서 반응을 이끌어내면서 우리가 측정을 시작한 이래 가장 높은 점수를 기록했다. 광고 중간까지는 긍정적인 반응과 부정적인 반응이 섞여 나오다가 마지막 장면에서 완전히 긍정적인 반응으로 마무리 된다. 감성에 호소하는 매력적인 줄거리를 통해 시청자들은 광고에 몰입하게 되고, 광고가 끝난 후에도 다시 광고를 떠올리게 된다. 가장 중요한 점은 폭스바겐이라는 브랜드를 확실하게 기억하게 된다는 점이다. 요즘 광고는 브랜드와의 연관성이 실종되는 경우가 너무 잦다. 마케팅의 핵심이어야 할 시청자의 마음속에 브랜드를 심어주는 순간을 놓치는 것이다."

고밀도 뇌전도는 시청자가 광고를 보는 동안 순간순간 뇌의 어떤 부위가 활성화되는지 기록한다. 폭스바겐 광고는 처음에는 예상 가능한 뻔한 이야기로 흘러간다. 꼬마 다스 베이더의 초능력은 자전거와 강아지, 세탁기, 인형, 샌드위치에 전혀 통하지 않는다. 하지만 끝 부분에 반전이 기다리고 있다. 예상치 못하게 꼬마의 아버지가 끼어들면서 꼬마 다스 베이더가 자신의 능력에 깜짝 놀랄 때 시청자들 역시 자신이 상상하지 못한 결말에 순간 어리둥절해하면서도 큰 즐거움을 느끼게 된다.

뇌파 데이터를 자세히 분석한 결과 아버지가 자동차 키로 시동을 거는 장면에서 시청자들의 감정과 몰입도가 아주 두드러지게 상승했다. 말하자면 그 장면에서 자동차에만 시동이 걸린 것이 아니라, 광고를 지켜보던 사람들의 뇌에도 시동이 걸린 셈이다. 샌즈 박사 역시 같은 지적을 했다.

"꼬마의 아버지가 집 안에서 자동차 리모트 키로 시동을 걸 때 피험자의 양쪽 두정엽과 전두엽의 활동이 정점을 찍었다. 두정엽은 주의 집중에 관여하고 전두엽은 고위 인지 기능을 담당한다. 이 결과는 시청자들이 계속 광고에 집중력을 유지했고, 스토리라인을 따라가면서 광고의 메시지를 제대로 이해했음을 보여준다."

이 신경 반응은 광고에서 가장 중요한 폭스바겐 로고가 등장할 때까지 지속됐다. 폭스바겐 로고는 엔진 시동이 걸리는 반전이 이뤄진 장면 바로 다음에 노출됐다. 샌즈 박사는 이에 대해 "대부분의 광고는 중간에 주목도가 뚝 떨어지는데, 이 광고는 처음부터 끝까지 전체적인 몰입도가 높은 것으로 나타났다. 로고가 등장하는 마지막 장면에서는 오른쪽 측두엽과 오른쪽 전두엽, 두정엽이 급격한 활성화를 보였다. 이것은 피험자들이 광고의 마지막 메시지인 브랜드에 대한 정보를 받아들이고 있다는 것을 의미한다. 또 피험자들은 폭스바겐 브랜드에 대해 정서적으로도 긍정적인 반응을 보였다"고 말했다.

이 광고가 강력한 효과를 거둔 것은 마지막 반전 장면 외에도 또 하나의 반전이 있었기 때문이다. 다스 베이더의 기존 이미지를 완전히 깼다는 것이다. 영화 속 다스 베이더의 콘셉트는 단순했다. 악의 화신인 전형적인 악역이었다. 광고에서 귀여운 꼬마가 이런 역할을 한다는 것 자체가 완전히 신선한 출발이었다. 우리는 다스 베이더의 사악하고 어두운 콘셉트를 유쾌한 천진난만함으로 바꾸었다. 만약 꼬마에게 <스타워즈>의 주인공인 루크 스카이워커의 옷을 입혔더라면 아무런 반전이나 긴장감이 없었을 것이며, 주목을 받지도 못했을 것이다.

폭스바겐은 수십 년 전에도 반전을 활용해 효율적인 캠페인을 만들어낸 적이 있다. 폭스바겐이 '싱크 스몰^{Think small}' 캠페인을 시작한 것이 1959년의 일이다. 광고 전문지 <애드버타이징 에이지>는 이 광고를

     <u>01</u> 1단계 | 정해진 틀을 꺼라

20세기 최고의 광고 캠페인으로 선정한 바 있다.

당시는 자동차 업체들이 앞 다퉈 자동차는 사회적 지위를 나타내며, 큰 차를 타야 성공한 사람이라는 이미지를 홍보하고 있을 때였다. 폭스바겐은 방향을 틀어 소형차에 집중했고, 솔직하고 재치 있는 매력적인 광고를 만들어냈다. '싱크 스몰' 캠페인은 과시적인 소비 성향에 치우친 고정관념을 깼다. 늘 하던 방법 대신 새로운 변화를 시도함으로써 자동차 시장과 미국 문화를 바꿔놓았다. '싱크 스몰'이 실제로는 '싱크 빅'이 된 성공적인 예다.

뇌의 작동 원리

왜 어떤 것들은 우리의 관심을 끌고 어떤 것들은 그냥 지나치게 될까? 왜 꼬마 다스 베이더는 사람들의 주목을 받게 된 걸까?

지각^{知覺}은 오감을 통해 수동적으로 정보를 기록하는 것이 아니라 뇌작용에 의해 능동적으로 움직이는 과정이다. 무엇을 본다는 행위는 눈으로만 이뤄지는 게 아니다. 뇌도 보는 과정에 동참한다. TV가 가장 지배적인 대중매체가 된 것은 시각이 인간의 가장 중심적인 감각이기 때문이다. 뇌의 3분의 1 이상이 시각적인 정보를 처리하는 데 할애되고 있으며, 인간의 지각, 학습, 인지의 85퍼센트가 시각을 통해 이뤄지는 것으로 추정된다.

노벨상을 수상한 심리학자 허버트 사이먼은 인간의 마음을 가위에 비유하면서 한 쪽 날은 뇌, 나머지 한 쪽 날은 환경이라고 말했다. 인간이 어떻게 세상을 경험하고 받아들이는가를 이해하기 위해서는 먼저 이 두 개의 날이 동시에 만들어내는 상호작용을 이해해야 한다는 것이다.

지각은 일직선으로 단순하게 진행되는 과정이 아니다. 오히려 오감을 통해 들어오는 데이터와 미리 예상했던 것을 서로 맞춰가며 비교하는 과정에 가깝다. 인간의 뇌는 세상에 대한 일종의 모델을 만들어내고, 새로 들어오는 정보를 그 모델과 비교한다. 관찰한 것이 예상과 들어맞으면 굳이 새 정보에 대해 생각할 필요가 없어 그 정보는 의식에서 지워진다. 의식은 꼭 필요한 때 꼭 필요한 것만 알려주는 방식으로 작용하기 때문이다. 인간이 주변으로부터 받아들여 처리할 수 있는 정보의 양은 제한되어 있다. 따라서 예측이 정확하다면 더 이상 그 정보에 관심을 쏟지 않고 다른 것에 주의를 기울일 여유가 생기는 것이다.

운전 배울 때를 생각해보자. 처음에는 잔뜩 긴장해 모든 동작에 집중하지만 일단 익숙해지면 모든 과정을 무의식적으로 처리하게 된다. 물론 자신이 운전하고 있다는 사실은 자각하고 있지만 운전을 하기 위해 언제 어떻게 팔이나 다리를 움직여야 하고, 어떻게 다른 차의 움직임이나 교통 정보를 확인해야 하는지를 더 이상 의식할 필요는 없다는 뜻이다. 오른발로 가속 페달을 밟거나 핸들을 조금씩 계속 움직인다든가, 차선을 바꾸기 전에 깜빡이를 켜는 동작은 대부분 무의식적으로 이뤄진다. 다만 갑자기 앞차가 급브레이크를 밟거나 도로 한가운데로 강아지가 뛰어드는 것처럼 평상시대로 진행되리라 예상했던 패턴을 깨는 일이 발생할 때 순간적으로 상황을 파악하고 의식적으로 대처하게 된다. 이런 중요한 상황에 완전히 집중할 수 있게 운전하는 나머지 대부분은 무의식이 대신 처리하는 것이다. 이 부분이 바로 마케터들이 반드시 기억해야 할 중요한 포인트다. 사람들이 집중하는 것은 상황이 자신이 예상한 대로 흐르지 않을 때라는 점이다.

이 낯말들이 어떤 순서로 써어졌느냐는 중하지 안타. 당신이 아무 뮨제없이 이 뮨장을 일글 수 잉는 것은 당신 의식이 폐턴 인식에 따라

　　　　　　　　　　　　　　　　　

움지기기 때문이다. 새부사항을 따지기 전에 머저 으미를 파아카는
것이다. 놀랍지 안은가?

당신이 이렇게 뒤죽박죽인 말을 이해할 수 있는 것은 당신의 의식이 패턴 인식 과정에 따라 작동하기 때문이다. 인간의 뇌는 새로운 정보를 받아들일 때 자신이 이미 알고 있는 것들과의 접점을 찾고, 예상 가능한 익숙한 패턴에 맞춰 정리한다. 위 문장을 읽을 때도 마찬가지다. 단어 하나하나의 구체적인 내용보다 문맥의 전후 관계에서 더 많은 의미를 파악할 수 있다. 실제 단어들을 읽는다기보다 문장 구조에 의존하는 것이다.

뇌는 이렇게 세상에 있는 것들을 자기 마음속 패턴이나 모델에 연결시킨다. 과학자들은 이처럼 머릿속에 이미 존재하고 있는 정보를 '선험적 지식$^{a\ priori\ knowledge}$'이라고 부른다. 엉망으로 뒤섞인 문장도 그렇다. 당신은 글자와 단어, 문장에서 흔히 있는 패턴을 배워서 알고 있다. 따라서 뇌는 자동적으로 쓰여진 그대로가 아니라 그 뒤에 있는 의미를 예측하면서 엉망인 문장을 정리하고 그 뜻을 해독하게 된다.

뇌가 현실을 파악하고 해석하기 위해 어떻게 예측을 하는지 이해하려면 시각피질에 관심을 돌려보자. 시각피질은 시각 정보 처리에 직접 관여하지만 운전할 때 사각지대가 있는 것처럼 놀랍게도 보이지 않는 범위가 있다. 안구의 시신경이 있는 망막 뒤쪽에 광수용체가 아예 없는 부분이 있다. 광수용체가 빛을 받아들이기 때문에 광수용체가 없는 부분으로는 아무것도 볼 수가 없다. 그럼에도 시야에 구멍이 없는 것은 뇌가 그 빈자리를 채워주기 때문이다. 뇌는 볼 수 없는 부분의 주변 정보를 이용해 그 자리에 무엇이 있을지 추측하고 예상함으로써 빈 곳을 메운다. 일종의 포토샵 처리를 하는 셈이다. 실제로 보는 것 대신 주변 환경으로부터 입력된 자료를 바탕으로 의식과 현실을

가공하는 것이다. 이렇게 지각적으로 빈 곳을 채워 넣는 것을 '구성적 지각constructive perception'이라 부른다.

이렇게 시각적으로 볼 수 없는 부분을 보충하는 것은 지금까지 이어지고 있는 파충류의 뇌의 유산 중 하나다. 또 다른 예로 도약 안구 운동이 있다. 이 운동은 주로 독서할 때 나타나는데, 한 응시점에서 다른 응시점으로 눈의 초점을 신속하게 옮기는 순간적인 움직임을 가리킨다. 그런데 안구가 이 응시점들 사이를 옮겨다니는 짧은 순간 동안 실제로 뇌에 도착하는 정보는 분명하지 않고 흐릿하다. 부족한 부분에 해당하는 것만큼을 채우는 것이 시각피질이다. 눈으로 입력된 정보가 완벽하지 않지만 뇌가 모자란 곳을 훌륭하게 메우기 때문에 책의 내용이 끊어지지 않고 매끄럽게 이어져 일관성 있는 이야기가 만들어지는 것이다.

빈 곳을 채움으로써 인간의 뇌는 보는 능력으로뿐만 아니라 지각 능력에서도 능동적인 역할을 한다. 다른 이들의 시선을 사로잡으려면 오감을 활성화시키는 것 이상을 할 수 있어야 한다. 먼저 적극적으로 뇌를 끌어들여야 한다.

뇌를 자극하는 깜짝 보상

사람들의 마음속에 어떻게 브랜드를 심을 수 있을까? 브랜딩의 첫 단계는 학습의 첫 단계와 같아야 한다. 무엇을 배울 때 가장 좋은 방법은 집중하는 것이다. 집중하게 하는 데는 허를 찔러 깜짝 놀라게 하는 것과 참신한 것만큼 좋은 방법도 없다. 누군가가 예상치 못한 일을 할 때 그는 우리가 기대하고 있던 인식의 패턴을 깨뜨림으로써 다른 이들의 주의를 환기시키는 신경생물학적 과정을 촉발한다.

건전지 광고에 등장하는 '에너자이저' 토끼는 역사상 가장 오래됐고 가장 잘 알려진 광고 캠페인 중 하나다. 토끼 캐릭터는 광고대행사 TBWA 샤이엇 데이가 히트시킨 것으로 알려져 있지만 사실 에너자이저의 이전 대행사였던 DDB 월드와이드가 처음 시작했던 아이디어였다. 광고 전문지 <애드버타이징 에이지>는 에너자이저 토끼를 역대 광고 아이콘 톱5 중 하나로 선정하기도 했다.

이 광고 캠페인은 선입견 깨뜨리기의 위력을 보여준 전형적인 예다. 난데없이 말하는 토끼가 나타나 작은 북을 두드리며 잠시도 가만히 있지 않고 빙빙 돌아다닐 때, 사람들 대부분은 처음에 이 광고가 호르몬제 같은 의약품을 홍보하는 것이라고 생각했다. 하지만 곧 광고가 호르몬과는 아무 관계없이 에너자이저 건전지가 얼마나 오래 가는지 보여주는 것이라는 것을 알았을 때 처음의 순간적인 착각이 유쾌한 즐거움으로 바뀌는 것이다.

인간의 뇌는 색다른 것에 끌린다. 그렇지 않다면 인간에게 학습은 없었을 것이다. 인간의 뇌는 새로운 것을 경험했을 때 상황을 제대로 이해하고, 이전과 다르게 반응하려면 잠시 멈춰 자신이 알고 있던 패턴을 다시 생각해봐야 한다는 것을 알고 있다. 우리가 호르몬 광고라고 예상했던 것을 토끼가 깨뜨렸을 때 우리의 뇌는 자동 조정 상태에서 벗어나 광고에 주의를 집중하게 된다.

새로운 것을 접하고 그것을 머릿속의 익숙한 패턴과 비교하다가, 새로운 것이 기존 패턴과 연관이 없는 완전히 낯선 것이라는 것을 깨닫게 되면 뇌는 순간적으로 그 자리에서 완전히 멈추게 된다. 생존을 위해서 새로운 환경을 이해하고 적응할 필요가 있기 때문이다. 신경과학자 러셀 폴드랙은 이 현상을 진화론적 관점에서 설명했다.

낮설고 익숙하지 않은 경험을
추구하는 것은
인간과 동물의 기본적인 행동성향이다.

"뇌는 오래된 것을 무시하고 새로운 것에 집중하도록 만들어졌다. 새롭다는 것은 어떤 것에 주의를 집중해야 하는지를 결정하는 가장 강력한 신호일 것이다. 매일 똑같이 그대로 있는 주변의 것들에 우리의 모든 시간과 에너지를 소비할 수는 없기 때문이다."

영국 유니버시티 칼리지의 런던인지신경과학 연구소 비안카 위트먼 박사는 "낯설고 익숙하지 않은 경험을 추구하는 것은 인간과 동물의 기본적인 행동 성향"이라고 말했다. 위트먼 박사는 지원자들에게 그림을 보여준 후 익숙해진 그림들을 다시 보여주는 실험을 했다. 그림에는 각기 다른 상금이 걸려있었고, 지원자들에게는 가장 상금이 높은 그림을 고르라고 했다. 그런데 실험 중간에 새 그림을 끼워 넣으면 참가자들은 더 안전하고 확률이 높은 익숙한 그림을 제쳐놓고 위험을 무릅쓰면서까지 새 그림을 선택하는 경향을 보였다.

위트먼 박사와 동료들은 이 과정에서 뇌기능 자기공명영상 스캐너를 통해 실험 참가자들의 '복측 선조체'가 크게 활성화된다는 사실을 발견했다. 복측 선조체는 음식이나 칭찬, 돈과 같은 보상에 핵심적인 역할을 하는 뇌의 오래된 초기 부분이다. 복측 선조체는 다른 동물들에게도 나타나는데, 진화과정에서 환경에 적응하는 데 도움이 되었던 것으로 보인다. 위트먼 박사는 "참가자들은 아마 장기적으로는 새로운 선택지가 유리하다는 것을 증명하려 했던 것 같다"고 분석했다. 새로 발견한 열매를 식량 목록에 포함시켜 영양을 풍부하게 만드는 것처럼 말이다. 홍적세에는 과일, 채소, 육식 등을 통해 균형 잡힌 음식을 섭취하는 것이 인류의 진화에 매우 중요한 문제였다.

외식업체들이 정해진 기간 동안만 특별 판매를 하는 것도 인간의 이런 성향을 노린 전략이다. 위트먼의 연구는 스타벅스가 해마다 할로윈을 전후해 내놓는 펌킨 스파이스 라테나 맥도널드가 성탄절 즈음에 판매하는 맥립 샌드위치처럼 잘 계획된 계절 메뉴가 어떻게 소비자들을 사로잡을 수 있었는지 설명한다. 스내플이 파파야 망고티를 내놓았던 것도 마찬가지다. 스내플의 전통적인 레몬 음료에서 벗어난 이국적인 맛은 다소 의외의 선택이 아닐 수 없었다. 스내플은 예상을 벗어난 브랜드 라인 확장을 통해 소비자들로 하여금 매일 구입하던 음료가 아닌 새로운 제품을 사도록 유혹했다.

식품업계가 제품이 바뀌지 않았는데도 브랜드 로고와 포장 디자인을 계속 바꾸는 것이나, 전화주문 서비스를 개선하는 것이 매출 증가에 효과가 있는 것도 같은 이유에서다. 그러나 위트먼은 "헌 술을 새 부대에 담아 파는 위험을 초래할 수도 있다"고 경고하기도 했다.

신경생리학자들은 또 새로운 것들이 '흑질과 복측 피개'라는 뇌 일부분을 활성화시킨다는 사실을 밝혀냈다. 이 부분은 편도체와 함께 뇌의 기억 중추 역할을 하는 해마와 밀접하게 연결되어 있기 때문에 학습에 중요한 영향을 끼친다.

엠마 듀젤과 니코 분텍은 새로운 것에 대한 뇌의 반응을 측정하는 실험을 통해 새로운 경험을 할수록 기억력이 강화된다는 결론을 내렸다. 아주 새로운 사실을 접하게 되면 그 경험을 기억할 가능성이 높아진다. 새로운 것은 뇌의 다양한 부위에 영향을 끼치지만 주로 활성화되는 것은 도파민 시스템이다. 듀젤은 "중뇌가 전두엽과 측두엽에서 도파민을 분비함으로써 보상을 예측하는 능력과 동기 수준을 통제한다는 것은 과학자들 사이에서 잘 알려진 사실이다. 이제 새로운 정보와 경험이 뇌의 같은 부분을 활성화시킬 수 있다는 것을 알게 되었다"고 말했다.

전통적인 관점에서는 공부를 할 때 같은 것을 계속 반복 학습하는 것이 가장 좋은 방법이라고 한다. 하지만 듀젤의 연구는 이 방법에 의문을 제기한다. 추가적인 정보를 배울 때 새로운 사실을 통해서 하면 뇌가 더

　　　　　　　　　　　　01　1단계 | 정해진 틀을 깨라

집중하고 민감하게 반응해 정보를 더 잘 이해하게 된다는 것이다.

에너자이저 토끼 캠페인의 성공은 아이디어의 유연함과 아이디어를 캠페인으로 옮겨내는 능력이 만나 이뤄졌다. 이 캠페인은 계속해서 허를 찌르는 반전을 담은 새 CF로 이어졌다. 만약 에너자이저가 똑같은 CF를 고집했다면 시청자의 뇌는 처음의 반전을 일찌감치 잊어버리게 됐을 것이다.

마케터들로서는 서글프게도, 소비자들이 동일한 광고에 반복 노출되면 광고에 대한 반응이 떨어지는 '권태효과'가 있다는 것을 깨닫게 되었다. 계속 같은 CF를 내보내면 광고 효과가 떨어졌다. 따라서 시간이 어느 정도 지나면 시청자들이 알아차리지 못하더라도 광고를 살짝 바꾸는 것이 돌파구가 되어 다시 주목도를 높일 수 있으리라 생각했다.

인간의 뇌는 변화를 캐치하면 이전 것과 비교하기 위해 무의식적으로 주변을 훑어보게끔 프로그램화 되어 있다. 변화가 크지 않아 의식의 레이더망에 잡히지 않을 것처럼 보일 때에도 그렇다. 변화를 추구하는 본능적인 욕구는, 사람들이 달라진 점을 찾아내는 것을 좋아하는 이유이기도 하다. 예를 들어 <피플>지는 잡지에 '다시 보기'라는 퍼즐을 연재했는데, 언뜻 보기에는 똑같아 보이는 두 개의 그림에서 미묘하게 다른 점을 찾아내는 코너였다.

마케터들은 사람들의 이 같은 성향을 고려해 시간이 흐르면 광고에 변화를 주거나 추가적인 광고를 제작해야 한다. 하나의 중요한 메시지를 강조할 수 있도록 시각을 다양화할 필요가 있다. 카피나 시각적 요소에 조금씩 변화를 준 광고 여러 편을 제작해 방영한다면 소비자들의 관심을 좀 더 오랜 기간 동안 붙잡을 수 있을 것이다. 듀젤은 "인간은 새로운 것을 볼 때 자신에게 어떻게든 뭔가 보상이 될 만한 가능성이 있는가를 본다. 일단 자극이 익숙해지면 뇌는 아무런 보상이 없을 것이라는 것을 깨닫게 되고, 그에 대한 흥미를 잃게 된다"고 지적했다.

이 같은 현상은 인간의 뇌가 도파민 분비를 통해 배우기 때문이다. 우리가 어떤 예상을 했을 때 그것이 들어맞으면 도파민이 분비돼 쾌락과 행복을 맛본다. 하지만 예상했던 결과를 알게 되면 더 이상 집중하거나 도파민으로 보상받을 필요가 없다. 도파민 뉴런은 깜짝 보상을 받아야 더 흥분하게 된다. 갖고 싶던 구두가 마침 오늘 50퍼센트 세일을 한다는 사실을 알게 될 때처럼 말이다. 케임브리지대의 신경과학자 볼프람 슐츠에 따르면 이렇게 예상하지 못한 보상은 예상 가능한 보상보다 인간의 신경세포에 서너 배의 자극이 되고, 강렬한 정서 반응을 유발할 수 있다. 갑자기 도파민 분비가 많아지는 이유는 중요한 정보일 가능성이 있는 새로운 자극에 집중하기 위해서다. 즉 어떤 일이 벌어지고 있는지 뇌가 알아야 한다는 신호다.

"오 예" 혹은 "이런 젠장"

남성용 바디 제품인 올드 스파이스는 반전을 활용한 광고대행사 '와이든+케네디'의 노력 덕분에 유행에 뒤떨어진 구식 브랜드라는 이미지를 완전히 벗어버렸다. 올드 스파이스의 바디 워시 광고는 미식축구 선수인 카리스마 근육남 아이샤 무스타파를 광고 모델로 기용했다. "당신의 남자에게 맡을 수 있는 향기가 나는 남자"라는 카피를 통해 소비자들의 마음속에 세련되고 현대적인 이미지를 심었다.

이 CF는 군더더기 없이 변화무쌍하게 예상을 뛰어넘는다. 광고 모델 무스타파는 매 장면마다 시청자의 시선을 사로잡는다. 욕실에 서 있던 무스타파는 바로 다음 장면에서 요트로 옮겨가고, 마지막에는

     01 1단계 | 정해진 틀을 깨라

올드스파이스 CF에서 광고모델 무스타파는 매 장면마다 변화무쌍한 공간에서 독특한 동작으로 시청자들의 시선을 사로잡는다. 유쾌한 반전은 사람들의 뇌를 자극해 오랫동안 기억에 남게 한다.

말에 탄 채 CF가 끝난다. 그 다음 편 광고에서 무스타파는 같은 말을 타고 있는데, 카메라가 전체 상황을 비추면 그가 말을 거꾸로 타고 있는 게 드러난다. 이때 그는 "여성들이 올드 스파이스를 몇 십억 배나 좋아한다는 것을 아셨습니까? 제가 이 말을 거꾸로 타고 있다는 것을 아셨습니까?"라고 묻는다.

강력한 효과를 발휘한 이 캠페인의 매력은 미끈한 광고 모델뿐 아니라 매끄럽게 녹여낸 반전에 있다. 올드 스파이스의 또 다른 CF에서 무스타파는 야외 샤워장에서 출발해 황무지에서 통나무 굴리기를 하는가 하면 한 손에는 케이크, 또 다른 손에는 전기톱을 들고 부엌을 리모델링한다. 다음 장면에서는 폭포에서 다이빙해 온수 욕조로 착지한다. 마지막 장면에서 온수 욕조통이 무너지면 그가 멋진 클래식 오토바이에 걸터앉아 있는 모습이 비춰진다. 모든 장면이 카메라가 돌아가는 30초 동안에 이뤄진 일이다. 장면이 바뀔 때마다 시청자들은 계속 화면에 매료되고, 뇌에서는 집중하는 대가로 도파민의 보상을 받게 된다.

이 캠페인은 화제가 되는 수준을 뛰어넘어 유튜브에서 3240만회 다운로드 되었고, 14억의 광고 노출 횟수를 기록했다. 소비자들의 행동변화까지 이끌어내 광고가 시작된 지 3개월여 만에 올드 스파이스의 매출은 55퍼센트 늘어났다.

그러나 모든 반전이 효과적이거나 유쾌한 놀라움을 안겨주는 것은 아니다. 예측이 빗나갔을 때 생물학적으로 주의를 환기시키는 또 다른 부정적인 신경반응을 촉발할 수 있기 때문이다. 신경과학자들은 이 같은 과정을 '이런 젠장! 회로Oh Shit! circuit'라고 부른다. 우리가 어떤 일이 벌어지리라 예상했는데 그렇지 않을 경우 전두대상피질에서 괴로움의 신호를 보내게 된다. 전두대상피질은 시상과 긴밀하게 관련되어 있다. 시상은 대뇌피질 밑의 이중으로 된 회색질 덩어리로, 주의를 집중할 수 있게 직접 도움으로써 인지와 의식에 중요한 역할을 한다.

광고대행사 '크리스핀 포터+보거스키'가 진행했던 폭스바겐의 '이렇게 안전할 수도 있다Safe happens' 캠페인은 폭스바겐의 안전성을 내세우기 위해 경박함보다 진지함을 선택했다.

광고가 시작되면 TV 시청자들은 폭스바겐 제타의 운전자와 조수석에 앉은 동승자가 나누는 일상적인 대화로 끌려들어가게 된다. 그들이 나누는 매일매일 있을 법한 평범한 대화를 듣는 동안 시청자가 마치 차 뒷자리에 같이 앉아있는 기분을 느낄 때쯤 갑자기 "쾅"하고 사고가 일어나게 된다. 뇌 과학자들이 쓰는 말로 "이런 젠장!"하는 순간에 장면은 매우 현실적인 교통사고 현장으로 넘어간다. 그러나 다행히 광고 속 누구도 다치지 않았다는 것이 밝혀지고 시청자들도 안도하게 된다.

이 방법은 그동안 친근하고 재미있는 광고를 선보여온 폭스바겐으로서는 일탈에 가까운 시도였지만 원하는 효과를 거둘 수 있었다. 광고는, 인간의 가장 원초적인 욕구이자 파충류의 뇌가 가장 신경 쓰는 안전에 대한 메시지를 확실히 각인시켰다. 이 캠페인은 당시 시청자들에게 가장 기억에 남는 광고로 꼽히면서 많은 화제를 불러일으켰다.

괴로움의 신경회로가 활성화되는 것은 일종의 충격 요법과 같다. 최악의 예측과 실수, 실패는 최고의 교사이기도 하다. 뇌는 우리의 예상이 틀렸을 때 또는 우리의 기대를 저버리는 경험을 했을 때만 주변의 것에 주목하기 때문이다. 뇌는 이런 실수들에 관심을 기울이면서 현실에 대한 모델을 다듬고 현실에 대해 배우게 된다. 새로운 것은 도파민을 자극해 우리를 흥분시킬 뿐만 아니라 예측이 실패했을 경우 미처 몰랐던 것들을 가르쳐 준다. 그런 의미에서 "한 번 속으면 네 탓, 두 번 속으면 내 탓"이라는 속담은 신경과학적으로도 옳은 이야기다.

패턴에 맞춰 살기

우리는 세계를 패턴에 맞춰 인식할 뿐만 아니라 패턴 안에서 삶을 영위한다. 우리는 매일 똑같은 잘 닦여진 익숙한 길을 따라 걷는다. 개울이 흘러 강이 되듯, 인간은 매일의 자연스러운 일상의 흐름을 멈출 수 없다. 사는 동안 무한한 선택의 가능성이 있지만 우리는 매일 똑같은 행동을 반복하곤 한다. 똑같은 침대에서 잠들고, 같은 시간에 일어나며, 같은 커피를 마시고, 같은 메뉴의 아침을 먹고, 같은 길로 출근하고, 같은 웹사이트를 검색하고, 똑같은 TV 프로그램을 보고, 같은 것에 대해 불평하고, 같은 친구들과 같은 드라마에 대해 수다를 떨고, 같은 브랜드와 같은 제품을 산다.

그러나 틀에 박힌 생활을 깨는 것이 더 나은 삶에 이르는 길일 수 있다. 내가 일하고 있는 도이치 LA의 CEO인 마이크 셸턴은 이런 말을 자주 한다.

"인생의 비결은 인생을 새로운 경험들로 채우고, 그 경험들로 스스로를 놀라게 만드는 것이다."

우리가 예상하지 못했던 편하지 않은 길을 택하는 순간 어쩌면 깜짝 놀라게 될지도 모른다. 그러나 우리가 "이런 젠장!" 하고 외칠 때 우리는 새로운 경험에 자신을 열어 놓게 되고, 이 경험은 우리가 새로운 것을 시도하거나 더 나은 브랜드에 도전하도록 이끌어줄 수 있다.

정해진 패턴을 깨는 것이 효과가 있는 것은 우리의 감수성을 자극하고 새로운 것을 배우게 하기 때문이다. 무엇보다 우리 행동을 교정하는 가장 빠른 방법 중 하나이기 때문이다. 소비자의 행동을 바꾸는 것은 거의 모든 마케터들의 궁극적인 목표이기도 하다. 하지만 소비자들이 항상 기꺼이 새 브랜드를 선택하지는 않는다. 소비자 입장에서는 새 브랜드에 대해 시간을 두고 확신을 가질 필요가 있기 때문이다. 특히 새 차처럼 비싼 물건을 살 때는 논리적으로뿐만 아니라 감성적으로나 신체적으로도 확신이 필요하다.

스웨덴의 수도 스톡홀름에 새로운 변화가 시작된 것은 여느 평범한 아침이었다. 통근자들이 아침 일찍 스톡홀름 오덴플란역으로 들어서면 플랫폼으로 가기 위해 에스컬레이터나 계단을 이용하게 된다. 보통 때 통근자들이 많이 택하는 쪽은 에스컬레이터이지만 이 날만큼은 달랐다. 기차역으로 오는 도중에 폭스바겐이 만든 신기한 설치물을 보았기 때문이다. 스톡홀름의 광고대행사인 DDB가 진행한 '재미 이론' 프로젝트였다.

이들은 지하철 계단을 모양은 물론, 밟으면 소리까지 나는 거대한 피아노로 바꾸었다. 그러자 평소에는 에스컬레이터를 타던 사람들도 기꺼이 계단을 밟으며 자신이 만들어내는 음악을 즐겼다. 사람들의 호기심은 이색적인 새로운 환경의 매력에 저항할 수 없었다.

이 프로젝트는 사람들의 행동을 변화시킬 수 있는 가장 쉬운 방법은 정해진 패턴을 깨는 것이고, 재미있을수록 효과가 있다는 점을 보여줬다. 실험이 화제를 모으면서 '재미 이론'이라는 프로젝트 자체가 유명 브랜드가 되어버렸다. 그리고 폭스바겐 하면 뭔가 재미있는 것을 떠올리게 만들었다.

폭스바겐의 프로젝트 이후 오덴플란역에서 계단을 이용하는 사람은 평소보다 66퍼센트나 늘었다. 뻔한 에스컬레이터를 타는 것보다 출근길에 춤추듯 몸을 움직여 음악을 만들어내는 쪽을 선택한 것이다. 폭스바겐은 사람들에게 어린 시절의 천진함과 즐거움을 되돌려주는 방식으로 그들 스스로 정해진 틀을 깨고 미소를 지으며 기억할 만한 경험을 선물했다. 이후 계속된 폭스바겐의 '재미 이론' 프로젝트 동영상은 여러 상을 수상했다. 네티즌들은 폭스바겐의 실험을 다른 모든 사람들이 볼 수 있도록 자발적으로 동영상을 퍼뜨렸다.

몇 년 전 나는 디지털 위성방송 서비스 회사인 다이렉TV를 위해 광고 제작서를 만든 적이 있다. 가입자들에게 개일 보던 똑같은 TV시청 패턴을 벗어나 시청한 프로그램 수만큼 요금을 내는, 더 다양한 유료 시청 시스템에 가입하라는 내용이었다.

우리 팀은 위성TV 시청자들과 그들의 선호도에 대해 이야기를 나눠본 후 채널은 100여 개나 되지만 대부분의 사람들은 몇 개의 채널만 본다는 것을 발견했다. 시청자들이 어떤 프로그램을 볼지 결정할 때 추가로 요금을 내야하는 영화는 충동적으로 떠올려보는 선택사항일 뿐 습관처럼 보는 것은 아니었다. 따라서 광고 제작서는 유료 시청제에 가입하면 새롭고 흥미진진한 프로그램들을 지금 바로 만나볼 수 있다는 즉각적인 만족감에 초점을 맞췄다.

캠페인 아이디어를 전개하는 과정에서 패턴을 깨고 반전을 활용하는 번뜩이는 발상이 나왔다. <에어플레인>이나 <베스트 키드> <동물농장> 등 한 시대를 풍미한 유명 영화의 한 장면을 진짜 그대로 재현한 CF를 제작해 시청자들로 하여금 진짜 영화가 방송 중이라고 믿게 하고, 중간에 주인공이 갑자기 돌변해 다이렉TV 유료 시청 상품을 광고하는 것이다. 자신이 영화의 한 장면을 보고 있다고 생각한 시청자들에게 유쾌한 놀라움을 안기는 것이다. CF에서 인기 코미디 배우 레슬리 닐슨이 <에어플레인>의 한 장면 그대로 비행기를 조종하면서 동료 파일럿에게 영화 속 명대사인 "날 셜리라고 부르지 말라고!"라고 말한다. 그러고는 카메라를 향해 "여러분이 대사 전체를 아는 것은 아닌 영화를 보세요"라고 말하는 식이다.

이 캠페인은 곧 시청자들의 주목을 받았고, 그해 캘리포니아 남부에서 가장 창의적인 광고에게 수여하는 벨딩 스윕스테이크상을 수상했다. 시청자들은 과거에 좋아했던 영화를 다시 떠올리게 하자 반색을 했고, 깜짝 반전은 더욱더 좋아했다. 시청자들은 레슬리 닐슨과 <베스트 키드>의 미야기 무술 사범이 전하는 CF의 메시지를 기억했으며, 유료 프로그램을 더 많이 시청하기 시작했다. 여러 영화의 다양한 장면들을 등장시킨 이 CF는 설득력 있는 장수 브랜드 캠페인으로 자리 잡았다. 케이블TV 시청자들에게 한층 업그레이드된 다이렉TV로 갈아타도록 설득할 수 있었던 것이다.

무스타파의 활약과 올드 스파이스의 매출 증가에서 볼 수 있듯이, 사람들은 그들의 시선을 사로잡은 것을 따르게 되어 있다. 그리고 폭스바겐 다스 베이더 CF에서 아빠가 리모트 키로 시동을 걸어 순간적으로 시청자들을 당황하게 만들었던 것처럼, 반전에서 가장 중요한 요소 중 하나는 당혹감이다. 시청자가 자신의 예상이 틀려 당황하게 되는 바로 그때 '이런 젠장 회로'가 작동하면서 뇌에서는 도파민이 분출된다. 의식은 혼란으로 꽉 차게 되고 자연스럽게 더 집중하게 된다. 그리고 정신이 CF에 쏠려있는 동안 판단력이 느슨해지기 쉽기 때문에 새로운 행동을 시작할 여지가 생기게 된다. 올드 스파이스를 구매해 '당신의 남자에게 날 수 있는 향기를 풍기는 남자'처럼 향을 뿜어내고, 새 파사트에서 독일 기술력의 힘을 즐기는 새로운 행동 말이다.

혼란은 행동변화를 촉진할 뿐 아니라 학습 과정에 꼭 필요하다. 처음 방정식을 접했을 때나 아이폰에 새 앱을 깔았을 때, 새 렉서스가 스스로 주차할 수 있다는 이야기를 들었을 때 우리는 혼동을 일으키게 된다. 이전에 우리가 알고 있던 지식과 직감이 도전을 받게 되면 새로운 사실을 이해하기 위해 집중할 수밖에 없다. 사람들을 이전과는 다르게 생각하게 하거나 다른 행동을 하게 만들려면, 혹은 브랜드에 대한 그들의 인식을 바꾸려면 처음에 다소 낯선 행동이나 이질적인 말로 당황하게 만들어야 한다. 위대한 시인 로버트 프로스트는 이렇게 말했다.

"뇌는 참으로 경이로운 기관이다. 아침에 당신이 일어나자마자 작동하기 시작해 사무실에 들어서는 순간 작동을 멈춘다."

마케팅 업계는 너무 오랫동안 무의미한 원칙에 얽매여왔다. 고객들은 새롭고 호기심을 자극하는 것에 매력을 느끼는데도 오래된 제품과 아이디어를 지루하게 재활용하고, 천편일률적인 낡은 방법들을 고수했다. 그들은 자신이 분석한 것을 맹신해 혼란은 나쁜 것이므로 카피 테스트나 콘셉트 평가를 통해 걸러내야 한다는 생각에 사로잡혔다. 아주 약간만이라도 곤혹스럽게 할 가능성이 있는 아이디어라면 폐기 처분하기에 이르렀다. 어느 정도의 혼란은 행동변화를 이끌어 낼 수 있는 첫걸음이 된다는 사실을 깨닫지 못한 것이다.

성공할 수 없는 전략

패턴을 깨는 것은 중요하다. 하지만 훌륭한 마케터라면 거기서 더 나아가야 한다. 마케터들은 사람들이 자신과 함께 일하는 데 흥미를 느끼고 자신의 의견을 잘 받아들이도록 만들어야 한다.

1990년대 후반 인터넷 붐이 일었을 때 아웃포스트 닷컴은 반전을 활용한 TV 광고를 선보였다. 애완용 게르빌루스쥐를 대포에 넣고 벽을 향해 쏘는 CF는 많은 주목을 끄는 데 성공했다. 하지만 지속가능한 비즈니스 모델을 만드는 데 실패했다. 아웃포스트에게는 불운하게도 당시 사람들은 아직 온라인으로 물건을 사는 것에 믿음을 갖지 못했다. 게다가 동물 학대처럼 보이는 CF가 어떻게 힘들게 번 돈을 인터넷으로 보내는 소비자들의 마음을 편안하게 하고 신뢰를 얻을 수 있겠는가. 지금 웹 브라우저에 아웃포스트 닷컴을 입력해보면 프라이즈 일렉트로닉스로 연결될 것이다. 잘 알려진 대로 프라이즈 일렉트로닉스는 애완용 쥐를 어디에고 한 번도 쏘아본 적 없는 믿을 만한 대형 전자제품 할인점이다.

몇 년 전 샌드위치 레스토랑 퀴즈노스도 불행하게 끝난 반전으로 캠페인을 시도한 적이 있다. 쥐를 등장시킨 이 광고 역시 많은 화제를 낳았지만 실적으로 이어졌는지는 상당히 의심스럽다. CF에는 쥐를 닮은 작고 복슬복슬한 동물이 나와 퀴즈노스 샌드위치를 들어올린다. 그러면 해적 모자를 쓴 다른 동물이 등장해 기타 반주를 하고, 또 다른 동물은 볼링 모자를 쓰고서 "우리는 퀴즈노스를 사랑해"라는 후렴구를 반복해서 노래한다.

이 광고의 목적은 시청자들로 하여금 잠수함 모양의 길쭉한 서브머린 샌드위치를 사먹도록 유혹하는 것이었다. 작은 동물들이 나온 광고는 재미있기는 했다. 하지만 관심을 모았다고 해서 다 좋은 것은 아니다. 쥐와 음식은 어울릴 수 없다. 내가 다른 사람들에게 물어봤을 때에도 대부분은 음식 옆에 쥐가 있다는 생각만으로도 거부반응을 보였다. 한 블로거는 "이 CF는 퀴즈노스 샌드위치를 먹고 싶게 하지 않는다. 차라리 토하고 싶다"고 썼다. 마케터들은 패턴을 깨는 것 이상을 해내야 한다. 사고 싶은 마음이 들게 소비자들을 움직일 수 있도록 제품을 매력적으로 보이게 할 적절한 연결점을 찾아야 한다.

많은 자극들이 우리를 뒤흔들어 놓지만 우리를 좀 더 깊숙이 끌어들이는 데는 대부분 실패한다. 인터넷 서핑을 하다 보면 정말 관심 있는 기사를 읽으려는데 팝업 광고들이 방해하는 경험을 했을 것이다. 팝업 광고 중 몇몇은 모션 그래픽도 있는데, 시선을 사로잡기보다는 왜 그 사이트에 들어갔는지 이유조차 잊게 할 정도로 정신을 산란하게 한다. TV에서도 보고 싶지 않은 CF를 끝까지 본 적이 있을 것이다. 그러나 뉴스의 첫 번째 영상을 보려면 짜증스럽더라도 CF가 전부 끝날 때까지 기다리거나 아니면 아예 화면을 꺼버려야 할 것이다.

요즘 집 근처 주유소에 가면 계산 마지막 단계에 하나 더 해야 할 일이 생겼다. 세차를 할 것인지 아닌지 결정해야 하는데, 버튼을 잘못 누를 경우 환불받을 수 없다는 경고가 나온다. 협박 같은 경고를 듣는 순간, 기름값 인상에 반감을 품게 하는 방법도 참 여러 가지라는 생각이 들었다. 게다가 급유 펌프 위의 화면에서 나오는 불쾌한 광고 동영상의 소리가 너무 커서 도로 위 소음과 맞먹을 정도였다. 그 동영상이 어떤 제품을 광고하는 것인지 기억나지도 않는다.

이렇게 달갑지 않게 불쑥 끼어들어 강요하듯 설득하려는 시도는 성공할 수 없는 전략이다. 브랜드는 삶을 쉽게 만드는 지름길이 되어야 하는데, 이런 전략은 삶을 더 어렵게 만든다. 브랜드는 소비자를 기쁘게 만들어야 하는데, 오히려 불쾌하게 만드는 전략이 된 것이다.

　　　　　　　　　

감정을 사고 파는 것

마케터들은 자신이 좋은 느낌을 사고 파는 직종에 종사한다는 점을 잊지 말아야 한다. 토요일 밤 늦게까지 외출해도 된다는 허락을 받기 위해 일요일날 잔디를 깎겠다고 부모를 설득하는 10대든, 소비자에게 올드 스파이스 바디 워시로 샤워하라고 설득하는 광고인이든, 우리는 모두 도파민 장사꾼들이다. 맞는 말이다. 좋은 마케터란 세상에서 가장 좋은 약, 즉 뇌라는 아주 정교한 약국에서 만들어지는 '느낌의 분자^{分子}'라는 약을 팔고 있는 것이다.

그리고 패턴을 깨는 반전 캠페인이라면, 소비자들이 더 크게 놀랄수록 보상이 더 커지고 입소문도 더 커진다는 것을 알아야 한다. 에너자이저 토끼와 꼬마 다스 베이더, 올드 스파이스의 반전 캠페인이 대성공을 거둔 것도 이 때문이다. 광고 속 반전이 마치 라스베이거스 슬롯 머신에서 잭팟을 터뜨린 것처럼 기분 좋게 만들어주는 것이다. CF를 보는 소비자들만큼이나 CF를 만든 마케터들도 기분이 나아진다. 나는 지금도 꼬마 다스 베이더 동영상 다운로드 숫자가 올라갈 때마다 업계와 언론, 또는 가장 중요한 폭스바겐 팬들로부터 진심어린 격려와 칭찬이 쏟아질 때마다 도이치 LA와 폭스바겐 사무실에 가득 흐르던 흥분을 기억하고 있다.

폭스바겐이란 독일어의 의미 그대로 폭스바겐은 과연 '국민차^{People's car}'였다. 사람들은 기쁘고 즐거운 일이 있으면 함께 나누고 싶어하는데, 자신의 브랜드가 입소문을 탈 때 마케터의 기분이 딱 그렇다. 마케터는 단순히 상품을 파는 사람이 아니다. 마케터는 자신이 만든 캠페인을 보게 될 수백 만 명의 소비자들에게 낙관적이고 긍정적인 감정을 심어줄 수 있는 사람이다.

반전을 적절하게 활용한 광고는 마술과도 같다. 사람들의 선입견을 교묘하게 이용해 미리 결론을 짐작하게 만들었다가 엉뚱한 방향으로 틀어버리면서 예상하지 못했던 만족스러운 결과를 안겨준다. 이런 광고는 생각하거나 애쓰지 않아도 자연스럽게 우러나오는 반응을 이끌어낸다. 광고를 본 사람들은 공감대를 형성하고, 자신이 세상과 잘 어울려 살아가고 있다는 생각을 갖게 된다. 허를 찌르는 유쾌한 농담이 선사하는 결정적 한 방처럼 이런 광고가 주는 즐거움은 단순한 판매 전략이 아니라 마케터가 소비자에게 주는 일종의 선물이다.

선입견을 깨는 반전을 전략적으로 사용하면 엄청난 가치를 낳을 수 있다. 가장 흥미로운 예가 퍼포먼스의 여왕으로 불리는 팝스타 레이디 가가다. 그는 2010년 〈포브스〉지가 뽑은 가장 영향력 있는 스타 100인에서 오프라 윈프리 같은 거물을 밀어내고 1위를 차지했다. 쇼킹한 패션으로 유명한 그가 MTV 비디오 뮤직 어워드에서 올해의 비디오상을 받으러 무대에 나섰을 때 입은 옷은 진짜 쇠고기 조각을 덧붙여 만든 드레스였다. 마침 시상자는 '팝의 전설'인 셰어였는데, 쇠고기 드레스에 맞춰 쇠고기 손가방을 들고 나왔던 레이디 가가는 "셰어 같은 스타에게 내 쇠고기 손가방을 들어달라고 부탁하게 될 줄은 상상도 못했다"고 소감을 밝혔다.

이날 레이디 가가는 사람들의 이목을 집중시키는 그 이상의 일을 해냈다. 선입견을 깨는 반전 패션으로 한 시대를 풍미했던 대선배 셰어가 받을 스포트라이트까지 가로챈 것이다. 레이디 가가는 인기 앵커 앤더슨 쿠퍼가 진행하는 CBS의 시사 프로그램 '60분'에 출연해 이렇게 말했다.

"사람들이 주목했으면 하는 부분을 사람들이 주목하게 만드는 것이 내 전략이다. 사람들이 관심을 두지 말았으면 하는 부분은 관심을 두지 않게 한다."

그 결과 레이디 가가는 세계 순회공연인 '몬스터 투어'에서 총 9000만 달러의 수익을 거둬들였고, 3200만 명의 페이스북 친구를 두고 있으며, 1000만 명의 팬들이 그의 트위터를 팔로우하고 있다. 이런 팬들의 힘으로 그가 2011년 발매한 '본 디스 웨이*Born This Way*'는 단 5일 만에 음원 다운로드 100만을 돌파했다.

이렇게 패턴 깨기가 잘 이루어지고 일반적인 연상 작용에서 벗어나 감정을 제대로 건드리면 마케터들은 사람들의 근본적인 성향, 즉 호기심 같은 것을 잘 활용할 수 있게 된다. 성공적인 마케팅은 사람들의 기억에 남아 그들로 하여금 새 제품을 선택하도록 유도할 수 있다. 무엇보다 중요한 것은 성공적인 마케팅이 사람들에게 변화에 이르는 문을 열어준다는 점이다.

반전을 끼워 넣어라 모든 미디어를 망라하는 마케팅 활동에 이 원칙을 지켜야 한다. 그렇다고 반전을 활용하기 위해 충격 요법을 쓰거나 오버하려고 애쓸 필요는 없다. 광고인들은 달성하기 어려운 이상적인 완성품을 얻으려고 강박에 가까울 만큼 CF 제작 과정 내내 공들여 편집하고 세세하게 조정한다. 문제는, 인지과학에 따르면 주변 상황이 확실하게 예측 가능할 때에는 주변에서 일어나는 일들을 잘 알아채지 못한다. 주의를 기울이지 않기 때문이다. 그렇다면 어떻게 이런 상황을 바꿀 수 있을까?

배경이나 구성, 인물, 제품 특징 등을 살짝살짝 바꿔가면서 같은 장면을 여러 개의 다른 버전으로 촬영해보는 것이다. 광고를 만들다 보면 편집 과정에서 여러 개의 컷이 나오기 마련이다. 이렇게 나온 컷들을 편집실 바닥에 버려두지 말고 미디어를 통해 공개하라. 이 아이디어는 온라인 광고나 신문 잡지 등 종이 매체의 광고, 옥외 광고, 체험형 광고에도 해당된다. 예상치 못한 약간의 반전 효과는 오랫동안 널리 지속된다.

업계의 기준과 결별하라 업무 성과를 바꾸고 싶다면 일하는 방식을 바꿔야 한다. 이전과는 완전히 다른 것을 시도해보자. 매일 매일의 업무 관행상 납득이 안 되는 것일지라도 시도허볼 가치가 있다.

예컨대 미국 최대의 온라인 신발 소핑몰인 자포스는 기존의 콜센터 운영방식을 폐기했다. 업계에서 오랜 세월 써왔던 방법을 따르는 대신 완전히 예상 밖의 방법을 도입한 것이다. 자포스는 고객 서비스 상담원들에게 매뉴얼은 잊어버리고 고객을 돕기 위한 일이라면 무엇이든 하라고 지침을 내렸다. 문제가 해결될 수만 있다면 어떤 방법을 사용하든 고객의 불만을 해소하라는 것이었다. 그 결과 자포스는 이제 미국에서 가장 고객 서비스가 뛰어난 회사 중 하나로 꼽히고 있다. 고객 서비스 부문에서 BMW와 애플을 제치고 리츠 칼튼 호텔과 어깨를 나란히 하고 있다.

예상 가능한 해결 방법에 기대지 마라 내가 1990년대 후반 뉴욕의 광고대행사 '유로 RSCG/메스너 비티어 버거 맥엔미 슈미터러'에서 일할 때였다. 당시 회장이자 CEO였던 밥 슈미터러가 아르헨티나의 어느 멋진 광고대행사 이야기를 해준 적이 있다.

이 대행사에는 강변 개발을 끝마치고 관광객을 끌어들이기 위해 대대적인 광고 캠페인을 벌이려는 고객이 있었다. 그런데 그 부동산 단지는 시내에서 멀어 사람들이 찾기 어려웠다. 고객은 광고키로 예산을

400만 달러나 책정했지만 대행사는 광고에 그 돈을 쏟아 붓는 대신 다리를 건설하라고 추천했다. 광고 캠페인을 벌이려던 고객도 대행사의 충고를 받아들였고, 그 결과 부에노스아이레스 신시가지의 상징이자 랜드마크가 된 화려한 보행자 전용 다리가 건설됐다. 결국 이 다리는 그 어떤 광고가 해냈던 것보다 더 많은 홍보 효과를 거뒀고, 신시가지의 상점과 식당, 기업체들에게 무수한 고객들을 데려다 주었다.

정서적으로 감동시켜라 몇 년 전 도이치 LA의 우리 팀이 씨씨 피자의 광고를 따냈다. 그때 나는 패스트푸드 업계에 만연해 있던 서비스에 대한 무관심과 씨씨 직원들의 고객 만족을 위한 노력을 비교하는 아이디어를 생각해냈다. 이 전략을 떠올리게 된 것은 당시의 CEO가 텍사스에 있는 씨씨 피자 매장에서 점심을 함께하자고 초대했던 것이 계기가 되었다. 매장 입구에 들어서자마자 여러 명의 종업원들이 힘차게 "안녕하세요, 씨씨 피자에 오신 것을 환영합니다"라고 외쳤고, 나는 내 뒤에 누군가 대단한 사람이 들어오는가 싶어 뒤를 돌아봤다. 하지만 내 뒤에는 아무도 없었고, "나한테 인사하는 거였어?"라는 생각에 어깨를 으쓱하게 됐다. 손님을 존중하고 친절하게 대하는 종업원들의 흔치 않은 자세가 씨씨 피자를 미국에서 가장 만족도가 높은 브랜드 중 하나로 자리매김하게 한 것처럼 보였다.

이 같은 철학은 잘 훈련된 종업원들의 환영인사에 그치는 것이 아니라 씨씨 피자 경영 활동의 핵심이었다. 더욱 놀라운 것은 씨씨 피자가 겨우 3.99달러에 다양한 피자와 파스타, 샐러드 등 피자 뷔페에서나 볼 수 있는 모든 메뉴를 제공한다는 사실이었다. 고객에게 마음을 담아 "안녕하세요"나 "감사합니다"라고 인사를 건네는 데는 추가 경비가 들지 않는다. 씨씨 피자의 평범하지 않은, 기분 좋은 첫인상은 호기심에 매장을 찾은 고객을 단골손님으로 바꿔놓을 수 있다. 사람들은 자신을 제대로 대하는 상대에게 호의를 갖고 신세를 되갚기 마련이다.

검토하라 대신 맹신하지 마라 카피 테스팅^{copy testing}은 소비자의 반응과 구매행동 등에 기초해 광고효과를 측정하는 마케팅 조사다. 그러나 카피 테스팅은 사람들의 마음을 움직여 행동을 변화시키기보다는 광고 제작 시스템을 무너뜨리기 위해 고안된 것처럼 보일 때가 있다. 몇몇 대행사들은 현실세계에서 얼마나 성과를 거뒀는가가 아니라 카피 테스팅 결과를 기준으로 보수를 받는다. 대개 카피 테스팅에는 막대한 비용이 투입된다. 하지만 실제 시장에서 소비자들의 행동을 예측하기에는 딱할 정도로 부적당하고 불충분하다. 조사 대상자들에게 광고 카피를 반복해서 설명해달라고 부탁하는 것을 그만두어야 한다. 그 결과에 따라 마케터들이 일을 제대로 해냈다고 평가하는 것도 접어야 한다.

소비자들은 앵무새가 아니라 사람이다. 소비자들은 광고 카피를 별생각 없이 외우고 말하는 그 이상으로 광고 메시지에 대해 훨씬 복잡한 반응을 보이기 마련이다. 폭스바겐의 꼬마 다스 베이더 CF를 기존 방식대로 테스트했을 때 많은 응답자들이 우리의 의도와는 달리 이 광고가 "운전하는 재미가 있다"거나 "힘있는 주행능력"을 강조하는 것이라고 답했다. 그러나 뉴로마케팅 조사 결과는 이 광고가 결정적 순간에 시청자들을 몰입하게 하고 감정을 끌어올리는 엄청난 힘이 있다는 것을 보여주었다. 광고를 보는 것은 단순히 잘 만들어진 카피를 기억하는 것보다 훨씬 더 복잡한, 몰입도가 높은 경험이다.

다음번에 광고를 테스트하게 되면 소비자의 무의식적인 정서적 반응까지 측정할 수 있는 방법을 고민해보라. 예를 들어 전혀 전통적이

　　　　　　　　　　　01　1단계 | 정해진 틀을 깨라

지 않은 방법이지만, 포커스 그룹에 참가한 사람들이 하는 말들을 받아적지 말고 문가에 노트북을 설치해 체크해보라. 노트북의 화면과 키보드 말고 사람들의 얼굴 표정과 몸의 움직임 같은 신체적인 반응에 집중하라는 의미다. 사람들 안에 숨겨져 있는 더 큰 이야기를 파악하기 위해 노력해보자. 이런 배경에 대한 이해 없이 개인의 의견을 곧이곧대로 받아들여서는 안 된다. 그들의 진짜 생각은 바깥으로 표현한 말이 아니라 광고를 보고 생긴 느낌에 있다.

모든 사람들은 어디를 가든 자신을 편안하
게 해주는 확고한 신념에 둘러싸여 살아가
기 마련이다. 그 신념은 여름날 파리 떼처럼
그를 따라다니며 이동한다.　버트런드 러셀

제너럴모터스의 전 CEO 릭 왜고너는 재임 당시 회사의 3600만 달러
짜리 초호화 비행기를 자주 이용하곤 했다. 보통 때라면 재계 관계자
들에게는 아무렇지도 않은 일이었다. 2008년 당시 왜고너는 세계 10
대 기업 중 하나이자 세계에서 가장 큰 자동차 브랜드를 이끌고 있었
고, 그의 회사는 1932년 이래로 수십 년 동안 미국 자동차 업계를 지
배해왔다. CEO가 회사 제트기를 타고 이동하는 것은 일반적인 일이
었고, 왜고너는 덕분에 멀리 떨어진 지역의 비즈니스 미팅에도 자유
롭고 효율적으로 참석할 수 있었다.

　그러나 2008년 11월의 그날, 왜고너의 비행은 당시의 특수성을 감
안했을 때 GE에게나 미국의 소비자층에게나 결코 평범한 것이 아니

었다. 21세기의 첫 번째 10년의 끝을 앞두고 미국은 대공황 이후 최악의 경기 침체로 휘청거리고 있었다. 따라서 평상시와 같은 경영활동도 맹비난을 받던 시절이었다.

그날 아침 왜고너는 파산 위험에 처한 회사를 구하기 위해 하원금융위원회 출석 차 워싱턴으로 향했다. 그는 대규모 적자로 GM이 위태로운 상황이라며 의원들에게 100억~120억 달러 규모의 구제금융을 요청했다. 당시 자동차 업계의 '빅3'인 GM과 포드, 크라이슬러는 정부에 도합 250억 달러를 요청했는데, 3개사 CEO 모두 같은 실수를 저질렀다. 이들은 각각 자사의 제트기를 타고 디트로이트에서 날아왔다. 이들이 디트로이트에서 워싱턴까지 왕복 비행하는 데 각각 2만 달러가 들었을 것으로 추산됐다. 반면 노스웨스트 항공 퍼스트 클래스 티켓을 온라인에서 구입했다면 837달러로 충분했다. 이들 CEO에게는 일상적인 비행기 사용이었지만 이 출장이 총 6만 달러짜리였다는 사실이 언론을 통해 알려지면서 대중의 분노에 불을 붙였고, 마치 산불이 번지듯 의회에서부터 오지에 이르기까지 전국적인 공분을 샀다.

왜고너는 상원 은행위원회에서 "GM은 지난 100년 동안 그래 왔듯이 미국인들을 위해 중요한 역할을 계속하고 싶다. 그러나 GM 혼자만의 노력으로는 할 수 없다"고 말했다. 그러나 위원회 위원들은 GM의 역사나 자기 과시에는 관심이 없었다. 위원들이 알고 싶어 한 것은 GM이 재정상의 어려움을 해결하기 위해 제대로 대처하고 있는지, 또 회생 기회가 주어진다면 다시 경쟁력 있는 회사가 되기 위해 과거와는 다른 계획을 가지고 있는지였다. 왜고너는 비용절감이 이미 효과를 나타내기 시작했다고 주장했다. 그는 "우리 모두는 경비를 대폭 줄이고 있다. GM은 급격하게 조직의 군살을 뺄 것이다"라고 약속했다.

잠시 후 개리 애커맨 연방 하원 의원이 반격에 나섰다. 그는 과도한 개인 경비 지출을 계속하면서 더 많은 공적자금을 요청하는 왜고너의 모순을 지적했다. 애커맨 의원은 "무료 급식소에 실크 해트를 쓰고 턱시도를 입고 온 사람을 보는 것 같다"는 비유를 써가며 왜고너의 주장에 대해 "흥미로운 아이러니"라거나 "좀 의심스럽다"고 했다.

애커맨 의원은 "워싱턴에 올 때 CEO 세 사람이 함께 제트기를 나눠 타거나 퍼스트 클래스 좌석으로 낮춰 올 수는 없었나? 그랬다면 적어도 당신들이 노력하고 있다는 메시지는 전했을 것이다"라고 추궁했다. 이후 열린 공청회에서 브래드 셔먼 하원 의원은 공개적으로 이들 3개 사의 경영진에게 도전이자 구제의 가능성이 될 수 있는 질문을 던졌다. 그는 CEO들에게 개인용 회사 제트기를 팔 계획이 있는지 물었다. 순간적으로 시간이 멈춘 듯 오랜 침묵이 이어졌다. 한 명도 손을 들지 않자 격분한 셔먼 의원은 "이런 식이라면 자동차업계가 변할 것이라고 국민들을 어떻게 설득해야 될지 모르겠다"고 냉정하게 말했다.

이 일은 아슬아슬하게 버티고 있는 것을 무너지게 만든 최후의 일격이 되었다. 금융위기의 스트레스에 시달리고 있는 미국인들에게 더 큰 문제가 진행 중이라는 사실을 가슴 아프게 상기시키는 계기가 되었다. 불황 때는 불신이 생기기 쉽고, 불신은 다시 경제를 약화시키는 역할을 한다. 자동차 3개사는 당시 팽배한 불신 때문에 더 높아진 회의론과 맞서야 했다. 신뢰야말로 인류의 진보를 주장한 아담 스미스 이론의 핵심이자 개인적인 에너지와 창의력, 시장의 성장을 촉진하는 동기다. 소비자의 신뢰가 흔들리고 위태로워지면 시장은 위축된다. 신뢰를 회복하는 것은 상황을 호전시키기 위한 열쇠가 된다.

왜고너의 행동은 프랑스 혁명 당시 마리 앙트와네트 왕비가 빵을 요구하는 굶주린 민중에게 "그럼 케이크를 먹으라고 해"라고 했다는 것과 비슷한 경우가 되었다. 왜고너가 개인 비행기를 사용한 것은 GM이 현실과 동떨어져 있고, 한때 미국인들이 자랑스럽게 GM의 차를 몰던 시절의 가치를 잊어버렸다고 믿는 사람들의 판단을 더욱 강화시켰다.

더 의미심장한 것은 이들 경영진들이 이미 10년 전 시작된 위기를 전혀 보지 못했다는 점이었다. 미국의 자동차 업계가 아시아 수입차들의 원가구조와 품질 성장을 예상하지 못하고 경쟁에 뒤쳐지면서 결과적으로 자동차 시장을 빼앗기기에 이르렀기 때문이다. 한때 미국 번영의 상징이었던 GM은 빚과 역기능으로 비틀거리고 불필요한 요식 행위에 발목을 잡힌 신세가 됐다. 많은 사람들에게 사랑받았던 미국의 대표 회사가 조롱과 업신여김을 받는 대상으로 전락한 것이다.

왜고너의 실수는 분명 모든 사람들의 예상을 벗어나는 것이었고, 언론의 광적인 관심을 불러왔다. 아울러 사람들 마음 깊숙한 곳의 경보를 울리게 해 뇌 속 편도체의 투쟁-도피 반응에 맞먹을 만큼 공격적이거나 공포에 가득 찬 반응을 일으켰다.

여기서 GM의 문제점은 GM이 더 이상 미국인들과 자동차 구매자들과 친밀한 신뢰 관계를 유지하지 못하게 되었다는 점이다. GM이 구제금융을 받아야 한다고 미국인들이 확신하지 못했다는 것은, 사람과 사업에 대한 기본적인 관계가 얼마나 중요한지를 드러낸다. 소비자에게 당신의 비즈니스 모델을 권하기 전에 먼저 사람들이 생각하는 현실이 무엇인지 이해할 필요가 있다는 점이다. 스티븐 코비는 이렇게 설명했다. "먼저 이해하고, 다음에 이해시켜라."

소비자들은 브랜드를 사람으로 의인화시켜 받아들인다. 월마트에서 손님을 맞는 직원이든, 포춘이 선정한 100대 기업의 CEO든, 브랜드를 대표하는 사람을 브랜드의 얼굴로 여긴다는 뜻이다. 영어로 기업을 의미하는 corporate의 어원은 사람들이 모여 단체가 된다는 라틴어 corporatus에서 왔다. 이런 연유로 기업을 가리키는 법률 용어

'법인法人·body corporate'은 법적인 계약이나 소송에서 기업이 사람처럼 권리와 의무의 주체가 될 수 있다는 뜻을 담고 있다. 사람이나 회사와 우호 관계를 형성하는 최고의 방법은 신념을 공유하고 행동을 함께하는 것이다. 우리가 누군가와 어울리지 못할 때, 그 사람이 우리를 화나게 할 때, 그 사람과 추구하는 가치와 열망이 일치하지 않을 때 우리는 그 사람을 무시하게 된다. 브랜드도 마찬가지다. 우리 삶에 어울리지 않는 브랜드라면 거부하기 마련이다.

앞 장에서 소비자의 행동변화를 일으키는 첫 번째 단계로, 정해진 틀을 깨어버리라고 권했다. 그런데 정해진 틀이 깨어져 예상을 벗어난 상황을 만나게 되면 소비자들은 위험의 가능성에 대비하기 위해 주의를 집중하게 된다. 그러나 소비자가 구매에 이르게 되는 다음 단계로 가려면 새로운 가능성을 향해 마음을 열어야 한다. 심리적으로 긴장을 풀고 신뢰가 쌓인 상태가 되어야 한다. 소비자가 당신의 제품과 브랜드에 흥미를 느끼게 하려면 그들이 당신의 설득과 권유를 받아들일 수 있도록 먼저 불안감과 우려를 누그러뜨릴 필요가 있다. 즉 당신이 제안하는 것을 어느 정도 편안하고 친밀하게 수용할 수 있게 소비자들과 원만한 관계를 형성하고, 신뢰를 얻을 수 있는 연결고리를 찾아야 한다.

콜럼비아대학의 마이클 투안 팜 박사의 연구에 따르면 쇼핑할 때 느긋하고 여유 있는 소비자가 제품의 가치를 좀 더 높게 평가하는 경향이 있으며, 결과적으로 기꺼이 더 비싼 값을 치른다고 한다. 연구진은 실험 참가자들에게 사람을 편안하게 하거나 흥분시키는 효과가 있는 비디오를 보여준 후 그들에게 특정 제품의 가치를 매겨보라고 요청했다. 자동차 타이어, 서류 파쇄기, 테니스 라켓 같은 일상용품을 이베이처럼 경매에 붙여보기도 했다. 그 결과 연구진은 편안하게 만들어주는 비디오를 본 참가자들이 그렇지 않은 참가자들보다 평균적으로 15퍼센트나 높게 가격을 매긴다는 사실을 발견했다. 연구진은 이런 결과가 나온 중요한 이유 중 하나는 진화심리학적으로 보았을 때 편안한 마음가짐이 경계 수준을 낮췄기 때문이라고 결론 내렸다. 인간은 수천 년 동안 다른 무엇보다도 위협을 피할 수 있는 방향으로 진화해왔고, 겁 많은 인간의 천성이 변해 까다로운 소비자로 발전했다는 것이다.

흥분했거나 스트레스를 받은 상태에서 쇼핑하는 사람들은 판매 직원의 말 중에 가격이나 제품사양, 제품의 단점 등 합리적이고 구체적인 부분에 주목하는 경향을 보였다. 반면 눈에 띄는 위험요소가 사라졌을 때, 즉 긴장을 풀고 느긋해졌을 때 이들은 더 쉽게 마음을 열었다. 제품이 어떤 쓸모가 있을지, 제품의 문화적 가치와 감성적 만족도는 어느 정도일지 따지며 제품이 가져다 줄 혜택을 그려보는 추상적 사고가 가능해졌기 때문이다.

GM이 구제금융을 신청했을 때 하원금융위원회 위원들은 감정적으로 동요된 상태였기 때문에 GM의 미래를 위해 어떤 것이 더 나을지 여러 가능성을 가정해 볼 여유가 없었다. 사실 제트기로 한번 비행하는데 드는 비용은 구제금융 수백억 달러 중 아주 작은 부분에 불과하다. 하지만 위원들은 스트레스로 인해 제트기의 의미에 집착하게 됐다.

책임감 있게 행동하기

의회에 다녀온 지 몇 달 후, GM 경영진은 GM의 광고를 맡고 있던 여러 대행사 중 우리 도이치 LA에 극비 뉴스를 전했다. GM이 파산 신청을 하게 된다는 것이었다. GM은 우리에게 파산 신청 발표를 도와달라고 청했다. 기회가 주어지면 GM은 다시 성공할 수 있다고 설득해 미국인들이 그들의 편에 서도록 도와주기를 기대했던 것이다.

우리 팀은 GM이 미국 연방 파산법 11장에 따라 파산보호 절차를 밟는다고 발표해야 했다. 아울러 GM이 회사를 개선하기 위해 최선을 다해 변화할 것이며, 자동차 역사상 가장 바닥을 치고 있는 무기력한 시장 상황이지만 꾸준히 제품을 내놓을 것이라고 소비자들을 납득시켜야 했다. 우리 팀의 목표는 GM이 빨리 파산으로부터 빠져나올 수 있게 돕는 것이었다. 또 GM의 자동차 브랜드 숫자를 정리하고, 더 강하고 더 경제적인 핵심 브랜드에 집중해 수익성을 높일 수 있게 집중하도록 도와야했다.

도이치 LA의 CEO인 마이크 셸던은 당면한 문제들을 잘 이해하고 있었다. 마이크의 아버지가 GM 중역 출신으로, 그 역시 디트로이트 교외에서 자랐기 때문이다. 마이크는 우리 팀을 사무실로 불러 문을 닫고는 이렇게 말했다.

"우리는 지금 현미경 밑에 놓여있는 거나 마찬가지다. 우리가 하려고 하는 일은 왜고너의 개인 제트기 사건처럼 꼼꼼하게 해부당할 것이다. 우리 경력에서 가장 면밀히 분석당하고 비판받을 프로젝트가 될 것이다."

그의 판단은 정확했다. 우리 팀은 이미 GM을 실패한 회사라고 판단했던 수백만 명의 미국인들에게 평가를 받아야했다. 그들에게 우리는 많은 공적자금을 받아내 그것을 더 많은 사익私益을 위한 광고로 만들어 달라는 주문을 받은 것처럼 보일 수 있었다. GM의 이런 자기 홍보도 제트기 사태와 똑같이 과도한 지출로 분류될까? 국민들이 "좋은 차를 만들라고! 광고를 만드는 게 아니라" 이렇게 말하는 건 아닐까? GM이 과연 지금 이 시점에서 광고를 해야 하는 것일까? GM의 현재의 곤경과 앞으로의 계획을 알리기 위해 더 나은 방법은 없을까?

이런 질문들에 대답하기 위해 나는 다수를 대상으로 하는 통계 대신 자동차 구매자들로 구성된 포커스 그룹을 통해 집단 심층 면접법을 택하기로 결정했다. 이 방법을 쓰면 응답자를 직접 관찰하면서 무의식적인 반응이나 감정까지 볼 수 있기 때문에 문제의 본질을 빠르고 정확하게 파악할 수 있다.

나는 응답자들의 감정적인 반응과 바디 랭귀지에 더 비중을 두는 편이다. 응답자들의 말과 바디 랭귀지가 일치하지 않을 때는 응답자들의 대답에 이의를 제기하고 좀 더 깊게 파고 들어갈 수 있다. GM의 경우 응답자들은 계속해서 GM이 앞으로 어떻게 될지 관심이 별로 없다고 말했다. 응답자들은 GM 수뇌부가 "옛 영광에 매달려 있다"거나 "소비자가 원하는 차를 만들어낼 능력이 없다"고 비난하고 성토했다. 그러나 그들의 말과 강렬한 감정 표현은 서로 일치하지 않았다. 정말 GM의 미래에 대해 신경 쓰지 않는다면 왜 그렇게 흥분하고 화를 내겠는가. "사랑의 반대는 미움이 아니라 무관심"이라는 말이 있는데, 응답자들의 태도는 절대 무관심이 아니었다.

GM 사태의 이면에는 아메리칸 드림이라는 보다 복잡한 정서가 깔려 있었다. GM이 미국을 대표하는 기업이라는 사실은 GM 주력 브랜드의 예전 CM송 가사에 가장 잘 표현되어 있었다. "야구, 핫도그, 애플 파이, 그리고 쉐보레." 사람들은 미국 경제의 핵심이 가라앉도록 내버려둘 수 없었던 것이다. 한 응답자는 "미국 경제에 있어서 GM의 존재란 영화계의 케빈 베이컨 같은 존재다"라고 표현했다. 조연으로 다작^{多作}을 하는 배우인 케빈 베이컨은 그의 이름을 딴 케빈 베이컨의 6단계 법칙으로 유명하다. 그를 중심으로 그와 같이 작업한 배우들을 연결하다 보면 6단계에 이르러서는 할리우드 배우 누구나 그와 연결된다는 것이다.

그처럼 GM과 미국 경제의 다른 산업들 역시 6단계만 거치면 모두 서로 연결된다는 의미의 답변이었다. 만약 GM이 완전히 도산한다면 그 파급효과는 미국 경제와 국민 정서 모두에 엄청난 충격이 될 것이다. 그러나 홍보 전략으로 이 사실을 이용하는 것은 역효과를 낳을 것이 분명했다. 대중들은 이것을 일종의 위협이자 여론 조작이라고 받아들일 것이었다. 이미 겁먹은 사람들에게 충격과 공포 전략을 사용하는 것은 그들의 반감에 불을 지르는 꼴이다.

무엇보다 가장 큰 난제는 위로와 위안이었다. GM은 이미 대중의 주목을 받고 있는 상황이었다. 다음 단계는 그들의 공포와 불안감을 달래는 것이어야 했다. 우선 GM이 하는 이야기를 듣게 하려면 반감과 적대감을 누그러뜨릴 필요가 있었다.

우리는 포커스 그룹과의 인터뷰를 통해 GM의 곤경이 당시 모든 미국인들이 처한 상황을 상징한다는 점을 깨달았다. GM이 몰락한다는 것은 국가적인 위기를 의미했고, 갈수록 경쟁이 치열해지는 세계 시장에서 미국의 대표 기업이 도태되었다는 고통스러운 사실을 떠올리게 했다. 역설적인 사실은 사람들의 독설 뒤에는 정말 GM을 걱정하는 마음이 있다는 점이었다. 사람들이 GM 때문에 속상해하는 진짜 이유는 낙담했기 때문이다. 곧 임박할 것 같은 GM의 종말은 사람들의 마음을 약하게 만들었다. 눈앞에서 미국의 패권과 번영이 무너져 내리는 것을 지켜보는 사람들은 자신과 아이들의 미래에 대해 걱정하지 않을 수 없었다.

집단 심층 면접법을 시작하면서 내가 냈던 아이디어 중에 모든 이들의 관심을 끌었던 방법이 하나 있었다. 당시 우리 팀의 크리에이티브 리더였던 에릭 허쉬버그가 투명성과 책임감, 실천을 주제로 한 짧은 연설문을 썼고, 내가 그 연설문을 포커스 그룹 참가자들 앞에서 낭독했다. 왜고너가 디트로이트 르네상스 센터에 있는 본사에서 연설을 통해 솔직하게 GM의 실책과 문제점을 인정하고, GM의 재탄생을 선언하게 하자는 발상이었다. 참가자들 거의 모두는 연설이 민감한 부분을 건드렸다는 반응을 보였다. 그러나 제트기 사건 때와는 달리 이번에는 위로가 된다는 분위기였다. 내가 연설문을 읽는 동안 참가자들은 팔짱끼고 있던 팔을 내렸고, 미간에 주름을 풀었으며, 희미하지만 미소를 머금었다. 방안의 분위기는 변화를 감지할 수 있을 만큼 뚜렷하게 바뀌었다. 마치 친한 친구들이 다투다가 합의점을 찾아내는 결정적인 순간을 지켜보는 것과 비슷했다.

연설의 힘은 진실의 위력에는 미치지 못하지만 연설이 어떻게 쓰여졌느냐와 어떻게 시작하느냐에 따라 영향력이 달라질 수 있다. 우리 팀의 연설은 다른 마케터들이 한 번도 생각해보지 못했을 방법으로 시작했다. 잘못을 인정하는 것이었다. 이 첫 마디는 획기적으로 분위기를 전환시켰다. 사람들의 악의적인 비난과 분노에 가득 찬 항의에도 불구하고 대부분의 미국인들은 내심 비웃음의 대상인 GM 스스로가 이 혼란에서 미국을 건져내기를 바라고 있었던 것이다. 친구가 "미안해, 내가 제정신이 아니었나봐"라고 사과하기를 기다리고 있는 사람처럼 대중이 듣고 싶어 했던 것은 그저 GM이 실수를 인정하는 것이었다. 그동안 미국인들이 격분했던 것은, 내면의 공포와 불안감을 드러내는 것보다 분노라는 방어망 뒤에 숨어버리는 것이 더 쉬웠기 때문이다. 공포와 분노는 본질적으로 동전의 양면과 같다. 두 감정은 실제로 뇌에서도 같은 부분, 즉 편도체에서 발생한다.

이 같은 깨달음에 힘을 얻어 나는 인터뷰가 진행되는 방의 뒤쪽 방으로 들어가 질문들을 재검토했다. 나는 GM 프로젝트팀의 리더인 동료 톰 엘스에게 "연설문에 황금 덩어리가 숨어있었다"고 말했다. 그런데 재미있는 것은 내가 열변을 토해가며 연설하면서 포커스 그룹 참가자들의 마음을 달래고 있는 동안 뒤쪽 방에서 지켜보던 톰은 제대

마케터들은 어려움에 부딪혔을 때
오히려 더 강하고 담대하게 돌파하려는 경향이 있다.
하지만 대중과의 거리만 더 멀어질 뿐이다.
차라리 자신의 약점을 먼저 이야기하면
상황이 좋아질 수 있다.

로 짜증이 나 있었다는 점이다. 톰은 화를 참지 못한 나머지 팔을 마구 흔들어 대면서 "저 사람 완전히 정신 나간 거 아냐? 왜고너한테 저따위 연설을 하라고 할 수는 없어!"라고 소리 질렀다고 했다.

연설이 잘못됐다는 점에서는 톰이 옳았다. 하지만 적어도 연설이 다 잘못된 것은 아니었다. 왜고너에게 그 연설을 하라고 할 수는 없었다. 왜고너는 그 메시지를 전하기에 적당하지 않은 사람이었다. 왜고너는 GM 사태가 진행되는 동안 언론의 직접적인 목표물은 아니었지만 함께 폭격을 맞아 상처 입었고, 더 이상 믿음을 줄 수 있는 리더가 아니었다. 그렇다고 그 시점에서 CEO로서 그의 자리를 대신할 사람도 없었기 때문에 연설을 하겠다는 나의 계획은 성공할 수 없었다. 이 아이디어를 살리려면 사람들의 관심이 문제 많은 경영진으로 쏠리지 않게 TV를 통해 발표하는 쪽이 더 나았다.

에릭 허쉬버그가 쓴 연설문이 사람들의 상처받은 마음으로 다가갈 수 있는 훌륭한 창구를 발견했고, 이제 남은 것은 상처를 달래줄 치료제가 부드럽게 스며들 수 있도록 도와줄 목소리였다. 어느 정도의 회한과 후회에 약간의 겸허함이 깃든 목소리라면 GM이 정말 혼쭐이 났고, 이제 재기를 위한 궤도에 올라섰다고 미국인들을 설득할 수 있을 것이었다.

이렇게 탄생한 GM의 60초짜리 스팟 광고는 솔직하게 사실을 인정하는 것으로 시작했다. "정말 정직하게 말하자면, 그 어떤 회사도 이런 일을 겪고 싶어하지 않습니다. GM의 원가구조가 세계 시장에서 경쟁력이 있었던 때도 있었습니다. 이젠 더 이상 그렇지 않지만요." 광고는 계속해서 "뒤처졌지만 포기하지 않는" 이미지들을 보여준다. 의족을 한 불편한 몸으로도 투혼을 불태우는 육상선수, 빙판 위에 지쳐 쓰러져 있는 아이스하키 선수, 폭풍에 찢기고 누더기가 된 채 힘없이 펄럭이는 미국 국기…. 광고는 또 디트로이트 중심가에 우뚝 선 권투 영웅 조 루이스의 주먹 동상을 클로즈업하면서 투지 넘치는 도전 정신을 상징하는 장면을 끼워 넣었다. 이런 장면들은 시청자들의 무의식 깊숙한 곳을 자극하는 훌륭한 비유로 작용했다.

광고는 이런 감성적 메시지뿐만 아니라 이성에 호소할 수 있는 실행 가능한 비즈니스 플랜도 간략하게 소개했다. GM의 지나치게 많은 브랜드와 자동차 모델들을 정리하고, 효율을 극대화하며, 친환경 차와 새로운 테크놀러지에 집중하겠다는 약속 등이다.

광고는 다음과 같은 선언으로 마무리하면서 긍정적인 분위기를 자아냈다. "이것은 사업을 접는 것이 아닙니다. 사업을 다시 시작하는 것입니다. 우리가 집중하고 있는 부분은 오로지 첫 번째 챕터입니다." 광고는 끝으로 챕터 11(미국 연방 파산법 11장)이 GM의 종말을 알리는 것이 아니라 군살을 뺀 더 강하고 더 나은 GM, 어떤 의미로는 더 나은 미국이 되기 위해 꼭 필요했던 변화의 기폭제였음을 암시했다. 마지막으로 GM은 책임감 있게 말한다. "걱정하지마세요, 우리가 해결하겠습니다!"

'챕터 11'이라고 이름 붙인 이 광고는 GM이 파산 신청을 한 2009년 6월 1일부터 전파를 탔다. 광고는 새로운 GM으로의 회복을 위한 초석을 놓는 데 일조했고, 언론은 광고의 솔직함과 직설화법을 높게 평가했다. 광고는 GM에 대해 부정적이던 여론을 바꿔놓았다.

GM은 40일이라는 기록적인 짧은 기간 만에 파산보호 상태에서 조기졸업했다. '재창조'라는 별명이 붙은 이 캠페인은 GM의 자동차 판매에도 도움이 되었다. 경제침체기였음에도 광고가 방송되기 시작한 첫 달과 그 이후 GM의 매출은 상승세를 탔다. 이 광고는 자동차 산업 부문에서 수익을 창출한 캠페인으로 공로를 인정받아 데이비드 오길비 골드 어워드를 수상했다.

마케터들은 어려움에 부딪혔을 때 오히려 더 강하고 담대하게 주장을 펴면서 당당하게 돌파하려는 경향이 있다. 하지만 결국 대중과의 거리는 더 멀어질 뿐이다. 자신이 얼마나 대단한 사람인지를 자랑하는 사람일수록 다른 사람 눈에는 단점만 더 잘 보이는 법이다. 그들의 불안감과 숨은 의도를 간파할 수 있기 때문이다. 오히려 자신의 약점을 먼저 이야기하면 자신의 위치가 더 높아지게 된다.

과거의 광고를 살펴봐도 자신을 내세우지 않고 불리한 상황 속에서 자신만의 강점을 찾아내는 방식으로 성공한 예들이 많다. 렌터카 업체인 에이비스가 "우리는 더 열심히 노력합니다. 왜냐하면 우리는 1등이 아니라 2등이니까요"라고 밝힌 광고 시리즈는 마케팅 관계자들이 꼽는 베스트 캠페인 톱10에 항상 빠지지 않고 이름을 올리고 있다. 구강청결제로 유명한 리스테린도 "당신이 싫어하고 싫어지는 맛"이라는 광고문구로 업계를 선도했고, 지금까지 그 위치를 지키고 있다. 광고계의 전설인 빌 번바흐가 만들었던 1966년 폭스바겐 비틀의 지면 광고도 같은 맥락이다. 이 광고는 스스로 비틀이 못생긴 벌레 같다고 인정했다. 그러면서 "미모는 거죽 한 꺼풀에 불과하다^{Beauty is only skin-deep}"는 말을 솔직하고 재기 넘치게 비틀어 "추함은 거죽 한 꺼풀에 불과하다^{Ugly is only skin-deep}"라고 선언했다. 이 광고로 비틀은 마케팅과 광고계에 창조적 혁명을 이끌었고, 엄청난 양의 차를 팔아치웠다. 아울러 비틀은 아시아 수입차들이 지금처럼 성공하기 훨씬 이전에 미국 자동차 산업을 바꿔놓은 수입차가 되었다. 이런 광고가 성공한다는 것이 역설적으로 보이겠지만 어쩌면 당연한 일이다. 사람들의 마음은 모순투성이기에.

SNS가 마케팅에 보내는 경고음

인간은 타고난 천성과 교육의 영향으로 모든 메시지를 액면 그대로 받아들이지 않고 숨겨진 진짜 의미를 찾아내려고 한다. 사람들은 경험상 이윤이 달려있고 영향력을 행사하고자 하는 마케팅은 더더욱 그렇다는 것을 잘 알고 있다.

왜고너와 자동차 빅3 경영진이 예상하지 못했던 함정은 그들의 말과 행동이 일치하지 않았다는 점이다. 말과 행동이 다른 것은 마케터들의 경우도 마찬가지다. 마케터들은 커뮤니케이션 계획과 실제 실행을 별개의 것으로 여기곤 한다. 이런 생각은 정보와 투명성의 시대인 오늘날의 흐름에 뒤떨어진 것이다. 소비자들이 SNS에 마케팅에 대해 공개적으로 '헛소리'라거나 '거짓말'이라고 말할 권한을 가진 시대이므로, 마케터들은 이 점에 주의하고 결과를 견뎌낼 준비를 해야 한다.

브랜드가 소비자와 조화로운 관계를 이룰 수 있느냐의 관건은 브랜드의 정책과 겉으로 드러난 모습이 어느 정도 들어맞는지에 달려있다. 회사의 약속과 소비자들이 감지하는 것이 어긋날 때 소비자들은 본능적으로 불신의 감정을 갖게 되고, 반사적으로 회사의 의도를 믿지 못하게 된다. 리처드 도킨스가 말한 대로 "우리는 직관적으로 다른 사람의 행동을 예측할 수 있는 뛰어난 심리학자로 진화하고 있는 것이다."

우리의 뇌는 무의식적으로 머릿속에서 해석된 정보들의 모순점과 차이점을 훑는 작업을 해낸다. 소비자들이 거짓말을 탐지하는 레이더 가동을 준비한다고 보면 된다. 소비자들은 뇌의 무의식 회로가 만들어내는 느낌을 통해 위험한 속임수와 사기꾼들의 계략을 감지한다. 뭔가 앞뒤가 맞지 않고 옳지 않다고 느껴지는 것은 뇌가 여러 개의 감각 채널을 통해 들어온 정보들을 동시에 처리하기 때문이다.

감각 채널들이 보내온 신호들이 일치하지 않으면 스트레스를 받을 때 생기는 코르티솔 같은 신경화학물질이 분비되고, 잠시 뒤로 물러나 경계하라는 경고를 보낸다. 길거리에서 낯선 사람과 눈이 마주치고, 그 사람이 아는 척을 할 때 순간적으로 느끼는 뭔가 설명할 수 없지만 불쾌한 기분과 크게 다르지 않다. 아니나 다를까, 그가 다가와 이렇게 말할 것이다. "1달러만 빌릴 수 있을까요?" 자동차 판매원이 당신이 관심을 보인 차에 다른 손님도 관심을 가지고 있다고 말할 때도 상황은 비슷하다. 판매원은 이어 "손님이 지금 사시면 할인해 드릴게요"라고 말할 것이다. 진심이 아닌 광고와 세일즈 기술은, 상대방의 시선을 피한 채 불안하게 꼼지락대면서 "내가 널 얼마나 좋아하는지 알지?"라고 말하는 것과 같다. 사람들은 이렇게 부자연스러운 것에는 넘어가지 않는다. 반사적으로 생성된 호르몬이 경고의 메시지를 보내며 불안감을 조성하기 때문이다.

인간은 속임수를 알아차릴 뿐만 아니라 이런 무례한 일에 맞서도록 돼 있다. 인간은 본능적으로 사기꾼에게 공격적으로 반응하게 되어있다. 영어로 '상응하는 보복'이라고 표현하는 '눈에는 눈, 이에는 이' 같은 앙갚음으로 말이다.

사람들의 이 같은 전략은 수렵채집 사회에서 집단의 안정과 공정성, 번영을 보장하는 수단으로 발전했다. 보복은 선한 이에게 보상을 주고, 악인을 징벌하려는 인간의 성향을 반영한다는 점에서 상호 이타주의와 닮은 부분이 있다.

인간은 뭔가 부당하다고 느껴지는 것을 예민하게 감지해내는 감각과 동시에 부당함에 대한 반감을 여론이라는 형태로 분명히 표현하려는 본능을 키워왔다. 새들이 육식동물을 발견했을 때 경고음을 내는 것처럼 누군가에게 의구심이 들 때 개개인이 토로하는 불만들이 모여 집단적인 제재를 낳게 된다. 옳지 않은 것을 벌하려는 본능이 너무 강한 나머지 몇몇 사람들은 자신의 위험을 감수하며 거대 기업에 도전하기도 한다. 마치 용감한 새가 자기 자신을 사냥감으로 내놓으면서 매의 주의를 끌려고 하는 것처럼 말이다. 인간의 가장 이타적이고 숭고한 도덕적인 의도가 사고력과 무관한 뇌의 원초적인 부분에서 생겨난다는 점은 역설적이다.

오늘날 소셜 미디어는 이 효과를 극대화할 수 있는 충분한 기회를 제공한다. 옳지 않은 것을 폭로하고, 선행을 베푼 사람을 칭찬할 수 있기 때문이다. 예를 들어 전 세계 호텔과 식당에 대한 후기를 담은 여행 정보 사이트 '트립 어드바이저'의 출현은 호텔 업계를 뒤흔들어 놨다고 해도 과언이 아니다. '옐프' 역시 지역별로 식당 후기를 모아 제공함으로써 미국인들이 식당을 고르는 방식을 완전히 바꿔놓았다. 아마존 닷컴의 리뷰와 추천은 출판업계의 지형도를 변화시켰다.

비즈니스와 테크놀러지 분야의 리더들에게 마케팅 전략을 조언하는 포레스터 리서치에 따르면 매일 소셜 미디어를 통해 대략 5000억 개의 입소문 품평이 만들어진다고 한다. 소셜 미디어의 입소문은 이제 광고에 필적할 만한 위력을 갖게 되었다. 경영 컨설팅사인 맥킨지 앤드 컴퍼니 역시 미국 경제의 3분의 2가 입소문을 통해 이뤄진다고 추산했다.

투명성이라는 새로운 패러다임 앞에서 마케터들은 더 이상 광고에만 의존해서는 소비자의 신뢰를 얻을 수 없다. 광고주들 역시 더 이상 마케팅을 대중에게 내보이는 얼굴 같은, 비즈니스의 겉치레로 여길 수 없다. 마케터와 광고주들은 더 나은 제품과 서비스를 통해 소비자의 신뢰를 얻어야만 한다. 만약 마케팅의 목표가 회사와 제품을 소비자들의 예민한 감성과 연결하는 것이라면, 마케팅을 지엽적이거나 부가적인 것이 아니라 비즈니스 과정의 중심으로 여기고 역량을 집중해야 한다.

그러나 당신이 말하는 것보다 다른 사람이 당신에 대해 말하는 것, 당신이 행동으로 보여주는 것이 그보다 더 중요해지고 있다. 좋은 심리학자라면, 다른 사람의 행동을 변화시킬 수 있는 가장 효과적인 방법은 당신 자신의 행동을 바꾸는 것이라고 말할 것이다. 통합 마케팅이란 마케팅이 어떻게 보이느냐가 아니라 회사가 어떻게 움직이느냐에 관한 것이어야 한다.

신뢰의 호르몬, 옥시토신

존 레논이 "당신에게 필요한 것은 사랑뿐^{All you need is love}"이라고 노래한 데에는 많은 뜻이 담겨있다. 이 노래는 많은 점에서 "믿음 없이는 아무것도 없다"는 속담과 맥이 닿는다. 과학은 이 두 가지 모두가 사실임을 증명하고 있다.

연구자들은 '사랑과 신뢰의 호르몬'이라고 불리는 신경전달물질인 옥시토신이 신뢰를 쌓기 위한 심리학적 기반이라고 밝혀냈다. 이 신경전달물질에 대한 관심은 1990년대에 시작됐다. 연구자들은 모유수유를 하는 여성들이 그렇지 않은 여성보다 우울증이 적고, 모유수유를 통해 마음을 진정시키는 효과를 얻고 있다는 사실에 주목했다.

옥시토신은 배우자끼리의 유대 못지않게 엄마와 유아 사이의 유대를 강화하는 생화학적 촉진제로 잘 알려져 있다. 옥시토신은 신체적인 접촉에 의해 가장 쉽게 분비된다. 모유수유나 포옹, 성관계를 하는 동안 급증한다. 그러나 근래 들어 옥시토신이 여성뿐 아니라 남녀 모두에게 영향을 미치는 것으로 초점이 옮겨졌다.

그리고 우리가 누구를 신뢰할지 말지를 선택하는 것은 단순히 의식에 의해서만 이뤄지는 게 아니라고 밝혀졌다. 신뢰는 내적인 생각과 상상에 의해 만들어지는 감정이자 주변의 물리적 환경에 대한 반작용이다.

가장 최근의 연구는 이 신경화학물질이 경제적인 교환까지 촉진한다는 것을 보여주고 있다. 경제학과 신경과학, 생물학, 심리학을 결합시킨 신경경제학이라는 새로운 분야가 있다. 이 학문의 개척자 중 한 명인 클레어몬트대학원의 폴 자크 박사는 옥시토신을 가리켜 사람들과 사회를 묶는 '사회적 접착제'이자 시장 거래를 가능하게 하는 '경제적 윤활유'라고 불렀다. 자크 박사는 옥시토신에 대한 선구적인 연구로 '닥터 러브'라는 별명을 얻기도 했다. 그는 옥시토신이 도덕과 상호 이타주의에 작용하는 화학물질이라고 설경하면서 "누군가가 우리를 믿고, 또 우리가 그에게 신뢰로 화답할 때 뇌 속에 있는 옥시토신이 분비되는 것을 발견했다"고 말했다.

여러 면에서 오늘날의 시장과 디지털 경제는 신뢰가 생겨나는 과정과 상충한다. 교환은 두 사람간의 감정적 유대가 아니라 금융 거래에 기반을 두게 되었다. 가상현실은 물리적인 상호작용을 완전히 없애버렸다. 사람들을 공동체 안에 함께 묶어주던 화합, 안정감, 개인적인 교류도 부족해졌다. 진화심리학자 존 트비는 "수렵채집 사회에서는 친밀감이 진짜로 존재했다. 하지만 시장경제는 절대적인 생활수준과 복지수준이 높아졌음에도 뿌리 깊은 불안감을 낳았다. 다른 사람들이 정말 나에 대해 신경 쓰고 있는지 의심하게 되는 것이다"라고 지적했다.

수렵채집 사회에서는 확실한 금융 거래가 아니라 사람들 사이에 깔려있는 배려와 보살핌이 이타적인 거래의 기초가 되었다. 레다 코스미데스는 "분명한 거래는 사회적 거리감의 표시"라고 설명하면서 이렇게 말했다.

"스타벅스에서 모카 커피를 주문해 마시는 것은 분명한 거래 행위다. 스타벅스 매장에 있는 사람들이 나와 같은 공간에 있지만 내 행복에는 관심이 없고, 내가 그들에게 소중하게 여겨지지 않는다는, 사회적 거리에 대한 신호를 받는 것이다.”

자크 박사는 신뢰야말로 낮은 범죄율과 높은 교육률, 빠른 경제발전처럼 사회가 잘 작동하고 있는지 여부를 결정하는 핵심 요소라고 믿었다. 2011년 자크 박사를 인터뷰했을 때 그는 나에게 노르웨이가 어떻게 안정적인 정부 시스템과 높은 국가 소득 수준을 자랑할 수 있는가를 설명했다. 노르웨이는 대인신뢰도가 가장 높은 국가 중 하나다. 그는 노르웨이 국민들 사이의 긍정적인 상호작용이 더 탄탄한 거래와 더 큰 시장을 가능하게 했다고 보았다. 즉 신뢰라는 ‘사회 자본’이 ‘경제적 자본’을 낳았다고 주장했다.

자크 박사는 노르웨이의 신뢰 수준이 높은 이유는 많은 국민들이 같은 선조와 같은 성姓을 공유하기 때문이라고 생각했다. 사람들은 친척이나 그와 비슷한 사람들을 더 믿기 마련이다. 먼 과거 수렵채집하던 시절, 부족이 가까운 친족들로 구성되었을 때 서로를 믿었던 것처럼 말이다. 따라서 타인을 당신의 가족처럼 대하는 것은 인류애 차원에서만 좋은 것이 아니라 비즈니스와 경제에도 도움이 된다.

스위스와 미국의 과학자들은 옥시토신의 양이 많아지면 투자가 늘어난다는 것을 증명했다. 옥시토신을 함유한 스프레이를 투자자들의 코에 뿌렸더니 투자 자문역을 자처하는 낯선 사람을 기꺼이 믿더라는 것이다. 실험에서 옥시토신 코 스프레이를 여러 번 뿌린 이들은 다른 사람들보다 두 배나 많은 돈을 내놓았다. 스프레이를 뿌린 사람들은 이익이 날 것이라는 아무런 보장이 없었음에도 투자가 안전하고 성공하리라 믿었다. 옥시토신 호르몬이 뇌의 신뢰 회로를 자극한다는 것을 입증한 것이다. 옥시토신은 투쟁-도피 반응을 활성화시키는 스트레스 호르몬 코르

티솔의 수준을 낮춰줌으로써 불안감을 줄이그 안정감을 느끼게 한다.

자크 박사의 연구에 따르면 옥시토신은 광고의 효과도 끌어올릴 수 있다. 그는 이 호르몬이 사람들로 하여금 TV 광고에 나온 문제에 감정을 이입하게 만들어 공감을 불러일으킨다는 것을 발견했다. 또 다른 연구에서는 옥시토신을 코로 들이마신 참가자들에게 지구 온난화, 흡연, 음주, 난폭 운전에 관한 공익 광고를 보여주었다. 그 후 참가자들에게 연구 참가비를 주고 그들에게 광고에 나왔던 사회 문제를 해결하기 위해 기부할 기회를 주었다. 이때 옥시토신을 흡입한 이들은 다른 사람들보다 56퍼센트나 많은 돈을 내놓았다. 자크 박사는 "이 연구 결과는 왜 아기와 강아지들이 CF에 등장하는지를 알려준다"고 말했다.

플로리다의 인지 연구회사 CEO이자 미국 국립 정신건강연구소의 연구원이었던 토마스 크룩 박사에 따르면 인간은 생각하는 것만으로도 호르몬을 높일 수 있다. 크룩 박사는 어머니가 만들어주던 쿠키 냄새, 새벽녘 새들이 지저귀는 소리, 제일 좋아하는 음악 등 익숙한 생각과 편안한 감각이 긍정적인 기억을 떠올리게 해 옥시토신을 분비하게 만든다고 설명했다. 노스캐롤라이나 대학의 연구에서는 행복한 결혼 생활을 하는 여성들의 경우 남편에 대해 생각하는 것만으로 순식간에 옥시토신을 만들어냈다.

자크 박사는 또 소셜 미디어를 사용하는 것이 옥시토신 수준을 두 자리 수로 늘릴 수 있다는 점을 발견했다. 한 연구 참가자는 여자 친구의 페이스북에 접속했을 때 옥시토신이 150퍼센트 늘어나는 믿기 어려운 결과를 보였고, 또 다른 참가자는 트위터를 하는 것만으로 옥시토신이 높아졌다. 이 두 사람의 경우는 뇌가 실제로 존재하는 친구와 상상 속 혹은 온라인상의 친구를 구별하지 못한다는 것도 보여줬다.

사실 이 '사랑의 호르몬'은 많은 호평을 받은 사우스웨스트 항공의 성공담을 설명해주는 핵심 키워드다. 수많은 경영대학원에서 케이스 스터디 대상이 되고 있는 이 저가 항공사는 사랑을 발음 나는 대로 적은 'LUV'라는 종목명으로 뉴욕증권거래소에 상장되어 있다. 이 회사는 승객들의 요금을 줄이는 대신 도시 간 항공 수송량을 늘렸다. 이 전략은 몇 년에 걸쳐 꾸준히 고객 호감도를 높였다. 부분적으로는 고객을 가족처럼 대해 직원과 고객 간의 유대를 강화시킨 것도 주효했다. 2009년 사우스웨스트 항공은 매년 같은 항공사를 이용하는 승객을 세계에서 가장 많이 보유한 항공사가 되었고, 2011년에는 컨슈머 리포트가 선정한 미국 저가 항공사 1위이자 미국인들이 가장 선호하는 항공사로 꼽혔다.

사우스웨스트 항공의 노무 담당 변호사인 조 해리스는 회사와 직원들 간의 매끄러운 관계가 결코 우연이 아니라고 말했다. "사우스웨스트 항공에서는 언제나 직원들이 최우선"이라며 "고객들이 두 번째, 주주가 세 번째"라고 답했다. 그는 이렇게 설명했다.

"이유는 아주 간단하다. 우리가 직원들을 제대로 대우하면 직원들은 고객을 성심성의껏 응대하게 된다. 고객들이 제대로 대접받았다고 느끼면 다시 우리 회사를 찾게 되고, 결국은 주주들에게 이익이 돌아가는 선순환이 이뤄진다."

사우스웨스트 항공사 CEO인 개리 켈리의 말은 이렇다.

"사우스웨스트는 비행기만 있는 회사가 아니다. 사람들로 이뤄진 회사다. 우리는 승객들에게 봉사하는 데 열정을 가진 뛰어난 사람들을 채용하고, 그들에게 그들의 방식대로 승객들을 돌볼 자유를 준다. 우리는 직원을 가족처럼 대우하고, 승객들을 우리 집에 온 손님처럼 대한다. 이 원칙이야말로 다른 모든 지침보다 중요한 우리 회사의 황금률이다."

성경에 나오는 "남에게 대접을 받고자 하는 대로 너희도 남을 대접하라"는 말이 태초부터 이어져온 인간성의 초석이자 진화심리학자들이 말하는 상호 이타주의와 일치한다는 것은 놀라운 사실이 아니다.

사우스웨스트 항공은 고객과의 유대를 형성하는 데 있어 사회적인 상호 관계의 가치를 잘 이해하고 있다. 그들은 일단 사우스웨스트 항공에 탑승한 고객들에게 자신들이 얼마나 승객에게 마음을 쓰는지 보여줌으로써 고객들의 마음을 사로잡았다.

한 여성 고객이 사우스웨스트 항공 승무원에게 감사편지를 보낸 일화가 그 예다. 이 여성은 캘리포니아에서 결혼식을 올리기 위해 약혼자와 함께 비행기를 탔는데, 승무원이 그 사실을 알고 웨딩 드레스를 넣은 여행 가방을 따로 잘 넣을 수 있도록 도와주었다고 한다. 그러고 나서 결혼 축하의 의미로 칵테일을 제공하고, 비행기가 착륙을 준비할 때 또 특별 이벤트를 준비했다는 것이다. 기내 방송을 통해 모든 승객들에게 빛을 차단할 수 있게 창문을 닫아달라고 부탁한 후 촛불을 켜고 승무원이 직접 결혼 축하노래를 불러주었다고 한다. 이 고객은 "주어진 업무 이상의 서비스를 해주었고, 우리 부부가 영원히 기억할 여행에 특별한 추억을 더해준 승무원에게 진심으로 감사의 인사를 전하고 싶다"고 썼다.

오늘날의 비즈니스 환경은 고객과 직접 대면해 상호작용을 할 기회가 점차 줄어들고 있는 것이 사실이다. 그러나 기업들은 고객을 이익 창출의 대상으로 보는 것이 아니라 고객과의 접점을 찾아내고, 그들을 놀라게 하고 기쁘게 하기 위해 노력해야 한다. 사우스웨스트 항공은 어쩔 수 없이 자사를 선택한 승객들의 마음까지 돌려 브랜드 인지도를 높이는 기회로 삼았다. 때로는 고객에게 서비스 상담 직원과 이야기해볼 것을 권하는 것도 좋은 상호작용이 될 수 있다. 짜증나는 텔레마케팅이 아니라 제대로 교육을 받은 상담 직원 말이다.

디지털 시대의 신뢰

소비자들은 개인정보가 엉뚱한 사람 손에 들어갈까 두려워하고, 온라인상에서의 프라이버시 문제에 점점 신경을 쓰고 있다. 온라인 사업은 그 속성상 엄청난 양의 개인 데이터들을 수집하게 된다. 개인정보는 회사의 강력한 자산이 된다. 타깃 소비자 공략에 집중하고 광고주들을 설득하는 데도 유용하기 때문이다.

온라인은 사람들 간에 신뢰를 쌓을 수 있는 가장 중요한 방법 즉 직접적인 접촉과 거리가 먼 사업 모델이다. 반면 가상현실은 사람들의 욕구와 신념, 행동을 이해하고 반응함으로써 친밀한 관계를 발전시킬 수 있는 기회의 문을 열어 주었다. 이 요소들은 편안한 관계를 만들기 위한 전제 조건이다. 온라인 사업이 잃은 것은 고객과의 직접적 접촉이지만, 고객 정보를 통해 잠재적으로 고객이 원하는 것을 이해할 수 있게 되었다. 온라인 비즈니스의 미래는 고객의 프라이버시와 개인정보를 활용한 맞춤 서비스 간의 미묘한 균형에 달려있다고 해도 과언이 아니다.

예컨대 아마존닷컴의 경우는 고객 정보를 광고주들과 공유하고 있다. 그러나 아마존이 5900만명이 넘는 단골 고객들의 영수증에서 뽑은 정보는 잘 짜여진 개인별 맞춤형 서비스에 사용되기 때문에 고객들은 개인정보 노출에 대한 두려움을 극복할 수 있었다. 실제로 아마존닷컴은 2010년 시장조사 기관인 밀워드 브라운이 선정한 미국에서 가장 신뢰받는 브랜드로 뽑혔다. 밀워드 브라운은 브랜드의 장기적인 성공은 고객들의 신뢰와 추천에 달려있다고 보았다. 이 부분에서 뛰어난

아마존닷컴은 광고에 투자하는 기존 마케팅 방식과는 다르게 더 나은 제품과 가격 정책, 고객 서비스에 집중하면서 아래로부터 신뢰를 쌓아왔다.

브랜드는 일반적인 브랜드보다 고객과의 유대가 10배 더 끈끈하고, 7배 가까이 더 구매를 유발함으로써 단기간 내에 시장점유율을 끌어올릴 가능성이 높다고 분석했다.

아마존닷컴은 주로 광고에 투자하는 기존 마케팅 방식과는 다르게 더 나은 제품과 가격정책, 고객 서비스에 집중하면서 아래로부터 신뢰를 쌓아왔다. 아마존의 CEO 제프 베조스는 "광고는 결국 고객들이 지불해야 하는 비용이다. 그 비용이면 엄청나게 많은 제품과 서비스를 받을 수 있다"고 말했다. 그는 IT 전문 잡지 <와이어드>의 전 편집장이자 베스트셀러 작가인 크리스 앤더슨과의 인터뷰에서 TV광고의 효율성을 테스트하기 위해 TV광고를 중단했던 과정을 설명했다.

베조스는 "15개월 동안 포틀랜드와 미네아폴리스 두 곳에서 TV광고가 얼마나 매출에 영향을 미치는지 시험해봤다. TV광고가 효과가 있기는 했다. 하지만 우리가 광고에 투자한 만큼 거둬 들여 고객에게 다시 돌려줄 수 있으리라 기대했던 정도의 가격탄력성을 보이지는 못했다. 그래서 우리는 모든 광고비를 제품 가격 인하와 무료 배송으로 돌렸다. 그리고 이 전략이 아마존의 성장을 가속화하는 데 지대한 역할을 했다."

베조스는 "고객 관리에 더 많은 투자가 이뤄질 것이고, 그만큼 서비스에 대한 불만이 줄어들 것"이라고 확신했다. 마케터들이 주의해야 할 점을 물었을 때 그는 이렇게 답했다. "광고가 사라질 것이라는 말은 아니다. 다만 균형이 무너지고 있다는 점이다. 현재 성공을 위한 황금비율을 묻는다면 나는 에너지의 70퍼센트를 고객 서비스에 쏟고, 나머지 30퍼센트도 그 서비스를 더 완벽하게 만드는 데 쏟는 것이라고 말하겠다. 하지만 향후 20년 동안 이 비율은 서로 뒤바뀌게 될 것이다."

익숙한 것의 위력

광고에 막대한 예산을 들이고 광고를 최대한 많이 내보내는 것이 고객과 신뢰를 쌓고 매출을 키우는 데 효과가 없다는 말은 아니다. 브랜딩의 핵심이 편안함을 만들어내는 것이고, 편안함은 익숙함에서 나오기 때문이다. 매체점유율이나 광고 노출 빈도에서 앞서는 것이 군중심리가 작용하는 시장에서의 기본 전략이 된다는 점은 오랜 세월에 걸쳐 증명된 바 있다.

인간 심리의 모순 중 하나가 반전의 참신함에 끌리면서도 기존의 친숙한 것에 만족하려는 경향이 있다는 점이다. 생물학적으로 인간 행동의 첫 번째 욕구는 항상 똑같이 안정적이고 균형 잡힌, 예측 가능한 상태를 추구하는 항상성恒常性이다. 인간은 새롭고 색다른 것에 흥분하지만 동시에 이미 알고 있는 것에서 오는 편안함으로부터 기쁨을 얻는다. 일상생활에서만큼은 확실성과 안정감을 원하는 것이다. 인간은 막연히 마음이 끌리는 사람과 환경에서가 아니라, 자신이 사려고 고른 브랜드와 상품, 서비스처럼 익숙한 것에서 사랑과 신뢰를 배운다.

스탠포드대학교의 심리학 교수 로버트 자욘스는 그가 '단순 노출 효과'라고 이름붙인 과정을 통해 친숙함이 호감을 낳는다는 것을 입증해보였다. 1968년 자욘스는 중요한 실험을 했다. 실험 참가자들에게 무작위로 고른 다각형을 보여주되, 각각의 도형이 얼마나 자주 나타났는지 알아차리지 못할 정도로 빠르고 연속적으로 제시했다. 그리고 나서 가장 마음에 드는 다각형이 어떤 것이냐고 물었을 때 참가자들은 정확하게 가장 많이 등장했던 도형을 골랐다. 그들은 그 도형을 몇 번이나 보았는지, 또 어떤 다각형을 더 많이 보았는지 자각하지 못하는 상태였다.

수많은 연구들은 이처럼 사람들이 익숙한 것을 선호하는 경향이 경제적으로 중요한 결정을 내릴 때도 적용된다는 사실을 밝혀냈다. 투자와 기부에서부터 살 집을 선택하거나 어떤 브랜드를 고를 때도 마찬가지다. 프린스턴대학교 심리학과 대니얼 오펜하이머 박사의 연구에 따르면 회사 이름이 발음하기 쉬우면 쉬울수록 사람들은 회사에 대해 편안함과 안정감을 느껴 투자 의향을 보이고, 실제로 이런 회사들의 주가가 더 오르는 경우가 있다고 한다.

1993년 일리노이주 퀸시가 홍수 피해를 입었을 때 매사추세츠주 퀸시 주민들이 엄청난 양의 구호품을 기부한 일도 있었다. 단지 자신이 사는 지역과 이름이 같다는 친숙함이 사람들의 결정에 영향을 끼쳤던 것이다. 데니스라는 이름을 가진 사람들이 영어로 발음이 비슷한 치과의사(덴티스트)가 되는 경우가 있고, 루이스라는 이름을 가진 사람들이 루이지애나로 이사 가거나, 마샤라는 이름을 가진 사람들이 스니커즈 초코바 대신 트윅스로 유명한 마스의 초코바를 더 좋아하는 경우도 마찬가지다.

사람들은 이렇게 익숙한 것에 끌리기 때문에 우편으로 고객에게 DM 광고를 보낼 때는 가능하면 고객의 이름을 적는 것이 좋다. 또 신제품 이름을 붙일 때 이미 친숙하게 많이 쓰는 단어 중에서 소비자에게 어필하고자 하는 부분과 통할 만한 표현을 고르는 것도 도움이 되겠다.

브랜드는 유대감

부조화와 차이점이 사람들을 서로 밀어내는 만큼이나 의견이 일치하는 사람들끼리는 유대감과 통일감을 형성할 수 있다. 사회적인 인간의 뇌는, 따로 격리돼 홀로 일하는 것보다는 다른 사람들과 상호작용을 주고받으며 함께 일하도록 설계되어 있기 때문이다. 이 과정을 통해 인간은 자기도 모르는 새 자신의 한계를 뛰어넘을 수 있게 된다. 의식은 '나'를 중심으로 생각하지만 무의식은 '우리'를 먼저 생각한다. 다른 사람들과 공감하기 위해 자신을 타인에게 맞추는 능력은 인간에게 자연스럽고 타고난 것이다. 아동 발달과 학습 전문가인 심리학자 앤드류 멜조프는 이 같은 공감능력을 연구해 유명해졌다. 그에 따르면 태어난 지 42분밖에 되지 않은 신생아 앞에서 혀를 내밀면 아기가 동작을 똑같이 따라한다고 한다.

사람들이 콘서트에서 함께 떼창으로 노래를 따라 부르는 것을 좋아하는 것이나 스포츠 경기에서 다른 수만 명의 팬들과 파도타기 응원을 하는 것, 여러 명이 모여서 요가 수업을 듣고 나란히 운동용 자전거를 타는 것, 클럽에서 처음 보는 사람과도 금세 어울려 춤을 추는 것, 또 물건을 구입한 브랜드 커뮤니티에 가입하는 것 모두 같은 맥락이다.

인간은 선천적으로 이러한 무의식적인 신경학적 과정을 통해 다른 사람들과 자신을 동일시할 수 있다. 또 거울뉴런의 작용으로 타인을 모방해 경험을 공유할 수 있다. 인간은 자신을 둘러싼 주변과 끊임없이 깊이 있는 대화를 나눈다. 어머니가 아기를 안고 유대감을 나눌 때 보여주는 무조건적인 사랑과 헌신은 그 어떤 말과 설명도 필요로 하지 않는다.

이런 이야기는 정신적인 영역에 관한 것처럼 들리겠지만 이때 갖게 되는 느낌 역시 뇌에서 비롯되는 것이다. 인지과학자 더글러스 호프스태터는 그의 책 『나는 이상한 고리다 I Am a Strange Loop』에서 세상 떠난 아내의 사진을 보면서 아내와 강하게 연결된 느낌을 받는 대목을 이렇게 묘사하고 있다.

"

사람들은 그저 제품을 사는 것이 아니라
가치를 사들인다.
브랜드의 신념과 열망이
소비자들의 신념과 열망을 반영할 때
평생 함께 가는 팬을 만들 수 있다.

나는 아내의 얼굴을 바라보았다. 너무 열심히 쳐다본 나머지 내가 아내의 눈으로 나를 보고 있다고 느꼈고, 갑자기 눈물이 차오르면서 나도 모르게 이렇게 말하고 있었다. "나예요, 나라고요!" 그리고 이 짧은 말이 내가 이전에 했던 많은 생각들을 떠올리게 했다. 우리 부부의 영혼이 결합해 또 하나의 더 높은 차원의 독립된 존재가 된다거나, 우리 두 사람의 영혼의 중심에는 우리 아이들을 위한 똑같은 희망과 꿈이 있다는 사실, 그리고 이런 소망은 서로 다른 별개의 것이 아니라 하나라는 생각이었다. 우리 두 사람을 하나로 묶고 우리 두 사람 모두를 규정하는 분명한 한 가지는 바로 내가 결혼하기 전에 막연하게 꿈꾸던 결합을 우리가 이뤘다는 점이다. 비록 캐롤은 먼저 세상을 떠났지만 그녀의 가장 중요한 부분은 사라지지 않고 내 머릿속에 확고히 살아있다는 것을 나는 깨달았다.

도이치 LA의 전략 담당 최고책임자인 제프리 블리쉬는 방대한 양의 정보를 간결하고 설득력 있게 걸러내는 능력이 있다. 그가 이렇게 말한 적이 있다.

"진실은 말이 적다. 절대적인 진실은 말이 전혀 필요 없다."

사람과 브랜드의 관계는 이와 비슷한 심리적 동일시와 공감의 일환이다. 이런 관계를 이루려면 마케터들은 다른 이들과 동화되려고 노력하는 사회적 뇌에게 다가가야 한다. 사람들이 무의식적으로 다른 사람과 깊이 있는 관계를 원하듯, 브랜드는 관계에서 기대하는 사람들의 욕망을 상징하는 현대판 대체재가 되었다. 훌륭한 브랜드들은 마치 "나예요!"라고 말하듯이 우리를 묶어주는 역할을 한다.

이런 관점에 의심이 든다면 몇몇 브랜드들이 거느린 마니아들의 집착에 가까운 충성도를 생각해보라. 애플은 사람들에게 "다르게 생각하라^{think different}"와 "현실에 안주하지 말라"고 주문했지만 역설적인 결과를 낳았다. 애플은 자신의 열성 고객들을 하나같이 똑같은 제품을 가장 빨리 손에 넣고자 애플 스토어 바깥에서 몇 시간씩 기다리는 사람으로 만들었다.

나이키는 우리에게 "저스트 두 잇!"이라고 말함으로써 사람들 마음속에 있던 성취를 향한 열망을 건드렸다. 나이키의 로고는 스포츠의 영역을 초월해 인생의 목표와 인간으로서의 포부를 아우르는 상징이 되었다. 할리 데이비슨은 사람들에게 판에 박힌 지루한 일상의 속박에서 벗어나 반항아적인 자유를 누릴 수 있는 기회를 선물했다. 구매자들로 하여금 브랜드에 대한 종교에 가까운 열정을 갖도록 유도하고, 다른 할리 데이비슨 라이더들과 마치 형제인 것 같은 유대감을 느끼게 했다. 사람들은 그저 제품을 사는 것이 아니다. 그들은 가치를 사들이는 것이다. 브랜드의 신념과 열망이 소비자들의 신념과 열망을 반영할 때, 브랜드는 평생 함께 가는 팬을 만들 수 있다.

미켈란젤로 효과

마케터를 표현하기에 적절한 비유 중에 이탈리아의 위대한 예술가 미켈란젤로 일화가 있다. 숨겨져 있는 아름다움을 찾아내는 직관의 힘을 이해했던 미켈란젤로는 "모든 대리석은 그 안에 조각상을 가지고 있고, 조각가가 할 일은 그 조각상을 발견하는 것이다"라고 말했다. 미켈란젤로가 빚어낸 불후의 작품들은 대상의 물리적 성질을 바꾸는 것이 아니라 대상의 내면에 잠재되어 있는 아름다움을 드러내는 것이었다.

이 같은 신념을 보여준 최고의 예가 대표작 다비드상이다. 다비드상은 다른 조각가들이 거절했던 부서진 대리석 덩어리로 만든 작품이다. 시선을 사로잡는 이 작품에서 다비드의 모습은 마치 대리석 안에 갇혀있던 것을 조각가가 풀어준 것처럼 아름답고 생동감 넘친다.

마케팅도 예술과 비슷하다. 마케터들은 브랜드에 걸맞은 사람을 찾아내 그들 내면에 억눌린 욕망을 발산하게 해야 한다. 그리고 그가 되고자 하는 사람이 아니라, 진정으로 그가 누구인지를 확인해 그 사람으로 조각해내야 한다. 이 작업은 마케터의 생각대로가 아니라 그들의 방식대로 이뤄져야 한다. 이 작업은 다른 사람들의 눈에 비치는 잘 포장된 사람이 아니라 내적 자아의 정체성을 드러내는 것이어야 한다. 성공한 장수 캠페인인 로레알의 '난 소중하니까요'라는 카피와 미국 육군의 오래된 슬로건 '원하는 무엇이든 되어라'가 그런 예다. 마케터의 역할은 진실성을 추구하는 사람들의 노력을 돕고, 사람들의 이상을 존중하는 것이다.

브랜드와의 관계는 사람들과의 관계와 다르지 않다. 사람들은 어느 정도 시간이 지나면 정말 서로 닮아가기 시작한다. 뇌와 신체가 서로를 반영해 비슷해지는데 그 과정은 실례를 통해 찾아볼 수 있다. 정서적으로 공감하며 행복하게 살아온 부부들은 실제로 외모가 닮아간다. 오랜 세월 동안 같은 감정을 나누고 같은 표정을 짓다 보니 얼굴 근육들이 아주 비슷한 형태가 됐기 때문이다. 이런 부부들은 실제로 공감의 뜻으로 미소 짓거나 얼굴을 찡그릴 때 주름살이 비슷한 모양으로 생겼고, 같은 부분이 도톰해지거나 깊게 파이곤 했다. 여러 연구에 따르면 행복한 부부일수록 얼굴이 서로 더 많이 닮는다고 한다.

하지만 현실에서는 많은 소비자들이 그들의 삶에서 뭔가가 빠져있다고 느낀다. 그들은 자신이 제대로 인정받지 못하며, 따분한 일상생활에 갇혀있다고 생각한다. 따라서 무의식적으로 그들이 놓치고 있다고 느끼는 더 강력한 감정적인 유대감을 추구하게 된다. 소비자들의 브랜드에 대한 충성은, 관계를 맺고자 하는 욕구를 드러내는 현대적 표현이다. 소비자들은 자신이 좋아하는 브랜드가 자신의 힘을 반영하는 것으로 여기게 되었다.

내면의 아름다움과 욕구를 찾으려는 행위는 우리와 타인의 관계뿐 아니라 우리와 브랜드와의 관계를 설명하는 데 잘 적용될 수 있다. 마케터들이 염두에 두어야할 질문은 두 가지다. 어떻게 브랜드를 통해 소비자 안에 숨어있는 진정한 자아를 드러나게 할 것인가? 어떻게 경제적인 거래를 넘어서 정서적인 교류와 자기완성이 이뤄지는 단계로 이끌 수 있는가?

아마존닷컴은 최고의 고객 중심 기업이 되겠다는 목표를 가지고 있다. 아마존닷컴의 사업 모델은 단지 고객의 시간과 돈을 절약하는 것이 아니라 고객이 필요로 하는 것을 미리 예측하는 것이라고 할 수 있다. 마치 서로의 마음을 헤아릴 수 있는 친한 친구들이 그렇듯 말이다. 고객들이 누리는 혜택은 저렴한 가격과 편리한 서비스 못지않게 이상적인 자신을 발견하는 것이기도 하다.

아마존은 '아마존 베터라이저^{Amazon Betterizer}'를 통해 고객들에게 최고의 경험과 진정한 자아를 완성할 수 있는 방법을 제공한다. 아마존 베터라이저는 고객이 만족했던 제품의 세부 사항까지 고려해 고객 취향에 맞는 제품을 추천한다. 마케팅의 역할은 다른 경쟁 사업자를 제압하는 것이 아니라 이상적인 자기 자신이 되고자 하는 고객들의 내재된 욕구에 다가가 그들과 역동적인 유대관계를 형성하는 것이다. 그렇게 하려면 고객을 바꾸는 것이 아니라 고객이 누구인가를 있는 그대로 파악하는 것이 중요하다.

진정한 나를 찾아주기

비누와 바디용품으로 유명한 도브는 2004년 '리얼 뷰티 캠페인'을 시작했다. 신제품인 탄력 강화 로션을 홍보하기 위해 모델이 아닌 평범한 여성들을 기용한 전략은 대성공을 거뒀다. 일반적인 화장품 광고에 등장하는 마르고 완벽한 모델 대신에 현실 속 평균적인 여성을 내세운 것은 아름다움에 대한 정형화된 고정관념을 바꾸려는 시도였다. 이 캠페인은 2006년 그 해에 가장 뛰어난 광고효과를 거둔 작품에 수여되는 그랜드 에피상을 수상했다. 그랜드 에피상 심사위원장을 맡았던 타이 몬터규는 "도브사의 캠페인은 인간과 문화에 대한 강력한 통찰력을 보여주고 있다.

비누와 바디용품으로 유명한 도브는 2004년 '리얼 뷰티 캠페인'을 시작했다. 신제품인 탄력 강화 로션을 홍보하기 위해 모델이 아닌 평범한 여성들을 기용한 전략은 대성공을 거뒀다.

도브의 캠페인을 통해 지금까지 미디어가 제시해왔던 아름다움의 기준이 진짜 여성들에 의해 전혀 다르게 새롭게 정의되었다"고 평했다. 도브는 모든 여성들이 가지고 있는 내재된 아름다움에 다가가 여성들로 하여금 자기 자신을 긍정적으로 느끼도록 만들었다. 아울러 도브 자체도 긍정적으로 느끼게 하는 큰 수확을 거뒀음은 물론이다.

도브는 캠페인과 함께 리얼 뷰티 동영상을 제작해 인터넷으로 배포했다. 높은 조회수를 기록한 이 동영상은 소셜 미디어를 활용한 역대 톱10 광고 중 하나로 꼽힌다. 이 동영상은 평범한 외모의 여성이 화장과 헤어 스타일링, 컴퓨터 사진 보정을 거쳐 슈퍼모델처럼 변신해가는 과정을 그대로 담았다. 동영상은 자신이 아름답지 않다고 생각하는 모든 여성들의 불안감과 자신에 대한 불만을 건드렸다. 동영상은 믿기지

Dove. Real Beauty Campaign
grey?
gorgeous?
campaignforrealbeauty.co.uk
fat?
fit?
flawed?
flawless?
boy?
babe?
wrinkled?
wonderful?
America's next Not model?
half empty?
half full?
let's face it, firming the thighs of a size 8 supermodel wouldn't have been much of a challenge.
Love My Body Campaign
Dove. Real Beauty Campaign
grey?
gorgeous?
campaignforrealbeauty.com

않을 만큼 아름다운 모델이 사실은 있는 그대로의 모습이 아니라 왜곡된 것임을 보여줌으로써 여성들이 자존감을 되찾을 수 있도록 도왔다.

1990년대에 나는 대형 광고대행사 JWT 뉴욕에서 지금은 파이저와 합병된 워너 램버트라는 제약기업을 담당하고 있었다. 워너 램버트의 제품 목록 중에는 당시 임신테스트기 1위였던 E.P.T가 있었다. 이 제품은 이전에 JWT가 캠페인을 맡아 광고상을 수상한 바 있었다. 캠페인의 전제는 단순하고 강력하며 인상 깊어야 한다는 것이었고, 완성된 광고는 리얼리티를 반영한 광고의 힘을 보여주었다.

광고에는 아이를 갖고자 노력했던 진짜 커플이 임신을 확인하고 기쁨의 순간을 함께 나누는 장면이 고스란히 담겼다. 대본 없이 즉석에서 실제상황을 촬영한 이 광고는 미국광고연합이 제정한 애디상을 수상했다. 그리고 무엇보다 중요한 것은 소비자의 신뢰를 얻은 이 광고의 힘으로 신뢰가 생명인 제약업계에서 1위의 자리에 오를 수 있었다는 점이다. E.P.T.는 오늘날까지도 가정용 임신테스트기 부문의 선두로 군림하고 있다.

나는 웹 비디오를 통해 정해진 각본 없이 정직하게, 또 정서에 호소하는 방식으로 소비자들에게 주제를 전달하는 것이 디지털 시대의 마케터들에게 가장 적합한 영역이자 좋은 기회라고 생각한다.

최대한 배려하라

마케터들은 자신의 메시지가 소비자들의 마음에 울려 퍼져야 한다고 자주 말하곤 한다. 그런데 그 말이 옳다는 신경학적 증거가 나왔다. 커뮤니케이션이 효과적으로 이뤄지면 말하는 사람의 생각과 느낌이 듣는 사람의 뇌에 실제로 울려 퍼진다는 것이다. 뇌가 마치 수신기처럼 말하는 이와 공명해 신경 반응을 유도하기 때문이다. 그렉 스티븐스가 이끄는 프린스턴대학교 연구팀이 뇌기능 자기공명영상으로 뇌를 스캔한 결과, 실제 생활에서 일어난 일을 화제 삼아 자연스럽게 대화를 나눌 때 말하는 사람과 듣는 이 모두에게서 뇌의 비슷한 부분이 활성화되는 것을 발견했다. 스티븐스 연구팀은 커뮤니케이션이 성공적으로 이뤄지면 두 사람의 뇌 세포가 동시에 움직인다고 결론을 내렸다.

"커뮤니케이션이 이뤄지는 동안 말하는 사람과 듣는 사람의 뇌가 일시적으로 연결되는 반응 패턴을 나타낸다는 것을 보여줬다. 반면 이해할 수 없는 외국어를 들을 때처럼 커뮤니케이션이 제대로 이뤄지지 않으면 이 같은 신경 연결은 큰 폭으로 줄어든다. 말하는 사람과 듣는 사람의 신경 연결이 더 광범위하게 이뤄질수록 더 성공적인 커뮤니케이션이 이뤄진다."

대화가 깊어질수록 우리의 정신도 더 결합하게 된다. 몇몇 예에서 이야기를 듣는 사람의 뇌 패턴은 이야기를 해주는 사람과의 감정교류를 통해 실제로 이야기의 전개 방향을 제대로 예측하고 있었다.

신뢰관계를 형성하는 건 때때로 아주 간단할 수 있다. 고객을 흉내 내는 것처럼 말이다. 네덜란드의 한 심리학자는 고객의 행동을 잘 따라하는 여성 종업원이 다른 종업원들보다 팁을 140퍼센트나 더 많이 받는다는 연구를 발표했다. "흉내는 사람들 사이에 유대감을 만들어준다. '우리'라는 동질감을 유발하기 때문이다." 네덜란드 네이메헌대학교의 릭 판 바렌의 말이다. 이 연구는 사람들이 자신과 비슷하게 행동하는 사람들과 있을 때 더 편안함을 느낀다는 것을 증명해주는 과학적 근거가 되었다. 또 다른 사람이 자신을 흉내 낼 때 정작 본인은 그 사실을 종종 알아차리지 못한다는 통념도 힘을 얻었다. 실험이 이뤄진 레스토랑에서도 고객들은 종업원이 자신의 흉내를 내고 있다는 점을 알아차리지 못한 채 그저 좋은 서비스를 받았다고 생각했다. 누군가와 통한다는 것은 당신이 그 사람을 이해하고 그 사람의 생각에 동의한다는 것을 보여주는 것이다. 당신이 서비스 직원이라면 고객의 말을 따라하거나, 다른 표현으로 바꿔 말하는 것은 고객의 이야기를 집중해서 듣고 있다는 것을 고객에게 확인시켜주는 좋은 방법이다.

진부하게 들리겠지만 너무 자주 무시되고 있는 원칙을 이야기해보자. 당신이 브랜드에 충성스러운 고객들과 진정으로 대화하고 싶다면 먼저 그들을 이해해야 하고, 당신이 실제 생활에서 정말 아끼는 사람들을 대하듯 그들을 대해야 한다. 나아가 그들의 생각과 행동을 당신의 생각과 행동에 반영해야 한다. 내가 일하는 도이치 LA 사무실 벽에는 "최대한 배려하라"고 써놓은 커다란 표지판이 걸려 있다. 삶과 업무 모두에서 신조로 삼을 만한 말이다. 잘못된 방향으로 가고 있는 마케터들에게는 이렇게 말하는 게 낫겠다.

"관심을 보이고 신경을 쓰되 거짓으로 하지는 말라."

진실하게 행동하라 정보와 투명성의 시대가 왔다. 지금은 누구나 정보에 접근할 수 있고, 당신의 제품에 대해 다른 사람들에게 말할 수단을 가지고 있다. 그런 의미에서 오늘날 진실과 신뢰는 마케팅에서 거의 유일한 수단이 되었다고 해도 과언이 아니다. 마케터들은 어떤 미디어를 활용하든 소비자와의 커뮤니케이션과 자신의 행동에 더 진실하고 정직해야 한다. 그렇다고 광고가 문자 그대로 현실적이어야 한다는 의미는 아니다. 하지만 반드시 진실한 것처럼 보여야 한다. 에너자이저 광고에 나오는 토끼가 평생 간다고는 생각하지 않지만 에너자이저 건전지가 다른 건전지보다 더 오래 갈 것이라고 믿게 되는 것처럼 말이다.

디지털 시대에 많은 마케터들이 소셜 미디어 경쟁에 뛰어들면서 신뢰를 쌓는 건 점점 더 어려워지고 있다. 어떻게든 자신에게 유리한 방향으로 대화를 시작해야 하고, 계속 그렇게 대화를 이끌기 위해 노력해야 하는 상황이기 때문에 더 그렇다.

회사 관계자들이 네티즌을 혼란에 빠뜨릴 수도 있다. 평범한 소비자인 척하며 브랜드를 옹호할 수도 있고, 페이스북에서 더 많은 팬들을 만들어내기 위해 '좋아요'를 눌러야만 콘텐츠를 볼 수 있는 '팬 게이트fan gate'를 시험할 수도 있다. 혹은 진짜 뉴스 사이트처럼 보이지만 실은 기사 형태의 광고를 올려 함정에 빠뜨릴 수도 있다. 그러나 이런 식의 활동은 소비자들이 그 속임수를 알게 되면 나쁜 입소문을 내 역효과를 낳을 뿐이다.

PR 컨설팅사인 에델만의 조사에 따르면 입소문에 대한 신뢰도가 최근 들어 떨어지고 있다고 한다. 회사에 대한 정보를 얻을 수 있는 믿을 만한 출처로 동료나 친구들을 꼽는 사람들의 비율이 2008년 45퍼센트에서 2010년에는 25퍼센트로 절반 가까이 줄었다. 반대로 경계심에 가득 찬 소비자들을 달래기 위해 직접 나섰던 CEO 신뢰도는 증가했다. 예컨대 구제금융 이후 GM의 CEO가 됐던 에드 휘태커에 대한 신뢰도는 2009년 17퍼센트에서 2010년 26퍼센트로 크게 높아졌다. 소셜 미디어 캠페인이 아무리 잘 만들어졌다 해도 회사가 그 뒤에 숨을 수는 없다. 회사들은 소셜 미디어라는 새로운 도구를 안으로부터의 투명성을 제고하는 데 사용해야 한다.

즉각 반응하라 디지털 시대가 사람들 간의 직접적인 상호작용을 불필요한 것으로 만들면서 신뢰를 얻기란 더욱 힘들어졌다. 사람 대 사람으로 직접 부딪히면 얼굴 표정이나 몸짓으로 진의를 전달할 수 있으므로 신뢰를 쌓기 쉽다는 이점이 있다. 이메일에 농담을 썼는데 상대방이 잘 이해하지 못한 경험이 있는 사람도 많을 것이다. 심지어 웃는 얼굴 이모티콘을 넣었는데도 상대방이 농담과 비꼬는 말을 구분하지 못하는 경우도 있다.

정보컴퓨터학과 교수인 주디 올슨은 온라인상에서 신뢰를 형성하는 데 필수적인 것들을 조사해왔다. 올슨의 연구 내용은 심리학의 핵심에 뿌리를 두고 있다. 사람들은 주어진 정보가 부족할 때 혹은 누군가가 능력이나 평판이 부족해 보일 때 그 사람에 대해 빨리 판단을 내리는 경향이 있다. 누군가의 품성에 대해 제한된 정보를 갖고 있으면서도 그 사람의 프로필 전체를 마음속에 섣불리 확정해버리는 것이다. 사람들은 자신이 실수를 저지르면 상황이나 환경 탓을 하지만 다른 이가 실수를 저질렀을 때는 얼른 가치판단을 내려 그 사람이 무신경하다거나 무책임하다거나, 또는 이기적이라는 말로 성격 탓을 하는 경향이 있다는 게 심리학자들의 지적이다.

온라인 대부분을 차지하는 문자 중심의 콘텐츠에는 목소리 억양이나 감정 표현, 바디 랭귀지 같은 상대방의 신뢰도를 측정할 기준이 없다. 올슨은 이 경우 사람들이 답장이나 댓글 같은 반응이 얼마나 빨리 오는가를 신뢰도의 중요한 기준으로 삼는다는 것을 발견했다. 즉 마케터가 빨리 행동하면 할수록 고객이 느끼는 신용도가 높아진다는 것이다.

그러나 반응이 빠르다는 것은 상대가 눈앞에 당면한 일에만 매달리며, 곧 다른 문제로 관심을 돌릴 것이라는 점을 간과하는 것이다. 예를 들어 영화감독인 케빈 스미스가 "너무 뚱뚱하다"며 사우스웨스트항공으로부터 탑승을 거부당한 일이 있었다. 트위터에서 160만명의 팔로워를 가지고 있는 스미스는 격분한 나머지 항공사를 비난하는 트윗을 계속했다. 사우스웨스트는 이 영향력 있는 고객의 분노를 가라앉히고 트위터상에서 번지는 비판 여론을 잠자우고자 즉시 진화에 나섰다. 사우스웨스트항공은 트위터 등에 여러 개의 사과문을 올렸다. "밤새 케빈 스미스의 트위터 내용을 읽었습니다. 고객 관리 부사장이 오늘 저녁 스미스씨 댁으로 전화드릴 것입니다" "다시 한 번 오늘 저녁 스미스씨가 겪었던 일에 대해 사과드립니다. 우리가 할 수 있는 다른 일이 있다면 알려주세요."

인터넷에서 신뢰를 얻는 또 다른 방법은 동영상을 활용하는 것이다. 동영상은 제스처와 억양 등을 더함으로써 소비자에게 좀 더 공감할 수 있는 기회를 제공한다. 도미노 피자의 CEO 패트릭 도일이 공개 사과 동영상에 출연한 일이 있다. 도미노 피자 주방 종업원 2명이 장난으로 찍어 유튜브에 올렸던 동영상 때문이었다.

이들은 동영상에서 음식에 콧물을 떨어뜨리고 치즈를 콧구멍에 꽂는가 하면 배달용 샌드위치에 넣을 살라미 소시지에 대고 방귀를 뀌었다. 도일은 즉시 카메라 앞에 서서 사과했다. 자신도 동영상을 보고 좌절했고 사안의 중요성을 느껴, 책임을 통감한다고 밝혔다. 유튜브를 통해 도일의 진심어린 사과를 보고 들은 소비자들은 그의 태도와 이야기가 신뢰할 만하다고 받아들였고, 도미노 피자는 위기에서 탈출할 수 있었다.

소비자들을 웃게 만들어라 유머가 소비자와 브랜드를 연결시키는 좋은 도구가 된다는 것 역시 과학적 근거가 있다. 신경과학자 로버트 프로빈에 따르면 웃음은 본질적으로 사회적인 관계와 연결된 것이다.

들어줄 사람이 없을 때 웃는 사람은 없다. 웃음은 성공적인 커뮤니케이션을 위해 상대방에게 보내는 신호다. 말하는 사람과 듣는 사람의 뇌가 동시에 작동하도록 만들기 위한 일종의 감정 조율과 같다. 의식적으로 억지로 소리 내어 웃기가 어렵듯이 웃음은 모든 문화에 걸쳐 선천적이고 무의식적인 행동이다.

웃음은 본질적으로 사람들을 연결하는 커뮤니케이션의 수단이다. "네가 좋아"라던가 "네가 나를 좋아했으면 좋겠어"라고 말하는 것과 비슷하다. 진화심리학자 로빈 던바는 원시시대에는 껄껄 웃는 것이 '먼 거리에서 몸단장 하는 것'과 같은 효과였을 것이라고 말했다. 다른 영장류 동물들보다 더 큰 규모의 동료들과 유대를 유지할 수 있게 하는 역할을 했다는 것이다.

웃음은 또 긴장을 풀어주고 옥시토신을 분비하게 한다. 신뢰의 뇌회로를 작동시켜 이성을 유혹하거나 더 높은 지위에 있는 사람의 인정을 받고자 할 때도 쓰인다. 사랑에 빠진 연인들이 서로 자꾸 웃는 이유와 직속 상사가 농담 비슷한 얘기만 해도 모두 자지러지는 이유가 여기에 있다. 무엇보다 웃음은 무의식적으로 또 자동적으로 다른 사람들과 함께 웃게 되는 전염성이 있다. 이 때문에 TV쇼에서 반세기 넘게 효과음으로 녹음된 웃음소리를 쓰는 것이다. 시청자들도 모르게 쇼가 정말 재미있다고 믿게 만들고 프로그램에 감정이입하는 효과를 노린 것이다.

CF에 우스꽝스러운 유머를 넣으려는 광고 제작자들을 비웃고 싶어질 때는 웃음의 힘을 떠올려보라. 유머가 유발하는 웃음은 소비자와 브랜드를 연결하는 다리가 될 수 있다. 웃음을 유발하는 광고는 더 호감을 사기 마련이고, 미국광고조사재단에 따르면 호감도는 광고의 성공 여부를 가늠할 수 있는 가장 훌륭한 척도다.

불만을 줄여라 마케터들은 제품 구매를 가로막는 소비자들의 부정적인 감정과 불안감을 체크하고, 그것을 해결할 수 있는 기술과 방법을 찾아야 한다. 예컨대 요즘 몇몇 콜 센터들은 스트레스 모니터링을 도입하고 있다. 목소리의 높이와 격한 정도를 살펴 소비자의 스트레스 수준을 분석하고, 분노한 소비자일수록 상담자와 전화를 더 빨리 연결하는 것이다. 소비자와 진정한 신뢰를 쌓고 싶다면 직원이 직접 응대하는 수고를 아끼지 말아야 한다.

그런데 인도에서 영어를 사용하는 몇몇 콜 센터의 경우 직원들을 영어 이름으로 바꿔 부른다고 한다. 화합보다 불신을 초래할 수 있는 조치다. 이 방침은 전화를 건 소비자가 상담원이 영어 이름을 쓰고 있지만 진짜 미국인이 아니라고 생각하게 되견 불필요한 의심을 낳을 수 있다. 일단 의심하는 마음이 들면 투명성과 정직이라는 측면에서는 마이너스가 된다.

구글은 고객들이 구글을 사용하는 이유를 확인함으로써 소비자를 존중한다는 모습을 보여줬다. 고객들이 업무를 빠르고 효율적으로 해내기 위해 구글을 사용한다는 조사 결과에 따라 구글은 가장 좋은 검색 엔진을 완성하는 데 에너지를 집중했다. 아울러 방문자들이 처음 접하는 랜딩 페이지에 많은 것들을 어수선하게 채워 넣는 대신 하얀 빈 공간으로 남겨두었고, 장난기 넘치는 매력적인 로고를 넣어 방문자들이 한숨 돌릴 수 있는 여유를 주었다.

이제 구글은 고객과의 공감대를 확대하기 위해 검색이 쉽게 되지 않을 때 짜증내기 시작한다는 걸 보여주는 행동을 어떻게 확인해 나갈지 궁리하고 있다. 구글은 한숨을 쉬거나 손톱을 물어뜯는 것 외에도 사용자들의 스트레스 정도를 알려주는 중요한 구별법을 알아냈다. 정보 검색이 잘 되지 않으면 일상적으로 쓰는 언어 그대로 질문을 입력하거나, 검색 결과가 나온 화면을 살펴보느라 긴 시간을 보내며, 질문 방식을 완전히 다른 방법으로 바꿔버린다는 것이다. 구글은 이런 지표들이 함께 사용된다면 언젠가 컴퓨터가 고객의 불만을 실시간으로 감지할 수 있는 모델을 만들 수 있으리라 믿고 있다.

편안하게 하라 스트레스와 불안은 신뢰도와 감수성을 끌어올리는 옥시토신의 분비를 줄인다. 따라서 과도하게 흥분한 상태는 오히려 구매 행위를 억제하게 된다. 소비자의 지갑을 열게 하려면 소비자가 쇼핑 열풍에 너무 휩쓸려 들어가지 않도록 하는 편이 낫다.

요즘 고급 차 대리점들은 비약적으로 달라지고 있다. 대기실을 거실처럼 고급 소파와 화려한 소품으로 꾸며 소비자는 물론이고 딜러들에게 편안함과 안정감을 느끼게 하고 있다. 딜러들이 판매 상담을 차분하게 진행할 수 있도록 하기 위해서다. 인피니티가 처음 출범했을 때 차 전시실에는 명상의 공간이 따로 있었다. 자동차 딜러들이 종종 사용하는 강압적인 판매 전략의 영향을 줄이기 위해 구매자가 잠시 멈춰 시간을 두고 생각하도록 하는 것이다. 그러므로 대기실에 손님들이 기다리는 동안 볼 수 있도록 TV를 달아놓은 소매업자들은 신중하게 재고해보는 것이 어떨까. 선정적인 뉴스와 폭력적인 영화 등 TV 프로그램 대부분이 시청자들을 흥분하게 하는 자극들로 채워져 있기 때문이다.

매장에서 틀 음악을 고를 때도 익숙하고 편안한 곡이 적당하다. 진정 효과를 높여서 고객들이 지금 당장 나가는 비용이 아니라 제품을 산 후 장기간의 효과에 관심을 갖도록 할 수 있기 때문이다. 느린 음악이 38퍼센트 정도 판매를 증가시킬 수 있다는 것이 연구자들의 의견이다. 소비자들이 빈손으로 매장을 서둘러 달려 나가는 대신 음악에 맞춰 느릿느릿 통로를 걸으며 매장을 살펴보게 만들기 때문이다.

심리학자들은 또 빨간색과 오렌지색, 노란색 같은 몇몇 색깔은 흥분을 고조시킨다는 사실을 발견했다. 반면 파란색과 녹색, 보라색은 긴장을 풀게 하는 효과가 있어 사람들의 마음뿐만 아니라 닫힌 지갑까지 열게 한다고 한다.

일관성을 유지하라 우리는 익숙한 것에 끌린다. 따라서 회사가 커뮤니케이션 플랜부터 구매 시점에 이르기까지 브랜딩 요소에 변화를 주면 줄수록 소비자들과 멀어지는 셈이다. 마케터들은 좀 더 일관성 있게 움직일 필요가 있다. 분명한 하나의 콘셉트로 캠페인 요소들을 묶어 소비자들이 브랜드를 쉽게 알아볼 수 있게 해야 한다. 번득이는 새 아이디어는 아닐지라도 회사의 모든 비즈니스 영역에 걸쳐 적용되는 분위기는 변하지 않아야 한다. 소비자와 지속적으로 정서적 교류를 형성하는 것은 세월을 통해 증명되었고 지금도 여전히 유효한 전략이다.

사실 인간은 정형화된 패턴에 맞춰 살아가며 패턴 인식 속에서 의미를 찾는다. 따라서 마케팅 요소들이 더 비슷하고, 더 일상적이고, 더 예측 가능할수록 패턴을 더 쉽게 알아볼 수 있고, 결과적으로 익숙함의 효과를 극대화할 수 있다. 그리고 브랜드를 광고할 때는 임기응변식으로 반짝이는 즉흥적 아이디어들을 늘어놓는 것이 아니라 긴밀하게 잘 짜여진 캠페인을 선택해야 한다.

기억해야 할 점은 소비자들이 싫증내기 훨씬 전에 마케터인 당신이 먼저 싫증이 날 것이라는 점이다. 호주의 대표적인 심리학자이자 사회분석가인 휴 맥케이는 이렇게 말했다.

"우리는 자신에게 선택권이 있다는 것을 좋아한다. 특히 서구 문화는 선택권을 신봉하다시피 하지만, 우리는 결국 익숙하고 편안한 것에서 안식처를 찾게 된다."

     02 2단계 | 편안한 분위기를 만들어라

익숙한 것에 반전을 더하라 인간은 본능적으로 색다른 것에 집중하게 되지만 최종적으로 끌리게 되는 쪽은 익숙한 것이다. 따라서 친숙한 아이디어에 반전을 더하면 시선을 사로잡는 동시에 소비자의 수용도를 높이는 최선의 방법이 된다. 히트곡들을 섞어놓은 리믹스곡을 사람들이 좋아하는 것도 이 때문이고, 좋은 광고를 패러디하거나 심지어 그대로 모방한 광고들이 많은 이유도 이 때문이다. 하지만 리믹스곡이든 광고이든, 속편은 최소한 본편과 비슷한 수준이거나 더 나아야만 한다는 점은 분명하다. 그렇지 않으면 역효과가 나기 십상이다. 남의 아이디어를 훔치는 사람이나 사기꾼을 좋아하는 사람은 아무도 없기 때문이다.

나는 그림 그리는 꿈을 꾸었다. 그러고 나서 내 꿈을 그렸다. _빈센트 반 고흐_

셜리 폴리코프는 1955년 거대 광고회사인 '푸트, 콘 &벨딩'에 입사했다. 당시 광고업계는 남성 일색이었기 때문에 그는 회사에서 유일한 여성 카피라이터였다. 이 업계에는 뿌리 깊은 여성 차별이 있었다. 하지만 폴리코프는 열의와 투지가 있었고 여성으로서 여성 고객을 겨냥하는 시장에 대해 잘 알고 있었다.

폴리코프는 회사가 새로 따낸 염색약 브랜드 클레어롤의 머리 염색 제품을 맡게 됐다. 당시만 해도 머리를 염색하는 것은 천박한 일로 여겨지던 시대였다. 그에게 맡겨진 미션은 염색에 대한 선입견을 지우고 염색이 부끄럽지 않은 일로 만들라는 것이었다. 마침 폴리코프는 이와 관련된 개인적인 경험이 있었기 때문에 업무를 잘 이해할 수 있었다.

폴리코프가 10대였던 시절, 그녀는 자신의 금발머리 색깔이 짙어지기 시작하는 것에 꽤나 심란해하고 있었다. 예뻤지만 검은색 머리였던 자매들에 비해 자신이 외모에서 내세울 것은 금발뿐이라고 생각했기 때문이다. 이런 상황이 그로 하여금 당시 방탕한 여성들이나 하던 일을 저지르게 만들었다. 폴리코프는 동네 미용실에 가서 새로 자란 앞머리가 뒤쪽 머리카락과 색깔이 맞게 앞 머리색을 더 밝게 만들어 달라고 했다. 이 사소한 일탈이 앞으로 몇 세대에 걸쳐 자신을 여성 카피라이터들의 역할 모델로 자리매김하게 할 거라고는 전혀 예상하지 못했을 것이다. 1956년 폴리코프는 자극적인 광고 카피를 써냈다.

"저 여자… 한 거야, 안 한거야?"

카피는 시장에서 폭넓은 호평을 이끌어냈다. 클레어롤에 대한 평판을 끌어올렸고, 나아가 미국 여성들의 패션 감각을 완전히 바꿔놓았다. 처음에는 둔감한 <라이프>지 간부들이 이 광고를 싣는 것을 거부했다. 독자들이 카피에 함축된 외설적인 의미를 어떻게 받아들일지 걱정했던 것이다.

폴리코프는 그들에게 이미 회사 근처의 여성들이 카피를 보고 불쾌감을 느끼는지 조사를 마쳤다며 맞섰다. 폴리코프는 당시 대부분의 광고주들이 보지 못했고, 지금도 제대로 고려하지 못하는 부분을 알고 있었다. 바로 사람들 마음속의 내적 심리였다. 폴리코프는 보수적인 1950년대의 평범한 여성이라면 자신이 그 카피에서 고상하지 않은 성적인 의미를 알아차렸다는 사실을 인정하지 않을 거라는 점을 알고 있었다. 그리고 그가 옳았다. 조사에 참가한 여성들은 카피가 암시하고 있는 외설적 뉘앙스를 모르는 척했고, 불쾌감을 표시하지 않았다. 결국 잡지사 간부들은 광고를 싣기로 결정했다. 그리고 폴리코프의 표현에 따르면 "모두 부자가 됐다".

폴리코프의 카피는 거의 하룻밤 만에 전국적인 화제가 되었다. 머리 염색은 하류층의 별난 탈선행위에서 수많은 이들에게 받아들여지는 문화적인 표준으로 탈바꿈했다. 염색을 한 미국 여성의 비율은 7퍼센트에서 10년이 채 되기 전에 거의 50퍼센트로 치솟았다. 클레어롤은 전체 염색약 시장의 절반을 차지했고, 매출 역시 2500만 달러에서 2억 달러로 급증했다. 이후 클레어롤은 10억 달러가 넘는 규모로 성장한 염색약 시장에서 지금까지 1위의 자리를 놓치지 않고 있다.

폴리코프의 여성적 직관은 남성 중심인 잡지사 간부들의 비논리적인 반대를 딛고 큰 성공을 거뒀다. 사람들을 설득하는 기술을 잘 알고 있었던 것이 중요한 역할을 한 것이다. 사람들은 실제로 어떤 일을 행동으로 옮기기 전에 대부분 먼저 마음속에서 그 일을 해보는 상상을 하게 된다. 상상력은 우리가 무엇을 어떻게 받아들이는가를 결정한다. 특히 "저 여자… 한 거야, 안 한거야?"처럼 도발적인 문구는 더욱 그렇다.

폴리코프 이후로 이만큼 소비자들의 행동을 바꾸고 상상력을 자극하는 광고 카피가 등장하기까지는 거의 30년 이상이 걸렸다. 그후 광고 역사에서 가장 호평 받고 가장 영향력 있는 캠페인 슬로건으로 꼽히는 것은 알파벳 8개로 이뤄진 짧은 카피였다.

"저스트 두 잇^{Just do it.}"

나이키의 카피는 전 세계 사람들에게 생각만 하지 말고 행동으로 옮기라는 자극적인 메시지를 던졌다. 이 카피 덕분에 나이키는 세계 최고의 스포츠용품 제조사로 등극했다. 이 카피를 넣은 캠페인은 이후 10년 동안의 나이키 전성시대를 열었다. 1988년부터 1998년까지 나이키는 미국 운동화 시장점유율을 18퍼센트에서 43퍼센트로 끌어올렸다. 세계 시장 판매량 역시 8억 7700만 달러에서 92억 달러로 급성장을 이뤘다.

"저 여자… 한 거야, 안 한거야?"처럼 "저스트 두 잇"의 효과는 교묘하고 모호하게 상상력을 자극하는 힘에서 비롯됐다. 카피를 쓴 나이키의 광고대행사 '위든+케네디'의 공동 설립자인 댄 위든은 한밤중에 영감을 얻었다고 한다. 미국에서 10년 동안 사형이 중지됐던 유예기간을 끝내고 1977년 처음으로 사형이 집행됐던 연쇄살인범 개리 길모어가 사형 직전 마지막 남긴 "렛츠 두 잇"을 떠올렸다는 것이다.

위든은 이렇게 어둡고 사소한 기억으로부터 카피의 영감을 받아 전체 캠페인을 구상했다. 다양하게 해석될 여지가 있는 이 카피는 날씨 좋은 날 걷기 운동을 하는 평범한 사람부터 세계 최상급의 운동선수에 이르기까지 모든 이들에게 그들이 어떤 꿈을 품고 있든지 이룰 수 있으며, 모든 불확실한 상황을 뚫고 끝까지 해낼 수 있다는 확신을 심어줬다.

나이키는 이 카피에서 힘을 얻어 자신을 학대하던 남편에게서 벗어났다는 주부와 화재 현장에서 용기를 내 인명을 구할 수 있었다는 사연 등 캠페인을 통해 무엇이든 할 수 있다는 자극을 받았다고 털어놓는 많은 편지를 받았다고 밝혔다. 만약 이 카피가 "당장 일어나 운동하러 가세요"처럼 지시하는 투였다면 절대 광고에 쓰이지 못했을 것이다. 카피에서 '무엇'을 하라는 것인지 목적어를 남겨두고 사람들의 상상에 맡겼기 때문에 사람들에게 꿈을 줄 수 있었고, 결과적으로 지갑까지 열게 할 수 있었다.

미국의 월간지 <러너스 월드>의 발행인 조지 허시는 사람들을 움직이게 하는 나이키 카피의 매력을 이렇게 요약했다. "나이키의 저스트 두 잇은 우리 모두에게 새로운 힘을 준다. 이 카피는 우리의 마음과 용기를 직격한다."

위든과 폴리코프처럼 많은 이들에게 자극을 준 훌륭한 카피라이터들은 평범한 사람들이 알아차리지 못한 뭔가 특별한 것을 알고 있었다. 이들은 논리가 아니라 무의식적인 직감에 따라 과학자들조차 오랫동안 파악하지 못했던 사람들의 심리를 꿰뚫고 있었다. 위든과 폴리코프는 설득의 법칙을 직관으로 알고 있었던 이들이다.

프로이트는 수십 년 전에 이런 사실을 인정했다. "내가 무엇을 하든 나보다 먼저 그 곳에 도달한 시인들을 발견하게 된다. 시인들은 사람의 마음에 관한 한 우리의 스승이나 마찬가지다. 시인들은 과학이 아직 접근할 수 없는 시냇가에서 물을 마실 수 있는 사람들이기 때문이다."

당시의 프로이트는 오늘날 과학자들이 밝혀낸 것들을 알고자 열망했다. 최근의 신경과학은 시인들이 이용했던 본능과 직관이라는 샘물에 접근할 수 있는 방법을 제공하고 있다.

신경과학은 인간의 인지에 관한 두 가지 불변의 진리를 통해 시인들의 재능을 설명하는데, 첫 번째는 뇌가 항상 현실과 상상을 완벽하게 구분하지는 못한다는 점이다. 인간이 상상할 때나 현실 세계를 인지할 때 모두 같은 신경회로가 활성화되기 때문에 두 가지가 밀접하게 연결되어 있는 것이다. 많은 연구들이 운동선수들은 마음속으로 경기 장면을 상상하고 그래서 실제 운동능력을 향상시킨다는 점을 확인했다. 이것이 심리적 연습의 효과다. 행동 치료에서도 심리적 연습 과정을 통해 스포츠 경기를 하거나 사업에 성공하거나, 꿈에 그리던 차를 사는 등 목표를 이루는 상상을 하는 것이 큰 효과가 있다고 말한다. 만약 누군가를 뭔가에 대해 아주 생생하게 상상하도록 만들 수 있다면 당신은 자신의 카피를 현실화시킬 수 있을 만큼 아주 잘해내고 있는 것이다.

각자가 꿈꾸는 목표를 향해 상상력을 폭발시킬 수 있는 광고는, 심리적 연습을 통한 일종의 훈련처럼 작용할 수 있다. 구매 행위에 있어서도 상상이라는 과정은 사람들을 더 많이 소비하게 만든다. 문자 그대로 머릿속에서 모든 과정을 한번 겪어봤기 때문이다. 연습은 정말 완벽을 만든다.

두 번째 진리는 상상력이 개입하게 되면 일반적인 메시지가 지극히 개인적인 특별한 것으로 바뀐다는 것이다. 자기 자신의 마음에 집중하면 사람들은 그 메시지를 외부로부터 들어온 것이 아니라 자신의 생각처럼 받아들이게 된다. 흔히 "영화보다 책이 낫다"고 하는 것과 비슷한 맥락이다. 책을 보면서 사람들은 각자 상상을 통해 스스로 만들어낸 풍경과 인물들로 가득 찬 장면을 떠올리게 되고, 이야기와 자신을 더 강하게 동일시하게 된다.

브랜드도 마찬가지다. 사람들이 더 많이 개인적인 경험과 브랜드를 연결시키고, 또 브랜드를 개인적인 차원으로 받아들일수록 브랜드에 더 충성하게 된다. 이것이 바로 내재적 동기의 본질이자 외부 조작과 반대되는 개념이다. 사람들이 그렇게 하는 것은 그들이 원하기 때문이지, 누가 그렇게 하라고 해서가 아니다.

상상력은 모든 훌륭한 지도자들이 사용해온 중요한 도구다. 마틴 루터 킹 주니어는 영향력을 발휘할 수 있는 이 도구를 활용해 흑인 인권운동을 이끌었고, 결국 국가 전체의 방향을 바꿀 수 있었다. '나에게는 꿈이 있습니다I have a dream'라는 유명한 연설에서 그는 사회적, 법적, 정치적, 문화적 변화를 위해 미국인들을 단결시켰다. 그가 연설을 통해 미국인들에게 자기 자신을 돌아보게 격려함으로써 사람들은 더 나은 미래라는 공통된 비전과 희망을 찾을 수 있었다. 이 연설은 인종차별정책 종식을 위한 그의 여정에서 가장 큰 결실을 맺게 했다.

마케팅의 목표도 사람들을 설득해 각자 만들어 놓은 목적지를 향해 데려가는 것이어야 하고, 궁극적으로는 그들을 브랜드로 이끌어야 한다. 그 방법을 보여주는 좋은 예가 칼곤사의 거품목욕제 광고다. 가사에 시달리고 지친 주부가 "칼곤, 나를 멀리 데려가 줘"라고 외친다. 직접 목적지를 말하지는 않았지만 다음 장면은 몸을 녹일 수 있는 거품

목욕이 준비된 욕조로 이어진다. 짐작컨대 CF를 본 시청자들의 상상력은 CF의 결말을 머릿속에 그리며 칼곤 제품을 살 수 있는 슈퍼마켓으로 이끌었을 것이다.

상상의 물꼬 트기

상상은 심상心像을 형성하는 과정이다. 위대한 작가들은 언어뿐만이 아니라 글이 자아내는 느낌과 머릿속에 이미지를 떠올리게 하는 힘이 있다. 이미지는 종종 말보다 강하다. '한 장의 그림은 천 단어의 가치가 있다'는 격언이 이 진리를 강조하듯, 이미지는 무의식의 언어다. 증거를 원한다면 멀리 갈 필요 없다.

애플의 아이팟 캠페인이 있다. LA의 광고대행사 TBWA 샤이엇데이 미술팀이 멋진 작업을 통해 아이팟을 세계에서 가장 많이 팔리는 MP3 플레이어로 만든 바로 그 캠페인이다. 애플은 2003년 10월 LA의 버스정류장들을 도배한 야외광고 '실루엣' 캠페인을 시작했고, 뒤이어 전국적으로 TV광고와 인쇄광고를 내보냈다. 광고의 이미지는 놀랄 만큼 단순했지만 확실하고 역동적이었다. 사람들의 검은 실루엣과 흰색 아이팟, 선명하게 알록달록한 배경이 강한 대조를 이뤘다. 검은 실루엣으로 처리된 사람들은 아이팟으로 좋아하는 음악을 들으며 춤추는 이들이었다. 광고에 있는 유일한 글자라고는 애플 로고 옆의 제품명 '아이팟'이 전부였다. 애널리스트들은 아이팟이 4억 달러 정도 판매될 것이라고 예측했지만 실루엣 캠페인에 힘입어 2005년 1분기에만 무려 12억 달러라는 엄청난 순매출을 기록했다. 이 캠페인은 2005년 그랜드 에피상을 수상했다.

실루엣 캠페인은 사람들을 직접 드러내지 않고 검은 실루엣으로 대체함으로써 소비자들에게 스스로를 투영해보고 자신의 정체성을 비춰볼 수 있는 기회를 주었다. 사람들은 마음속 허전한 곳을 채울 수 있는 기회를 잡았을 때 각자 독특하게 개성을 드러낼 수 있는 개인적인 의미를 찾고자 한다. 애플은 이 콘셉트를 가지고 전 세계에서 캠페인을 전개했다. 이를 통해 애플은 단숨에 브랜드 정체성은 물론이고 애플 제품을 산 소비자들의 정체성까지 확립할 수 있었다.

어떤 작품이든 정체를 숨기거나 정체성을 다양하게 해석할 여지가 있을 때 엄청난 힘을 발휘한다. 도이치 LA의 우리 팀이 맡았던 폭스바겐 TV 광고가 입소문을 타고 대성공을 거둘 수 있었던 것도 이 때문이다. 꼬마에게 다스 베이더 마스크를 씌움으로써 뭔가 수수께끼 같고 호기심을 자극하는 요소가 더해졌고, 시청자들은 각자 꼬마 다스 베이더의 정체를 상상했다. 시청자들의 상상 속 꼬마 다스 베이더는 아마도 자기 자녀나 친척 아이의 모습이 반영됐을 것이다. 만약 광고에서 꼬마가 누구였는지 공개됐다면 이렇게 상상력을 발휘할 여지는 없었을 것이다.

도이치 LA의 구성원들이 지켜온 광고 철학이 바로 "여기, 인간을 말하다"이다. 이 신념은 "모든 위대한 이야기들은 어떤 방법을 통해 전달되든 간에 인간의 본질을 바탕으로 한다. 명곡과 명작 영화, 최고의 광고들 속에서 당신은 어떻게든 당신 자신의 모습을 발견할 수 있을 것이다"라는 뜻을 담고 있다.

삶의 가치를 담은 브랜드

고고학적 증거들은 인간의 상상력이 5만 년 전 후기 구석기시대부터 진화해왔다는 점을 보여준다. 인간만의 이러한 특이성이 나타난 이래 석기인들은 일상적으로 상상력을 발휘해왔다. 상상력은 인간이 사용하는 도구가 발전함에 따라 종교, 과학, 예술, 언어, 패션, 음악, 춤 등의 형태로 나타났다. 인간은 모든 분야에서 상상력을 동원한 기술을 뽐내왔고, 이 미증유의 인지 능력은 그 이후 내내 현대 인류를 규정하는 특징이 되었다.

상상력은 인간에게 서로 다른 개념들을 하나로 묶을 수 있는 능력을 부여했다. 이런 정신적인 활동 가운데 가장 진화한 형태가 '이중범위 연결망^{double scope blending}'이다. 인지과학자 마크 터너는 이중범위 연결망을 가리켜 '인간 상상력의 엔진'이라고 말했다. 터너는 "이중범위 연결망은 의식이 거의 알아차리지 못하는 막후에서 주로 작동한다. 드넓은 개념적 의미들의 연결망을 엮어내 인지적 성과물을 생산해내는데, 의식 수준에서는 결과물이 단순해 보일 수 있다"고 설명했다.

이중범위 연결망은 두 개의 서로 다른 개념적 영역을 하나의 공통된 현실로 결합시킨다. 이 능력 덕분에 인간은 새로운 콘셉트와 패턴을 만들어낼 수 있게 되었다. 또 이중범위 연결망은 인간에게만 있는 더 나은 삶을 영위하고자 하는 능력을 주고, 새 브랜드의 도움을 받으면 더 좋은 생활이 가능하리라는 것을 상상할 수 있게 한다. 작가 스티븐 프레스필드는 "우리 대부분은 두 개의 삶을 살고 있다. 하나는 우리가 살아가고 있는 삶이고, 또 하나는 우리 안에 있는 이루지 못한 삶이다"라고 표현했다.

오늘날 사람들은 시장경제 체제 안에서 자신의 삶이 지향하는 방향과 일치하는 브랜드를 구매한다. 상상력은 그저 기분 좋은 공상이나 재미를 위한 것에 그치지 않는다. 상상력은 각각 다른 별개의 현실을 하나로 통합하면서 더 나은 삶을 위한 진짜 변화가 어떤 것인지 그려보게 한다.

인간은 진화상 적응해가는 과정을 통해 삶에서 부딪히는 도전들을 이겨낸다. 마크 터너는 "의사 결정을 할 때처럼 진짜 중요한 목적이 있을 때는 융합된 개념들을 함께 더하게 된다"고 말한다. 인류가 상상력이 풍부해지도록 진화한 것은 새로운 것들을 발명하기 위해서뿐만 아니라 더 나은 결정을 하기 위해서다. 따라서 마케터들이 인간의 상상력에 다가가지 않는다면 소비자들의 선택이 이뤄지는 근본 과정을 제대로 활용하지 못하는 셈이다.

상상하던 꿈 건드리기

상상력은 외부 세계와 인간의 내적 상태가 만나는 의식과 무의식이 합류하는 지점이다. 비유적으로 표현하자면 빙산의 수위표와 같다. 그런 의미에서 상상력은 인간의 일상생활에서 매우 필요한 요소다. 신경과학자 크리스 프리스는 "세계를 보는 인간의 인식은 현실과 일치하는 상상과 같다"고 말했다.

상상력은 우리가 인식하는 것과 무의식이라는 수면 아래에 있는 것들 사이에서 양방향 커뮤니케이션이 이루어지는 장소다. 의식은 삶의 문제에 대해 창의적인 해결방법을 내놓기 위해 노력하는 가운데 마음 속 깊은 곳의 소리를 들을 수 있다. 이것이 의식과 무의식의 연결을 현실화하는 과정이다.

의식적인 사고는 온라인숍에서 구두를 고르거나, 친구와 스키 리조트에 대해 이야기한다든가, 새로 나온 식기 세정제 광고를 보는 등 일상적인 생활에서 주고받는 대화와 느낌, 이미지 등을 통해 무의식의 영역으로 연결된다. 의식적인 생각과 아이디어들은 동기부여가 이뤄지는 거대한 무의식의 정보 속에 서서히 주입된다. 무의식은 종종 이렇게 주입되었다가 갑자기 떠오르는 생각들을 행동으로 옮기려고 시도하는데, 이것이 꿈과 백일몽, 직관, 예감, 새 아이디어, 계획 등의 형태로 나타난다. "그 구두를 살 걸 그랬나봐"라고 혼잣말을 하게 되거나 스키장에 갈 계획을 세우거나 혹은 세정제를 사는 것이 다 그 예다.

신경생물학계에 '생각은 물건이다thoughts are things'라는 말이 있다. 우리가 브랜드 제품을 구매하는 것처럼 무의식적인 생각을 행동으로 옮겨 구체화시키면 생각이 물건이 된다. 실제 생활에서 분명해 보이는 것이 우리 마음속에서는 비물질적인 의도로 시작되곤 한다.

마케터의 목표는 집합의식collective consciousness을 대중적인 힘으로 발전시키는 것이다. 프랑스 사회학자인 에밀 뒤르켕은 사회에서 전체 구성원들이 공유하는 신념, 태도, 가치관, 감정 체계를 집합의식이라 일컬었다. 더 많은 사람들이 같은 브랜드에 대해 동일한 꿈과 공상, 욕망을 가지면 가질수록 그들이 그 브랜드를 실제로 구매할 가능성은 높아진다.

제품과 서비스에 상상력이 개입할 여지가 있도록 설계할 수 있다면 더할 나위 없다. 우리가 영화와 책, TV, 연극, 스포츠 관람, 비디오게임을 좋아하는 이유가 여기에 있다. 이런 제품과 서비스는 관중과 구매자들이 보고, 상상하고, 새로운 세계를 꿈꿀 수 있게 한다.

게임 개발업체 일렉트로닉 아트가 다른 캐릭터의 삶을 대신 살아볼 수 있는 인생 시뮬레이션 게임 '심즈'를 개발한 것도 바로 사람들이 마음속 깊은 곳에서 상상하던 꿈을 건드린 것이다. 심즈는 2003년 전 세계에서 630만장이 팔려나가면서 PC게임 역사상 가장 많이 팔린 게임이 되었다. 2009년 심즈3이 출시됐을 때 이 게임은 또 한 번 세계 베스트 셀링 게임 목록에 올랐고, 일렉트로닉 아트사 게임으로서는 최근 10년간 6번째로 PC게임 순위 1위에 오른 작품이 되었다.

가상세계에 대한 사람들의 흥미는 실제 세계에 대한 관심을 대신할 정도로 커지고 있다. 판타지 스포츠 게임의 폭넓은 인기가 그 예다. 판타지 스포츠 게임은 과거 수십 년 동안은 인지도가 낮았지만 디지털 시대가 도래하면서 열광적인 팬들이 기하급수적으로 늘고 있다. 판타지 스포츠 게임을 즐기는 사람들은 2003년 1500만명에서 2008년 3000만명에 육박하는 등 거의 배 가까이 늘었다.

그런데 조사에 따르면 판타지 스포츠 게임에 참가하는 많은 사람들이 실제 미국 미식축구리그에서 그들이 좋아하는 팀보다 게임 속 가상의 팀에게 더 많은 관심과 애착을 보이는 것으로 나타났다. 만약 상상이 스포츠 팬들에게 했던 것처럼 마케팅에서도 강력한 충성심을 불러일으킬 수 있다면 어떤 일이 벌어질지 상상해보라.

스토리의 힘

당신이 브랜드 스토리에 대해 정확하게 알고 있다면 일단 성공적인 커뮤니케이션을 위한 기초는 놓은 셈이다. 스토리텔링은 사람들이 서로서로를 연결하는 방법의 핵심이기 때문이다.

조지 루카스 감독이 <스타워즈>를 만들 때 그는 영화의 첫머리에 이 방법을 활용했다. "아주 먼 옛날 은하계 저편에…"로 시작하는 자막을 보면서 관객들은 이제 막 시작되는 이야기를 받아들이기 위해 마음을 열게 된다. 스토리텔링은 우리가 생각하고 결정하고 행동하는 열쇠가 되기 때문이다.

마크 터너는 "스토리를 묘사하고 상상하는 것은 생각의 기초 수단이다. 이성의 힘도 여기에 달려있다. 스토리는 미래를 보고, 예측하고,

"

이야기가 더 기억하기 쉬운 것은
스토리가 곧 우리가 기억하는 방식이기 때문이다.
마케팅 업무 내적으로나 외적으로나
모든 분야에서 스토리텔링을
핵심적인 과제로 삼아야 한다

"

계획을 세우고, 설명하는 주된 방법이 된다. 인류의 경험과 지식, 생각 대부분은 스토리로 정리된다"고 말한다.

인류의 스토리텔링에 대한 사랑은 의사결정의 두 가지 과정으로부터 비롯된다. 우리의 뇌가 먼저 감정을 따르고 그 다음으로 논리에 따르도록 만들어졌기 때문에 인간의 본성은 이야기에 끌리게 되어 있다. 인간은 어떤 순간에든 몸으로 감지하고 느끼는 것에 의미를 부여하고, 직감적이고 빠른 무의식은 자동적으로 환경에 반응한다. 반면 의식은 이런 반응들을 논리적인 이야기로 엮어낸다. 인간은 자기 주변을 둘러싼 세상을 이해하려고 끊임없이 노력하기 때문에 자신 앞에 펼쳐진 경험들을 해석하기 바쁘다. 스토리텔링은 우리가 어떻게 경험을 이해하고 받아들이느냐에 관한 것일 뿐만 아니라 이런 생각들을 어떻게 다른 사람들과 주고받느냐의 문제이다.

인류는 수렵채집 시절 수십만 년 동안 불가에 둘러앉아 이야기를 나눴다. 이것이 우리가 자신을 다른 사람과 연결시키는 방식이다. 그러나 불행히도 오늘날 우리가 의사소통하고 비즈니스를 하는 방식은 대개 과거의 스토리텔링 방식과는 단절된 것이다. 스프레드시트와 판매 차트, 파워포인트 프레젠테이션에 파묻혀 우리 스스로를 자연스럽고 효율적인 커뮤니케이션 방법에서 떼어놓고 있는 것이다. 소비자들과 또 동료들과 의사소통을 더 잘할 수 있는 방법을 찾아야 한다.

오늘날 우리가 마케팅에서 하는 일의 많은 부분은 우리 브랜드가 어떤 의미를 갖는지, 왜 우리 브랜드에 관심을 기울여야 하는지 소비자들에게 전달하고 우리 브랜드 제품을 판매하는 데 달려있다. 복잡한 시력 검사표 같은 그래프로 채워놓은 논리적인 파워포인트 프레젠테이션으로는 브랜드 스토리를 효과적으로 전할 수 없다. 미래학자 다니엘 핑크는 그의 책 『새로운 미래가 온다』에서 "이야기가 더 기억

   03 3단계 | 상상력을 이끌어내라

하기 쉬운 것은 스토리가 곧 우리가 기억하는 방식이기 때문이다"라고 썼다. 때문에 우리는 마케팅 업무 내적으로나 외적으로나 모든 분야에서 스토리텔링을 핵심적인 부분으로 삼아야 한다.

마크 헌터가 도이치 LA의 최고 창의성 책임자로 부임해 처음으로 직원들 400여명 앞에 섰을 때 그는 일장연설을 하는 대신 자신의 경험담을 하나 들려주었다. 그가 유로 에피상을 시상하기 위해 브뤼셀에 갔던 때의 이야기였다.

그때 작은 문제가 생겼다. 그냥 시상자가 아니라 격식을 차린 축하 행사에서 벨기에 TV 스타와 공동 진행을 맡게 되어 있었던 것이다. 이름을 발음하기도 어려운 네덜란드와 독일 광고계 거물들과 현장에서 인터뷰를 진행해야 했고, 방금 건네받은 행사 진행용 대본은 영화 극본 만큼이나 두꺼웠다. 헌터는 행사를 진행하면서 속으로 "이런 말도 안 되는 일은 인생에 몇 번 안 될 거야"라며 "설마 여기서 프롬프터가 고장 날 가능성은 백만 분에 일도 될까 말까 하겠지?"라고 생각했다고 한다. 그런데 바로 그 순간, 프롬프터가 작동을 멈췄다. 그러나 헌터는 허둥지둥 하는 대신 재치 있게 위기를 넘겼다. "아, 기계들이란! 제가 사회를 보는 동안에는 전파방해가 생기니 비행기를 착륙시키지 마세요." 프롬프터는 다시 작동하기 시작했고, 행사가 끝났을 때 꺼졌다.

헌터는 이 이야기를 하면서 자신이 커뮤니케이션 전문가임을 충분히 보여줬다. 그는 낯선 사람들 앞에서 무대에 섰을 때의 느낌에 공감하게 만들면서 금세 새 동료들과 교감했다. 이야기를 통해 그는 자신이 업계의 중요한 시상식에 참여하고 큰 행사 진행자로 뽑힐 만한 인물이라는 것을 전함으로써 자신의 권위도 뽐낸 셈이다. 또 위기에 처했을 때 동요하지 않고 문제를 처리하는 능력도 과시했다. 헌터가 미리 이 이야기를 하겠다고 계획을 세웠을까? 물론 아니다. 그는 우리에게 멋진 이야기를 들려준 것이고, 이런 기술은 훌륭한 창의적인 리더들이 공통적으로 가지고 있는 재능 중 하나다.

워렌 버핏은 비즈니스계의 거목이자 세계에서 손꼽히는 거부다. 뿐만 아니라 그는 스토리텔링의 대가이기도 하다. 그에게 누군가 최악의 투자가 어떤 것이었냐고 묻자 역설적인 대답이 돌아왔다. 버핏이 그의 분신과도 같은 버크셔 해서웨이를 사들일 때 했던 첫 번째 대규모 투자 이야기를 꺼낸 것이다.

버핏은 "그때 워낙 쌌기 때문에 샀지만 형편없는 선택이었다. 내가 '담배꽁초'에 비유해 부르는 주식이 있다. 침이 축축하게 묻은 채 바닥에 떨어져 있는 담배꽁초는 끔찍하지만 딱 한 모금만 피우고 싶을 때 주워서 피우기엔 나쁘지 않다. 게다가 담배꽁초는 공짜 아닌가. 내가 주식을 샀을 때 버크셔가 바로 그랬다. 기업의 운전자본보다 싸게 팔리고 있었다"고 말했다.

많은 사업가들은 듣는 사람이 이해할 수도 없는 금융과 관련된 사실들을 늘어놓아 금방 지루하게 만들곤 한다. 하지만 버핏의 화법은 다르다. 버핏은 그냥 이야기를 하는 것이 아니라 이야기를 통해 사람들을 이해시키고 설득하는 사람이다. 버핏은 담배꽁초 같은 인상적인 한마디를 통해 다른 사람들에게 쉽게 전달되고 오래 기억에 남을 비유적인 표현을 쓴다. 그는 비유를 통해 우리가 보고 듣고 심지어 맛볼 수 있는 공감각적 수단을 제공하고, 더 뚜렷한 이미지와 더 튼튼한 연결고리를 만든다.

스토리텔링은 오늘날 점점 더 어수선해지는 마케팅 시장에 진입하기 위한 일종의 비용이다. 제대로 되기만 하면 정보를 전파하고 메시지를 심는 데 도움이 된다. 예컨대 미국인들에게 폭스바겐 하면 떠오르는 것은 오래 탈 수 있다는 믿음이다. 워낙 오래된 비틀과 마이크로버스들이 아직도 도로에서 눈에 띄기 때문일 수도 있고, 아니면 독일 차들이 더 튼튼해 보인다는 막연한 이미지 때문일 수도 있다. 이런 믿음을 강하게 하는 데는 도이치 LA가 만든 폭스바겐의 또 다른 CF도 한몫 했다. 어느 가정의 뒤뜰에서 열리고 있는 아이의 생일 파티를 배경으로 한 CF였다.

파티의 주인공인 꼬마는 눈을 가린 채로 장난감과 사탕이 가득 든 알록달록한 자동차 모양의 통을 막대기로 쳐서 넘어뜨리려고 하는데 잘 되지 않는다. 계속해서 시도하지만 꼬마에게는 분하게도, 종이 반죽으로 만들어 매달아놓은 SUV 모양의 통은 흠 하나 없이 끄떡없다. 파티에 온 어른들도 믿기지 않는다는 멍한 표정들이다. 매달린 자동차 모양 통이 이리저리 흔들리고 빙빙 돌다가 천천히 멈춰서면 통에 찍혀있던 폭스바겐 로고가 드러난다. 이때 성우의 "폭스바겐처럼 만들었습니다"라는 목소리가 겹쳐진다. 꼬마 아버지까지 나서서 통을 세게 쳐보지만 결과는 똑같을 뿐이다.

CF 스토리와 부서지지 않는 자동차 모양 통의 비유는 '견고한 B-필러 설계'나 '레이저 심 용접' 같은 기술적인 설명보다 폭스바겐의 내구성에 대해 더 많은 것을 전달한다. 이 CF는 사실을 나열한 것이 아니라 재미있는 이야기를 담았기 때문에 충분히 화제가 될 수 있었던 광고였다.

2011년이 끝나갈 때쯤 폭스바겐의 4개 모델이 미국 내 최다 판매기록을 경신했는데, 그중 하나가 CF에 자동차 통이 등장했던 티구안이었다. 폭스바겐은 이 같은 스토리텔링의 마법에 힘입어 미국 판매량을 세 배로 늘리겠다는 야심찬 장기 계획을 추진 중이다. 뛰어난 창의성과 광고 효과는 서로 배타적인 것이 아니라는 증거로, 폭스바겐은 2012년 클리오 어워드에서 올해의 광고주로 선정됐다. 이 상은 창의

적인 리더십을 성취하고 광고계의 혁신을 위해 헌신한 글로벌 브랜드
에게 주어진다. 폭스바겐 그룹의 세계 브랜드 마케팅 총책임자인 루
카 드 메오는 "그동안 폭스바겐 그룹의 모든 광고들은 휴먼 스토리를
심플하고 강력한 방법으로 전달한다는 브랜드 전통을 세워왔다. 우리
는 광고를 통해 소비자들이 우리와 연결된다는 점을 기쁘게 생각한
다"고 소감을 밝혔다.

상징의 힘

상징은 현실을 추상적이고 문화적으로 대표하는 것이다. 직접적이고
정확한 기호와는 달리 상징은 문자 그대로의 일반적인 정의에서 벗어
나 정서적인 해석을 필요로 한다. 정신분석학자 칼 융은 상징에는 어
떤 정의도 있을 수 없다고 말했다. 다만 해석상 여러 단계의 미묘한 차
이가 있기 때문에 사람들은 상징에서 주관적이고 초자연적인 의미와
통찰을 발견한다고 보았다.

훌륭한 브랜드 역시 기호가 아닌 상징이다. 브랜드는 제품 그자체가
아니라 그 이상의 것을 의미해야 한다. 칼 융의 표현을 따르자면 "기
호는 항상 그것이 표시하는 개념보다 작다. 반면 상징은 직접적이고
명확한 의미보다 항상 더 큰 것을 나타낸다.'

문화는 세상을 보는 방식을 바꾸고 사회의 움직임을 이끌며, 인류가
나아가고자 하는 방향을 전환하기 위해 오랫동안 상징을 사용해왔다.
상징 중 가장 강력한 것은 종교적 의미를 닮은 것들이다. 기독교의 십
자가, 유대교의 다윗의 별, 이슬람교의 초승달과 별 등이 대표적이다.
이들 상징은 신자로서의 정체성과 신앙심을 가장 높은 수준으로 끌어

올리는 역할을 한다. 인류는 10만 년 전부터 자신의 신분을 표현하기 위해 상징을 사용해왔다. 인류의 선조들은 자신이 어떤 부족 소속이며 부족 내에서 어떤 위치를 차지하는지 나타내는 상징적인 장신구를 착용했다.

오늘날에는 브랜드가 사회적 정체성을 표시하는 새로운 상징적 장신구가 되었다. 도이치 LA의 CEO 마크 셸던은 이렇게 말했다. "브랜드는 커뮤니티나 동호회와 같고, 어떤 면에서는 종교와도 흡사하다. 미국에서 가장 강력한 브랜드인 폭스바겐이나 나이키, 애플을 보라. 이들은 제품과 가격을 초월해 사람들을 끌어당긴다."

셸던의 말은 영국 신경과학자팀의 연구로 뒷받침된다. 이 연구팀은 애플 광팬의 뇌를 스캔했고, 그 결과 그가 애플 로고를 볼 때 활성화되는 뇌의 부분이 신앙을 가진 사람들이 종교적인 이미지를 볼 때 활성화되는 부분과 똑같다는 것을 발견했다. 마케팅 전문가인 마틴 린드스트롬 역시 연구를 통해 같은 결과를 얻었다. 그가 사람들에게 애플의 아이팟이나 기네스, 페라리, 할리 데이비슨처럼 강력한 브랜드와 관련된 이미지를 보여줬을 때 사람들의 뇌는 종교적인 이미지를 보았을 때와 완벽하게 똑같은 패턴의 반응을 나타냈다.

브랜드가 이미 존재하고 있는 상징으로부터 그 의미를 빌려오게 되면 그 상징이 대표하고 있는 문화적 의미와 제품을 연결하는 효과를 얻게 된다. 스위스 아미 나이프 제조업체인 빅토리녹스는 브랜드 이름보다 로고로 훨씬 더 잘 알려져 있다(사진). 빅토리녹스의 로고는 영혼을 나타내는 기독교의 십자가, 숙련된 솜씨를 의미하는 스위스 국기, 보호를 뜻하는 방패라는 잘 알려진

빅토리녹스의 로고는 영혼을 나타내는 기독교의 십자가, 숙련된 솜씨를 의미하는 스위스 국기, 보호를 뜻하는 방패라는 잘 알려진 상징들을 유리하게 조합했다.

VICTORINOX
amazon.com
VICTORINOX
VICTORINOX
SWISS ARMY
VICTORINOX
SWISS ARMY
Victorinox
VICTORINOX

상징들을 유리하게 조합했다. 빅토리녹스는 이를 통해 로고 자체로 소비자들에게 브랜드를 각인시키는 혜택을 누렸다. 기존 상징의 풍부한 조합을 활용해 로고가 마케팅의 큰 몫을 담당한 셈이다. 이 회사의 CEO 칼 에스너는 "빅토리녹스에게 중요한 것은 마케팅이 아니라 제품이다. 가능한 한 최고의 나이프를 제조해 소비자에게 제공하는 것이 빅토리녹스의 모든 것이다"라고 말했다. 상투적인 발언이기는 하지만 이것이 바로 자신을 대표할 수 있는 강력한 상징을 가진 브랜드가 누릴 수 있는 여유인 것이다.

빅토리녹스는 2001년 9 · 11 테러로 엄청난 타격을 입었다. 테러 이후 항공사들이 일제히 날카로운 제품을 소지하고 탑승하는 것을 금지하면서 주머니칼이 대표 상품인 빅토리녹스의 매출은 거의 하룻밤 만에 30퍼센트 감소했다. 그러나 빅토리녹스는 핵심사업인 아미 나이프를 넘어서 시계와 가방, 의류, 향수 등으로 사업 분야를 넓히며 브랜드의 유연성과 힘을 확인했다. 제품과 제조 중심의 회사가 재빠르게 브랜드와 이미지 중심의 회사로 변화를 시도한 것이다. 이들 새 제품군역시 소비자들에게 쉽게 각인되는 로고를 붙여 판매되었으며, 2009년 빅토리녹스 전체 매출의 60퍼센트 가까이를 차지하는 성과를 올렸다. 브랜드 다각화와 상품군의 확대로 큰 성공을 거둔 것이다. 게다가 이 같은 성취는 핵심 사업을 축소하지 않은 채로 이뤄졌다. 빅토리녹스는 세계 100여 개국 이상에 꾸준히 아미 나이프를 수출하고 있고, 스위스를 제외하고는 대부분의 국가에서 80퍼센트에 달하는 시장점유율을 차지하고 있다. 그리고 2011년 현재에도 매일 3만4000개의 주머니칼을 생산하고 있다.

당신의 업무를 분명히 파악하라 마케터들은 마케팅의 정답이 언제나 소비자들의 말 속에 있다고 생각한다. 하지만 성공이라는 거대한 성의 열쇠를 쥐고 있는 것은 바로 당신이다. 당신이 회사의 비전과 목표를 명확하고 구체적으로 이해하고 있다면, 또 당신의 신념과 가치가 대중의 감수성과 동일선상에 있다면, 소비자들은 당신의 브랜드와 당신의 마케팅을 따르게 될 것이다.

더 좋은 제품이 아니라 더 나은 삶을 약속하라 사상가이자 문인인 헨리 데이비드 소로는 "수많은 사람들이 조용한 절망의 삶을 살고 있다"고 말했다. 사람들은 그들을 더 나은 존재가 되도록 이끌어줄 누군가를 끊임없이 갈망한다는 점을 기억하라. 만약 당신의 캠페인이 단순하게 제품에 대해서만 이야기하고 삶의 여러 가능성에 대한 열정을 고취하지 못한다면 당신은 고객의 동기라는 마음속 깊은 곳과 연결되는 데 실패할 것이다.

비유를 사용하라 비유는 창의성을 자극하는 데 이상적이다. 당신이 맡고 있는 브랜드의 문제점을 비유를 사용해 요약해보라. 언어로 표현하지 않아도 괜찮다. 비유는 상상력의 원동력이 되는 아이디어들이 쌓일 수 있도록 도움이 된다. 신경과학자인 V.S. 라마찬드란은 은유적인 사고와 창의적인 사고는 서로 연결되어 있다고 주장했다. 창조적인 사람들은 2가지 이상의 감각을 동시에 감지하는 독특한 능력인 공감각이 일반인보다 8배나 높다는 것이다. 라마찬드란은 뇌의 독립적인 감각 인식이 교차연결되기 때문에 공감각이 나타난다고 보았다. 공감각을 가진 사람은 숫자에서 색깔을 보거나 맛을 기하학적 모양으로 받아들인다고 한다. 예를 들어 숫자 1을 보면서 빨간 색을 감지하거나 설탕을 맛보고 둥글다고 느끼는 식이다. 누구나 흔히 쓰는 '톡 쏘는 목소리' 같은 표현에서 볼 수 있듯 우리 모두는 어느 정도 공감각적 능력을 가지고 있다.

소통을 위해 스토리를 활용하라 스토리텔링은 브랜드 커뮤니케이션뿐만 아니라 시장조사에서 소수를 대상으로 깊이 있는 정보를 수집할 때도 유용하다. 마케팅 컨설턴트인 G.클로테르 라파이유 박사는 '컬쳐 코드'를 파악하기 위해 사람들에게 언어나 콘셉트에 관한 이야기를 해달라고 청한다. 그가 말하는 컬쳐 코드란 '특정 문화에 속한 사람들이 일정한 대상에 부여하는 무의식적인 의미'를 가리킨다. 칼 융의 '원형'이나 '집단무의식'과 일맥상통한다.

라파이유 박사의 접근방법은 광고의 동기유발 요인을 드러낸다. 라파이유 박사는 걸프전을 통해 유명해진 군용차량 험비의 민간용 버전인 SUV 허머가 왜 그렇게 인기 브랜드가 되었는지 문화적 코드를 통해 설명했다. 미국에서 SUV의 문화적 코드는 '지배'라는 것이다. SUV는 차체가 높고 덩치가 큰 만큼 타인에 비해 우위에 있고 싶고, 강해 보이고 싶은 운전자의 심리가 반영된 차량이라는 설명이다. 따라서 도로의 지배자를 상징하는 허머는 파충류의 뇌의 안전에 대한 욕구와 사회적 지위에 대한 본능을 동시에 만족시키는 선택이었다. 라파이유 박사는 "파충류의 뇌는 항상 승리한다"고 단언했다.

마음껏 꿈꿔라 우리는 꿈과 환상, 백일몽을 폄하하는 문화에서 살고 있다. 꿈이나 환상을 통해 얻은 정보 역시 무시하는 경향이 있다. 하지만 만약 당신이 꿈꾸고 있음을 자각하면서 꿈을 꾸는 '자각몽'을 경험한 적이 있다면 꿈이 얼마나 현실적이고 생생할 수 있는지 기억할 것이다. 기억할 수 있는 꿈은 의식이라는 필터를 통해 걸러지지만 통찰력이나 직관의 형태로 현실에 도움이 될 수 있다. 문제가 생겼을 때 해결하려고 너무 애쓰지 않아도 괜찮다. 일단 문제와 거리를 두고, 초점을 당신의 내부나 다른 곳으로 옮길 스 있는 방법을 찾아보라. 그리고 잠들기 전 침대 옆에 펜과 종이를 챙겨놓는 것을 반드시 잊지 말도록.

오디오는 '마음의 극장'이라는 점을 기억하라 시인 스테판 빈센트 베넷은 라디오를 가리켜 '마음의 극장^{theater of the mind}'이라고 했다. 라디오를 들으며 청각을 통해 그려지는 이미지로 극적인 감흥을 느낀다는 의미다. 그러나 라디오 광고는 그동안 마케팅 업계에서 사생아나 서자 취급을 받아왔다. 라디오 광고는 영상 없이 소리로만 전달된다는 특성 때문에 듣는 이가 개인적인 해석을 통해 마음속에 영상을 떠올릴 수 있게 해야 한다. 따라서 잘 짜여진 내러티브가 필수다. 라디오 광고가 역설적으로 가장 강한 설득력을 가질 수 있는 이유가 여기에 있다. 라디오라는 매체가 갖는 스토리텔링의 힘을 다시 검토해보고, 온라인 디지털 오디오를 창의적으로 활용할 수 있는 방법에 대해 고민해볼 때다. 이들 매체를 통해 소비자에게 스토리를 들려주면서 감각을 자극하고, 제품을 사거나 사용하는 상상을 하도록 유도할 수 있을 것이다.

4단계

느낌을 바꿔라

어떤 감정이든 진실한 것이라면, 자기도 모르게 무의식적으로 우러난 것이다. 마크 트웨인

내가 어릴 때 부모님은 가끔씩 일요일에 우리 형제들을 성 세실리아 교회에 데려가곤 했다. 1866년에 세워진 이 성당은 위풍당당한 분위기도 좋지만 전해 내려오는 이야기도 많은 전통 있는 곳이다. 이곳은 미국 프로 미식축구 역사상 가장 존경받는 전설적인 명감독 빈스 롬바르디가 처음으로 감독 생활을 시작한 곳이다.

롬바르디는 성 세실리아 고등학교에서 8년 동안 감독으로 일하면서 1943년과 1944년에는 2년 연속 무패 신화를 기록하기도 했다. 그는 슈퍼볼이 처음 열린 1967년부터 2년 연속 우승한 것을 포함해 무수한 우승 경력을 가지고 있다.

하지만 롬바르디가 정말 위대한 지도자로 꼽히는 이유는 그가 라커

룸에서 선수들에게 했던 수많은 명언과 난관을 뚫고 승리를 이뤄낸 놀라운 능력 때문이다. 그가 선수들을 격려하고 자극하며 동기를 유발하는 기술을 배운 곳이 그가 지도자로서 첫 발을 내딛었던 성당이라고 해도 과언은 아니다. 독실한 가톨릭 신자였던 그는 미식축구에 관심을 갖기 전에는 신부가 되려고 했다. 내 개인적인 경험으로도 어린 시절 교회에서 받았던 영적인 힘과 믿음을 강조하는 가르침은 타인을 설득하고 움직이는 중요한 기술이 되었다.

롬바르디는 이런 말을 남겼다. "만약 당신기 마음속으로 믿고 있는 것에 감정적으로 몰입할 수 없다면 지금 당신은 잘못하고 있는 것이다." 상상을 통해 자신이 목표로 하는 것에 대한 비전을 세운다면, 그 비전을 현실로 이룰 수 있게 이끌어가는 것은 우리의 감정이다. 롬바르디는 다른 위대한 종교인이나 선구적인 기업인들이 그랬듯이 현실적인 세계와 정신적인 세계에 다리를 놓으겨 팀을 승리로 인도하는 비상한 능력을 발휘했다. 그는 "리더십은 정신적인 능력이다. 다른 사람들에게 영감을 주고 다른 사람들을 따라오게 만드는 힘이다"라고 말했다.

그런데 영감을 준다는 것은 무엇일까? 마케팅이나 광고계에서는 항상 이 말을 쓰곤 한다. 특히 크리에이티브팀에게 판매량을 끌어올릴 수 있는 아이디어를 독려할 때 더 그렇다. 영감을 준다는 표현은 몇 가지 의미를 갖고 있다. '숨을 불어넣다' '사상이나 감정을 주입하다' '신성하거나 초자연적인 힘으로 각성시켜 분발하게 하다' 란 뜻이다. 의식적으로 깨닫지 못했을 뿐이지, 이미 마케팅업계의 많은 이들이 롬바르디가 성 세실리아에서 터득했던 작전을 따라하고 있다. 사람들을 설득할 수 있는 가장 훌륭한 방법, 바로 종교를 활용하는 것이다.

종교라는 과학

인류의 기원과 초기 인류를 연구한 결과 오늘날의 인류에 대해 많은 것을 알게 된 것처럼, 인류에게 유익한 단체와 제도를 탐구함으로써 많은 것을 얻을 수 있다. 가톨릭 교회가 확립되는 과정은 역사적으로 어떻게 한 조직이 대중의 감성을 바꾸고 신념과 행동을 바꿀 수 있으며, 어떻게 열렬한 추종자들을 모으고 유지할 수 있는지 보여주는 좋은 예다.

가톨릭 교회는 세계에서 가장 오래되고 가장 잘 조직화된 단체 중 하나다. 현재도 전 세계 기독교 교파 중 가장 규모가 크다. 세속적으로 말하면 기독교는 전 세계에서 22억 명의 '고객'을 거느린 '가장 잘 팔리는' 종교다. 가톨릭은 그 중에서도 50퍼센트 정도의 시장점유율을 가진 가장 우세한 브랜드다.

가톨릭이라는 단어는 원래 '보편적' 혹은 '일반적'이라는 뜻의 그리스어에서 비롯된 말이다. 그래서인지 가톨릭 교회가 미국에서 가장 많은 부동산과 자산을 가진 법인이라는 사실이 그리 놀랍지 않다. 가톨릭 교회의 자산은 AT&T와 스탠더드오일, US스틸의 자산을 모두 합친 것보다 더 많다. 가톨릭 신앙이라는 이름 하나로 이 종교는 모든 이들에게 통하는 절대적인 가치가 되었다. 스티븐 핑커는 "민속학자들의 연구에 따르면 종교는 전 세계 인류에게 공통된 것이다. 모든 문화에서 영혼은 사후에도 존재한다고 믿었으며, 종교적 의식을 통해 현실세계를 바꾸고 진실을 엿볼 수 있다고 믿었다"고 말했다. 예일대 심리학자 폴 블룸 역시 "인간에게 종교적 본능이 내재되어 있다는 증거는 많다"고 말했다. 신경과학자 앤드류 뉴버그는 "모든 종교적 신앙과 제례, 전통에는 상당히 많은 유사점이 있다"고 지적했다.

뉴버그는 종교적 활동이 이뤄질 때 인간의 뇌는 공통된 특성을 보인다고 말했다. 기도와 묵상을 위해 집중할 때는 전두엽이 활성화되고, 예배를 통해 경외감과 기쁨을 느낄 때는 변연계의 활동이 두드러지며, 감각 정보를 관장하는 두정엽의 활동도 활발해진다. 뉴버그는 또 두정엽 회로는 신체활동이 시작되고 끝나는 것을 감지하지만 기도와 묵상을 할 때는 그 활동을 멈춘다고 말했다. 때문에 기도와 묵상을 통해 신과 세계와의 강력한 일체감을 느낄 수 있다는 것이다.

이렇게 인류가 종교를 받아들였던 요인은 인류에게 천성적인 것이자 교육을 통한 것일 가능성이 높다. 『이기적 유전자』의 저자인 리처드 도킨스에게 본능으로서의 신앙에 대해 물었을 때 이런 대답이 돌아왔다.

"나는 아이들이 눈으로 볼 수 없는 신들을 믿는 것은 종교가 인간의 본능적인 성향이라는 증거라고 믿어왔고, 지금도 그렇게 생각한다. 하지만 종교가 주입과 세뇌에 의한 것이라는 가설도 타당하다고 본다. 본성과 교육이라는 이 두 가지 요소는 서로를 강화시킬 수 있고, 확실하지는 않지만 나도 그럴 것이라고 여기고 있다."

믿음과 행동을 바꾸는 세 가지

가톨릭 교회의 성공은 종교에 대한 인간의 본성 때문만은 아니다. 감성적으로 명확하게 정의된 신앙적 의무에 뿌리를 두고 있다. 원죄로부터 인류를 구원하고 예수의 복음을 전파해 하느님의 영광을 영원히 찬양하는 것이 가톨릭 교도들의 의무다.

가톨릭의 가르침은 이 의무를 어떻게 수행할 수 있는지 최면방식과

   04 4단계 | 느낌을 바꿔라

무의식적 브랜딩 과정을 통해 분명하게 설명하고 있다. 최면은 기도나 묵상과 매우 비슷한 정신 집중의 한 형태다. 최면을 통해 우주와 일체감을 느끼며 무의식에 접근할 수 있다. 누구나 언제라도 최면상태에 빠질 수 있다. 기도하려고 무릎을 꿇거나 명상을 위해 가부좌를 틀지 않아도 좋은 책에 푹 빠지거나 어두운 극장에 앉아 최신 영화를 볼 때에도 일종의 최면상태를 경험할 수 있다.

행동과학센터와 최면심리연구소 소장인 조지 존 카파스는 "신념 체계에 영향을 끼쳐 행동을 통제하고 교정하고자 하는 시도라면 어떤 것이든 최면방식이 될 수 있다"고 말했다. 종교와 교육, 심지어 마케팅과 광고에서도 효과적인 시도는 최면방식이라고 정의할 수 있겠다. 제안하고자 하는 것이 신의 영원한 구원이든, 더 튼튼하고 흡수력 좋은 종이 타월이든 간에 모든 커뮤니케이션의 목표는 그 제안을 받아들이게 만드는 것이기 때문이다.

카파스에 따르면 모든 최면방식에는 세 가지 핵심적인 요소가 있다. 첫 번째가 권위다. 최면의 대상이 되는 사람이 메시지를 전달하는 사람을 권위 있는 존재로 받아들여야 한다. 메시지를 전달하는 사람은 한 발 앞서서 주변 환경을 압도할 수 있어야만 한다. 사회적 역학 관계상 권력과 지배력, 더 높은 지위를 가진 사람으로 인식되어야 한다는 점이다. 권위를 세우기 위해 흔히 쓰는 방법은 특별한 의복을 입는 것이다. 의사들이 흰 가운을 입고, 경찰들이 파란 유니폼을 입고, 군인들이 계급이 높아질수록 군복에 점점 더 화려하게 훈장을 다는 것이 그 예다. 이런 의상들은 권위를 상징한다. 드라마 <올 마이 칠드런>에서 클리프 워너 박사로 출연했던 배우 피터 버그먼이 빅스 포뮬러 44 기침약 CF에 출연한 것도 마찬가지 경우다. 버그먼은 CF에서 "저는 의사가 아니라 TV에서 의사 연기를 했습니다"라는 말을 했음에도 많은 시청자들은 그를 신뢰할 만한 광고 모델로 여겼다. 버그먼이 흰색 가운 입은 모습을 자주 봤기 때문에 시청자들의 눈에는 그가 처방전을 써도 될 만한 권위 있는 인물로 비쳤던 것이다.

가톨릭 교회는 교회법으로 성직자는 사제복을 입어야 한다고 정하고 있다. "주교회의에서 정한 규칙과 적절한 현지 관행에 따라 성직자로서 적절한 의복을 입어야 한다"는 것이다. 사제복 목록은 긴 소매에 발목까지 오는 흰색 리넨으로 만든 장백의長白衣로 시작해 미사 때 쓰는 사각모자인 주케토로 끝난다. 목록에는 십자가, 털실 방울, 장식으로 다는 술, 망토 등이 포함돼 가히 의상 사전이라고 부를 만하다.

사제들이 이렇게 공들여 의상을 갖추는 것은 그들이 높은 성당 제단 위에서 신도들 앞에 서야 하고, 또 위엄 있는 칭호로 불리기 때문이다. 영어로 성직자 이름 앞에 붙여 부르는 '레버런드reverend'는 '존경할 만한'이란 뜻이고, 모든 신도들은 그들이 '파더father'라고 부르는 신부에게 순종해야만 한다. 신도들은 사제에게 경의를 표해야 하고, 신에게 복종하는 의미로 기도할 때 무릎을 꿇는다. 신자들 입장에서는 이런 상황에서 권위를 가질 수도 없고 다른 이를 통제할 수도 없다. 무릎을 꿇고 있는 상태에서 권위를 풍기기란 불가능하다. 마케터가 권위를 얻을 수 있는 방법이란 수상 경력과 업계의 호평, 항상 베스트셀러를 만들어낼 수 있는 리더십이다.

두 번째 주요 요인은 독트린, 패러다임, 트랜스로직이다. 메시지를 전하는 전달자가 신뢰를 얻으려면 이들 중 하나 이상은 있어야 한다. 이들 셋 모두 아이디어를 효과적으르 전달하는 데 적절한 역할을 할 수 있다. 중요도를 따진다면 독트린이 패러다임보다 높고, 패러다임은 트랜스로직보다 높다. 가장 높은 단계인 독트린의 경우 종교에서는 교리敎理로 잘 활용하고 있다. 교리는 전달하고자 하는 이론을 문서로 나타내는데, 교리가 교리를 전달하는 사람보다 더 권위 있는 존재가 정립해 놓은 것임을 시사한다. 가톨릭의 경우 성경을 통해 전해지는 하느님의 말씀에 해당된다. 마케팅의 경우 숙련된 제3자의 의견이 여기에 속한다. <컨슈머리포트> 같은 소비자단체의 제품평, 업계 신문·잡지의 정보, 파워블로거의 사용후기, 일반적인 뉴스 매체의 의견 등이 그 예가 될 수 있다.

패러다임은 시각적인 표현, 글로 작성된 자료, 도표, 그래프처럼 무엇이 어떻게 작동하는지를 보여주는 모델을 가리킨다. 광고에서 패러다임의 예는 일반적인 상품 제안서부터 구강청정제 리스테린이 "닿는 순간 몇 백만 개의 세균을 죽인다"고 설명한 것처럼 주장을 뒷받침하는 경쟁력 있는 사실과 숫자까지 포함된다.

마지막 트랜스로직은 일시적으로 효과를 발휘하는 논리를 가리킨다. 감기약 빅스 포뮬러 44의 '44', 입냄새 제거제 서츠 민트의 첨가물 중 상표로 등록된 '레트신' 같은 것이다. 이렇게 숫자가 들어가거나 기술적 용어 같은 성분이 포함되면 소비자들은 검증을 거친 제품으로 받아들이게 된다. 또 과학적인 분위기 때문에 제품에 대한 저항감도 줄어들고, 제품의 장점을 믿게 하는 효과도 거둔다.

세 번째 요소이자 가장 중요한 요인은 감정적 과부하다. 지나칠 만큼 느낌을 강조해야 한다는 것이다. 무의식에 접근해 반응을 이끌어내려면 깜짝 놀랄 만큼 정서적으로 압도할 필요가 있다. 의식이 주변에서 얻은 정보에 사로잡혀 있으면 메시지를 비판적으로 걸러내지 못한다. 따라서 이런 상황에서는 정서적 자극에 본능적으로 충실하게 반응하는 무의식에 의존하게 된다.

인간은 자신이 느끼는 감정을 선택할 수 없다. 하지만 감정은 인간을 대신해 어떤 결정을 내릴지 선택할 수 있다. 만약 당신이 마케터로서 이런 깊은 차원의 감정을 유도하지 못한다면 당신이 전하고자 하는 메시지는 논리적인 수준에서만 다뤄질 것이다. 결국 소비자의 신념 체계에 영향을 끼치는 데 성공하지 못하고, 그들의 행동변화도 일으키지 못하게 될 것이다. 광고에서 가장 중요한 점은 소비자가 메시지를 진심으로 느끼고 받아들이게 만드는 것이다. 저절로 눈물이 나거나 미소를 머금게 되고, 또 웃음을 터뜨리거나 소름이 돋게도 만들어야 하는 것이다.

감정의 과부하라는 이 핵심 요소야말로 가톨릭 교회가 다른 경쟁자들과 차이를 보이는 부분이다. 미사를 진행하는 동안 신도들에게 정서적이고 감각적인 자극들이 쏟아지게 해 교회의 목표와 비전에 순종하도록 인도하는 것이다.

미사가 어떻게 오감에 끼치는 영향을 극대화하는지 분석해보자. 우선 시각적으로 매력적인 요소가 가득하다. 스테인드 글라스가 내뿜는 각양각색의 풍부한 빛, 깜박거리는 무수한 촛불, 정교하게 장식하고 공들여 만든 건물, 그리고 아름다운 미술품까지. 청각적인 자극도 곳곳에 가득하다. 미사시간을 알리는 교회 종소리로 신도들을 회당에 모으고, 우렁찬 오르간 소리와 성가대의 멜로디, 신도들이 함께 부르는 찬송가, 리듬감 있게 읊조리는 기도문, 설교할 때 최면을 거는 듯한 신부의 억양 등이 있다.

촉각과 운동감각을 아우르는 경험도 있다. 미사 내내 반복적으로 딱딱한 마룻바닥에 앉았다가 부동자세로 서기도 하고, 무릎을 꿇기도 하고, 기도를 위해 두 손을 모으기도 한다. 표지를 가죽이나 질감을 살린 비닐로 만든 성경에서도 촉각을 느낄 수 있다. 성당 벽을 진동시키는 오르간의 잔향은 청각과 운동감각을 합친 것이다. 영성체를 받는 독특한 미각적 경험도 있다. 각각 예수의 몸과 피를 상징하는 빵과 와인을 맛보는 의식을 가리킨다. 향로에서 피어오른 향이 예배당 공중으로 퍼질 때엔 후각적인 체험까지 하게 된다.

미사를 드리며 이 같은 감각 과부하에 굴복하지 않기란 불가능하다. 이런 장치들이 사람들의 마음을 돌리는 데 중요한 요소이기 때문에 미사에서 감각 과부하를 느끼게 되는 것은 결코 우연이 아니다. 이렇게 생생한 경험은 의식의 한계를 압도해 뇌가 이성적으로 거부할 수 있는 통로를 막는다. 일종의 도취된 상태로 몰아가는 것이다. 따라서 스스로 행동할 수 있는 능력이 멈춰지고 동시에 새로운 제안이나 새로운 종교, 새로운 행동을 향해 무의식과 감정이 활짝 열리게 되는 것이다.

새로운 종교가 된 브랜드

다음은 이제는 고인이 된 로이 디즈니가 2004년 주주회의에서 했던 연설이다.

월트 디즈니사는 사업 그 이상의 것을 해내는 곳입니다. 디즈니는 미국을 상징하는 진정한 아이콘입니다. 디즈니는 오랜 세월 동안 연령과 문화를 초월해 전 세계의 모든 사람들에게 현실적이고 의미 있으며, 가치 있는 것들을 상징해왔습니다. 이것은 대차대조표에 적을 수는 없지만 분명히 실재하는 가치입니다. 우리가 기업으로서 이룩해온 모든 것은 예술적으로나 재정적으로나 이 같은 기초 위에 서있습니다. 나는 우리의 임무가 사람들에게 기쁨을 가져다주는 것이라고 믿습니다. 그리고 우리는 훌륭한 스토리텔링을 통해 이 임무를 잘 수행해왔습니다. 고객들에게 몇 시간 동안이나마 그들의 걱정을 내려놓고 또 다른 세상을 경험할 수 있는 기회를 주었고, 평생 기억에 남을 추억을 선물했습니다.

인류의 진화 단계에서 핵심적인 역할을 한 것은 자신의 생각을 표현한 것이다. 그것은 상상의 영역을 넘어 자신이 꿈꾸던 것을 현실로 만드는 방법이기도 했다. 마케팅의 모순이 여기에 있다. 브랜딩의 목표는 제품을 초월한 그 어떤 것을 소비자의 가음속에 심어주는 것인데, 동시에 아주 구체적이면서 감동을 불러일으키는 경험에 뿌리를 두고 있어야 한다. 종교는 이런 목표를 잘 이뤄내고 있는 대표적인 예다. 세계에서 가장 강력한 브랜드 중 하나인 디즈니 역시 그렇다. 디즈니랜드에 다녀온 경험이 소중하게 간직되는 이유는 디즈니랜드가 일상에서의 탈출과 풍부한 정서, 감각적인 기쁨을 통해 사람들의 환상을 현실 속에서 구현해주기 때문이다.

많은 사람들이 코스트코는 가격과 함께 '비용 대비 가치'에 따라 움직이는 합리적인 브랜드라고 생각할 것이다. 하지만 코스트코가 무수한 다른 회사들이 실패한 분야에서 성공을 거둔 것은 쇼핑을 실생활에서 할 수 있는 모험처럼 바꿨기 때문이다. 코스트코의 수석 부사장 제프 롱은 쇼핑을 '보물 찾기'라고 불렀다.

다른 경쟁사들이 본전치기를 하거나 사업을 유지하기 위해 전전긍긍하는 동안 코스트코는 미국 1위의 회원제 도매 할인마트 자리를 지켜왔다. 코스트코는 분기마다 25퍼센트씩 수익이 성장하며 대형 소매업체인 타깃과 홈디포까지 앞질렀다. 반면 코스트코의 가장 큰 라이벌인 샘스 클럽의 경우 2010년 3월어만 10개 매장이 문을 닫은 것으로 보도됐다.

코스트코의 성공 비결 중 하나는 "고객이 매장에서 길을 잃게 내버려두라"는 것이다. 코스트코는 다양한 브랜드와 대형 묶음포장 상품으로 가득 찬 거대한 매장 크기로 소비자를 압도한다. 이를 통해 고객들에게 일종의 최면 상태 같은 감각 과부하를 유도한다. 아울러 의도

　　　　　　

마케터가 감정과 감동을 불러일으키지 못하면
소비자의 행동을 유발할 수 없다.
마케팅은 상상력이나 지성을 자극하는 것
이상이어야 한다.
제품에 감정을 불어넣으라.

적으로 인기 있는 신상품을 매장 뒤쪽에 배치하고, 어떤 상품이 어디에 있는지 안내판을 세우지 않는다. 고객들로 하여금 매장을 더 둘러보게 하려는 계산이다. 이런 전략은 일상적이고 귀찮은 장보기를 흥미롭고 기분 좋은 탐험과 발견으로 바꿔놓았다.

몸과 마음의 차이

인생에서 우리가 하는 모든 일들은 그 행동을 통해 다양한 기분을 느끼기 위한 것이다. 흔히 감정과 느낌을 같은 뜻으로 사용하지만 행동신경학자인 안토니오 다마지오는 이 두 가지를 구분했다. 그는 감정 처리 과정이 두 단계로 구성된다는 것을 발견했다. 감정은 무의식적으로 일어나는 복잡한 신경학적 화학적 반응으로, 몸이 그 반응을 감지할 때 비로소 감정 상태를 의식하게 된다. 다마지오는 뉴욕 타임스 칼럼니스트인 데이비드 브룩스와의 인터뷰에서 이 과정을 이렇게 설명했다.

"사전적 정의에 따르면 감정이란 의식과 관계없이 시작되고, 느낌을 통해 감정을 인식하게 된다. 감정을 느끼고서야 우리는 자신이 그런 감정을 가졌다는 것을 알게 되는 것이다. 말하자면 느낌은 바다의 해수면과 같다."

다마지오는 "감정은 행동과 직결된다. 감정은 자동적으로 나오는 행동들의 집합체다"라고 덧붙였다. 다마지오의 설명이 뜻하는 것은 명쾌하다. 마케터가 감정과 느낌을 불러일으키지 못하면 소비자의 행동을 유발할 수 없다는 뜻이다. 마케팅은 상상력이나 지성을 자극하는 것 이상이어야 한다. 마케팅은 정서적으로 충만한 느낌을 통해 실제 행동으로 이어질 수 있도록 생각하게 만드는 것이어야 한다. 느낌은 생각을 일깨워 의지를 만들고, 의지는 최종적으로 구매 행위로 연결된다. 모든 마케팅 프로그램의 목표는 제품에 감정을 강하게 불어넣는 것이어야 한다. 이를 통해 소비자들은 서서히 브랜드뿐 아니라 브랜드가 추구하는 가치에 몰입하게 되고 충성하게 된다. 공통된 이상과 공유할 수 있는 가치관은 소비자와 마케터들을 하나로 묶는다.

성공한 브랜드들도 이와 비슷하게 머리로 이해하는 영역을 뛰어넘어 영향력을 행사함으로써 '브랜드는 새로운 종교'라는 주장을 뒷받침한다. 텔 아비브대학과 듀크대, 뉴욕대의 경영학과와 마케팅 교수들이 각자 진행한 연구들은 종교를 갖지 않은 미국인들이 종교를 가진 사람들에 비해 훨씬 더 브랜드에 의존한다는 똑같은 결과를 얻었다. 이 연구들은 브랜드가 사람들에게 자아 존중감을 느낄 수 있는 수단과 자기 자신보다 더 거대한 무언가에 속해있다는 소속감, 정체성, 삶에 의의를 부여하는 가시적인 방법을 제공함으로써 종교와 비슷한 역할을 할 수 있다는 점을 시사한다.

브랜딩과 감성

마케터는 상품이나 서비스를 판매하는 것이 아니라 감정적인 상태를 판매하는 일에 종사하는 사람들이다. 느낌은 즐거움이나 기쁨을 위해 있는 게 아니다. 오히려 우리를 성공적인 삶으로 인도하고, 해가 되는 선택을 피하게 하며, 행운으로 이끄는 역할을 한다. 다마지오는 "감정은 매우 잘 짜여진 신체의 변화들로 이뤄져 있다. 감정의 목적은 위험을 감지하고 기회를 이용함으로써 생존 가능성을 높이는 데 있다"고 말했다.

종교와 마찬가지로 브랜드들은 우리의 희망과 공포, 기쁨과 고통을 자극한다. 감정이 판매량에 미치는 증거가 무수한데도 불구하고, 여전히 광고계와 마케팅 업계에서는 이성적인 시도가 더 효과적으로 브랜드 인지도를 상승시킬 수 있다는 믿음이 팽배해있다.

그러나 성공한 브랜드를 만든 이들과 인지과학은 이런 태도를 강하게 반박하고 있다. 나이키와 스타벅스 브랜드 개발에서 핵심 역할을 했던 스콧 베드버리는 "훌륭한 브랜드는 감성을 활용한다. 감정은 전부는 아니더라도 우리가 내리는 대부분의 결정을 좌우한다. 브랜드는 서로를 강력하게 연결하는 경험과 함께 성장한다. 제품을 초월해 감성적으로 연결되는 지점에 브랜드가 있다"고 말했다.

여러 연구에 따르면 월마트처럼 냉철한 브랜드조차 합리적이고 가치 중심적인 면을 홍보하는 대신 고객들에게 감성적으로 접근함으로써 엄청난 효과를 보고 있는 것으로 나타났다. 사실 요즘에는 고객 만족만으로는 충분하지 않다. 단순한 만족이란 현실에 안주하는 상태를 가리키며, '가치=품질+가격'이라는 단순한 공식을 따르는 것에 지나지 않는다. 정말 충성스러운 고객을 원한다면 당신은 디즈니나 코스트코, 가톨릭 교회처럼 상식의 틀을 넘어서는 일을 해내야 한다. 편리한 제품을 좋은 가격에 파는 것이 아니라, 고객과 무의식적인 정서적 유대감을 쌓아야 한다.

월마트와 베스트 바이, 갭, 메이시스 백화점 같은 소매 브랜드들이 고객들과 이런 관계를 맺을 때 훨씬 더 좋은 실적을 낸다는 증거가 있다. 소매 프랜차이즈에 대한 시장조사에 따르면 미국 쇼핑객 5명 중 1명만이 이들 브랜드와 정서적인 유대감을 느낀다고 답했다. 하지만 이들 5명 중 1명이 나머지 4명보다 고객으로서나 브랜드 지지자로서나, 브랜드 전도사로서 훨씬 소중하다는 것을 보여준다. 감성적으로 연결된 소비자들은 소매 브랜드에 대해 "친숙하다"거나 "만족한다"고 답한 고객들보다 더 가치 있다. 이들은 자신이 선호하는 소매 프랜차이즈 매장에서 쇼핑할 가능성이 다른 소비자보다 4배나 높고, 주변 사람들에게 그 매장을 추천할 가능성은 50퍼센트 높았기 때문이다. 또 트위터나 페이스북에서 선호하는 소매 브랜드를 팔로잉할 확률이 다른 소비자보다 4배 높았으며, 휴대전화 등으로 모바일 쇼핑몰을 통해 물건을 구입할 가능성 역시 무려 10배나 높았다.

비합리적인 소비자들

감정은 행동을 유도하기 위해 존재한다. 하지만 감정이 앞뒤가 맞지 않는 결과를 낳을 때도 있다. 구매 행위가 합리적으로 이뤄지는 것이 아니라는 증거가 더 필요하다면 치아 미백제와 구강 청결제를 함께 구입하는 사람들을 보면 된다. 도대체 왜 치아를 하얗게 하는 치약으로 양치를 하면서 초록색과 노란색 염료가 함유된 녹색빛 구강 청결제로 입을 헹구는 걸까? 찾아본 경험이 있는지 모르겠지만, 유명 브랜드 중에 인공 염료가 함유되지 않은 구강 청결제를 찾기란 매우 어렵다. 인공 염료는 분명 치아에 좋지 않을 텐데 말이다. 그러나 그동안 염료가 포함됐던 과거의 다른 제품들을 보면 사람들은 녹색에 대해 청결하고 신선한 느낌, 박하 향을 떠올리도록 학습되어 왔다. 그 학습 효과가 너무 컸던 나머지 이제 녹색은 자신이 치아 미백제를 사는 이유조차 무시할 만큼 강력한 정서적 영향력을 발휘하게 된 것이다.

마찬가지로 사람들은 왜 새 차에서 나는 냄새를 좋아하는 걸까? 그 향이 새 차를 소유했다는 자부심을 갖게 하고, 스스로 특별하고 중요한 인물이 된 것 같은 자기만족감을 주기 때문이다. 하지만 새 차에서 나는 향이란 사실 방향제와 유독가스 냄새일 뿐이다. 한 환경 단체는 대부분의 자동차 내장재에 쓰이는 물질이 건강에 치명적인 화학물질을 포함하고 있다고 발표했다. 이들 화학물질 중에는 선천적 기형이나 조산, 학습 장애, 간 독성을 유발하는 것들이 포함되어 있었다. 그런데도 시간이 지나면서 새 차 냄새가 사라졌을 때 그 냄새 같은 방향제를 구입해 자발적으로 합성 화학물질에 노출되는 기간을 연장하는 사람들도 있다. 향기산업계 관계자에 따르면 방향제는 알데히드, 에스테르, 케톤 등의 화학 혼합물을 포함하고 있다.

인간은 이성적인 존재가 아니다. 인간은 감정적인 존재다. 그리고 인간의 감정은 위험으로부터 스스로를 보호하기 위해 진화해왔음에도 때때로 인간을 의문스러운 결정과 비합리적인 행동으로 몰아가기도 한다.

똑똑한 실패

인간이 본능적으로 종교적인 성향을 갖는다견 종교는 신의 존재에 관한 이야기를 만들어내는 것보다 더 많은 내용이 있어야 한다. 종교는 정서에 호소하는 것이고, 예배도 이성에 의해 이뤄지는 것이 아니므로 종교가 비합리적인 것으로 보일 수 있기 때문이다.

그러나 인간의 감성은 뚜렷한 목적 하에 행동을 유도하고 진화의 목표를 달성하는 데 중요한 역할을 맡고 있다. 따라서 종교를 폄하하는 것보다 그 유용성을 이해하고 탐구하는 것이 우리에게 더 도움이 될 것이다. 마케팅에서나 종교에서나 우리가 삶에서 가치 있는 것을 결정하는 방식이 항상 논리적으로 설명 가능한 것은 아니라는 점을 잊지 말아야 한다. 가치를 부여하는 것은 우리의 감성이기 때문이다.

아울러 종교의 경우는 종교의 합리성에 의문을 제기하며 가치를 깎아내리려는 사람들이 언제나 존재해왔다. 코미디언 조지 칼린은 이렇게 비꼬았다.

"종교는 하늘에 있는 보이지 않는 존재가 당신이 매일 매순간 어떤 일을 하는지 모두 지켜보고 있다고 사람들을 설득해왔다. 그리고 그 보이지 않는 존재는 10계명이라는, 당신이 하면 안 되는 10가지 목록을 가지고 있고, 만약 당신이 그 중 하나라도 저지른다면 그가 특별히 마련한 불과 연기, 괴로움과 고문으로 가득 찬 곳으로 보낼 것이라고 말한다. 그곳에서 당신은 세상이 끝날 때까지 영원히 고통 받고 숨막혀 하며 비명을 지르게 될 것이다. 하지만 그는 당신을 사랑한다고 말한다."

작가 피터 드 브리스는 그의 소설 속 인물 마크렐 목사의 입을 빌려 "신의 전지전능함을 보여줄 마지막 증거는 그가 우리를 구원하기 위해 존재할 필요가 없다는 것이다"라고 썼다.

우리는 선천적으로 비이성적이다. 그러나 종교적 예배와 같은 다양한 전략을 발전시켜온 것은 이성적인 이유에 의한 것이다. 이런 전략들이 효과가 있었고, 이런 전략들을 통해 중요한 이득을 얻을 수 있었기 때문이다. 창조론과 진화론의 경우 종교적 진리가 과학적 이론에 의해 위협받는 모양새가 됐다. 하지만 진화론을 이용해 종교의 발생과 확산, 그리고 인간에게 있어 그 효용성에 대해 설명할 수 있게 됐다. 몇몇 과학자들은 종교적인 믿음이 초기 인류의 생존에 도움이 됐기 때문에 종교가 폭넓게 퍼질 수 있었다고 주장한다. 종교를 통해 부족 간의 결속이 더 단단해져 사냥과 채집, 보호를 위한 협동심이 키워졌다는 설명이다. 신이 존재하는가의 여부는 여기서 논의할 문제가 아니다. 많은 이들은 이 질문 자체가 과학적 연구의 영역을 초월한 것이라는 데 동의하고 있다.

사실 진실이 중요하지 않은 때도 있다. 중요한 것은 결과와 성과다. 2011년 진화심리학자 로버트 커즈번과 인터뷰 했을 때 그는 이렇게 설명했다.

"특정 조직의 경우 어떤 것이 옳고 그른지의 문제가 항상 중요한 것은 아니라고 생각한다. 사회 유기체의 경우 더 그렇다. 옳은 것은 대부분의 경우 좋은 것이다. 그러나 옳은 것보다 틀린 것이 더 중요한 경우도 많다. 간단한 예를 들어보자. 혼자 숲을 걷고 있을 때 뒤쪽에서 나뭇가지가 부러지는 소리가 들렸다고 가정해보자. 곰 때문인지 바람 때문인지 확실히 알 수는 없다. 하지만 그게 곰이라고 생각했다면 차라리 틀리는 것이 나을 것이다. 내가 틀렸더라도 유용한 오류인 것이다."

과학도 사례를 기반으로 이뤄진 것일 뿐, 언제나 절대적인 진실은 아니다. 2011년 몇몇 과학자들은 빛보다 빨리 움직이는 원자보다 더 작은 입자를 발견했다고 발표했다. 굴리학은 $E=mc^2$, 즉 에너지는 질량에 빛의 속도의 제곱을 곱한 것과 같다는 아인슈타인의 상대성이론을 바탕으로 한다. 이 이론은 우주에서 빛의 속도보다 빠른 것은 없다는 것을 전제로 한다.

그런데 이 원칙에 의문이 제기된 것이다. 잠재적으로 우리가 물리학에 대해 알고 있던 모든 것과 지난 세기 동안 물질계의 운동에 대해 설명해왔던 모든 것이 흐트러질 위기에 처한 것이다. 만약 아인슈타인의 이론이 틀린 것으로 밝혀질 경우, 그의 이론 역시 유용한 오류였노라고 말한다면 옳지 않은 것일까?

스티브 잡스는 주변 현실을 자기 뜻대로 포장해 이야기했던 사람으로 알려져 있다. 애플 소프트웨어 디자이너인 버드 트리블은 잡스의 이 같은 특성을 SF드라마 <스타트렉>에 나왔던 구절을 응용해 '현실왜곡

   <u>04</u> 4단계 | 느낌을 바꿔라

장^{reality distortion field}'이라고 이름 붙였다. 현실적으로 불가능한 목표를 설정하고 추진하지만 주변 사람들이 그것을 믿고 따라오게 만드는 카리스마를 발휘해 결국 자기 뜻대로 현실을 변화시킨다는 의미다. 몇몇 사람들은 '현실왜곡장'이라는 말은 잡스가 거짓말쟁이라는 것을 듣기 좋게 포장한 것에 불과하다고 말한다. 하지만 어쩌면 잡스는 그저 현실이 우리가 마음먹기에 따라 달라진다는 것을 깨달았던 것일지도 모른다.

잡스는 상대가 누구든 그 무엇에 대해서건, 아무리 터무니없는 것일지라도 대부분 납득시킬 수 있었을 것이다. 그가 이루려고 하는 목적에 따라 현실을 바꿀 것이기 때문이다. 그는 그의 팀에게 불가능해 보이는 일을 하도록 격려하고, 경쟁자들에 비해 적은 자원을 가지고도 컴퓨터 업계의 향방을 바꿔놓는 카리스마가 있었다. 애플의 프로그래머인 빌 애킨슨은 잡스가 다른 사람들이 자신의 비전을 믿을 수 있도록 설득하기 위해 자기 자신조차 속였을 거라고 보았다. 진화론적 관점에서 잡스처럼 자신만만한 리더를 만나게 되면 자기기만도 유리하게 작용하게 되고, 훌륭한 새 제품과 놀라운 브랜드 성장을 낳을 수 있게 된다.

본받을 모델들

종교와 마케팅의 큰 차이는 마케팅의 경우 주로 사실과 논리에 초점을 맞추는 데 비해 종교는 현세를 초월한 것과 무의식, 감성에 집중한다는 점이다. 그러나 이런 식의 이분법에는 문제가 있다. 인간의 10분의 9가 감성이라면, 10분의 1이 이성에 해당하기 때문이다. 따라서 이런 이분법으로는 마케팅 타깃이 빗나갈 뿐만 아니라 그 타깃은 절대 마케터가 생각한 대로 움직이지 않게 된다.

다니엘 핑크는 그의 베스트셀러 『드라이브-창조적인 사람들을 움직이는 자발적 동기부여의 힘』에서 "경영자들의 목표는 흔히 효율성, 장점, 가치, 우월성, 차별화, 집중과 같은 말로 표현된다. 물론 이런 목표들도 중요하지만 이것만으로는 조직 구성원들의 마음을 움직여 분발하게 하기에는 역부족이다. 비즈니스 리더들은 일상적인 업무에도 마음을 흔들어 놓을 만한 목표를 부여해야 한다. 먼저 리더들이 쓰는 말을 인간 친화적으로 바꾸고, 그들이 하는 업무도 인간 친화적으로 바꾸어야 한다"고 썼다.

추상적이고 무의식적인 목표를 구체적이고 의식적인 언어로 바꾸는 것은 쉽지 않다. 그러나 비즈니스 리더십 분야에서 저명한 컨설턴트인 로버트 딜츠의 모델은 꽤 효과가 있는 것으로 증명된 바 있다. 딜츠는 애플 컴퓨터, 세계은행, 휴렛팩커드, 언스트앤영, 루카스필름 등 국제적 기업의 컨설팅을 맡았다. 그는 생태학자 그레고리 베이트슨의 '학습의 의식 차원' 구조를 구체화시켜 '생각의 계층구조neurological levels'를 발전시켰다. 이것은 행동으로 이어지는 생각의 우선순위를 매긴 것으로, 우리의 생각이 어떻게 주변 환경과 관계를 맺는지 또 우선순위에 따른 상대적인 영향력이 어떻게 우리의 행동을 바꾸는지 보여준다. 따라서 딜츠의 모델은 마케터들이 가장 큰 영향력을 발휘할 수 있는 생각의 단계에 집중하는 데 도움이 될 것이다.

생각의 계층구조에서 가장 꼭대기에 있고 가장 영향력이 강한 단계는 영성靈性이다. 이 단계에서는 자기 자신보다 더 높은 차원과 소통하고 그것과 연결된 느낌을 갖고자 하며, 더 큰 명분에 대해 헌신하고 공헌하려는 비전을 품게 된다. 영성은 종교철학의 핵심인 자기 성찰적 질문을 반영한다. "나는 왜 이곳에 있는가?"

영성이 자아내는 동기부여의 힘을 보여주는 가장 훌륭한 사례가 그

드비어스는 사람들이 갖고 있는 유대
감 욕구, 불변의 목표를 향한 갈망을
자극해 세계 최고의 다이아몬드 브랜
드로 자리잡았다. 현실적이면서 동시
에 초월적인 문제를 파고든 것이다.

유명한 드비어스의 '다이아몬드는 영원히' 캠페인이다. 이 카피는 <애드버타이징 에이지>가 선정한 20세기 최고의 카피 중 하나로 뽑히기도 했다. 1938년에 시작된 이 캠페인은 마케팅 역사상 가장 성공적이고 가장 오래 지속된 것으로, 드비어스를 명실상부한 세계 최고의 다이아몬드 브랜드 자리에 올려놓는 데 기여했다.

'다이아몬드는 영원히'는 모든 사람들이 가지고 있는 유대감에 대한 욕구, 불변의 목표에 대한 갈망 같은 원초적 감정을 자극한다. 이를 통해 소비자를 사로잡고 무의식적으로 브랜드를 각인시킨다. 드비어스의 캠페인은 지극히 현실적이면서 동시에 초월적인 문제에 집중하고 있다. 결혼이라는 제도를 통해 사랑이라는 끈으로 영원히 두 사람의 영혼을 묶는다는 메시지를 담고 있기 때문이다. 드비어스의 카피가 단순한 메시지 그 이상이 된 이유가 또 있다. 다이아몬드 자체가 영원함을 상징하는 비유이자, 생성된 지 40억 년 가까운 세월을 지내온 영원함에 가장 가까운 예이기 때문이다.

생각의 계층구조에서 영성의 다음 단계는 자아정체성이다. 자아정체성은 자기 스스로 생각하는 자아상과 성격, 개인적인 목표 등을 포함한다. 이 단계는 우리에게 '나는 누구인가'라는 질문을 하게 하고 그에 따라 행동하게 만든다. 예컨대 탄산음료 브랜드 닥터 페퍼가 힘을 얻게 된 것도 끊임없이 자기 자신의 의미를 찾으려 하는 사람들의 노력과 무관하지 않다. 닥터 페퍼가 지금처럼 사랑받는 인기 브랜드가 된 것은 닥터 페퍼 고유의 맛 때문만은 아니다. '항상 독특하고 독창적인'이라는 슬로건을 내걸고 언제나 다른 제품과 구별되는 뚜렷한 개성을 소비자에게 약속했기 때문이다. 닥터 페퍼만의 고유한 정체성에 대한 자긍심을 압축한 것이 바로 CF에 사용돼 인기를 끌었던 '내가 페퍼야I'm a Pepper'라는 카피다.

생각의 계층구조의 다음 단계는 가치와 신념이다. 자신의 소망과 동기를 포함해 자신에게 중요한 것들과 세상에 대해 진실이라고 믿고 있는 것이 그것이다. '나에게 소중한 것은 무엇인가'라는 질문의 답이 되는 것들 말이다. 이 질문에는 생활 방식과 제품을 선택하는 기준도 포함된다. 세제를 고를 때 '흰옷은 더욱 희게, 색깔 옷은 선명하게' 만드는 것을 최우선으로 생각한다든가, 더 좋은 엄마가 되겠다는 생각으로 지프 땅콩버터를 사는 식이다.

가치와 신념 아래 단계에는 행동이 있다. '나는 무엇을 하고 있는가'라는 질문에 해당한다. 이 질문에는 직업과 취미는 물론 쇼핑 습관과 구매 행동 등이 포함된다.

생각의 계층구조에서 가장 낮은 단계는 내적인 차원이 아닌 시간과 공간 같은 외부 환경이다. '언제, 어디서'라는 질문이 그것이다. 당신이 특정 브랜드와 브랜드 메시지를 보게 된 장소와 시간을 생각해보자. 거실에서 TV를 보다가 CF가 나왔을 수도 있고, 쇼핑을 하러 갔던 대형마트에서 1+1 행사를 하는 것을 봤을 수 있으며, 동네 슈퍼마켓 판매대에 있는 상품 중에서 유독 제품 포장 디자인이 눈길을 끌었을 수도 있다.

생각의 계층구조에서 가장 밑에 있는 환경에서 시작해 위로 올라갈수록 심리적 요소가 강해지면서 행동에 미치는 영향도 커진다. 또 단계가 높아지면서 생각이 추상화되고 무의식화 되기 때문에 행동의 변화를 유도하는 힘이 강해진다. 반대로 단계가 낮아지면 생각이 더 구체적이고 의식적인 것이 되면서 행동에 대한 영향력은 점점 작아지게 된다. 아울러 높은 단계에서 생각의 변화가 생기면 자동적으로 아래 단계에 영향을 끼치게 되고, 아래 단계의 생각을 재구성하게 만든다. 따라서 만약 다른 사람의 행동을 특정 단계에서 바꾸고자 한다면 바로 그 단계나 그 위 단계에 노력을 집중하는 것이 좋다. "문제를 만들었던 것과 똑같은 의식수준으로는 어떤 문제도 풀 수 없다"고 했던 아인슈타인의 신념이 바로 이 모델의 의도와 일치한다.

예를 들어 브랜드에 대한 인식을 영성과 정체성의 단계에서 바꾼다면 그 아래 단계들도 자동적으로 함께 바뀌게 된다. 즉 소비자의 가치와 신념, 행동, 환경까지 변화하는 것이다. 홀리 데이비슨이나 애플 같은 브랜드에 대한 사랑은 본질적으르 정신적인 부분이며, 자신이 누군지에 대한 정체성을 반영한다. 이들처럼 강력한 브랜드의 제품을 구입하면 자연스럽게 같은 브랜드 사용자 커뮤니티의 일원이 되고, 브랜드의 철학·신념과 같은 브랜드 미션이 무엇인지 이해하게 된다. 따라서 소비자는 이들 브랜드의 제품을 통해 더 큰 이상과 포부를 가진 일종의 배타적인 그룹에 속하게 됐다는 스속감을 얻게 된다.

가령 당신이 일단 스스로를 '호그^{HOG·The Harley Owner Group}(할리 데이비슨 소유자들의 모임)' 멤버나 애플 유저인 '맥 가이'라고 여기게 되면 여러 가지 변화가 생기게 된다. 브랜드 커뮤니티 사람들과 교류를 맺게 되면서 만나는 사람들, 어울리게 되는 장소, 만나서 하는 활동이 달라지고, 나아가 당신에게 중요한 것과 당신이 믿고 있는 것에도 영향을 미치게 된다.

마케터들의 문제는 생각의 계층구조에서 '언제, 어디서, 무엇을'과 같은 낮은 단계에 노력과 자원 대부분을 쏟는다는 점이다. 마케터들이 집중하는 것은 소비자들이 시장조사에서 무슨 말을 하는지, 제품에 무슨 기능이 있는지, 광고에서 제품의 장점을 설명하기 위해 어떤 이미지를 써야하는지 등이다. 그리고 나서 언제 어디서 광고를 내보낼 것인가를 결정하기 위해 시간과 노력을 들인다.

마케터들은 진정한 힘과 감성의 원천을 향해 초점을 바꿀 필요가 있다. 더 높은 이상과 비전, 브랜드 미션, 브랜드가 인류에게 끼치는 의미 등 소비자들의 마음속에서 무의식적으로 브랜드가 심어지는 곳

"

소비자는 브랜드 제품 구매를 통해
더 큰 이상과 포부를 갖고 있는
배타적 그룹의 멤버가 됐다고 생각한다.

에 노력을 집중해야 한다. 이 방법을 통해 브랜드의 목적의식과 정체성을 주입시켜 소비자에게 브랜드에 대한 충성과 헌신을 이끌어낼 수 있다. 즉 마케팅이 가장 효율적으로 이뤄지려면 브랜드는 자신이 누구인지, 왜 자신이 이곳에 존재하는지를 반영해야 한다.

생각의 계층구조 모델은 마케팅 메시지를 전달할 때 유용한 데다 경영활동의 효율성을 극대화하는 데에도 아주 가치 있는 도구다. 딜츠는 조직원의 건강한 정신과 조직 전체의 건전성을 유지하기 위한 핵심은 목표를 위에서부터 아래로 정리하는 것이라고 주장했다. 먼저 지금 하는 일을 왜 하고 있는지 명확하게 목표부터 설정하고 그 비전을 달성하기 위한 논리적인 전략을 세우라는 것이다.

사이먼 사이넥은 베스트셀러 『나는 왜 이 일을 하는가』에서 매우 설득력 있고 통찰력 넘치는 말을 남겼다.

"사람들은 당신이 무엇을 하느냐를 보고 구매하지 않는다. 당신이 왜 그 일을 하는지 그 이유를 보고 구매한다.'

결국 제품에만 신경을 쏟는다면 사업의 결과는 좋지 않을 것이다. 따라서 제품에 올인하는 것은 경영상으로 잘못된 접근방법일 뿐 아니라 경제와 소비자들의 삶에도 좋지 않은 영향을 끼친다.

사이먼 사이넥과 나는 뉴욕에 있는 '유로 RSCG'에서 함께 일한 적이 있다. 그때의 우리 고객 중 하나가 월드컴인데, CEO였던 버나드 에버스가 통신 공룡인 MCI를 인수했던 시점이었다. 역설적인 것은 그때 이미 MCI는 강력한 브랜드로 자리 잡고 있었다는 점이다. MCI는 "AT&T가 독점하고 있는 통신시장에서 소비자들을 가격과 각종 제약으로부터 자유롭게 하겠다"는 분명한 사명감을 표방해 성공 가도를 달리고 있었다. 반면 월드컴의 버나드 에버스가 내세운 유일한 비전은 어떻게 해서든 주주들의 이익을 증진시키겠다는 것이었다. MCI

는 긍정적인 이미지로 유명 브랜드가 되었지만 재정적인 압박과 월드컴의 전략 앞에 무릎을 꿇었던 것이다. 월드컴의 고위 경영진들은 수익을 위해서라면 위법행위나 기업회계 부정을 저지르는 것도 서슴지 않았다. 결국 월드콤은 110억 달러에 이르는 미국 역사상 가장 큰 분식회계 스캔들 중 하나로 파산 위기에 몰렸고, CEO였던 에버스는 25년형을 선고받았다.

잠재 소비자의 감성을 바꾸는 데 집중하면 할수록 성공할 가능성은 높아진다. 나는 폭스바겐의 광고대행 파트너로서 미국 내 폭스바겐의 브랜드 전략을 수립하는 책임을 맡고 있다. 폭스바겐은 감성에 호소하는 확고한 브랜드 미션을 가진 몇 안 되는 훌륭한 브랜드다. 폭스바겐이라는 이름이 독일어로 '국민 차'를 의미하듯, 이 브랜드는 '1가정 1자동차', 즉 모든 이들이 차를 가질 수 있어야 한다는 신념에서 출발했다. 이렇게 쉽고 분명한 목적의식은 폭스바겐을 가장 강력한 브랜드 중 하나이자 글로벌 자동차 업계를 선도하는 회사로 만들었다.

우리 팀은 폭스바겐과 일하면서 "누구나 더 좋은 차를 누릴 자격이 있다"는 새로운 브랜드 미션을 수립했다. 그리고 이 미션을 통해 폭스바겐은 미국에서 놀랄 만한 성장을 이루며 정상궤도에 올랐다. 이 문구는 뛰어난 독일 기술력으로 탄생한 차를 소유하고 운전하는 것이 소수 특권층만을 위한 것이 되어서는 안 된다는 믿음을 담고 있다. 이 믿음은 모든 자동차 구매자들의 공감을 얻어냈고, 지금보다 더 높은 목표를 이루고자 하는 보편적 정서를 자극하는 성과를 거뒀다.

이 전략에 힘입어 폭스바겐은 2011년 26퍼센트의 매출 신장을 기록하며 30년 만에 미국 시장에서 가장 높은 점유율을 차지했다. 아울러 2012년에도 미국에서 가장 빠르게 성장하는 자동차 브랜드로 언론에 보도되며 성공 가도를 달리고 있다. 폭스바겐의 브랜드 미션은 고객에게 보내는 메시지인 동시에 폭스바겐의 사업방향을 나타낸다. 따라서 폭스바겐 자동차를 만들고, 마커팅하고, 판매하는 모든 사원들은 움직이는 철판 조각이 아닌 더 중요한 가치를 위해 자신들이 일하고 있다는 자부심을 갖게 된다. 프리미엄 자동차를 운전하는 생생한 경험이 폭스바겐이라는 브랜드를 월등하게 만드는 건 사실이다. 하지만 더 분명한 것은 브랜드의 본질은 감성이라는 점이다.

머리가 아닌 가슴을 깨워라 회의시간이 수학 수업이나 회계학 강의 같다면 업무에 더 많은 감성과 영감, 의미를 불어넣을 필요가 있다. 스티브 잡스는 이렇게 말했다.

"위대한 일을 하는 유일한 방법은 자신이 하는 일을 사랑하는 것이다. 아직 그런 일을 찾지 못했다면 끈기를 갖고 계속 찾아야 한다. 절대 안주하지 말라. 가슴이 시키는 모든 일들이 그렇듯이, 그 일을 찾게 되면 바로 알아볼 수 있을 것이다."

당신이 하는 일을 사랑하지 않는다면 업무를 바꾸거나 그만두어야 한다. 만약 당신의 목표가 더 높은 이상이 아니라 그저 사업상 우월한 위치를 차지하는 것이라면 종교 서적을 통해서라도 무엇이 사람들에게 영감을 주고 몰두하게 만드는지 찾아보라.

만약 더 큰 비전을 찾았다면 그것을 마케팅뿐 아니라 모든 업무의 핵심으로 삼아야 한다. 뇌 전문가인 하버드 의대 제프 브라운과 마크 펜스크에 따르면 다음과 같은 네 가지 경우에 뇌가 더 분명하고 확실하게 기억한다고 한다. (1)정서적으로 고조된 상태일 때 (2) 중요한 의미를 갖고 있을 때 (3) 흔치 않은 특이한 경우일 때 (4) 집중하고 있을 때이다.

정서적 예민함을 키워라 인류 공용어는 언어가 아닌 감성이다. 다른 사람들에게 기분이 어떠냐고 묻기 전에 먼저 그들을 관찰해보면 그들의 기분을 알게 될 것이다. 심리학자인 폴 에크만은 얼굴 표정으로 드러나는 사람들의 감정에 대한 연구를 개척했다. 감정을 담은 얼굴 표정은 생물학적으로 결정되는 것이기 때문에 나라와 문화에 상관없이 비슷하게 나타난다. 그는 무의식적으로 짓게 되는 미묘한 '미세 표정'들을 발견하고, 그 표정들을 인식할 수 있는 방법을 연구했다. 아마 그의 연구가 아니었다면 우리는 세밀한 얼굴 근육의 움직임이 의미하는 것을 놓쳐버렸을지도 모른다. 소비자들과 공감하는 마케터가 되고 싶다면 우선 다른 사람들의 감정에 민감한 사람이 될 필요가 있다.

다양한 감각을 활용하라 마케팅 전략을 수립할 때 모든 감각을 자극하고 활성화시켜라. 마케팅 전 분야에서 오감을 이용하지 않는다면 인간이 경험할 수 있는 모든 영역을 충분히 활용하지 않는 것이다. 당신이 전달하고자 하는 메시지가 오감을 깨울 만큼 다양한 차원으로 표현되고 있는지 확인하라. 상품이 베이컨이라면 불판에서 베이컨이 지글지글 구워질 때 나는 소리와 냄새, 노릇노릇 구워지는 모양을 떠올리게 만들어 베이컨의 맛을 느끼게 할 수 있을 것이다. 다른 상품들도 마찬가지다.

최근에 감각을 자극하는 깜짝 경험을 하게 한 브랜드는 없었는가? 예컨대 BMW는 운전자가 안전벨트를 매지 않았을 때 나오는 경고음을 바꿨다. 싸구려 알람시계 같은 귀에 거슬리는 소리 대신 하프 연주와 비슷한 화려한 멜로디로 변화를 줬다. 시끄러운 경고음보다 한결

BMW의 고급스러운 이미지에 걸맞은 선택이 아닐 수 없다.

리추얼을 도입하라 리추얼은 종교의식을 의미하는 단어인데, 종교적 의례처럼 자신을 지키고 에너지를 얻기 위한 혼자만의 의식을 가리킨다. 리추얼은 마케팅에도 유용한 방법이 될 수 있다. 종교적 의식에서 오감이 사용되고 같은 행동이 반복되듯이, 리추얼은 무의식 상태에 정보를 입력시키는 효과를 낸다. 예를 들어 애플은 새 제품을 상자에서 꺼내는 과정을 마치 선물을 열어보는 의식처럼 바꿔놓았다. 내가 아이폰을 샀을 때 판매직원은 상자를 건네면서 "주인이 되십시오"라고 말했다. 당신의 브랜드가 이런 리추얼을 가지고 있는지 확인해보라.

기네스의 경우 맥주를 컵에 따를 때 두 번의 과정을 거쳐야 한다. 먼저 컵의 4분의 3가량을 채운 뒤 기포가 충분히 위로 올라온 것을 확인하고 나머지를 채워야 기네스 특유의 흰 거품 띠를 만들 수 있기 때문이다. 이런 기다림의 의식은 '좋은 것은 기다리는 사람들에게 찾아온다Good things come to those who wait'는 기네스사의 카피로 연결돼 성공적인 광고 캠페인을 탄생시키기도 했다. 이런 리추얼이 없다면 기네스 맥주처럼 실제 사용경험을 통해 브랜드 성격을 잘 반영한 의식을 하나 만들어보는 것은 어떨까.

디지털과 체험형 마케팅을 연계시켜라 실제로 경험하는 것의 위력을 고려할 때 디지털 마케팅은 '진짜'라는 실감과 거리가 있어 보이고 뭔가 불안한 것처럼 느껴진다. 한편 상품을 실제로 써보고 품질과 성능을 파악하게 하는 체험형 마케팅은 브랜드를 알게 하는 데 효과적이지만 충분히 활용되고 있지 않다. 여기서 체험형 마케팅을 디지털 매체와 함께 묶어서 활용하는 아이디어를 생각해 볼 수 있다. 페이스북

등의 소셜 미디어를 통해 상품을 체험할 타깃 고객층을 모집하면 방법도 간단하고 비용도 절약할 수 있다. 이후에도 이벤트를 벌일 때마다 이전에 온라인으로 모집했던 타깃층과 항상 소식을 공유하고, 그들에게 이벤트 정보를 포스팅하게 하는 것을 잊지 말자.

자주 웃어라 감정은 전염성이 있다. 무의식적으로 생기고 의식적으로 조절할 수는 없기 때문에 감정을 퍼뜨리는 가장 좋은 방법은 먼저 감정을 전달하는 것이다. 한 연구에서 실험 참가자들에게 자신이 무엇을 봤는지 알아차리지도 못할 만큼 짧은 순간 동안 웃고 있는 얼굴이나 찡그린 얼굴 사진을 보여주었다고 한다. 그러나 그 찰나만으로도 실험 참가자가 소비에 얼마만큼의 돈을 쓸 수 있는지 영향을 끼쳤다고 한다. 목이 마른 상태에서 행복한 표정을 본 사람들은 화난 표정을 본 사람들보다 음료수를 사기 위해 두 배 가까이 많은 돈을 냈다. 그러나 이들이 느끼는 기분에는 변화가 없는 것으로 나타났다. 실험 참가자들은 사진을 본 뒤에 더 긍정적이거나 더 부정적인 기분이 들지는 않았다고 답했다. 실험 참가자들의 행동에 변화가 생겼지만 정작 본인들은 자극을 느끼지도 않았고 감정의 변화를 인식하지도 못했기 때문에 연구자들은 이 현상을 '무의식적인 감정'이라고 불렀다.

이 연구가 마케터들에게 시사하는 것은 사람들은 언제나 주변으로부터 무의식적으로 감정에 영향을 받는다는 점이다. 따라서 우리가 소비자에게 어떤 감정을 전하고 있는지 주의해야 한다. 예컨대 매장 직원들에게 웃는 얼굴을 연습시키는 것도 좋은 방법이다. 긍정적인 기분을 전하면 전할수록 더 긍정적인 결과를 얻게 될 것이다.

05

5단계
비판적인 소비자를 만족시켜라

인간은 자신이 생각한 모습 그대로의 인간이 된다.　제임스 알렌

무의식은 과거의 지혜가 남긴 신성한 선물이다. 그러나 미래를 만들어나갈 능력과 통찰력을 가진 쪽은 무의식이 아닌 의식이다. 특히 인간에게만 있는 자의식은 자신에 대해 명확히 인식하고, 또 스스로가 인식하고 있다는 사실을 인지하는 신비로운 능력이다.

철학자들과 신학자들, 그리고 과학자들은 오랫동안 자의식이라는 이 비밀에 싸인 정신 작용에 매료돼왔다. 의식은 매일 밤 잠들 때마다 우리를 떠나지만 다음날 아침 잠에서 깰 때면 정확히 다시 우리를 찾아온다. 우리는 의식을 이용해 삶을 통제하고 결정을 내리며, 생각을 행동으로 옮긴다.

시간이 흐르면서 의식은 인간에게 문화를 형성하고 바꿀 수 있는 미

증유의 능력을 선사했다. 인류의 진화에 의식이 영향력을 행사한 것이다. 하늘 위로 솟은 높은 성을 상상하고 지구 밖으로 새처럼 날아가는 것을 꿈꾸는 것이 무의식의 몫이라면, 실제로 고층빌딩을 설계하고 과학을 통해 달에 갈 수 있도록 꿈을 현실로 만든 것은 의식의 역할이다. 예술을 창조하고 자신의 존재에 대해 고민하며, 신제품을 구매하고 새로운 서비스를 이용할 것인지 계획하는 것도 의식의 몫이다.

그런데 어떻게 의식이라는 놀라운 과정이 일어나는 것일까? 답은 간단하다. 우리는 느낌을 통해 이 신비로운 세계에 들어서게 된다. 환경이 보내는 신호에 대해 선천적으로 입력된 대로 반응하고 행동하는 것이 감정인데, 사람들은 느낌을 통해 자신의 반응을 감지하게 된다. 따라서 의식적인 사고의 대부분은 실제로는 자신이 어떻게 느끼고 있는지에 대한 해석과 반응에 지나지 않는다.

저명한 신경심리학자인 안토니오 다마지오는 자신의 '신체표지 가설'을 통해 인간의 의사 결정 과정을 이해하는 데 있어 혁신적인 모델을 정립했다. 그는 환경의 자극이 무의식적인 감정을 촉진하고, 이를 통해 의식적인 감성에 이르게 되며, 결과적으로 자신에게 주어진 기회와 도전에 대한 정신적인 탐색이 가능해진다고 주장했다. 이렇게 의식적으로 심사숙고할 수 있는 정신적 기능을 발전시킴으로써 인간은 문제에 직면했을 때 자동적으로 튀어나오는 반응을 넘어서 합리적으로 해결책을 내놓는 것이 가능해졌다.

의식은 또한 상상이나 추리, 구조화된 생각, 언어 등 좀 더 고차원적인 사고 과정에 관여한다. 이 과정을 통해 인류의 조상들은 생존을 위한 전략을 발전시키고 더 나은 사회 조직과 환경을 만들 수 있었다. 언어의 발달 덕분에 인류는 서로 의사소통을 할 수 있게 되고, 자기 자신을 표현할 수 있게 됐다.

의식은 본질적으로 머릿속에서 이뤄지는 자기 자신과의 대화이기도 하다. 자신의 선택이 가져올 결과에 대해 가늠하고 판단하는 것 역시 심리학에서 말하는, 이 같은 '자기 대화^{self-talk}'를 통해 이뤄진다. 비유하자면 자기 내부에서 작은 위원회가 열려 제품을 구입할 것인지 아닌지, 구입한다면 어떤 제품을 살 것인지 장단점과 득실을 따져보면서 결정하도록 돕는 것이다. 최근 소비자들이 부딪히는 문제 중에는 매일 늘어나는 수많은 브랜드들을 어떻게 탐색하고 고를 것인가 하는 점도 들어있다. 브랜드에 제대로 투자하고 올바른 소비 선택을 하는 것은 시장경제에서의 생존과 성공을 위한 진화상의 새로운 의무가 되었다.

의식은 추상적인 추론부터 구체적인 분석에 이르기까지 폭넓은 스펙트럼의 지적 사고를 가능하게 한다. 정확한 숫자와 사실 관계는 물론 수준 높은 생각과 이상으로 인간의 관심을 끌어올린다. 세상을 바꾸겠다는 컴퓨터 회사의 브랜드 비전에 동조하게 만들기도 하고, 더 나은 건강을 약속한다는 땅콩 버터의 영양성분을 꼼꼼히 살펴보게 하기도 한다.

그럼에도 역설적인 것은 인간의 지적능력이 가장 기본적인 본능이 주는 쾌락에 의해 좌우된다는 점이다. 신경과학자 리드 몬터규는 "진화과정에서 인간의 지적 개념에 대한 호감이 동물적인 욕구를 관장하는 것과 똑같은 보상회로로 설정됐다"고 말했다. 즉 고차원적인 사고가 이뤄질 때는 음식·성性 같은 원초적 보상에 쾌감을 느낄 때와 똑같은 신경회로를 사용하는 것이다. 이 과정에서 선택사항들 간의 상대적인 위험과 보상에 대한 평가가 내려진다. 만약 주어진 대의명분이나 의의가 아주 중요할 경우에는 기본적인 욕망을 채웠을 때와 똑같은 쾌락과 만족을 맛볼 수 있기 때문에 나머지 생물학적 욕구조차 억누를 수 있게 된다. 소비자들이 자신의 신념과 브랜드가 표방하는 가치가 일치할 때 그 브랜드에 엄청난 충성도를 보이는 이유도 그 때문이다. 브랜드 충성도가 강해지면 소비자들은 설혹 제품이나 서비스에 가끔 문제가 생기더라도 기꺼이 눈감아준다.

이성과 감성을 한방에

마케팅 업계에서 가장 격렬하고 해묵은 논쟁거리 중 하나가 광고를 할 때 이성에 호소할 것인가, 감성에 호소할 것인가 하는 문제다. 하지만 인지과학의 입장에서 보자면 무의미한 논쟁일 뿐이다. 감정이 행동을 유발한다는 과학적 증거가 압도적으로 많기는 하다. 그렇다고 이 때문에 생각과 느낌이 서로 배타적인 것이라고 여긴다면 그것은 오해다. 논리와 감성은 서로 뒤얽혀있다.

합리적인 의사 결정이 제대로 내려지려면 감정적인 자극이 필요하다. 또한 이성에 호소하는 숫자와 사실들이 손쉽게 감성을 흥분시킬 수도 있다. 400마력 엔진이나 750 기가바이트 하드 드라이브, 5캐럿짜리 다이아몬드처럼 숫자 자체가 소비자들의 눈을 번쩍 뜨이게 할 만한 차별화 포인트가 될 수 있다. 통계학적인 특징과 제품력의 우월함은 고객들이 만족을 느끼는 뇌회로에 스위치를 켜는 역할을 한다. 특히 제품과 관련된 사실이 흔치 않은 내용일 때 효과가 크다.

예컨대 프랑스 와인 로마네 콩티를 마시기 전에 한 병 가격이 얼마인지를 알게 되면 기대감과 즐거움이 더욱 커질 것이다. 부르고뉴 지방에서 생산되는 이 와인은 병당 1500달러(약 155만원)에 팔린다. 캘리포니아 공과대학과 스탠포드대학의 연구진이 다양한 가격대의 카베

르네 쇼비뇽 와인을 놓고 참가자들에게 맛을 비교해달라는 실험을 진행한 적이 있다. 하지만 가격이 다르게 팔리고 있었을 뿐, 사실 이들 와인은 똑같은 제품이었다. 그런데 실험 참가자들은 일관되게 더 비싼 와인의 맛이 더 낫다고 평가했다. 이후 뇌 스캔을 했을 때 똑같은 와인이지만 더 높은 가격의 제품을 마시고 있을 때 참가자들의 뇌의 쾌락 중추가 더 활발하게 활성화되는 것을 확인할 수 있었다.

많은 기업들이 시장에서 인정받은 제품력에 광고의 초점을 맞춰 장기간 힘을 얻어왔다. 아마 가장 사랑을 많이 받았고 효과가 뛰어났던 예가 애플의 '맥을 가져라Get a Mac' 캠페인일 것이다. '매킨토시 대 PC'로도 잘 알려진 이 캠페인은 사실에 입각해 제품을 나란히 비교한 광고 시리즈였다. 캐주얼 차림을 한 젊고 유능해 보이는 매킨토시 역할의 청년과 양복을 입은 두루뭉술한 인상의 PC역할 아저씨 모델을 등장시켜 제품을 의인화한 유쾌한 캠페인이었다.

광고는 농담과 설전이 뒤섞여 소비자들을 즐겁게 했지만 광고의 내용만큼은 직설적으로 매킨토시의 경쟁력 우위에 집중했다. 광고는 PC가 쓸모없는 시험용 소프트웨어를 미리 깔아놔 매킨토시와는 달리 구동 속도가 늦다는 주장을 담았다. 대부분의 마케터들은 자기 제품의 장점을 경쟁 제품과 대비해 비교하려 한다. 이 방법은 이성적으로 적극적인 판매 전략이다. 하지만 감성적으로 설득력 있는 것은 아니다. 반면 애플의 시도는 이성적 측면뿐 아니라 소비자들의 감수성에도 효과적으로 어필했다.

폭넓은 인기를 누린 캠페인의 또 다른 예는 영국 TV에 등장한 동물 중 가장 큰 사랑을 받았던 안드렉스 퍼피다. 래브라도 종의 강아지를 등장시킨 꽤나 감성적인 이 광고는 소비자들의 마음을 뒤흔드는 것 이상의 일을 해냈다. 1972년 첫 전파를 탄 이래 이 강아지는 안드렉스 브랜드의 메인 모델로 120편 가까운 CF에 등장했다. 그리고 안드렉스가 화장지 시장에서 40년이 넘도록 압도적인 우위를 차지하는 데 기여했다. 많은 전문가들은 안드렉스 광고의 성공요인을 껴안아 주고 싶을 만큼 사랑스러운 강아지를 등장시켜 소비자들의 감성을 자극한 것이라고 분석하곤 한다. 하지만 이 캠페인은 안드렉스 화장지가 부드럽고 강도가 튼튼하며, 타 제품보다 더 길다는 확실한 제품 설명에 기반을 두고 있다. 광고에서 귀여운 강아지가 안드렉스 화장지와 뒤엉켜 온 집과 마당에 화장지를 풀어놓은 장면 위로 시청자들을 합리적으로 설득하는 성우의 목소리가 겹쳐진다. "안드렉스는 다른 제품보다 더 긴 화장지를 드립니다."

안드렉스 광고는 감성의 성공일까 아니면 논리의 성공일까? 답은 두 가지 모두다. 아울러 감성과 논리의 상대적 효과를 측정하기란 인지과학적으로 불가능한 일은 아니지만 매우 까다롭다는 점을 보여준다. 감성과 이성이라는 뇌의 두 가지 시스템은 상호의존적이며 서로 떼어 놓을 수 없는 관계다.

행동을 계획하는 전두엽은 뇌의 감정 영역과 깊게 연결되어 있다. 마케터들이 자신의 브랜드가 최고의 선택이라고 홍보하며 소비자들의 시선을 사로잡기 위해 경쟁하는 동안 소비자에게는 매일 서로 상충되는 정보와 숫자, 감성에 매달리는 광고가 물밀듯이 쏟아진다. 이때 심리학에서 '실행 제어executive control'라 부르는 신경 프로세스가 이런 문제들을 해결할 수 있게 돕는다. 여러 개의 과제를 수행할 수 있도록 순서를 맞춰 조정하거나 하나의 과제를 수행할 때 시작과 진행, 종료를 집행하는 것이다. 전두엽 윗부분 가까이에 있고, 좌뇌와 우뇌를 나누는 내벽을 따라 조그맣게 뻗어 있는 '전방대상피질'에서 이 과정이 이뤄진다. 전방대상피질은 사실에 입각한 추론과 사랑, 공포, 기대감

등의 감정적 반응을 서로 조율하는 것으로 알려져 있다.

세인트루이스 워싱턴대학교의 심리학 연구원인 조슈아 브라운은 "학자들은 뇌가 어떻게 인지적 정보와 감성을 통합하는지 오랫동안 궁금해왔다"고 말한다.

"학자들은 여러 가지 이유로 뇌 구조상 전방대상피질이 서로 다른 신호들을 모아 처리하는 부분일 것이라고 생각해왔다. 전방대상피질은 의사 결정 과정에서 어떤 정보를 우선순위에 둘 것인지 정하는 데에도 관련이 있는 것으로 보인다. 또 좋다든가 나쁘다든가 하는 식으로 동기부여가 되는 정보와 정서적인 정보를 연결하고, 이 같은 정보들을 우리가 사물에 대해 갖고 있는 인식을 변화시키는 데 사용하는 것으로 여겨진다."

브라운은 또 전방대상피질이 실수를 할 수 있는 가능성을 예상하고, 실수를 피하게 하는 역할을 맡는다고 보았다.

그동안 신경생물학자들은 무의식적인 감정이 인간의 사고에 큰 영향을 끼친다는 것을 증명해왔다. 하지만 생각 역시 인간의 감정에 비슷한 영향을 미친다는 점 또한 부인할 수 없다.

인지행동 치료요법은 생각을 바꾸면 감정이 바뀌고 행동을 수정할 수 있다는 무수한 증거들을 내놓았다. 인간의 삶은 단순한 무의식적 느낌과 본능의 산물이기도 하지만, 느낌과 본능이라는 자극에 반응할 때 생기는 생각의 집합체이기도 하다.

인간이 자신에게 어떤 일이 생길지, 어떤 감정을 느끼게 될지 항상 선택할 수 있는 것은 아니다. 그러나 이미 일어난 사건과 그에 대한 느낌의 의미를 의식적으로 재구성할 수는 있다.

합리적 정서치료 이론을 주장한 얼버트 엘리스는 심리학 역사상 가장 큰 영향을 끼친 학자 중 한 명이다. 일종의 인지치료법인 엘리스의 합리적 정서치료 이론은, 인간의 정서적인 문제는 비합리적인 생각과 이러한 생각을 하게 하는 비합리적 신념체계에 의해 일어난다고 보았다. 따라서 환자들의 비이성적 사고 패턴을 합리적인 사고방식으로 대체하면 긍정적인 감정과 생산적인 행동을 낳을 수 있다고 강조한다.

신경과학자 조지프 르두는 우리가 감정적으로 고조됐던 기억을 떠올린 후 이전과는 다르게 당시를 생각하게 되면 화학적으로 뇌에 완전히 새롭게 그 기억이 저장된다는 사실을 밝혀냈다. 스스로 자신의 심리 상태를 관찰하고 분석하는 자기 성찰을 통해 뇌에 각인되는 기억을 바꿀 수 있다는 것이다. 이렇게 신경 기저를 발달시키면 생각과 행동이 지속적으로 변화될 수 있다.

그러나 마케터들은 아직도 감정 대 논리라는 인위적으로 나뉜 이분법을 강조할 뿐만 아니라 둘 중 한 쪽 편을 들곤 한다. 이런 이분법이 어디까지 갈 수 있는지 보여주는 증거가 티보사에서 진행한 연구다.

디지털 비디오 녹화기 생산업체인 티보의 연구는 그동안 이성에 호소하는 광고가 가장 효과 있다는 주장을 뒷받침하는 자료로 사용되어 왔다. 대부분의 사람들은 TV 프로그램을 녹화해서 볼 때 빨리감기 기능을 이용해 광고를 건너뛰는 편이다. 티보는 2만 가구를 대상으로 TV CF 시청 습관을 조사하면서 녹화된 광고 중 어떤 것이 빨리감기된 횟수가 적었는지 살펴봤다. 그 결과 조사 대상자들이 가장 적게 건너뛴 CF들의 특징은 제품을 화면 중앙에 놓거나 전면에 내세운 광고였다는 것이다. 이런 광고들은 쉽고 간단하며 사실에 기초해 제품의 특징을 부각시킨다. 티보의 연구는 시청자들이 이와 같은 기법의 CF를 뛰어넘지 않고 더 많이 보고 듣는다고 밝혔다.

하지만 연구를 자세히 들여다보면 이 결론에는 좀 더 복잡한 뭔가가 있다. 이 연구에서 말하는 소위 이성적인 광고 중 사람들이 가장 많이 본 두 가지는 가정용 운동기구 보우플렉스와 후터스 레스토랑 광고였다. 그런데 '후터스 걸'이라 불리는 젊은 여성들이 민소매 티셔츠에 초미니 반바지를 입고 서빙하는 후터스 레스토랑 CF나 조각 같은 몸매의 모델들이 등장하는 보우플렉스 광고가 순수하게 이성적인 광고라고 할 수 있을까? 시청자들이 머릿속 논리보다 육체적 욕망에 이끌려 건너뛰기를 망설였다고 결론짓는 것이 더 이성적일 것이다.

섹시한 상품, 직설적인 광고

영국 출신의 제임스 다이슨은 먼지봉투가 없는 혁신적인 진공청소기(사진)를 개발한 사람으로 유명하다. 그런데 그의 홍보방법은 제품과는 달리 전혀 혁신적이지 못하다. 다이슨의 광고는 1950년대 인기 형사드라마의 주인공 조 프라이데이가 즐겨 썼던 "사실만 말하세요, 부인"이라는 대사를 떠올리게 한다. 범죄 수사처럼 딱딱하고 옛 드라마처럼 고지식하기 때문이다. 잡지 <뉴요커>는 2010년 기사에서 "다이슨은 '브랜드를 거부하는 브랜드'라는 모순된 위치에 있다. 반反 마케팅 철학을 전파하는 선두주자로, 마케팅과는 아무 상관이 없는 척하는 브랜드 뒤에 숨어있기 때문이다"라고 썼다.

제임스 다이슨 그 자신이 발명가이자 산업디자이너인 것처럼 다이슨의 회사는 공학 기술과 디자인이라는 두 개의 기둥 위에 세워져있다. 다이슨은 현란한 마케팅이나 복잡하고 화려한 광고 캠페인을 벌이지 않는다. 매일 사용하는 가전제품을 패션의 수준으로 바꿔놓은 그는 브랜드의 매력은 제품 그 자체에서 비롯되는 것이라고 선언했다. 폴리카보네이트 플라스틱과 알록달록한 알루미늄으로 만들어진 다이슨사의 제품들은 보라색과 라임색 같은 특유의 밝은 컬러에 광택을 더했다. 이 때문에 다이슨의 제품들은 '포스트 모던 키치의 왕'이라 불리는 제프 쿤스의 조각 작품을 연상시키기도 한다. 덕분에 다이슨 제품들은 유명 패션 디자이너 폴 스미스의 런던 매장에서 진열되고 있다. 폴 스미스와 차이가 있다면 다이슨은 같은 제품을 수백만 개 만들어낸다는 점이다. 다이슨은 먼지봉투가 없는 진공청소기에 투명한 먼지통을 부착해 청소기가 먼지를 빨아들이는 장면을 사용자가 직접 확인하게 함으로써 이 제품이 훌륭하게 작동한다는 것을 보여주었다.

다이슨의 광고는 그의 제품들만큼이나 효과적이다. 그는 기존 진공청소기의 핵심 취약점을 정면으로 겨냥해 단순하면서 합리적인 브랜드 스토리를 전했다. "진공 청소기의 먼지봉투에 먼지가 차기 시작하면 흡입력이 떨어집니다."

다이슨사 초기 CF에 직접 출연했던 그는 광고에서 이 점을 간단명료하게 정리했다. "몇 천 개의 시제품을 거쳐 이 진공청소기가 탄생했습니다. 꽉 막힌 필터도, 먼지봉투도 없습니다. 흡입력이 저하되지 않는 최초의 진공청소기입니다." 다이슨은 광고를 통해 자신의 히트 상품이 만들어지기까지의 세세한 과정을 알린다는 원칙을 세우고 그 원칙을 절대 포기하지 않았다. 5127개의 실패한 시제품 끝에 성공적인 제품 실연에 이르렀다는 사연, 공기를 시속 924마일로 회전시키며 먼지를 잡아내는 사이클론 기술이 특허 출원 후 'G-포스 듀얼 사이클론'이라는 더 근사한 이름을 얻었다는 사실 등이 그 예다.

다이슨은 자신의 진공청소기에서 가장 딱딱하고 덜 매력적인 이런 요소들이 상대적으로 디자인의 섹시함을 더욱 돋보이게 할 것이라는 점을 알았던 것이다. 결과는 놀라웠다. 다이슨 청소기는 상당한 고가에도 불구하고 충분히 그만한 가치가 있다는 평판을 얻었다. 다이슨은

Unique Dyson 360° vision system
Identifies key features to continuously triangulate its position. So it knows where it is, where it's been and where it's yet to clean.
Dyson digital motor V2
Spins at 78,000RPM generating the highest suction of any robot vacuum.
Radial Root Cyclone™ technology
Patented Dyson cyclone technology flings microscopic dust and allergens out of the air and into the bin.
Full-width brush bar
For maximum surface coverage with stiff nylon bristles for carpet and soft anti-static carbon fibre filaments for hard floors.
Continuous tank tracks
Tank tracks maintain speed and keep the robot on course as it moves across different floor types.
Dyson Link app
Extends the functionality of Dyson 360 Eye™ robot allowing remote control, scheduling and troubleshooting.

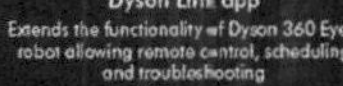

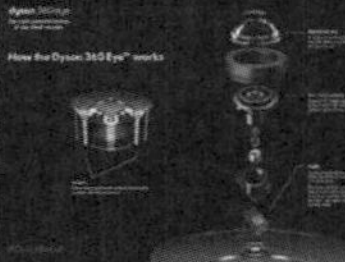

단연 월등한 제품을 만들어내는 회사라는 브랜드 이미지를 구축했다.

현재 제임스 다이슨은 영국에서 가장 부유한 이들 중 하나로 억만장자 대열에 합류했다. 그의 제품은 경쟁사들의 시장점유율을 계속 잠식하고 있다. 다이슨사는 영국에서 40퍼센트에 육박하는 시장점유율을 기록했고, 미국과 캐나다, 호주, 프랑스, 벨기에, 스페인, 스위스, 아일랜드, 뉴질랜드 등에서 청소기 1위 브랜드로 자리매김했다. 다이슨사는 세계적인 경기 침체가 덮친 2010년에도 디자인과 실용성을 겸비한 신제품들의 선전으로 1년 새 영업이익이 두 배로 늘어나 1억 9000만 파운드를 기록했다고 발표했다. 진공청소기로 출발한 다이슨은 이제 날개 없는 선풍기, 종이 타월이 필요 없는 최첨단 핸드 드라이어 등으로 영역을 확장하고 있다.

게으른 뇌

무설탕 껌으로 유명한 트라이덴트는 내가 1990년대에 마케팅 전략을 세웠던 브랜드다. 트라이덴트는 구강 위생이라는 틈새시장에서 자신만의 고유 영역을 확보하는 데 성공했다. 트라이덴트는 치과의사 5명 중 4명이 껌을 씹는 환자들에게 무설탕 껌을 추천한다는 단순한 통계를 바탕으로 추잉껌 업계에서 중요한 위치를 차지할 수 있는 전략을 세웠다. 그러나 막상 광고에 출연해 이 통계를 소개하고 제품을 보증해 줄 권위 있는 의사를 찾기가 쉽지 않다는 점 때문에 고민해야 했다. 그때만 해도 껌은 모두 치아에 해로우며 사회적으로도 바람직하지 않다는 통념이 지배적이었기 때문이다.

당시 트라이덴트의 광고대행사였던 JWT는 '이 껌을 씹어보세요^{Chew}

^{on this}' 캠페인을 전개해 1994년 에피상을 수상했다. 이 캠페인은 단순하지만 중요한 몇 개의 핵심적인 사실을 들어 "트라이덴트는 충치를 예방하는 데 도움이 된다"는 주장을 뒷받침하고, 사람들로 하여금 이 메시지를 생각해보게 하는 효과를 거뒀다.

TV광고에서는 화면 위로 이런 목소리가 흘러나온다. "이 껌을 씹어보세요. 보통 10명 중 7명이 점심식사 후에 양치질을 하지 않습니다. 자, 이제 이 껌을 씹어보세요. 트라이덴트는 맛도 좋을 뿐 아니라 식사 후 씹으면 충치예방 효과가 있습니다."

충치 예방 메시지를 더 상세히 전하기 우해 JWT의 크리에이티브팀은 두어 개의 통계를 바탕으로 또 다른 광고를 만들기로 했다. '평균적인 미국인'이라고 이름 붙인 이 광고는 트라이덴트 껌 사용 빈도를 촉진하기 위해 제작됐다. 이 광고에는 이렇게 내레이션을 삽입했다. "이 껌을 씹어보세요. 평균적인 미국인들은 하루에 5번 식사를 하고 간식을 먹지만 양치는 겨우 두 번 합니다. 식사 후 트라이덴트를 씹으면 하루 다섯 번 충치를 예방할 수 있습니다."

'이 껌을 씹어보세요' 광고의 성공은 구강 위생을 강조하는 트라이덴트의 전통에 부합하면서도 단순하고 의미 있는 사실에 뿌리를 두고 있다. 광고는 무미건조하지만 껌 구매자들의 감성을 자극하는 데 성공했고, 쉽고 단순한 통계의 힘을 빌려 매출 증대에 기여했다.

노벨상을 수상한 대니얼 카너먼은 심리학자이자 행동경제학을 창시한 경제학자다. 그는 의식과 합리적인 문제 해결을 담당하는 인지 시스템은 직관과 무의식에 비해 느리고 게으르다고 주장했다. 신중하고 비판적인 분석은 느리고 피곤하다. 인지적인 노력은 포도당 같은 에너지를 소모하는 힘들고 부담이 큰 작업이다. 이 때문에 사람들은 일상생활에서 생각하는 수고를 아끼는 방향으로 일과를 계획하게 된다. 특히 지쳐있거나 당황했을 때 수학이나 논리 등의 지적인 수단에 의지하게 되면, 에너지가 부족해져 정보를 비판적으로 걸러낼 수 있는 능력도 저하되곤 한다. 카너먼은 "사람들이 지치고 방전됐을 때 CF처럼 공허한 메시지에 더 쉽게 설득당하는 경향을 보인다는 증거가 있다"고 말했다.

쉽게 이해할 수 있는 정보가 딱 적당한 양만큼 주어지면 사람들은 마케팅의 유혹을 구분할 분별력과 마케팅에 대한 저항감을 낮추게 된다. 이런 현상이 일어나는 이유 중 하나는 뇌가 의식적으로 정보를 처리하느라 바쁜 동안에는 추가적인 정보를 비판적으로 수용할 여유를 잃기 때문이다. 우리가 명철하게 사고할 수 있는 시간은 한정되어 있는데, 무수한 정보가 쏟아져 과부하가 걸리게 되면 뇌는 일시적으로 경계를 늦추게 된다.

이 현상을 이해하기 위해 스탠포드대학의 바바 쉬브 교수가 실험을 했다. 실험에 참가한 이들에게는 유혹적인 초콜릿 케이크와 몸에 좋은 과일 샐러드라는 두 가지 선택사항이 주어졌다. 첫 번째 실험에서는 참가자들에게 간식을 먹는 사이에 두 자리 숫자를 외우게 했고, 또 다른 실험에서는 일곱 자리 숫자를 기억하게 했다. 실험 결과 참가자들이 두 자리 숫자를 외울 때는 과일 샐러드를 더 많이 선택했고, 일곱 자리 숫자를 외울 때는 초콜릿 케이크를 더 선호했다.

이 결과는 이렇게 설명할 수 있다. 이전 과학자들의 실험을 통해 대다수 사람들의 기억장치가 정보를 7개 정도까지 담을 수 있다는 사실이 증명된 바 있다. 따라서 일곱 자리 숫자를 외우게 한 것은 참가자들을 의식적인 사고의 한계까지 몰아붙인 셈인데, 그 결과 실험 참가자들이 무의식적인 육체적 충동에 의식적으로 저항할 능력이 떨어진 것이다. 때문에 몸에 좋은 과일 샐러드 대신 건강에 해롭지만 즉각적인 만족감을 주는 초콜릿 케이크를 더 많이 선택하게 됐다. 일곱 자리 숫자를 외워야하는 과제에 인지적인 노력이 돌려져 있기 때문에 충동을 자제할 수 있는 브레이크가 쉽게 작동하지 못한 것이다. 반면 두 자리 숫자만 외우면 되는 경우에는 추가적인 인지 능력의 여유가 있으므로 유혹에 맞서 건강에 좋은 이성적인 선택을 할 가능성이 높아진다.

일관성을 지킨다는 것

지나치게 많은 정보는 종종 역효과를 낳는다. 마케터들이 짧은 광고에 많은 정보를 억지로 밀어 넣으려 하면 결국 실패한다. 광고에서는 적을수록 더 나은 법이다. 소비자들의 의식이 부분적인 정보를 모아 논리를 갖춘 이야기로 종합해 결론을 내리기 때문이다. 불완전한 정보로부터 결론을 도출하는 인간의 이 같은 성향은 대니얼 카너먼이 '내가 보는 게 전부'라고 부르는 일종의 인지적 법칙이다. 카너먼은 정보의 양이나 질이 아닌, 정보의 일관성이 의견을 형성하는 핵심요소라고 주장했다. 카너먼은 이렇게 설명했다.

"사람들이 갖는 확신은, 정보를 활용해 스스로 구성한 스토리가 얼마나 일관성 있는가에 달려있다. 좋은 이야기를 만드는 데 필요한 것은 정보의 통일성이지 정보의 완벽함이 아니다. 실제로 당신이 알고 있는 모든 것을 조리 있게 끼워 맞추기에는 정보를 잘 모르는 편이 더 수월하다는 것을 깨닫게 될 것이다."

즉 이야기가 길어지고 복잡해지면 일관성이 떨어지고, 내용을 전달하는 데 효율성이 떨어질 위험이 있다. 카너먼은 정보의 연관성을 유지하고, 정보를 처리할 여유를 갖도록 정신적으로 편안하게 만드는 것이 오히려 사람들로 하여금 이야기를 진실로 받아들이게 하는 중요한 요소라고 보았다.

마케터들의 주장은 논리적으로 잘 짜여진 것이어야 한다. 그래야만 소비자들이 쉽게 이해할 수 있고, 또 다른 이들에게 자신이 그 브랜드를 구매한 이유가 타당하다는 점을 퍼뜨릴 수 있기 때문이다. 카너먼은 "주관적인 확신을 갖는 데는 증거의 양이나 질 모두 그다지 중요하지 않다. 확신은 그 사람이 말하는 이야기의 질에서 나온다"고 설명했다. 마케터들은 사실을 길게 나열하거나 제품을 복잡하게 심층 분석하는 것이 아니라 제대로 된 이야기로 고객들을 설득해야 한다. 이야기는 지루하지 않고 간단한 것이어야 하되, 반복되는 사실들로 구성돼 물 흐르듯 자연스럽고 매끄러워야 한다. 마음이 의심을 억누르고 일관된 패턴을 받아들이려면 이야기가 진실한 것처럼 들려야 하기 때문이다.

예를 들어 다이슨의 마케팅 캠페인은 항상 일관된 똑같은 이야기에 바탕을 두고 있다. 어느 날 다이슨이 아내 대신 청소를 하다가 진공청소기의 흡입력이 약해진 것에 불만을 갖게 되면서 모든 것이 시작되었다는 이야기 말이다. 다이슨 진공청소기를 포장한 모든 박스 안에는 반드시 이 브랜드 스토리를 담은 작은 책자가 들어있다. 책자는 다이슨이 직접 진공청소기를 분해해보고 먼지가 먼지봉투의 미세한 구멍을 막아 청소기의 흡입력이 떨어진다는 허점을 발견했으며, 그 후 더 나은 진공청소기를 개발하기 위해 매달리기 시작했다는 사연을 설명한다. 그 과정에서 그를 가로막은 역경들을 극복한 사연과 성공하기까지 1500번이 넘는 실패를 거듭했으며, 진공청소기를 출시하고 나서도 처음에는 경쟁사들로부터 무시당하고 의심의 눈초리를 받았지만 결국 그들이 다이슨의 제품을 모방하기에 이르렀다는 내용을 담고 있다.

여기서 마케터들이 배울 점은 내용이 아니라 일관성이 핵심이라는 사실이다. 인간의 마음은 정형화된 패턴을 찾도록 만들어져 있다. 그리고 뭔가가 어긋나 있다고 느끼게 되면 신중하고 조심스러워지게 된다. 이것은 인간이 위험을 피하도록 진화되어 왔기 때문이고, 브랜드를 대할 때 본능적으로 긴장하는 이유다. 만약 뭔가가 잘못됐다면 스스로를 어떻게 위험으로부터 보호할 것인지 계획을 세울 수 있게 뇌 회로는 가능한 모든 시나리오를 상상하도록 설계되어 있다. 사람들은 일반적으로 얻는 것보다 잃을 것을 두 배 정도 심각하게 생각한다.

이유가 복잡하고 이야기의 연결이 삐걱거릴 때 사람들은 위험부담을 줄이고 손해를 막기 위해 뒤로 물러서게 된다. 따라서 30초짜리 광고에 부엌 싱크대 전체를 소개하거나 신제품으로 구멍가게 선반 전체를 채워넣는 것은 역효과를 내기 마련이다. 이해하기 쉽게 내용을 매끄럽게 전달하는 것이 소비자를 설득하는 데 매우 중요하기 때문이다. 인간은 게으르고 비판적이며 종종 의심이 많아지곤 한다. 때문에 마음을 안정시키고 부정적인 감정을 누그러뜨리려면 단순하고 복잡하지 않은 명쾌한 이야기가 효과적이다.

그러나 대부분의 마케터들은 캠페인의 스토리를 쉽고 단순하게 만들지 않고 오히려 더 어렵게 만들어왔다. 우리는 신제품의 홍수 속에 살고 있다. 각각의 제품들은 미미한 존재 이유를 내세우며 틈새시장을 확보하려 애쓰고 있다. 예컨대 미국 드러그 스토어에서 팔리고 있는 구강 관련 제품만 해도 치약이 평균 350종, 치실이 55종에 달한다. 미디어가 지나치게 늘어나면서 서로 상충되는 정보가 쏟아지고 있다. 미국과 캐나다를 대상으로 한 연구에 따르면 소비자들이 하루 평균 3000개의 광고를 접하는 것으로 나타났다. 이런 상황이니 신제품 10개 중 8개가 실패한다는 사실이 놀랍지 않다.

소비자들은 결국 정보와 각종 분석의 늪에 빠져 결정을 내리지 못하게 된다. 여러 경로의 정보를 처리하는 능력마저 뒤죽박죽 되어 정보를 제대로 이해할 수 없기 때문이다. 브랜드와 마케팅 메시지가 폭증하면서 소비자에게 과부하가 걸리고, 소비자의 선택을 쉽게 만들고 더 나은 삶을 향한 지름길이 되어야 할 브랜드의 원래 목적마저 훼손됐다. 마케터와 소비자가 윈-윈 하는 것이 아니라 오히려 양자 모두 손해를 입는 상황이 연출되는 것이다.

심리학자 배리 슈워츠는 저서 『선택의 심리학』에서 선택의 수가 지나치게 많아지면 심리학적으로 우리의 행복과 웰빙에 마이너스가 되고, 물건을 구매하려는 의욕까지 꺾는다고 지적했다. 우리의 마음은 '유리잔 속에 물이 반이나 차있다'가 아니라 '물이 반이나 비어 있다'처럼 잠재적 손실과 단점에 집중하도록 만들어져있다. 게다가 선택의 다양성을 즐기기보다는 포기했던 선택을 마음에서 지우지 못한 채 그것이 마치 이상적인 선택이었던 것처럼 후회하는 경향이 있다. 선택한 것보다 약간 못한 다른 많은 대안들에 마음을 쓰기도 한다.

한 연구에서는 쇼핑객에게 맛이 각각 다른 24종의 공짜 잼 샘플을 나눠줬을 때보다 6개만 주었을 때 잼을 구매할 확률이 높아진다는 것을 밝혀냈다. 또 다른 실험에서는 참가자들에게 만약 사려고 했던 소니 가전제품의 가격이 대폭 할인된 채로 매장에 전시되어 있다면 어떻게 하겠느냐고 질문했다. 예상대로 반응은 아주 뜨거웠다. 하지만 두 번째로 소니 제품 바로 옆에 비슷하게 할인된 다른 가전제품이 전시되어 있다고 가정했더니 참가자들의 열의는 시들해졌고 실험 속 가상의 판매량도 떨어졌다. 가상의 소비자가 된 실험 참가자들이 결정을 내리지 못하고 주저했기 때문이다.

   05 5단계 | 비판적인 소비자를 만족시켜라

소비자의 변심은 무죄

"절대 그런 일은 없을 겁니다. 절대로요."

내 앞에 앉았던 실험 참가자는 팔짱을 낀 채로 표정 변화 하나 없이 이렇게 쏘아붙였다. 어떤 조건이든 자신은 절대 독일 차를 사지 않을 거라면서 말이다. 이 실험에 참가한 사람들은 도요타와 혼다 등 아시아 자동차 브랜드의 광팬들로, 자신의 실용주의를 무척 자랑스럽게 생각하는 이들이었다. 이들은 소형 세단과 저가의 제품군을 선호하며, 더 실용적이고 더 저렴할수록 좋은 차라는 신념을 가지고 있었다. 이들에게 자동차란 A지점에서 B지점으로 이동하는 교통수단 그 이상도 이하도 아니었다. 이들은 자신이 합리적이고 실용적인 인간이라는 것에 애착을 가지고 있었다. 이들은 자신이 남들보다 현명하다고 생각했고, 심지어 우월하다는 생각까지 갖고 있었다. 합리적으로 살아야 한다는 목적의식이 오만함과 독선에 가까운 믿음을 낳은 것이다. 이들은 소위 럭셔리 카를 구입하며 과시성 소비를 하는 사람들을 비웃었다.

그러나 인터뷰가 끝나고 실험 참가자들을 옆에 있는 폭스바겐 뉴 제타 시제품 전시실로 안내했을 때 예상하지 못한 일이 벌어졌다. 참가자들에게는 다시 대화를 나눌 방에 모이기 전까지 뉴 제타에 어떤 인상을 받았는지 다른 사람과 얘기하지 말아달라고 미리 당부해둔 상태였다. 대신 이들이 뉴 제타를 보는 동안 나는 참가자들이 고개를 끄덕이는지, 눈을 휘둥그레 뜨거나 가늘게 뜨는지를 관찰했다. 이들이 뉴 제타를 살펴보고 싶은 호기심과 기존의 자동차 선택 기준 사이에서 흔들리는지 여부를 살펴본 것이다. 그러고 나서 실험자들은 다시 인터뷰용 탁자로 돌아와 앉았다.

나는 대답하기 어려운 질문을 던졌다. "아까 그 차 가격이 얼마일 것 같은가요?" 대답은 2만 달러 이상으로 꽤 높게 나왔다. 이들에게 뉴 제타의 가격이 1만6000달러 정도부터 시작된다고 알려줬더니 그때부터 참가자들이 입장을 바꾸기 시작했다. 마치 새로운 사람들이 실험에 참가한 양 방안의 분위기가 달라졌다. 참가자들은 독일에서 디자인한 차가 자기 집 앞에 자랑스럽게 주차되어 있는 상상에 들떴다. 그동안 왜 폭스바겐을 구매 대상으로 생각하지 않았는지 합리화하는 대신 뉴 제타에 대한 질문을 쏟아내기 시작했다. "절대 아니다"라는 말이 "언제 출시되나요?"로 바뀌는 순간이었다.

이 상황은 이전에 북미 지역에서 꽤 중요한 어느 모터쇼에 참가했을 때의 경험을 떠올리게 했다. 당시 나는 모터쇼 관객 중에서 몇 명을 뽑아 올 뉴 렉서스 LS 460에 대한 반응을 녹화하는 중이었다. 새롭게 공개된 올 뉴 렉서스 LS 460은 대형 원형 무대에서 회전하며 반짝이고 있었다.

나는 관객 중에서 옷을 세련되게 잘 차려입은 여성에게 인터뷰를 요청했다. 이 여성은 렉서스 근처에 전시됐던 메르세데스 벤츠를 보고 나서 카메라와 관객이 잔뜩 몰려있는 것에 궁금증을 느껴 렉서스 쪽으로 온 듯 했다. 렉서스 내부를 한 번 구경해보라고 권하고 나서야 나는 렉서스가 이 여성의 고려 대상이 아니라는 것을 눈치챘다. "지금 어떤 차를 운전하십니까?" 물었더니 "벤틀리요"라는 대답이 돌아왔다. 그러고는 수줍게 웃는 모습이 마치 극소수만 가질 수 있는 차를 가진 자신의 사회적 지위를 뽐내면서도 절대 으스대는 것처럼 보이지 않으려 애쓰는 듯 했다. 하지만 내가 이 400마력 출력의 럭셔리카가 하이브리드 형태로 출시되며, 가격이 10만 달러 이상으로 책정됐다고 전하자 반응이 정반대로 달라졌다. 미지근한 태도에서 "꼭 한 대 사야겠네요"라며 열의를 보인 것이다.

위의 두 상황에서 특정 브랜드를 거부하던 이들이 몇 가지 중요한 사실 때문에 그 브랜드의 옹호자로 유턴했다. 제타의 경우 품질 대비 낮은 가격이었고, 렉서스의 경우는 하이브리드카로 구입이 가능하다는 점과 품질과 브랜드 위상에 비해 더 높은 가격이었다. 제품을 구입하지 않는 이유를 지닌 구매력 있는 소비자의 요구를 만족시킴으로써 이 같은 극적인 방향 전환이 가능했다.

그러나 이들 사례에서 논리적인 사실이 감정과 별개로 작용한 것은 아니다. 오히려 그 반대의 경우다. 이성이, 실험 참가자들과 모터쇼의 여성에게 그들이 사고 싶어 했던 조건의 자동차가 이제 구입 가능해졌다는 신호를 보냄으로써 잠재 고객의 감성을 자극했다고 봐야 한다.

폭스바겐 제타를 거부했다가 흥미를 보인 사람들은 그동안 더 좋은 차를 갖고 싶다는 꿈이 있었지만 꿈을 이루지 못한 이들이었다. 무의식적인 방어의식이 이들로 하여금 실용주의에 대한 자부심으로 무장하게 만들었다. 하지만 이제 자신도 상류층이 타는 브랜드의 차를 구입할 수 있게 되었으므로 더 이상 실용주의적 태도는 필요 없게 된 것이다.

마찬가지로 벤틀리 오너인 여성도 지식인층 사이에 도요타의 프리우스가 몰고 온 하이브리드 친환경차 열풍에 따라 그린카 운동에 동참하고 싶다는 정서적인 바람을 가지고 있었을 것이다. 그리고 렉서스는 이 같은 환경보호의식을 과시하는 동시에 엄청난 가격을 자랑하는 두 가지 조건을 모두 충족시킨 최초의 브랜드였다.

여기서 다시 트라이덴트 껌 이야기로 돌아가 보자. 트라이덴트의 '이 껌을 씹어보세요' 캠페인이 효과를 거둘 수 있었던 큰 요인은 소비자들에게 껌을 씹을 의미를 부여했기 때문이다. 이전까지 환영받지 못하던 행동에 대한 사회적인 압력과 개인적인 거부감을 이겨낼 수 있는 이유가 생긴 것이다. 즉 껌 씹는 행동을 합리화시킴으로써 죄책감이나 망설임 없이 충동이 시키는 대로 껌을 씹어도 된다는 것을 허가해 준 셈이다.

내가 아는 사람 중에 껌을 못마땅해 하던 이가 있었는데, 트라이텐트를 씹으면 충치 예방이 된다는 새로운 사실에 놀라워했다. 몇 주 후 우연히 그녀를 마주쳤을 때 뜻밖에도 그녀는 트라이덴트 풍선껌을 씹고 있었다. 나는 악의는 없었지만 깜짝 놀란 나머지 따지듯이 물었다. "껌을 안 씹는 걸로 알고 있었는데요." 그녀의 대답은 이랬다. "난 껌을 씹는 게 아니에요. 충치를 예방하고 있는 거죠."

합리화하는 존재

행동경제학자 댄 애리얼리는 저서 『상식 밖의 경제학』에서 숨겨진 비합리적인 힘이 인간의 의사 결정과 행동을 지배한다는 주장을 설득력 있게 전개했다. 그는 '인간은 합리적인 존자'라고 여겨온 기존 경제학 이론이 터무니없는 것임을 증명했다. 인간은 종종 비이성적인 결정을 내리기 때문에 인간이 항상 최선의 것을 선택한다고는 볼 수 없다고 주장했다. 기존 경제학이 간과했던 부분은 의사결정 과정에서 가치를 부여하는 감성의 역할이었다.

그의 주장대로라면 자신의 브랜드를 선탁하는 것이 더 합리적인 결정이라고 홍보하는 게 가장 중요하다고 믿어온 고전적인 마케팅 이론에도 오류가 있다. 논리적인 판매 계획이 통하는 것은 감성적 요소가 판매 계획을 뒷받침할 때뿐이다. 그렇게 되면 소비자들은 스스로 브랜드를 소비해야 하는 나름의 합리적인 이유를 만들어낸다. 인간은 합리적인 존재가 아니다. 인간은 스스로를 합리화하는 존재들이다.

구매할 만한 가치가 있는 브랜드에 마음이 쏠리기 시작하면 인간은 그 때부터 그 욕구에 일치하는 이유들을 찾기 시작한다. 인간의 이성은 언제나 우리를 지배하는 믿음을 뒷받침할 증거를 찾고 있다. 그 믿음이란 감정이 커질수록 더 커지고, 믿음이 강해질수록 뒷받침할 증거를 찾고자 하는 경향도 강해진다.

이렇게 자신의 믿음을 확인하고자 하는 한 쪽으로 치우친 시각 때문에 우리는 종종 우리가 좋아하는 것들의 단점을 알아차리지 못할 때가 있다. 자신이 좋아하는 브랜드의 경우에도 장점에만 집중하고 결점은 무시한다. 이런 선호도 차이가 바로 공화당원과 민주당원이 같은 사안에 대해 의견 일치를 보기 어렵게 만드는 요인이다. 낙태나 신의 존재처럼 감정이 개입된 이슈를 놓고 벌이는 논쟁에서 어느 한 쪽이 이길 수 없는 것도 마찬가지다.

엄청난 분량의 논리나 타당한 근거로도 감정을 이길 수는 없다. 감정으로 충만한 정신이 언제나 자신이 그렇게 믿는 더 많은 이유를 찾아내기 때문이다. 하지만 태도가 애매하거나 구매 계획은 있지만 아직 브랜드를 정하지 않은 사람들에게는 구매를 유도하기 위해 이들을 설득할 합리적인 이유가 반드시 필요하다.

마케터라면 익숙한 패턴에 반전을 주고, 편안함을 조성하며, 상상력을 자극하고, 감성을 바꾸는 것이 중요한 만큼 비판적인 사람들을 만족시키는 것도 중요하다. 지나치게 비판적인 이들에게는 때로는 본능적인 충동에 따라 행동하는 것도 괜찮다고 알려 줄 필요가 있다.

마케터라면 잠재적 소비자들에게 논리적인 말이나 합리적인 사실을 전달할 적절한 시점을 알아야 한다. 그렇지 않으면 그들은 절대 움직이지 않기 때문이다. 대뇌피질 중 가장 최근에 진화된 신피질은 고차원적인 사고를 담당하지만 섣부르게 지레짐작하기도 하고, 자신의 기분에 따라 이야기를 꾸며내기도 한다. 이런 성급한 결론과 만들어낸 이야기들을 정당화하고, 그에 따라 행동하게 만드는 것이 비판적인 마음이다.

> 지나치게 비판적인 사람들에게는
> 본능적인 충동으로 행동하는 것도
> 때로는 괜찮은 일이라는 걸
> 알려줄 필요가 있다.

이렇게 합리화하려는 경향은 경험에 의해 반복되면서 우리 마음속 깊이 뿌리내리게 된다. 비합리적으로 보일지라도 사실에 기초한 정보라면 받아들이는 것도, 이유나 근거에 반응하는 인간의 무의식적 성향 때문이다. 사실에 기초한 정보가 항상 의미 있는 것은 아님에도 말이다.

하버드대 엘렌 랭거 교수는 정보를 처리하는 무의식의 역할에 주목한 최초의 사회 심리학자 중 한 명이다. 1970년대 후반 랭거 교수의 연구에서 연구원들은 복사를 하려고 기다리고 있는 사람들에게 잠깐 먼저 복사를 해도 되겠냐고 물어보는 실험을 했다. 연구원들은 "제가 좀 급해서요"라는 그럴듯한 이유부터 "제가 복사를 해야 돼서요"처럼 설득력 없는 핑계까지 각기 다른 이유를 댔다. 연구 결과 핑계가 신통치 않더라도 이유를 말한 경우 양보를 받은 비율이 더 높았다. 사람들은 부탁하는 이유가 있다는 것에 반응했다. 하지만 그 이유가 어떤 내용인지는 꼭 중요하지 않았다. 뭔가를 부탁하고 허락을 얻어내는 데는 이유를 붙이는 것만으로 충분했다. 그렇다고 이 방법이 무조건 통하는 것은 아니었다. 랭거 교수에 따르면 "코끼리가 쫓아오고 있거든요"라고 이유를 댄 사람은 중간에 끼어들지 못했다.

따라서 마케터가 소비자들에게 자신이 홍보하는 브랜드를 구매하도록 설득할 때에는 근거를 붙여야 한다. 어떤 이유든 괜찮다. 캐스케이드 식기세척제의 경우 '시팅 액션^{sheeting action}'이라는 표현을 내세웠는데, 세척 후 물방울 얼룩을 남기지 않는다는 주장을 뒷받침하기 위한 논리였다. 만약 자신의 주장에 아무 근거도 붙이지 않는다면 감정과 이성을 함께 움직일 수 있는 중요한 요소를 활용하지 않는 것이다. 결과적으로 거래를 성공적으로 마무리 지을 수 있는 핵심 장애물을 처리하는 데 실패하게 될 것이다.

일단 고객이 브랜드에 흥미를 갖게 되면 구매 과정의 어느 단계에서든 고객의 전두피질을 사로잡아야 한다. 전두피질은 뇌에서 행동을 계획하는 부분으로, 지갑을 열 것인지 말 것인지를 결정한다. 마케터가 하는 이야기는 전두피질이라는 까다로운 필터를 통과해야 한다. 전두피질은 이런 질문을 던질 것이다. "경험상 이 이야기가 맞는 것일까? 이야기에 일관성이 있는 걸까? 이야기의 앞뒤가 맞는 걸까?" 만약 이 질문에 대한 대답 중 하나라도 '아니다'가 나온다면 고객의 의식은 제어 시스템을 가동해 구입 권우나 제안을 거부할 것이다. 이 비판적인 필터는 정문을 지키는 수위이자 수문장과 같다. 이 문지기에게 허가증을 받아야 무의식의 영역으로 들어갈 수 있다.

무의식이 행동을 이끌어내지만 무의식은 어떤 사실이나 제안이든 무조건 받아들이기 때문에 추리나 추론할 능력이 부족하다. 대문에 무의식은 의식보다 훨씬 강력하면서도 훨씬 쉽게 속아 넘어간다. 반응은 하지만 생각은 하지 않는 것이다. 반대로 의식은 깊게 생각하고 의심이 많지만 주의를 집중할 수 있는 시간이 제한되어 있다. 조심스럽고 냉소적인 의식을 설득하고 달랠 수 있도록 하는 게 다케팅이 필요한 이유다.

소비자의 마음을 들뜨게 할 정보를 제공하라 마케팅에서 이성적인 접근법이 효과가 적고 한 단계 낮은 방법인양 깎아내리는 것은 곤란하다. 광고대행사들이 이성에 호소하는 광고가 통하지 않는다고 말할 때는 사실 제품 판매량보다 자신들의 광고제 수상 가능성을 더 염두에 둔 것처럼 여겨질 때가 많다. 마케팅의 목표는 감성과 이성 모두를 고려하고 사로잡는 것이다. 이성적 접근법을 무조건 배제하는 것보다 정확하고 자세한 정보를 통해 소비자에게 어떤 느낌과 즐거움을 불러일으킬 수 있을지 찾아야 한다. 진부하거나 말만 번드르르한 주장보다 사실과 정보를 더 깊게 들여다봐야 한다. 그렇다고 새 세제가 얼룩에 10퍼센트 더 강력하게 작용한다고 광고하는 것은 아마 효과가 없을 것이다. 마찬가지로 나이프와 포크 세트가 단단한 돌을 자르고도 날이 상하지 않는다고 광고해봤자 아무도 들어주지 않을 것이다. 반면 렉서스는 금도금한 에어백 커넥터를 홍보하면서 부식을 방지해 안전성을 높이고 고급스러움을 더했다는 점을 강조해 성공을 거뒀다. 렉서스 브랜드 고유의 특징은 아니었지만 안전성과 고급스러움을 동시에 내세워 각각 이성과 감성을 만족시킬 수 있었던 것이다.

소비자의 선택을 막는 요소를 생각하라 마케팅을 기획하고 광고 전략을 짤 때 소비자가 알아서 좋을 법한 사실이 아니라, 소비자들이 제품을 구입하는 데 방해가 되는 목록을 생각해보라. 잠재 고객이 브랜드 제품을 구매하려면 어떤 문제를 극복해야 하는지 따져보아야 한다. 아울러 마케팅 포인트들이 하나의 일관된 이야기 속에 논리적으로 잘 짜여져 있는지 확실히 할 필요가 있다. 예를 들어 당신이 오렌지 주스를 팔고 있고, 갓 짜낸 신선한 맛이 강점이라면 맛을 떨어뜨릴 수 있는 칼슘과 비타민C 첨가에 대해서는 말하지 않는 편이 나을 것이다.

브랜드 스토리를 찾아라 당신의 브랜드에는 소비자들을 짧은 시간 내에 설득할 수 있는 이야기가 있는가? 마케팅에는 제품의 가치를 전달하는 것뿐만 아니라 소비자의 감성을 자극할 수 있는 단순한 이야기가 있어야 한다. 브랜드에 사람들이 쉽게 이해할 수 있는 이야기를 녹여내야 한다. 일단 브랜드 스토리가 만들어졌다면 브랜드의 감성적인 강점과 합리적인 장점을 한꺼번에 담을 수 있는 구절이나 문장 하나를 생각해보라.

코믹 다큐멘터리 영화 <더 그레이티스트 무비 에버 솔드>에서 모건 스펄록 감독은 밴 데오드란트의 마케팅 간부들에게 질문을 던진다. "밴을 설명할 수 있는 말은 어떤 것입니까? 밴 하면 딱히 떠오르는 게 없네요." 화면에서 한참 동안 어색하고 불편하지만 관객에게 웃음을 자아내는 긴 침묵이 흐른다. 이 기본적인 질문에 허를 찔린 기색이 역력한 간부의 대답은 "정말 좋은 질문이네요!"였다. 보다 못한 다른 간부가 "월등한 기술력이죠"라고 끼어드는데, 스펄록이 재치 있게 대꾸한다. "기술력은 겨드랑이에 뿌리는 물건을 설명하는 데 쓰고 싶은 말은 아니네요."

요점은 마케터라면 항상 브랜드 스토리를 숙지하고 있어야 하고, 간결하게 요약할 준비가 되어 있어야 한다는 점이다. 논리적이거나 기술적인 사실뿐 아니라 브랜드 성장의 자극제가 됐던 정서적인 부분도 담아야 한다. 예를 들면 내가 작업했던 브랜드 중에 스내플 올 내추럴 티가 있다. 스내플은 건강에 좋은 녹차와 맛좋은 홍차, 인공 감미료가 아닌 진짜 설탕 성분을 함유하고 있다는 점을 강조하기 위해 일관되게 '세상에서 가장 좋은 것들로 만들어졌습니다'라는 문구를 사용해왔다. 그냥 좋은 것이 아니라 소비자의 몸에 좋은 것이라는 뜻이다.

제품이 알아서 하도록 내버려 두라 제품이 정말 엄청난 성능을 가지고 있다면 그 점을 내세워라. 다이슨이 자신의 진공청소기 CF에서 했던 것처럼, 혹은 블렌드텍이 믹서기에 아이폰을 넣고 갈아버리는 동영상에서 했던 것처럼 말이다. 이와 같은 제품 시연은 가슴 저미는 최루성 이야기 못지않게 제품 판매에 도움이 된다. 애플도 아이폰의 경우 제품 자체가 제품을 홍보하는 효과적인 CF를 만들고 있다. 단순한 검은 배경을 바탕으로 한 CF에는 아이폰과 손만 등장하는데, 아이폰을 클로즈업해 놀라운 기능과 앱들을 설명함으로써 제품 스스로가 판매를 촉진하게 하는 효과를 거뒀다.

속임수는 통하지 않는다 만약 소비자의 날카로운 시선에 속임수나 조작의 조짐이 포착된다면 그간 마케팅에 기울인 모든 노력은 물거품이 될 것이다. 예컨대 제조사들 사이에 가격 인하 없이 제품의 용량을 줄이는 게 유행이던 때가 있었다. 더 나쁘게는 오히려 제품 가격을 올린 경우도 있었다. 이런 시도는 대중의 분노를 살 수 있다. 부정적인 온라인 댓글이 쏟아질 수 있고, 문제가 된 브랜드들은 소비자의 충성도 하락을 감수해야 할 수도 있다. 도브의 유명한 '리얼 뷰티' 캠페인은 자연 미인으로 소개된 광고 속 모델들이 사실은 포토샵 처리를 거쳤다는 소문이 돌면서 논란을 불러일으켰다. 소문이 사실이든 아니든 간에, 이 캠페인은 대성공을 거둔 광고가 어떻게 위험한 상황에 처할 수 있는지 보여주는 예가 됐다. 특히 '리얼'을 강조했을 경우 진짜가 아닐 가능성에 관심이 집중되면 더욱 그렇다.

언론의 관심이 항상 좋은 것만은 아니다. '애스트로터핑^{Astroturfing}'이라는 단어가 있다. 진짜 잔디처럼 보이게 하려는 목적으로 만든 인조 카펫에서 파생된 것으로, 회사나 단체가 여론을 조성하기 위해 조작된 시민운동을 벌이는 것을 가리킨다. 실제로 2001년 LA 타임즈가 미 법무부가 마이크로소프트를 상대로 벌인 반독점법 위반 소송 과정에서 마이크로소프트사를 애스트로터핑 혐의로 비난한 일이 있었다. '테크놀러지 리더십을 위한 미국인 모임'이라는 명의로 소송에 반대하는 수백 통의 편지가 신문사로 날아들었기 때문이다. 그중 몇몇 편지들이 부정확한 주소나 이미 사망한 사람의 이름으로 온 게 밝혀지면서 편지의 진실성과 이들이 마이크로소프트를 지지하는 주장의 근거에 대한 의문을 낳았다.

또 다른 예는 혼다가 페이스북에 새 크로스투어의 사진을 공개했을 때의 일이다. 디자인에 대한 부정적인 댓글들이 올라오자 어느 블로거가 혼다를 옹호하는 코멘트들을 남기며 반박하기 시작했다. 그는 자신의 신원을 밝히지 않았지만 의심을 사게 됐고, 결국 분노한 네티즌들에 의해 그가 혼다의 제품 매니저임이 밝혀졌다.

2012년에는 패스트푸드 체인점 칙필레가 여론의 비판을 무마하기 위해 가짜 페이스북 계정을 만들어 도마에 올랐다. 문제의 발단은 칙필레의 회장이 동성결혼에 반대한다는 의견을 공개적으로 밝히면서 시작됐다. 회장의 발언에 대해 사회적인 논란이 일자 칙필레의 어린이 세트에 들어가는 장난감을 만드는 애니메이션 제작사 짐 헨슨 컴퍼니가 이 회사와의 관계를 단절한다고 발표하기에 이르렀다. 이 시점에서 애비 팔이라는 10대 소녀가 페이스북에서 적극적으로 칙필레를 변호하고 나섰는데, 애비의 프로필 사진이 광고나 홍보에 쓸 만한 사진들을 올려놓는 스톡 사진 사이트에 있다는 사실이 밝혀졌다. 곧이어 칙필레에 대한 반감이 확대되고 항의가 뒤따랐다. 이 사태는 회사 PR 담당자의 어리석은 실수일 수도 있고, 혹은 칙필레를 돕고 싶었거나 아니면 더 곤란하게 만들고 싶었던 누군가의 독자적인 행동일 수도 있다. 진실이 무엇이든 소셜 미디어를 조작하는 것은 불장난처럼 위험한 일이다.

짧고 즐거운 것이 최선이다 많은 진부한 마케팅 경구 가운데 꼭 하나 기억할 만한 게 있다. '짧고 즐거운 것이 초선이다. 길고 복잡한 것은 일관성을 해치기 때문이다.' 장문의 카피를 활용할 수 있지만 갈수록 경쟁이 치열해지는 디지털 시장과 갈수록 짧아지는 소비자들의 집중력 등을 고려해야 한다. 시장이 복잡해질수록 이 진리의 중요성은 더욱 더 커질 것이다.

6단계
연상 작용을 바꿔라

우리는 사물을 있는 그대로 보지 않는다. 우리
는 우리의 입장에서 사물을 본다 아나이스 닌

1999년 아내와 나는 열대 정글 한가운데서 길을 잃었다. 모험을 좋아
하던 내가 멕시코 동부의 플라야 델 카르멘부터 마야 유적지 치첸이
트사까지 시골길로 가자고 우긴 탓이었다. 그렇지만 않았더라면 두
사람만의 로맨틱한 여행이 될 수도 있었던 일정이었다. 렌트한 사륜
구동차로 울창한 밀림을 뚫고 먼지가 날리는 비포장도로를 달리는 것
은 마치 자연 그대로의 세계로 시간여행을 하는 듯했다. 20세기의 마
지막 해를 살고 있다는 것조차 거의 잊어버릴 정도였다. 하지만 밀림
한가운데서 새로 지어진 공장을 발견하면서 우리는 갑작스레 다시 문
명사회로 끌어 올려졌다. 공장 건물 정면에는 청바지 브랜드 조다쉬
의 이름과 조다쉬의 말머리 모양 로고가 새겨져 있었다. 1970년대와

1980년대에 인기를 끌었던 청바지 디자이너 이름을 거의 30년 만에 발견한 것이라 나는 그가 여전히 사업을 하고 있다는 사실에 놀랐다. 그 장소가 멕시코 유카탄 반도라 더욱 그랬다.

나는 차 창문을 내리고 현지인에게 물었다. "포장된 도로는 어느 쪽에 있습니까?" 청년이 한 방향을 가리킬 때, 그가 입은 셔츠가 내 시선을 끌었다. 셔츠에는 유명 디자이너 타미 힐피거의 파란색과 빨강, 흰색으로 된 직사각형 모양의 브랜드 로고가 박혀 있었다. 그런데 그의 셔츠와 미국 거리에 넘쳐나는 수백 만 장의 셔츠에는 묘한 차이점이 하나 있었다. 그의 셔츠에는 타미 힐피거 대신 '타미 해프데이커'라고 쓰여있었다. 그런 옷을 입은 사람은 그 청년만이 아니었다. 다른 많은 이들도 셔츠부터 모자, 백팩에 이르기까지 타미 힐피거 짝퉁을 자랑스레 입고 있었다. 모조품들은 모두 타미 힐피거의 로고와 이름을 살짝 바꾼 다른 이름을 쓰고 있었다. 미국의 세련된 도회적인 패션이 멀리 떨어진 멕시코의 외딴 곳에서 위조되고 있었던 것이다. 그리고 이곳에서는 해프메이커가 힐피거만큼이나 유명해 보였다.

바야돌리드의 번화가까지 운전하는 동안 불현듯 브랜드는 백화점 선반 위에 존재하는 것이 아니라 사람들 마음속에 살아있는 것이라는 생각이 들었다. 브랜드와 그 브랜드에 대해 저절로 떠오르는 느낌 즉, '브랜드 연상'의 관계는 소비자의 주관적인 관점에 달려있다. 멕시코의 작은 도시 주민들에게 타미는 여전히 타미였지만 힐피거는 이제 해프메이커가 됐다. 하지만 아무도 그 차이를 신경 쓰지 않았고 심지어 차이를 알아차리지도 못했다. 그곳에서 해프메이커는 본고장인 맨해튼에서 힐피거가 누리고 있는 것과 똑같은 위치를 누리고 있었다. 브랜드의 이름과 그로부터 연상되는 것들은 현실 속에 존재하는 것이 아니라 사람들의 인식 속에 있다. 따라서 그만큼 예측하기 어렵지만 동시에 쉽게 변할 수도 있다.

타미 힐피거는 명문 사립학교 교복처럼 고급스러우면서 심플하고 편안한 프레피 룩으로 유명하다. 가장 미국적인 디자인으로 꼽히는 타미 힐피거는 주로 말쑥한 백인 중산층 남성들에게 인기가 높은 브랜드였다.

그러나 힐피거가 큰 성공을 거둘 수 있었던 것은 타깃층과는 정반대 계층의 핵심 트렌드세터들과 맺은 야심찬 동맹 덕분이었다. 도심 힙합 문화를 즐기는 흑인 청년층을 공략한 것이다. 이 협력관계는 힐피거의 브랜드 이미지를 완전히 바꿔놓았다. 기존 이미지가 골프장 컨트리클럽이나 요트장에 어울릴 만한 것이었다면 힙합 청년층을 통해 도심을 거쳐 교외의 광범위한 지역까지 브랜드 영역이 확장됐다. 이 모든 것은 타미 힐피거가 점점 강력해지는 힙합 문화의 힘을 간파하고 그 힘을 활용했기에 가능했다.

기억하기 쉬운 타미 힐피거의 로고는 도회적인 세련된 멋의 동의어가 되었다. 대도시에서 시작되는 패션 트렌드의 특성상 타미 힐피거 브랜드는 미국 도심 청년층을 넘어 세계의 남녀노소에 이르기까지 곳곳으로 퍼져나갔다.

도심 길거리의 삶을 날 것 그대로 적나라하게 보여주는 이가 래퍼 노토리어스 B.I.G였다. 비기 스몰즈라는 이름으로도 불리는 그는 잘 알려진 대로 마약상 출신의 힙합 아티스트였다. 힐피거는 도시 청년들을 대상으로 하는 주류 시장에 다가가기 위해 자신의 의상을 노토리어스 B.I.G 등 영향력 있는 래퍼들에게 무료로 제공했다. 또 악동 이미지가 강한 힙합퍼인 우탱 클랜의 메소드 맨과 너티 바이 네이처의 트리치를 패션쇼 모델로 세우기도 했다.

이들에게 옷을 선물한 것은 사실상 상품 교환이 되어버렸다. 이들이 콘서트에서 힐피거에게 감사 인사를 하거나 랩 가사에 그의 이름을 넣었기 때문이다. 그의 의상은 인기 랩 뮤직 비디오에 심심찮게 등장

타미 힐피거가 큰 성공을 거둘 수 있었던 것은 타깃층과는 정반대 계층의 핵심 트렌드세터들과 맺은 야심찬 동맹 덕분이었다. 도심 힙합 문화를 즐기는 흑인 청년층을 공략한 것이다. 이 협력관계는 힐피거의 브랜드 이미지를 완전히 바꿔놓았다. 기존 이미지가 골프장 컨트리클럽이나 요트장에 어울릴 만한 것이었다면 힙합 청년층을 통해 도심을 거쳐 교외의 광범위한 지역까지 브랜드 영역이 확장됐다. 이 모든 것은 타미 힐피거가 점점 강력해지는 힙합 문화의 힘을 간파하고 그 힘을 활용했기에 가능했다.

해 주목을 받았고, 당시 팝 문화와 타미 힐피거 브랜드 매출에 큰 영향을 미쳤다. 스눕 독이 1994년 '새터데이 나이트 라이브'에 힐피거의 빨간색과 흰색, 파란색 줄무늬 럭비 셔츠를 입고 출연하자 하룻밤 새에 그 상품의 매출이 치솟기도 했다.

당시의 교외생활이란 선량하고 깨끗하며, 가족의 행복이라는 가치를 소중히 여기는 이상적인 삶으로 포장되어 있었다. 그러나 힐피거는 아메리칸 드림을 대표하는 교외생활의 허울 밑에 반항을 꿈꾸는 욕망이 있다는 것을 꿰뚫어보았다. 1990년대에 그 반항이란 욕망은 힙합으로 규정되는 도시 청소년과 청년층의 생활방식에 의해 가장 잘 표현되고 있었다. 힐피거는 자신의 디자인과 회사를 상징하는 브랜드 로고는 궁극적으로 더 큰 무언가를 의미해야 한다는 점을 알고 있었다.

그는 "로고를 통해 내가 누구인지 소비자들에게 알리는 것이 중요하다. 로고는 스스로 '움직임과 에너지, 즐거움, 컬러, 품질, 디테일, 미국적인 정신, 사회적인 지위, 스타일, 가치를 상징하는 모든 것'임을 나타내야 한다. 브랜드는 소비자들의 감성과 연결되어 있어야 한다. 스포츠든 음악이든, 아니면 오락, 정치, 팝 문화든 간에 브랜드에는 세련되고 멋진 요소가 있어야만 한다"고 설명했다.

기억하기 쉬운 타미 힐피거의 로고는 곧 도회적인 세련된 멋의 동의어가 되었다. 대도시에서 시작되는 패션 트렌드의 특성상 타미 힐피거 브랜드는 미국 도심 청년층을 넘어 국경을 초월해 세계의 남녀노소에 이르기까지 곳곳으로 퍼져나갔다. 유명 인사들도 힐피거의 옷을 입었다. 클린턴 대통령과 영국의 찰스 왕세자, 영화배우 레오나르도 디카프리오에 마이클 잭슨, 브루스 스프링스틴, 데이비드 보위, 엘튼 존, 머라이어 캐리 같은 쟁쟁한 팝스타들이 그의 고객 리스트에 이름을 올렸다. 힐피거는 1995년 미국 패션 디자이너 협회에서 수여하는 올해의 남성복 디자이너로 선정되었다.

사업적으로 타미 힐피거 브랜드는 1991년부터 1995년까지 순이익이 6배 증가했으며, 3억2100만 달러의 매출을 올렸고, 이익은 4100만 달러에 달했다. 도나 카란이나 랄프 로렌, 캘빈 클라인 같은 강력한 경쟁 디자이너들이 상대적으로 부진에 빠져 있는 동안 힐피거는 패션계의 평균 성장률을 크게 앞지르는 성과를 거뒀다. 1999년에는 타미 힐피거 주식의 시가총액이 5억 달러를 넘어서며 패션주 중 가장 높은 가치의 주식으로 평가받기도 했다. 이 모든 일은 힐피거가 힙합이 어떻게 음악뿐만 아니라 문화 트렌드 전체를 좌우할 수 있는지 다른 디자이너보다 먼저 이해했기에 가능한 일이었다.

한때는 광고 역사상 가장 중요한 순간 중 하나였지만 이제는 치욕스러운 일로 기억되는 사건이 있다. 1924년 필립 모리스가 말보로를 내놓던 순간이다. 당시 남성용 담배 대부분은 필터가 없는 강한 맛이었으나 말보로는 여성용으로 만든 순한 필터 담배였다. 말보로는 립스틱 자국을 감추기 위해 아예 필터 부분에 붉은색 띠를 입혔고, 광고에서도 '5월처럼 부드럽다^{Mild as May}'라는 여성적인 슬로건을 내걸고 여심 공략에 나섰다.

그런데 1954년에 상황이 바뀌었다. 건강에 대한 사회적인 관심이 커지면서 담배의 유해성에 대한 우려도 커졌고, 많은 흡연자들이 필터가 없는 독한 담배를 피우는 자신의 흡연 습관을 돌아보게 된 것이다. 말보로는 여성 흡연자를 넘어 더 많은 소비자에게 보다 안전한 필터 담배의 차별성을 널리 알릴 수 있는 기회를 놓치지 않았다. 광고계의 전설이었던 레오 버넷이 마케팅 역사상 브랜드의 방향을 180도 반전시킨 가장 성공적인 사례로 꼽히는 '말보로 맨' 아이디어를 떠올린 것도 이 때다.

버넷은 대중적으로 어필하기 위해 말보토의 기존 이미지를 바꾸고 브랜드의 다른 모습을 보여줄 방법을 찾고 있었다. 그는 1972년에 제작된 다큐멘터리에서 말보로 맨의 아이디어가 탄생한 과정을 이렇게 설명했다. 자신의 광고대행사 팀원들과 브레인스토밍을 하면서 "가장 남성적인 이미지, 하면 뭐가 떠오르지?"라고 물었더니 수석 카피 라이터 중 한 명이 "카우보이 아닙니까?"라고 대답했다는 것이다. 전문가들이 뽑은 광고 캠페인 사상 가장 성공한 프로젝트이자, 박수와 비난을 동시에 받고 있는 카우보이가 마케팅 역사에 등장하는 순간이었다. 1955년 말보로 담배를 입에 문 강인한 이미지의 카우보이를 크게 클로즈업한 새 광고 '말보로 맨 캠페인'(사진)이 시작됐다. 이 캠페인에는 카우보이를 포함해 선원, 군대 훈련교관, 건설노동자 등 가장 남성적인 직업의 전형으로 꼽히는 모델들이 등장했다.

그럼에도 카우보이가 가장 인기 있는 말보로 맨이 된 것은 대중의 마음속에 가장 강력한 연상 작용을 일으킬 수 있었기 때문이다. 원래 남성 흡연자들에게 남성용 담배임을 홍보하기 위해 제작된 광고였지만 카우보이가 형상화한 완벽한 남성성은 여성들까지 매료시켰다. 카우보이는 독립심과 도전, 모험, 사랑과 같은 이미지를 표현했는데, 이 같은 특징은 남성과 여성 모두에게 호감을 불러일으킬 수 있었다.

일반적으로 카우보이가 상징하는 이미지는 미국 서부개척시대의 개척정신과 목장 생활에서 비롯된 것이다. 서부영화와 TV 드라마를 통해 세계적으로 인기를 얻은 미국 문화의 자유와 대담함과도 연결된다. 말보로는 모델을 통해 강인함과 용감함, 자제력, 영웅적 행동 등 미국 서부시대의 매혹적인 가치가 배어나는 광고를 보여줬다.

1954년 말보로의 시장점유율은 전체의 1퍼센트에도 미치지 못했다. 하지만 1955년 말보로 맨 광고가 미국 전역에서 시작된 후 말보로 판매량은 무려 3241퍼센트 상승해 50억 달러를 벌어들였다. 말보로 매

Come to where the flavor is.
Marlboro
Marlboro
100's
Marlboro Red or Longhorn 100's—
you get a lot to like.

출은 1957년까지 300퍼센트 더 증가해 200억 달러에 달했다. 말보로 캠페인은 1963년부터 서부의 광활한 자연을 배경으로 카우보이 모자를 쓰고 말을 탄 카우보이를 등장시켜 고전적인 카우보이 이미지를 강조하는 데 더욱 집중했다. 이를 통해 말보로 맨은 전 세계적인 현상이 되었고, 어디에서나 통하는 미국문화의 상징으로 자리매김했다. 1972년 말보로는 마침내 세계 1위의 담배 브랜드에 등극하게 된다. 필립 모리스에 따르면 말보로는 지금도 여전히 남녀 모두, 모든 연령대에서, 미국의 52개 모든 주에서 1위를 고수하고 있다. 말보로의 시장 점유율은 무려 42.6퍼센트로, 나머지 13개 담배 브랜드의 점유율을 모두 합친 것보다도 높다.

매력을 드러내려는 욕망

진화심리학자 제프리 밀러는 소비라는 행위는 나르시시즘이나 과도한 자기애와 유사점이 많다고 보았다. 그는 우리가 구입하는 브랜드 중 꽤 여러 개가 무의식적으로 자부심과 연결되어 있다고 주장했다. 모든 사람에게는 어느 정도의 자아도취 성향이 있고, 때문에 제품을 구매할 때 주변 사람들에게 자신을 과시하는 데 도움이 되는 브랜드를 선택하는 경향이 있다는 것이다. 밀러는 지위와 쾌락이라는 두 가지 요소가 소비자들의 사고방식을 결정한다고 말했다. 소비를 배우자감이나 친구감처럼 자신의 능력을 알릴 수 있는 지표로 삼아 타인에게 자신의 지위를 과시하고 스스로 즐거워한다는 설명이다.

사람들은 마치 거만한 공작이 화려한 꼬리깃털을 뽐내듯 브랜드를 자랑한다. 공작이 복잡한 무늬의 깃털을 펼치는 것은 다른 새들에게 훌륭한 유전자로부터 받은 자신의 아름다움을 과시하려는 목적 때문이다. 그 외에도 생존과 깃털을 유지할 수 있도록 벌레와 식량을 찾아내는 능력, 크고 무거운 꼬리깃털에도 불구하고 포식동물을 피할 수 있는 능력을 알리기 위함이다. 하지만 동물들은 왜 자신이 이런 것들을 뽐내는지 의식하지 못한다. 공작 역시 그저 그렇게 하고 싶은 충동으로 깃털을 펼치는 것이고, 꼬리깃털은 짝짓기 상대를 유혹하기 위해 진화과정에서 얻은 혜택일 뿐이다.

우리 인간에게도 다른 사람들에게 자신의 매력을 알리려는 본능이 있다. 우리가 선택한 브랜드는 우리의 부와 건강, 웰빙을 보여주는 지표이자 우리의 성공과 가치를 나타낸다. 공작들이 그렇듯 우리도 자신이 브랜드를 과시하고 있다는 사실을 의식하지 못하는 경우가 많다. 사람들이 프라다를 입고 싶어 하는 것은 프라다가 사회적 계층을 나타내기 때문이고, 아디다스를 신고 싶어 하는 것은 아디다스가 활동성과 건강함을 상징하기 때문이다. 결국 브랜드라는 장식을 통해 얻는 진정한 혜택은 자신의 사회경제적 지위에 대한 타인의 인정이다. 주목과 칭찬을 받으면서 쾌감을 얻기 위해 다른 사람들에게 뽐내는 것이다.

좋은 브랜드는 공작의 아름다운 꼬리깃털과 같다. 인간의 뇌는 근본적으로 추론을 통해 정보를 처리하므로 좋은 브랜드는 노골적이기보다 암시를 통해 더 큰 효과를 거둔다. 마케터들의 까다로운 임무는, 딱 꼬집어 낼 수는 없지만 소비자들이 무의식적으로 탐낼 만한 특징을 간파해 넌지시 보여주는 것이다. 타미 힐피거와 말보로의 경우 래퍼들과 카우보이를 통해 각각 저항과 강인한 독립심이라는 규정하기 어려운 콘셉트를 표현하는 간접적 접근 방법을 취했다. 이들이 소비자들 사이에 전파한 것은 주류 미디어가 명성과 악명을 동시에 부여한 거칠고 위협적이지만 매력적인 캐릭터였다. 총질하는 무법자와 갱스

　　　　　　　　　　　　06 6단계 | 연상 작용을 바꿔라

터들은 모두 같은 원형에서 나온 인물들로, 각자의 시대에 영웅이자 악당으로 받아들여진 캐릭터였다.

즉 타미 힐피거와 말보로가 택한 전략은 브랜드가 직접적으로 제품에 대해 이야기하는 것이 아니라 간접적으로 사람에 대해 이야기하는 것이었다. 1963년 말보로가 서부를 배경으로 카우보이를 등장시키며 내세운 카피는 '멋이 시작된 곳으로 오라Come to where the flavor is'였는데, 흡연자들을 움직인 것은 담배 자체의 멋이 아니라 캐릭터의 멋이었다. 믹 재거가 롤링 스톤즈 시절 "그는 진짜 남자가 될 수 없어. 나와 똑같은 담배를 피우지 않으니까"라고 노래했던 것처럼 말이다.

그런데 남성들과 똑같이 여성들도 이런 멋의 반항을 함께하고자 했다. 하지만 반항은 사회적으로 남성에게는 미덕이지만 여성에게는 비난거리로 받아들여지는 것이었다. 이중적인 기준은 오히려 여성들로 하여금 남성적인 브랜드가 그들 자신의 것이라고 주장하도록 부추겼다. 말보로가 직접 여성적 감성에 호소할 때보다 남성용 제품으로 더 많은 담배를 여성들에게 팔 수 있었던 것도 마찬가지 경우다.

연상하는 뇌

사람들이 브랜드에 대해 떠올리는 이미지가 바뀔 때 브랜드의 시장점유율도 바뀐다. 사람들은 주로 연상 기억에 따라 브랜드에 대한 결정을 내리기 때문이다. 인간은 다른 동물들에 비해 가장 큰 연상피질을 가지고 있다. 때문에 기본적이고 단순한 감각적 자극을 탐지하는 것을 넘어서 인지적으로 복잡한 정신 작용을 수행하는 데 유리하다. 마케팅을 통한 자극이 뇌에서 처리될 때 순서대로 차례차례 의식적인 사고와 생각이 일어나는 것이 아니다. 뇌에서는 엄청나게 많은 양의 활동이 동시에 일어난다. 하나의 아이디어가 동시에 여러 개의 생각을 촉발하고, 여러 개의 생각이 더 많은 생각을 낳을 수 있다. 마케터들이 어려움을 겪는 부분은 이런 생각들 중 실제로 의식에 도달하는 것은 몇 되지 않는다는 점이다.

정보를 저장했다가 검색하는 작업은 뇌의 기억회로에 연결된 연상 신경망을 통해 이뤄진다. 이것이 한 가지 생각이 서로 연결된 생각과 아이디어, 이미지, 대화, 감정 등을 담은 방대한 양의 기억을 이끌어낼 수 있다. 소비자에게 의미 있는 것은 광고에서 사용된 특정 단어나 이미지가 아니라 개인적으로 그 단어나 이미지로부터 부수적으로 떠올리게 되는 것들이다.

마케터들은 분명하고 일관성 있는 메시지를 전달하는 데 집중해야 한다. 하지만 동시에 그 메시지들이 빙산의 일각에 불과하다는 점도 알고 있어야 한다. 메시지가 소비자에게 전해졌을 때 수면 아래에서 다양하고 폭넓은 연상 작용이 이뤄질 수 있게끔 메시지는 소비자에게 좋은 기억을 떠올리게 하는 것이어야 한다.

연상 작용을 통해 브랜드들이 자칫 기억 속에 묻힐 수도 있다. 마케팅의 진짜 본질은 의식적으로나 무의식적으로나 모두 연상 작용을 만들어 내는 것이다. 그래서 광고 카피나 겉으로 드러나는 이미지뿐만 아니라 문맥 아래의 의미도 중요하다. 만약 마케터로서 당신이 강화하거나 바꾸고자 하는 브랜드의 정확한 연상 작용을 파악하지 못하고 있다면 브랜딩에서 가장 핵심적인 요소 중 하나를 놓치고 있는 것이다.

브랜드가 오랜 기간 동안 일관되고 설득력 있는 메시지를 반복해서 전하면 실제로 세포 단계에서 뇌회로에 물리적인 변화가 생기게 된다. 이렇게 재설계된 연상 신경망은 사람들로 하여금 브랜드에 대해 특정한 방향으로 자동적으로 생각하고 반응하게 만든다. 마케터라면 누구나 사람들이 따로 애쓰지 않아도 자신의 브랜드를 쉽게 유익한 것과 연결시키기를 바라기 마련이다. 그런데 물리적인 변화 과정을 거치게 되면 소비자들의 마음속에 브랜드의 메시지가 무의식적으로 떠오르게 된다.

예컨대 내가 "입에서만 녹아요"라고 운을 떼면 당신이 저절로 "손에서는 안 녹아요"라는 M&M 초콜릿 카피를 따라하게 되는 것처럼 말이다. 보험사 올스테이트는 48년째 똑같은 카피를 쓰고 있다. "전문가가 맡고 있으니 안심하세요"라는 이 카피는 2004년 한 조사에서 응답자의 87퍼센트가 잘 알고 있다고 대답해 가장 널리 알려진 광고 카피로 선정된 바 있다. 조사에 따르면 사람들은 이 카피를 정확하게 떠올릴 수 있을 뿐 아니라 카피를 접할 때마다 정말로 안심해도 될 것 같은 기분을 느낀다고 응답했다. 보험 가입을 고려하는 사람들에게는 정말 바람직한 마음가짐이 아닐 수 없다.

프로이트는 이렇게 경험에 따라 뇌가 변하고 조정되는 현상을 가리켜 '신경가소성neuroplasticity'이라는 이름으로 처음 발표했다. 신경심리학자 도널드 헵은 신경가소성의 기본 메커니즘을 이론으로 정립했는데, 이 이론은 "함께 발화되는 신경세포들은 함께 배선된다"는 유명한 문장으로 요약할 수 있다. 같은 신경세포들이 반복해서 작동하게 되면 시냅스의 힘이 커지면서 뇌회로망이 재설계된다는 뜻이다. 시냅스란 신경세포들 사이의 접합부를 말하는데, 생각하고 행동하는 등 지적 능력을 발휘하는 신경의 기초가 된다. 이들 연상 신경망은 어떻게 사람들이 삶을 대하고 브랜드를 선택하는가 등의 전략을 결정한다.

브랜드의 연상 작용이 일단 사람들의 기억 속에 자리 잡게 되면 쉽사리 바뀌지 않는다. 타미 힐피거의 경우 패션 업계에서는 상대적으로 신참 격이라 기존 이미지가 굳어지지 않았다는 장점이 있었고, 말보로의 경우 말보로 맨이 등장하기 전까지는 시장점유율이 1퍼센트에도 미치지 못하는 인지도가 낮은 브랜드였다. 이들 브랜드들이 대중에게 인식되면서 암묵적인 연상 작용이 이뤄졌고 또한 사람들의 뇌리에 뿌리내리게 되고, 결과적으로 집단 문화의 일부가 되었다.

감수성 불붙이기

나는 철학에서 말하는 객관적 실재라는 것은 없다고 생각한다. 객관적 실재란 주관과 무관하게 인간의 의식 밖에 독립적으로 있는 물질적 사물 현상을 의미한다. 그러나 사람들이 제품 정보를 파악하고 브랜드를 평가할 때는 자기 자신의 기준과 성향을 적용하기 마련이다. 결정을 내리는 데 도움이 되는 브랜드에 대한 반응은 개인적인 특정한 기억에 기반한 것일 수 있다. 고객이 "이 제품은 왠지 감이 오네요"라고 말한다면 이 고객이 진짜 말하려는 것은 "전에 이런 무늬를 본 적이 있어요"라는 것이다. 직관은 과거에 겪었던 일들을 떠올려 인식하는 것에 불과하다. 상황에 의해 기억이 촉진되면 어떻게 생각하고 느끼고 행동할 것인지 반응할 수 있다. 이렇게 기억을 촉진시키는 잠재력은 비슷한 상황을 자주 겪게 되고 기억이 생생하게 남아있을수록 좀 더 강해진다.

심리학에서 점화[Priming]란 시간적으로 먼저 경험한 결과가 나중에 경험하게 된 특정 자극에 영향을 미쳐 더 민감하게 반응하게 되는 현상을 나타낸다. 예를 들어 먼저 노란색이라는 단어를 보고나면 뒤에 바나나라는 단어가 주어졌을 때 더 빨리 알아볼 수 있을 것이다. 두 단어는 서로 연관성이 깊기 때문이다. 연상 기억망의 접속점 하나가 활성

     06 6단계 | 연상 작용을 바꿔라

화되면 가까이에 있는 또 다른 접속점이 활성화될 준비를 하게 돼 저장되어 있는 정보를 쉽고 빠르게 검색할 수 있게 된다.

점화는 의식 바깥에서 일어나고 의식적인 정보 검색에 의존하지 않기 때문에 자신도 모르게 이뤄지는 무의식적인 현상으로 여겨진다. 점화는 심리학 용어로 말하자면 선언적 기억^{declarative memory}보다는 암묵적인 비선언적 기억^{nondeclarative memory}에 속한다. 비선언적 기억이란 우리가 의식하지 못하는 지각 학습, 자극-반응 학습, 운동 학습 같은 유형의 기억을 가리킨다. 연구에 따르면 점화가 의사 결정 과정에서 중요한 역할을 수행할 수 있다.

사람마다 과거의 경험이 모두 다르기 때문에 각자 자기만의 독특하고 개인적이며 함축적인 연상 기억을 가지고 있다. 이렇게 학습된 연상 작용은 종종 이성적인 평가보다 우위에 서곤 한다. 예를 들어 마틴 린드스트롬은 담뱃갑에 넣은 심장병이나 폐기종의 위험성을 경고하는 경고문이 오히려 흡연자들의 대뇌에서 욕구와 관련된 측좌핵을 자극한다는 사실을 발견했다. 경고문이 미래에 있을 위험을 깨우치기보다 흡연을 통해 얻은 즐거움을 떠올리게 만들기 때문이라는 것이다.

캐나다 라이어슨대학교의 멜라니 뎀프시와 토론토대학교의 앤드류 A. 미첼의 연구도 비슷한 결과를 나타냈다. 이들은 실험 참가자들에게 가짜로 만들어낸 브랜드들과 함께 여러 사진과 단어들을 보여주었다. 사진과 단어는 긍정적인 것과 부정적인 것이 섞여있었다. 몇몇 허구의 브랜드들과 수백 장의 사진을 보고난 뒤 실험 참가자들은 어떤 브랜드와 어떤 사진과 단어를 함께 보았는지 분간하지 못했다. 그럼에도 불구하고 긍정적인 사진이나 단어와 함께 제시됐던 브랜드에는 호감을 나타냈다. 연구를 진행한 학자들은 이 결과에 대해 "왜인지는 모르지만 이게 좋아요"라는 이름을 붙였다. 뒤이은 후속 실험에서는 참가자들에게 이미 가지고 있던 브랜드에 대한 느낌과 상반되는 정보를 주었다. 그들이 호감을 보였던 브랜드를 거절해야 할 이유를 제공한 것이다. 그러나 참가자들은 여전히 이전에 긍정적인 이미지를 가지고 있던 브랜드들을 골랐다. 합리적인 정보조차 이미 가지고 있던 인상을 무효로 바꿔놓지 못했다. 이 실험 결과는 참가자들의 브랜드 선택이 이성적인 분석보다 무의식에 좌우된다는 것을 시사한다.

인간은 언제나 욕구, 경고, 쾌락, 고통 등 감정을 자극하는 환경의 신호에 무의식적으로 반응한다. 녹색 신호일 때 가고 빨간 불일 때 서는 것처럼, 아이스크림 트럭의 딸랑거리는 소리와 경찰차의 사이렌 소리도 사람들의 행동에 영향을 미친다. 소리를 듣고 아이스크림 트럭 쪽으로 가까이 가거나 경찰차에서 멀어지려는 것과 같은 반응을 활성화시킬 수 있다.

회사동료인 도이치 LA 전략팀 리더 제프리 블리쉬는 포커스 그룹과의 미팅에서 사회를 볼 때 가끔 넥타이를 맨다. 넥타이가 대화의 격식을 유지하는 데 영향을 주기 때문이다. 참가자들이 지나치게 경계를 하고 있어서 긴장을 풀 필요가 있을 때는 넥타이를 느슨하게 풀고, 대화가 주제를 벗어나거나 통제하기 어려워질 때 넥타이 매듭을 단단하게 조이면 참가자들이 다시 대화에 집중하게 된다.

그런데 정작 제프리는 자신이 이런 행동을 하는 것을 몰랐다고 한다. 이렇게 자신도 모르는 채로 사람들과의 커뮤니케이션을 효과적으로 이끄는 행동을 가리켜 무의식적 능력이라고 부른다. 이 능력은 학습의 가장 높은 단계에 해당된다. 효율적인 기술에 숙달했을 뿐 아니라 기술을 사용해야 한다는 판단이 직관적으로 이뤄지는 단계이기 때문이다. 브랜드는 넥타이의 매듭과 같은 역할을 해야 한다. 마케터들이 보낸 메시지가 소비자들의 연상 작용을 이끌어내는 데에 따라 다양

   06 6단계 | 연상 작용을 바꿔라

"
광고가 전달하는 메시지는
무의식적인 연상작용을 일으킨다.
일상적이고 평범한 광고가
먹히는 것도 그 때문이다.
"

하게 바뀌면서 소비자들을 브랜드 쪽으로 밀고 당길 수 있어야 한다.

하지만 사람들이 이런 자극에 무의식적으로 반응한다고 해서 소비자들 의식의 레이더망 아래로 몰래 브랜드 메시지를 전하려고 시도하는 마케터들이 성공하는 것은 아니다. 뇌가 무의식 단계에서 감각적인 자극이나 브랜드 메시지를 학습하고 반응하는 것은 사실이다. 하지만 마치 스포트라이트를 받는 것처럼 메시지가 확실하게 주목받을 수 있을 때 훨씬 더 잘 학습되고 반응을 이끌어내기 때문이다. 브랜드에게 호의적인 방향으로 점화 효과를 일으키려면 브랜드의 콘셉트와 그에 따라 연상되는 기억들이 먼저 사람들에게 각인되어야 한다. 강렬한 기억을 남기는 가장 좋은 방법은 의식적으로 주의를 집중하게 하는 것이다.

유력 시장조사기관인 입소스 ASI가 9만7083명을 대상으로 광고 512편의 효과를 평가한 일이 있다. 조사 대상자들은 새 TV 프로그램을 평가하는 것으로 알고 조사에 참여했고, 이들에게 TV 프로그램의 일부처럼 테스트용 광고를 보게 했다. 조사 결과는 조사 대상자들이 광고에 별로 신경을 쓰지 않았음에도 광고가 브랜드 선택에 큰 영향을 미치는 것으로 나타났다.

그런데 광고를 기억하고 정확하게 묘사할 정도로 광고에 높은 집중도를 보여준 조사 대상자들은 광고에 적게 집중한 사람들보다 브랜드 선택에 있어 마음을 2.5배 넘게 바꾼 것으로 나타났다. 광고에 집중한 사람일수록 그만큼 광고의 영향이 더 컸다는 것이다. 광고에 덜 집중한 조사 대상자들은 광고에 대한 설명을 듣고 나서야 그 광고를 본 기억을 떠올린 사람들이었다. 또 광고에 집중한 조사 대상자들에 대한 광고효과가 광고에 가장 낮은 집중도를 보인 사람들보다 6배나 높았다. 가장 낮은 집중도를 보인 이들은 광고를 기억하지도 못했고 자신들이 그 광고를 보았다는 것도 기억하지 못했다. 광고를 인식하지 못한 조사 대상자들에게서는 1.2퍼센트의 긍정적인 브랜드 상승효과가 나타났을 뿐이다.

아울러 광고주들이 숨겨진 이미지와 단어, 사진, 슬로건, 음향 등을 이용함으로써 잠재의식을 통해 소비자들에게 메시지를 전달하려는 서브리미널 광고를 시도한 경우, 이런 모든 노력이 자원 낭비이거나 에너지 소비에 그친 것으로 나타났다. 심리학자 티모시 윌슨은 "잠재의식을 자극하는 서브리미널 메시지가 소비자의 태도나 행동에 미치는 영향은 미미하거나 아예 없는 것으로 보인다. 오히려 아주 일상적이고 평범한 광고가 더 효과를 거둘 수 있다"고 결론을 내렸다. 윌슨은 또 이렇게 덧붙였다.

"영화 속에 '코카콜라를 마셔라'라는 단어들을 숨겨놓는다고 해도 쉬는 시간 동안 사람들이 구내 매점에 줄을 늘어서는 일은 생기지 않는다. 일반적으로 알려진 것과는 달리 케이크 장식에 섹슈얼한 이미지를 넣었을 때 판매가 늘어난다는 증거도 없다. 그렇다고 해서 서브리미널 메시지가 절대 효과가 없다고 단정하는 것은 아니다. 다만 지금껏 일상적인 광고 환경에서 효과를 나타내지 못했다는 것이다."

사람들은 광고의 무의식적인 효과와 서브리미널 광고를 혼동하곤 한다. 서브리미널 광고가 아닌 모든 전통적인 광고들은 무의식적인 효과를 거두고 있다. 광고에 숨겨놓은 메시지가 있어서가 아니라 광고가 전달하는 메시지가 무의식적인 연상 작용을 일으키기 때문이다. 소비자들은 대부분 광고의 메시지를 알아차린다. 소비자들이 놓치는 것은 그 메시지가 어떻게 자신들에게 영향을 미치는가이다.

윌슨은 미래의 흡연자가 "난 담배를 피우기 시작해야겠어. 광고에서 본 말보로 맨처럼 되고 싶거든"이라고 말하지 않는다고 지적했다. 그는 "10대들은 담배가 독립심과 반항의 상징이라고 생각하지만 광고가 그런 연상 작용을 하게 하는 데 큰 몫을 했다는 건 알지 못할 것이다. 우리가 광고에서 뭔가를 보고 듣고 그것을 의식할 때조차도 광고 속의 말과 영상이 어떻게 자신에게 영향을 미칠지 알지 못한다"라고 말했다.

무형의 가치를 마케팅하라

제품을 효과적으로 마케팅하려면 제품의 의미와 가치를 판단하는 데 도움이 되는 참고할 만한 기준이 필요하다. 아인슈타인의 상대성 이론은 물리학은 물론 인지와 마케팅 법칙을 이해하기에도 좋은 기준이다. 브랜드 인식에 관한 한 절대적인 것은 있을 수 없다. 언제나 마음속으로 브랜드를 다른 브랜드와 비교하면서 평가하기 때문에 브랜드는 독립적으로 인식되어질 수 없기 때문이다. 이런 맥락에 대한 비교 없이는 브랜드의 가치를 알 수 없다.

연상 작용의 힘을 이용한 가장 좋은 마케팅의 예는 널리 호평을 받은 '인텔 인사이드' 캠페인일 것이다. 이 캠페인이 시작되기 전 프리미엄 PC 칩 브랜드인 인텔은 심각한 문제를 겪고 있었다. 컴퓨터 구매자들에게 인텔이라는 브랜드는 알려지지도 않았고 눈에 띄지도 않았던 것이다. 소비자들에게는 컴퓨터 칩에 대해 판단할 기준이 없었기 때문이다. 인텔의 제품이 PC의 엔진에 해당하는 역할을 하고 있고 업계에서는 프로세서의 기준이 되었지만, 소비자에게는 인텔이 힘을 불어넣은 컴퓨터 브랜드들에 가려져 묻혀진 상황이었다.

1991년 시작된 인텔 인사이드 캠페인은 PC를 사용하는 최종 소비자들에게 인텔이라는 브랜드를 각인시키기 위한 제휴 마케팅 프로그램이었다. 도널드 헵의 이론대로 반복과 지속성을 통해 연상 작용을 강화하는 것을 목표로 삼았다. 인텔은 PC 제조사들과 광고비용을 함께 부담하는 대신 제조사들에게 인텔 인사이드 로고와 트레이드마크를 부착하도록 설득함으로써 광고 노출에 있어 놀랄 만한 도약을 이뤘다.

인텔 인사이드 프로그램의 효과는 즉각적이었다. 전 세계적으로 캠페인을 시작한 지 1년 만인 1992년 인텔의 매출은 63퍼센트 성장했다. 인텔 인사이드 로고의 인지도는 1991년부터 1995년까지 유럽 PC 구매자들 사이에서 24퍼센트에서 94퍼센트로 놀라운 성장을 보였다. 1998년에는 인텔이 세계 PC 마이크로프로세서 시장의 90퍼센트를 점유하기에 이르렀다. 2001년에는 가장 가치 있는 브랜드 랭킹 5위에 올랐다. 인텔의 브랜드 가치는 무명에서 컴퓨터 산업과 동의어로 대접받는 세계 최상급 수준으로 치솟았다. 지금도 인텔 인사이드 프로그램은 인텔 인사이드 로고를 붙인 수천 개의 PC 브랜드들과 함께 하는 세계에서 가장 큰 제휴 광고 캠페인이다.

인텔이 PC 제조사들의 광고를 통해 브랜드가 셀 수 없이 반복 노출되는 혜택을 보았다면 다른 PC 제조사들도 IBM처럼 업계를 이끄는 세계 최고 브랜드와 보조를 같이 한다는 효과를 얻을 수 있다. 오늘날 인텔은 코카콜라와 디즈니, 맥도날드 등과 함께 세계에서 가장 잘 알려진 브랜드이자 가장 가치 있는 브랜드의 자리를 지키고 있다. 컴퓨터 업계에서도 품질과 기술 분야의 리더십, 신뢰도와 같은 가장 중요한 이미지들을 연상시키는 브랜드로서 공고한 위치를 누리고 있다.

소비자의 뇌 바꾸기

마케팅에서 브랜드 정보를 제공하는 방식은 메시지를 받아들이는 데 중요한 영향을 끼친다. 심리학에서는 이것을 '틀 효과 framing effect'라고 부른다. 의사 전달을 어떤 틀 안에서 하느냐에 따라 전달받은 사람의 태도나 행동이 달라진다는 것이다. 틀 효과는 똑같은 정보인데도 전달받은 사람은 다르게 느끼게 되는 현상을 낳는다. 마케터들이 관심의 초점을 긍정적인 것에서 부정적인 것으로 옮기면, 문자 그대로의 사실 위에 감정적인 색깔을 입혀 편향되게 전달할 수도 있다는 의미다. 선거에서 네거티브 정치 광고가 범람하는 이유가 바로 이 때문이다. 더 큰 이슈와 사실에 대해 이야기하는 것보다 대개 확실하지도 않은 상대 후보의 개인적인 흠집을 감정적으로 비난하는 데 집중하는 것이다. 스테이크의 90퍼센트가 지방이 없다고 홍보하면 사람들이 열광하고, 같은 스테이크인데도 지방 성분이 10퍼센트라고 말하면 망설이는 이유도 이와 비슷하다.

인식의 틀을 재구성하는 것의 위력을 보여주는 좋은 예는 미국돈육협회의 장수 캠페인 '또 다른 흰색 고기The other white meat'다. 이 캠페인은 1987년 돼지고기에 지방이 많다는 세간의 평을 불식시키고 돼지고기 소비를 촉진하기 위해 시작됐다. 돼지고기는 닭고기나 칠면조 등의 흰색 고기에 비해 지방이 더 많다고 여겨져 왔다. 하지만 이 캠페인은 돼지고기도 흰색 고기임을 내세워 기름기 없는 단백질 살코기 같은 이미지를 얻게 했다. 사실 돼지고기는 요리를 해야 흰색이 되는데, 여기에 흰색 고기가 비계가 적다는 일반적인 사실을 연결시킨 관점의 전환이 주효한 것이다. 소비자들에게 돼지고기가 흰 살코기와 같은 특징을 가지고 있다는 점을 떠올리게 함으로써 돼지고기는 몸에 좋은 가금류 고기와 같은 대열에 합류했다.

미국돈육협회가 캠페인을 시작하기 전에 실시했던 소비자 조사에서 이미 40퍼센트 이상의 소비자가 잠재의식 속에서 돼지고기를 흰색 고기로 여기고 있는 것으로 나타났다. 웹스터 사전에서도 돼지고기를 흰색 고기로 정의하고 있었다. 돈육협회는 광범위한 사전 조사를 통해 캠페인의 접근방향이 소비자들의 신뢰를 얻을 수 있다고 판단했고, 그렇게 '또 다른 흰색 고기' 캠페인은 탄생했다.

캠페인을 시작한 지 7개월이 못 돼 이뤄진 리서치 회사의 조사는 소비자들의 태도가 바뀌고 있다는 사실을 확인시켜주었다. TV 광고를 통해 첫 7개월 동안 목표했던 광고 주시청 대상의 85퍼센트가 광고를 보았고, 흰색 고기라는 메시지에 대한 인지도는 72퍼센트 늘어났다. 캠페인을 시작한 지 1년이 다 되어갈 때쯤 미주리대학교의 농업경제학자 글렌 그라임스 교수는 "확실히 늘어난 돼지고기 수요 덕분에 미국 돼지사육농가는 1987년 5억 달러의 수익을 올렸다. 일반적인 상황이었다면 절대 이루지 못했을 수치다"라고 말했다. 캠페인은 23년 동안 돼지고기 소비를 20퍼센트 이상 끌어올렸고, 식품산업계에서 가장 성공한 프로젝트 중 하나가 되었다. 2000년 노스웨스턴대학교가 발표한 보고서에서는 '또 다른 흰색 고기'를 현대 광고 역사상 가장 기억할 만한 홍보 카피 5위로 꼽았다.

여기서 마케터들이 기억해야 할 것은 의미 있는 연상 작용의 기준이 될 틀이 없이는 브랜드도 없다는 점이다. 연상 작용은 브랜드의 가치를 결정하고, 전후 사정의 맥락은 연상 작용의 의미를 결정한다. 예컨대 명품 주얼리 브랜드 티파니의 경우 티파니의 하늘색 선물 상자 안에 있는 내용물이 나 홀로 그 가치를 결정하는 것이 아니다. 티파니의 상징이 된 하늘색 상자 자체가 그 가치를 결정하며, 더 큰 가치가 되게 하는 것은 상자가 담고 있는 메시지가 전달되는 상황이다. 이들이 상자 속 반지와 티파니라는 브랜드를 더욱 빛나게 하고 가장 큰 가치를 만들어내는 것이다.

브랜드의 DNA를 파고들어라 브랜드의 총합은 광고나 포지셔닝, 패키지 디자인보다 훨씬 크다. 연상 작용과 관련된 뇌 구조 전체를 확인하고 이용하라. 당신의 브랜드를 생각하면 떠오르는 이미지, 단어, 느낌, 생각, 아이디어를 불러일으키는 신경망을 활용하라. 연상 작용을 제대로 파악하려면 떠오르는 것들을 암묵적 연상과 명시적 연상으로 나눠보라. 마케팅 방법을 결정할 때 브랜드와 연관되는 특성과 특징에 대해 논의할 필요가 있다.

또 다른 방법은 뉴로마케팅 기법의 사용을 고려하는 것이다. 뉴로마케팅은 소비자들이 제품을 충분히 경험하게 되는 정확한 순간을 찾아내고, 소비자들이 제품을 사용하면서 어떤 즐거움을 기대하고 무엇에 흥분하는가를 설명한다. 대표적인 뉴로마케팅 전문 리서치회사인 뉴로포커스는 소비자들이 제품에 반응하는 순간순간의 뇌파 활동을 측정했다. 뉴로포커스가 '신경상징기호neurological iconic signatures·NIS'라고 이름 붙인 뇌파 활동이 가장 활발해지는 순간을 포착하기 위한 것이다.

뉴로포커스는 한 조사에서 소비자가 요구르트를 먹을 때 가장 흥분하는 순간, 즉 브랜드를 가장 충실하게 경험하는 때는 뜻밖에도 요구르트 뚜껑의 알루미늄 포일을 벗기는 순간이라는 것을 발견했다. 뇌는 행동에 따라 생기는 감각 자극이 많을수록 좋아한다. 광고에서든 매장에서든 뇌파 활동이 가장 활발해지는 순간을 강조하면 광고의 효과와 판매량이 증가하는 경향을 보였다. 누로포커스의 설립자인 A.K.프라딥은 "소비자의 두뇌가 제품에 흥분하는 순간을 활용하면 제품을 사용하지 않는 동안에도 제품을 원하고 찾게 만들 수 있다"고 말했다.

강제 노출을 재검토하라 오늘날 디지털 마케팅에서 가장 흔히 쓰이고 있지만 그만큼 우려되는 방법 중 하나가 온라인 광고의 강제 노출이다. 모니터에 끊임없이 열리는 짜증스러운 팝업 광고와 링크는 소비자에게 장애물에 가깝다. 이 방법은 제품을 알린다기보다 소비자에게는 방해나 끼어들기처럼 받아들여지기 때문에 자칫 홍보하려는 브랜드에 대해 분노와 좌절 같은 부정적인 감정을 갖게 할 수 있다. 이런 식의 노출이 무수하게 이뤄진 후 광고주들은 브랜드 인지도가 상승한 것을 확인할 수 있겠지만 동시에 소비자들에게 부정적인 정서적 반응을 일으켰다는 사실도 깨닫게 될 것이다. "딱히 이유는 모르겠는데 이 브랜드는 그냥 싫어요"라는 반응 말이다.

좋은 이름을 선택하라 브랜드로 쓰기에 좋은 이름을 고르는 것은 아마 회사가 해야 할 일 중 가장 중요한 일일 것이다. 브랜드명은 소비자의 입에 가장 많이 오르내리는 브랜드 요소이므로, 브랜드가 가지고 있는 고유한 특징과 일치해야 한다.

브랜드 이름이 반복해서 노출되면 소비자들의 무의식에 각인된다. 따라서 브랜드명이 많이 알려지고 난 후 이름을 바꾸기란 불가능하지는 않지만 현명한 일이 아니다. 소비자들의 무의식에는 이미 브랜드 이름과 함께 연상되는 것들이 단단히 자리 잡았기 때문이다. 좀 더 현대적인 이미지를 위해 브랜드명을 바꾸려고 했던 회사들이 있었지만 대부분의 경우 소비자들에게 혼동을 불러오거나 웃음거리가 됐을 뿐이다.

전자제품 전문 체인점인 라디오섁은 구닥다리 이미지를 벗기 위해 라디오를 떼고 '더 섁'이라는 이름으로 브랜드를 쇄신하려 했지만 실패했다. 피자 헛 역시 '더 헛'으로 이름을 바꿨지만 소비자들의 반발만

샀다. KFC는 이와는 반대로 원래 이름이었던 켄터키 프라이드 치킨을 고객들이 줄여서 부른 KFC가 오랫동안 사용되면서 저절로 굳어지자 고객들이 이름 붙여준 대로 회사이름을 바꿔 성공을 거뒀다.

여성의류 브랜드 드레스 반은 헛간이나 외양간을 의미하는 '반Barn'이라는 이름 때문에 스스로 작업복을 떠올리게 하는 이미지로 출발한 경우다. 그래서 이들은 차선책으로 브랜드 이름은 그대로 두고 회사 이름을 아세나Ascena로 바꾸는 방법을 택했다. 소떼를 연상시키는 촌스러운 이미지를 덜어내고 투자자들을 끌어들이기 위한 조치였다. 담배 회사인 필립 모리스 역시 담배에 대한 부정적인 이미지와 거리를 두고자 회사 이름을 바꿨다. 새 이름은 알트리아Altria로 낙점됐는데, 영어로 이타주의를 뜻하는 알투르이즘과 발음이 비슷해 일부에서는 이 효과를 노린 의도적인 작명이 아니냐는 의견을 제기했지만 회사 측에서는 부인했다.

만약 당신이 브랜드나 새로운 제품명을 선택할 수 있는 위치에 있다면 이름과 연관해 떠올릴 수 있는 모든 가능성들을 반드시 살펴봐야한다. 흠 하나 없는 깨끗한 새 캔버스 같은 이름을 골라야 한다. 딸린 혹 같은 부정적인 이미지는 없어야 한다. 그렇지 않다면 이미 긍정적인 이미지가 구축된 단어 중에서 제품과 의미가 어울리는 것을 찾도록 해야 한다.

브랜드 확장에 유의하라 기존 브랜드를 다른 제품군에 붙이는 '라인 확장' 때 브랜드를 강화하는 동시에 브랜드를 새로운 차원으로 업그레이드시킬 선택을 하는 것이 중요하다는 점은 말할 것도 없다. 나이키가 하위 브랜드로 에어 조던을 내놓았던 것을 생각해보라. 에어 조던은 '진정한 운동 성능authentic athletic performance'이라는 나이키의 브랜드

   <u>06</u> 6단계 | 연상 작용을 바꿔라

콘셉트에 완벽하게 부합했다. 당시 마이클 조던 만큼 '진정한 운동 성능'을 구현하는 스포츠 스타는 없었다. 매직 존슨이 "마이클 조던과 그 외 나머지 선수들이 있다"고 말했던 시절이었다.

콜게이트 같은 대기업조차 브랜드 확장에 실패한 예가 있다. 이들은 기존 브랜드 이미지의 영향력을 이해하지 못했다. 콜게이트가 '콜게이트 키친 앙트레'라는 이름으로 먹을거리를 출시했을 때 소비자들의 반응은 명백한 거부감과 실망뿐이었다. 콜게이트의 입장에서는 나쁘지 않은 아이디어였다. 자신들의 음식을 먹고 나서 자신들의 치약으로 양치를 하면 되지 않겠느냐는 것이었다. 그러나 소비자들의 생각은 달랐다. 콜게이트 치약의 쏴한 민트향을 떠올리는 것은 닭고기와 야채 볶음에 대한 식욕을 돋우는 데 전혀 도움이 되지 않았기 때문이다.

광고 모델 선택은 신중하게 브랜드를 알리는 가장 쉬운 방법 중 하나는 유명 인사들을 홍보에 활용하는 것이다. 여드름 전용 화장품 프로액티브는 저스틴 비버, 케이티 페리, 브리트니 스피어스, 제시카 심슨, 퍼프 대디 등 A급 톱스타들을 기용해 홍보활동을 펼치며 그들의 엄청난 팬들을 끌어들인 덕분에 스킨 케어 트리트먼트의 중심 브랜드로 등극했다.

그러나 유명인들의 인기와 명성이 얼마나 빨리 추락할 수 있는지를 생각하면 모델의 스타성에 지나치게 의존하는 것은 브랜드에 악영향을 미칠 수 있다. 펩시가 '팝의 황제' 마이클 잭슨과 함께 '새로운 세대의 선택Choice of a new generation'이라는 슬로건을 내걸고 캠페인을 전개했던 것이 그 예다. 당시 마이클 잭슨이 진통제 중독이라는 소문이 퍼지면서 대중의 관심이 그쪽으로만 집중되자 펩시는 마이클 잭슨과의 관계를 끊었다. 마찬가지로 타이거 우즈가 평판이 나빠지고 골프 랭킹이

추락하자 주요 광고주들과의 관계도 악화됐다. 우즈의 사생활과 혼외정사가 폭로되기 시작했을 때 태그호이어, AT&T, 게토레이가 전속모델 계약을 취소했다. 아마 가장 얄궂은 반전은 1980년대 후반 육우산업협회가 '쇠고기, 진짜 사람들을 위한 진짜 음식' 캠페인을 펼칠 때일 것이다. 캠페인에는 호감형 배우인 제임스 가너가 모델로 등장했다. 그의 역할은 당시 높아진 건강에 대한 관심을 반영해 쇠고기가 건강에 좋다는 이미지를 확실히 심는 것이었다. 그러나 캠페인이 시작된 지 얼마 지나지 않아 가너는 심장에 혈액을 공급하는 관상동맥이 막혀 심장수술을 받아야 했다.

매장 상황을 생각하라 얼마 전 페이스북에 포스팅된 콘돔 매장 사진을 본 적이 있다. 사진 속에는 잔뜩 쌓여있는 아기들 이유식 병 앞에 J자 모양 고리가 걸려있고, 그 끝에 트로잔 콘돔 박스가 대롱대롱 달려있었다. 매장에 제품이 배치된 상황은 이유식을 사러 온, 육아전쟁에 지친 부모들을 통해 준비 없이 가진 성관계의 결과를 나란히 보여주는 듯 했다. 소매업자와 마케터가 연상 작용을 어떻게 활용할 수 있는지 보여주는 흥미로운 예가 아닐 수 없다. 소매업자들은 현장에서 오랫동안 소비자들의 두뇌 속 연상 작용에 알맞게 매장 디스플레이 전략을 쌓아온 사람들이다. 살사 소스 옆에 칩을 배치하고 콘돔 옆에 이유식을 놓을 것을 결정하는 사람들이다. 마케터는 마케팅에서 가장 중요한 순간이 왔을 때 제품이 어떤 연상 작용을 일으켜야 할지 고민해야만 한다. 소비자가 매장 선반으로 손을 뻗는 선택의 그 순간 말이다.

07
7단계
행동을 취하라

어느 눈 오는 아침, 호기심에 가득 찬 어린이 밀턴 에릭슨은 작은 실험을 하기 위해 일찍 일어났다. 학교로 가는 동안 그는 눈 덮인 좁은 길을 지그재그로 걷다가 앞뒤로도 걸었다. 원래는 직선이었던 길에 그렇게 물결 모양의 발자국을 만들었다. 그날 오후 집으로 돌아오는 길에 밀턴은 재미있는 결과를 발견했다. 다른 사람들이 그 길을 직선으로 가는 대신 아침에 그가 만들어놓은 구불구불한 발자국을 따라 걸었던 것이다. 밀턴은 이 경험으로 사람들은 다른 이들이 닦아놓은 길을 따라 가듯이 깊은 생각 없이 행동하고 살아가는 경향이 있다는 것을 깨달았다.

성인이 된 밀턴은 심리치료에 일대 혁신을 일으켰다. 그는 역사상 가장 큰 치료 효과를 거둔 정신과 의사이자 심리학자 중 한 명으로, 세계 최고의 최면치료 권위자가 되었다. 전통적 방법과 매우 다른 그의 치료법은 환자의 무의식의 힘을 이용해 환자 본인도 모르게 자주, 그리고 빠르게 행동을 바꿔놓는 것으로 이름을 떨쳤다. 마치 그가 눈 오는 날 아침 학교 친구들의 행동을 바꿔놓은 것처럼.

무의식적 성향을 바꾸기 위한 가장 중요한 단계는 실행에 옮기는 것이다. 새로운 행동이라는 길을 자주 걸으면 걸을수록 새 행동은 점점 습관적이고 자동적인 것이 되며, 결국 의식적인 노력이나 주의를 기울일 필요가 없어지게 된다. 이 책에서 설명하고 있는 7단계는 우리의 뇌가 작동하는 복잡한 과정을 단순화해 행동변화를 유도할 수 있는 유용한 모델을 제시하기 위한 것이다. 예상 가능한 패턴을 깨뜨리는 것부터 시작해 행동으로 옮기는 것에 이르기까지, 이 7단계는 개인적 차원으로나 시장 환경 전체로나 행동변화가 일어나는 일반적인 순서를 담고 있다. 전반적으로 무의식적이고 감성적인 과정을 합리적이고 의식적으로 이해할 수 있도록 설명하는 것을 목표로 삼았다.

그러나 뇌는 서로 달라 충돌을 빚다가 함께 결합하기도 하고, 종종 모순을 일으키는 욕구들로 덧대어진 조각보와 같다. 때문에 이 과정은 항상 총체적 집합체로 관찰해야 한다. 이 7단계는 행동변화라는 완성품을 얻기까지 기계적으로 공장의 작업 라인처럼 순차적인 부분으로 나눌 수 있는 것이 아니라 서로 연관되어 있으며 상호작용하는 과정이다. 무의식은 여러 단계에서 항상 작용하며 동시에 여러 개의 정보를 처리한다. 이 7단계는 직선 모양으로 일어나기도 하고 동그라미 모양의 고리처럼 연결돼 생각과 느낌, 행동이 끊임없이 서로에게 영향을 끼치며 반복해서 일어나기도 한다.

진정한 힘은 어디서 나오나

TV 방송은 디지털 시대에도 여전히 광고주들에게 중요한 매체로 남아 있다. TV CF가 지금도 효과적인 이유는 신경학적으로 시각·청각 등 가장 많은 감각이 동원되는 미디어이기 때문이다. 비교해서 말하자면 TV는 크고 평평한 스크린에 우리의 주의를 고정시키기 때문에 인터넷보다 환경적으로 덜 어수선하다. 그러나 업계에서 끊임없이 30초짜리 CF의 전능함을 찬양하고, 가상의 디지털 세계 역시 장밋빛 미래를 예고하지만 마빈 게이의 1968년 히트곡 제목처럼 '진짜보다 좋은 것은 없다.'

마케팅의 역설은 끊임없이 대중 매체에 엄청난 돈을 투자하지만, 브랜딩은 그저 거실에 앉아 TV를 보거나 사무실 책상에서 인터넷을 서핑하는 것만으로는 이뤄지지 않는다는 것이다. 마케팅은 사람들끼리 진짜 경험을 주고받고 나누는 실질적인 상호작용을 통해 일어난다.

마케팅의 목표는 광고를 통해 소비자의 생각을 행동으로 바꾸는 것뿐 아니라 체험을 통해 소비자의 행동을 생각으로 바꾸는 것도 포함해야 한다. 티모시 윌슨은 "사회심리학의 오래된 교훈 중 하나는 행동 변화가 종종 태도와 감정 변화보다 앞선다는 점이다"라고 말했다. 우리가 새로운 행동을 할 때 우리의 의식은 왜 그 행동을 하는지에 대해 논리적인 이야기를 만들어낸다. 행동을 저지르고 나서 사후 합리화를 하는 것은 이전의 사고방식과 새 행동 사이의 불일치에서 생기는 인지 부조화 때문이다.

우리는 신념과 행동 간의 갈등과 불편함을 줄이려 하고, 새 행동이 기존의 태도에 맞춰 조정될 수 있도록 노력한다. 우리는 자신의 새로운 행동에 인과 관계를 부여한다. 기존의 신념과 태도를 바탕으로 깊이 생각한 후에 행동했다고 결론내리는 것이다.

우리는 자신의 정체성에 새로운 행동들을 연결시키려고 노력한다. 예를 들어 늘 마시던 카페 라떼를 사러 동네 커피숍에 들렀는데, 마침 공짜로 주는 타조 녹차가 있어 한 잔 마시게 됐다고 가정해보자. 녹차를 마시는 것으로 당신은 기존 행동패턴을 깨고 새로운 행동을 하기로 선택한 것이다. 그리고 녹차를 마시는 동안 "이왕 커피숍에 왔으니 녹차를 좀 사갈까?"라는 생각도 하게 됐다. 이쯤 되면 당신은 스스로에게 이렇게 말할지도 모른다. "내가 그렇게 행동하지 않아서 그렇지, 원래 난 항상 건강에 신경을 썼으니까." 당신은 자신이 내내 카페인과 지방 섭취량을 줄이려고 생각해왔다고 강조할 것이다. 그리고 "나한테는 녹차가 진짜 잘 맞는 것 같아. 난 이제 커피를 못 끊던 예전의 커피광이 아니야"라고 결론 내릴 것이다. 당신은 자신이 모든 결정권을 쥐고 있다고 믿고 있지만 사실 당신의 반응은 상황에 의해 유발되고 환경에 의해 만들어진 것이다.

이 이야기가 마케터들에게 모든 돈을 판촉 활동에 쏟아 붓고 광고는 포기하라는 말일까? 절대 아니다. 밀턴 에릭슨이 반 친구들에게 했던 것과 비슷하게, 마케팅의 역할은 브랜드로 향하는 길을 내는 것이다. 그 길은 가장 저항이 적은 쉬운 길이어야 한다.

마케터가 정해진 틀을 깨고 편안함을 조성하며, 상상력과 감성·이성을 자극하고, 연상 작용에 변화를 주는 종합적인 역량을 강화하면 소비자들은 자신도 모르는 사이에 구매라는 행동에 이르게 된다. 마케터들은 소비자의 행동에 영향을 줄 수 있는 이 모든 범위의 것들을 충분히 활용해야 한다. 브랜드를 구입하는 마지막 걸음을 내딛는 결정적인 순간에 다다랐을 때 소비자는 이미 브랜드와 브랜드의 목표, 메시지를 받아들이고 이해하는 상태가 되어 있어야 한다.

무의식을 파고드는 마케팅의 핵심은 사람들의 마음속에 긍정적인 연상 작용을 강화함으로써 브랜드가 중요한 의미를 갖게 만드는 것이다. 스타벅스를 예로 들어보자. 스타벅스는 이전에도 효율적으로 광고를 집행해왔지만 이제는 더 이상 브랜드 광고에 막대한 돈을 투자할 필요가 없다. 스타벅스는 다른 대형 프랜차이즈들보다 훨씬 적은 광고비를 쓰고도 세계에서 가장 가치 있는 브랜드 중 하나로 성장한 이례적인 경우다. 브랜드가 너무 강력해진 나머지 스타벅스는 로고에서 스타벅스라는 이름과 커피라는 단어까지 빼버렸다(사진). 이제 소비자들은 스타벅스라

브랜드가 너무 강력해진 나머지 스타벅스는 로고에서 스타벅스라는 이름과 커피라는 단어까지 빼버렸다

면 무의식적으로 프리미엄 커피 시장의 대표라는 생각을 떠올리게 됐고, 덕분에 스타벅스는 커피 외의 다른 음료나 음식 분야에까지 성장할 수 있는 위치를 확보하게 됐다. 마케팅 컨설팅의 대가인 알 리스는 "스타벅스는 탄탄대로를 걷고 있다. 스타벅스처럼 먼저 중요한 의미를 갖는 브랜드를 세우고, 그 뒤 그 브랜드를 붙일 만한 다른 어떤 제품들이 있는지 찾아보라"고 언급했다.

시애틀의 작은 매장에서 출발해 자타가 공인하는 최고의 자리를 지키고 있는 스타벅스는 고급 원두 커피 시장을 바꿔놓았다. 스타벅스는 최고 품질의 커피를 판매할 뿐 아니라 매장에서 다른 커피숍들이 필적할 수 없는 경험을 선사했다. 소비자들이 스타벅스를 만나고 체험하는 공간으로써의 스타벅스 매장 전략은 전 세계의 커피숍에서 끊임없이 모방되어왔다. 스타벅스의 CEO 하워드 슐츠는 스타벅스가 광고에 기댈 필요가 없는 이유에 대해 "세계 50개국 1만6000개의 스타벅스 매장에서 매일 수백 만 명의 고객들과 소통하고 있기 때문"이라고 말했

"

스타벅스는 수백년 동안 이어져온
커피 브레이크 관습을
더욱 유쾌한 경험으로 만들었다.
커피 마시고 싶다는 생각을
스타벅스에 가는 행동으로 바꿔놓은 것이다.

"

다. 스타벅스가 구축한 연상 신경망의 힘은 현실 속 어디에나 있는 매장에서의 실제 경험을 통해 매일 고객들의 마음속에서 강해지고 있다.

스타벅스의 성공은 서구문화의 뿌리 깊고 중독성 있는 관습에 편승한 측면이 없지 않다. 커피 한잔의 휴식, 커피 브레이크다. 따라서 커피숍은 소비자들의 반응을 꾸준하게 호의적으로 유지할 수만 있다면 고객의 충성도를 거의 확실하게 보장할 수 있는 선택이었다. 관건은 얼마나 능동적으로 우수한 서비스를 제공할 수 있는가였다.

스타벅스는 고객의 만족에 집중하고 있다. 고객 개개인의 기호에 따라 에스프레소 샷을 3개 넣은 트리플샷, 음료의 온도가 77도 정도로 아주 뜨거운 엑스트라 핫, 시럽 추가, 무지방, 모카커피 위에 크림을 얹지 않는 '노 휩' 등 취향별로 맞춤 주문이 가능하다. 또 고객이 불만을 제기할 때는 바로 다시 음료를 뽑아낸다. 고객에게 매장에서 이런 만족스러운 경험을 하게 하는 것이 스타벅스 마케팅의 핵심이다.

서구인들은 수 세기 동안 휴식과 재충전, 사교활동을 위해 커피 브레이크를 즐겨왔다. 스타벅스는 커피 브레이크를 제대로 경험할 수 있게 만든 최초이자 최고의 프랜차이즈가 되었다. 아울러 커피 브레이크에 가장 이상적인 물리적 환경을 대규모로 제공해 수 세기 동안 이어져온 관습을 더욱 유쾌한 경험으로 만들었다. 스타벅스는 일터와 집에 이어 커피 브레이크를 즐길 수 있는 세 번째 장소가 되었다. 이렇게 고객들과 숍, 종업원들이 직접 접촉하며 쌓은 상호작용이 스타벅스라는 강력한 브랜드를 구축하는 데 큰 몫을 했다. 기존의 그 어떤 미디어에 투자했더라도 얻을 수 없었을 큰 성과였다.

신경생물학적 관점에서 무의식을 공략하는 마케팅의 목표는 브랜드에 대해 긍정적인 연상 작용을 일으킬 가능성이 있는 신경 경로를 브랜드에게 유리한 행동 경로로 바꾸는 것이다. 커피를 마시고 싶다는 생각을 스타벅스에 가는 행동으로 바꾸는 것처럼 사고 패턴을 행동 패턴으로 연결하는 것이다. 생각과 느낌을 빨리 긍정적인 행동으로 바꾸면 바꿀수록 결과는 더 좋다. 심리학자이자 철학자인 윌리엄 제임스도 비슷한 충고를 했다.

"당신이 결심한 대로, 또 감정이 시키는 대로 행동할 수 있는 첫 번째 기회를 잘 잡아야 한다. 그러면 당신이 얻고자 하는 버릇이 점점 더 강해지는 것을 경험할 것이다."

만약 당신이 삶을 보다 나은 방향으로 바꾸려고 노력하고 있거나 마케팅 프로그램을 개선하려 시도하고 있다면 게임의 법칙은 같다. 소비자들의 머리가 아니라 실제 생활과 연결되는 브랜드들이 가장 잘 기억되고, 가장 잘 이해되며, 가장 성공한다. 유대교의 경전 토라에도 'na'aseh venishma'라는 종교적 경구가 등장한다. '(신이 말씀하시는 모든 것을) 우리가 행하고 들을 것이다'라는 뜻인데, 율법을 실천하는 것이 율법을 이해하는 것보다 앞서며 실천이 이해에 이르는 유일한 길이라는 의미다. 이 경구는 마케터들에게도 적용된다. 소비자들을 충분히 이해시키고 브랜드의 장점을 인정하게 하려면 소비자들로 하여금 직접 제품과 브랜드를 경험하게 만들어야 한다. 그러고 나서야 소비자들은 브랜드의 진정한 가치를 이해하게 될 것이다.

나는 움직인다, 고로 존재한다.

움직이지 않는 생명체에는 뇌가 없다. 나무나 꽃, 선인장에 뇌가 없는 이유는 이들 개체가 이동할 필요가 없기 때문에 움직임을 지시할 뇌 역시 필요하지 않기 때문이다. 멍게를 예로 들어보자. 바위나 해초, 조개에 붙어사는 멍게는 생명을 갖자마자 살 곳을 찾아 물속을 떠다닌다. 이때만 해도 뇌를 가지고 있지만 일단 평생 붙어살 만한 괜찮은 바위를 발견하면 더 이상 뇌는 쓸모가 없어진다. 쓰지 않으면 필요할 일도 없는 법이다. 새로 찾은 정착생활을 자축이라도 하는 양, 멍게는 스스로 뇌를 먹어버린다.

그렇다면 데카르트가 했던 "나는 생각한다, 고로 존재한다"는 말은 틀린 것이다. 뇌의 기능을 고려한다면 신경생리학자인 이탈리아 파르마대학교 비토리오 갈레세 교수가 말한 대로 "나는 움직인다, 고로 존재한다"고 하는 것이 더 정확한 표현일 것이다. 우리 뇌구조의 상당 부분이 움직임을 통제하는 시스템에 할애되다 보니 몇몇 학자들은 사실상 뇌의 모든 부분이 어떤 방법으로든 운동기능에 동원된다고도 말한다. 신경과학자 대니얼 월퍼트는 이렇게 표현했다. "나는 인류가 뇌를 가지고 있는 이유는 오로지 하나뿐이라고 말하고 싶다. 새로운 환경에 적응할 수 있도록 복잡하게 움직이기 위해서다. 뇌가 있어야 할 다른 이유는 없다. 물론 감각과 기억, 인지 과정도 중요하다. 그러나 이들이 중요한 이유는 움직임을 유발하기 때문이다." 말하자면 '생각하는 사람'보다 '움직이는 사람'이 인간에게 더 적절한 표현이라는 얘기다.

실제로 뇌의 신피질 대부분이 신체 동작을 조정하는 데 관여하고 있다. 인간의 신경계는 기본적으로 주변 환경을 감지하고 그에 반응해 행동하도록 만들어져 있다.

신경세포는 역할에 따라 3가지로 나뉜다. 첫째는 움직임을 통제하는 운동신경세포인데, 중추신경계로부터 운동 자극과 명령을 받아 근육 등 몸의 각 부분으로 전달한다. 둘째, 감각신경세포는 감각기관에서 느낀 정보와 자극을 받아들여 중추신경계로 전달하는 역할을 한다. 셋째, 뇌와 척수의 수많은 신경세포를 연결해 주는 연합신경세포가 있다. 사람들을 움직이게 하려면 단순한 감정이나 자극, 인식보다 더 많은 것을 끌어들여야 한다.

브랜드가 더 오랫동안 기억될 수 있도록 깊은 인상을 남기려면 신경을 더 많이 자극해야 한다. 실제 생활에서의 경험은 무스한 운동신경과 감각기관에 확실하게 영향을 디친다. 실제 경험은 시각과 청각, 촉각, 후각, 미각을 동원하기 때문에 뇌 한쪽에 단단하게 기억을 심으며 그 기억을 일깨울 수 있게 한다. 그 기억들은 결국 반응을 이끌어낸다. 조지 I. 비아몬테스와 버나드 베이트먼 같은 의사들은 '무의식의 뇌 지도 작성' '무의식은 뇌를 가진 모든 생명체의 행동패턴을 고착화시키는 중추기능의 핵심이다' 등의 글을 통해 같은 의견을 밝혔다. 즉 행동변화에 이르는 길은 바로 무의식으로 가는 길과 같다는 것이다.

모든 것을 바꾸는 경험

마케팅의 목표는 긍정적이고 반복적인 브랜드 체험을 통해 제품과 제품 그 이상의 것의 판매를 촉진하는 것이다. 우리가 스타벅스를 좋아하는 것은 커피 때문만이 아니라 매장에서 얻는 즐거움이 더 크기 때문이다. 제너럴 푸즈 인터내셔널이 여러 해 전 TV 커피 광고에서 "삶의 모든 순간을 기념하세요"라고 했던 것도 이와 비슷한 맥락이다.

사실 모든 커피에는 공통적으로 쓴맛이 있는데, 사람들은 원래 쓴맛을 싫어한다. 뭔가 쓴 것을 먹었을 때 사람들의 일반적인 반응은 그대로 뱉어버리는 것이다. 쓴맛은 독소가 포함돼 있다는 증거이기 때문에 독을 피하기 위해서다. 아이들이 커피 맛을 좋아하지 않는 것도 이 때문이고, 독성물질이 함유된 합성 화합물에 쓴 맛이 나게 하는 이유도 그래서다. 부동액이나 공업용 알코올을 잘못 마시고 중독되는 일이 없게 하려는 것이다.

그러나 스타벅스 같은 막강한 브랜드 덕분에 현대인들은 쓴맛에 대한 본능적인 거부감을 억누르고 커피를 거의 반강제적인 즐거움으로 삼게 됐다. 카페인의 탁월한 효과와 더불어 커피를 휴식과 사회활동을 위한 일종의 의식처럼 여기게 된 것이다. 시간이 흐르는 동안 커피에 대한 긍정적인 경험이 반복되면서 사람들은 본능을 이기게 됐고, 스타벅스 같은 커피 회사들은 저렴한 커피 원자재를 5달러짜리 즐거움으로 탈바꿈시켰다.

세계적인 브랜드 중 체험 마케팅으로 성공한 것은 스타벅스만이 아니다. 디즈니는 디즈니 파크를 가지고 있고, 타깃은 대형할인점에서 쇼핑하는 것을 세련된 생활습관으로 끌어올렸다. 나이키는 어린이들과 10대 청소년들의 스포츠 참여를 위해 대중적인 생활체육 프로그램을 후원하고 있다. 우리는 폭스바겐부터 도요타, 벤틀리부터 BMW까지 자신의 승용차를 아낀다. 자가용은 평생 동안 문자 그대로 우리를 목적지에 데려다주기 때문이다. 애플은 테크놀러지가 테크놀러지 자체를 위한 것이 아니라 사람들에게 무언가를 할 수 있게 하기 위한 것이라는 점을 이해한 최초의 컴퓨터 브랜드였다. AT&T 역시 소비자들의 마음에 감동적으로 다가갔다. 전화 회사는 손이 닿을 수 없게 멀리 떨어진 사람들을 연결시켜 주지만 이들이 내건 슬로건은 "손을 뻗으면 닿을 수 있습니다"였다.

만약 마케터들이 브랜드에 대해 말하는 것을 멈추고 대신 행동 중심의 소비자 경험을 증진시키기로 결정하면 어떤 일이 일어날까? 그리고 브랜드가 광고 비중을 줄이고 대신 동호회 모임 등을 통해 시장 점유율을 끌어올리기로 하면 어떻게 될까? 실제 생활에서의 경험을 활용하는 것은 브랜드의 발전에 힘을 부여할 수 있다. 또 전통적인 마케팅 기법을 피하고 소비자들의 경험을 활용한 전략을 바탕으로 판매 효율성을 높일 수 있다.

아마 일반적인 성공 공식과는 정반대의 방법으로 가장 큰 인기를 얻은 브랜드는 레드 불일 것이다. 레드 불은 음료수 시장에서 처음으로 에너지 드링크라는 분야를 만든 오스트리아 회사다.

창업자인 디트리히 마테쉬츠가 에너지 음료에 착안한 것은 태국 출장 중 피로를 극복하기 위해 시럽형 감기약과 맛이 비슷하면서도 달콤한 태국의 강장제를 맛보면서부터다. 하지만 당시 서구인들에게 에너지 음료라는 콘셉트는 잘 알려지지도 않았을 뿐더러 좋은 반응을 얻지도 못했다. 마테쉬츠는 "내가 에너지 드링크 시장을 만들지 않았더라면 이 시장은 존재하지 않았을 것"이라고 말했을 정도다. 마테쉬츠가 브랜드 초창기에 시장조사 전문회사를 통해 제품 호감도를 조사했을 때의 결과는 처참했다. 마테쉬츠는 "소비자들은 레드 불의 맛과 로고, 브랜드 이름 모두 신뢰하지 않았다. 그런 끔찍한 일은 평생 처음이었다"고 회상했다.

그러나 그는 시장조사 결과를 무시하고 1987년 레드 불을 출시했다. 일단 제품을 시장에 내놓긴 했지만 제품 자체에는 특별하거나 소유권을 주장할 만한 부분이 없었다. 특허도 내지 않았다. 레드 불의 성분은 캔 오른쪽에 표시되어 있어서 누구나 모방하고 따라할 수 있었다. 실제로 레드 불의 성공 이후 코카콜라와 펩시, 그리고 버드와이저로 유명한 앤호이저부시 등 거대기업을 포함해 수백 개의 회사가 모방제품을 내놓았다. 그러나 레드 불은 이런 문제들을 모두 극복하고 상대적으로 고가에 판매되고 있다. 8.4온스짜리 레드 불 한 캔이 2달러인데, 이는 12온스짜리 코카콜라의 두 배가 넘는 가격이다.

Red Bull Studios
AUCKLAND

Red Bull
ENERGY DRINK

Red Bull
ENERGY DRINK

Red Bull
Red Bull Logo Stencil
www.spraypaintstencils.com

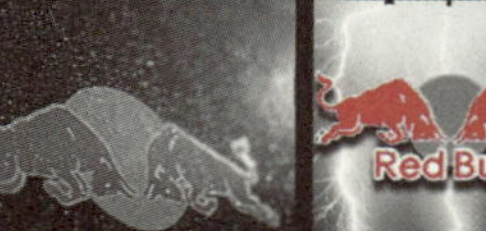
WELCOME TO THE WORLD OF
Red Bull

레드 불의 창업자인 마테쉬츠는 전통적인 마케팅 아이디어를 단호히 거부했다. 레드 불은 TV 광고를 처음부터 하지 않았고, 옥외광고와 인쇄매체 광고, 인터넷 광고도 모두 하지 않았다. 그 대신 일반 소비자들을 대상으로 하는 체험형 마케팅에 집중했다.

마테쉬츠는 전설적인 브랜드를 만든 것은 물론, 소비자의 무의식을 파고든 마케팅의 교과서 같은 예를 만들어냈다. 그는 시장과 제품의 약점을 브랜드의 강점으로 바꿔놓았다. 흥미로운 것은 마테쉬츠가 비엔나대학 무역학과에서 입학한 지 10년 만에 28세의 나이로 마케팅 학위를 취득했으니, 경영학 전공자 중 좋은 학생은 아니었다는 점이다. 한 인터뷰에서 그가 "학생으로 지내는 생활이 즐거웠다"고 얘기했듯이 아마 대학시절이 퍽 좋았던 모양이다.

레드 불에게는 다행스럽게도, 판매와 마케팅에는 학구적인 적성이나 지적인 이해력보다 감성적인 공감능력과 사람들을 움직이는 동기를 잘 아는 것이 더 중요했다. 마테쉬츠의 강점은 추진력과 활달한 성격이었다. 그는 대학생활에 열의가 대단했다. 친구들의 증언에 따르면 마테쉬츠는 파티와 놀이, 아름다운 여성들을 좋아했다. 유쾌하고 에너지가 넘치며 매력적이고 유머 있는 그는 인생과 사업 모두에서 야심만만했으며 실패에 굴하지 않았다. 이런 성격이 그가 마케팅 선구자로 성공하는 데 중요한 역할을 했다. 마테쉬츠는 대중매체 광고만으로는 결코 불가능했을 마케팅 접근법으로 전통적인 마케팅 모델을 무너뜨렸다.

마테쉬츠는 심리학자 대니얼 골먼이 '정서지능'이라고 명명한 능력이 뛰어난 사람이었다. 정서지능이란 자신과 다른 사람들의 감정을 정확하게 파악하고 그에 따라 스스로 동기를 부여하며, 감정을 효과적으로 조정하는 능력을 의미한다. 골먼은 정서지능을 학업지능과는 별개의 것이지만 학업지능을 보완하는 것으로 보았다. 학업지능은 흔히 IQ로 측정되는 순수한 지적인 능력을 가리킨다. 즉 마테쉬츠는 책으로 배운 지식이 많은 모범생이 아니라 경험을 통해 배운 세상 물정에 밝은 사람이었다. 그는 감성적인 측면을 다룰 줄 알았고, 자신의 학생 시절 경험을 바탕으로 대학생들의 생활을 잘 알고 있었다.

골먼은 위대한 리더들의 성공 요소이자 그들에게 차별화된 자질은 지능지수인 IQ가 아니라 감성지수인 EQ라고 믿었다. 마테쉬츠는 마케팅이란 숫자나 통계를 이해하는 것이 전부가 아니라 사람에 대한 이해가 필요한 분야라는 것을 잘 알고 있었다. 그는 캠퍼스에서 보낸 10년의 기간 동안 강의실과 강당에서 이론을 고민하기보다 파티와 다양한 모임을 통해 이 기술을 갈고 닦았다. 그는 냉소적인 대학생들을 연결하는 데 독보적인 이해력과 효율성을 보여주었다. 대학생들은 대기업 광고를 달가워하지 않지만 레드 불 왕국을 건설하는 데 대단히 중요한 집단이었다.

마테쉬츠는 애초부터 전통적인 마케팅 아이디어를 단호히 거부했다. 레드 불은 TV 광고를 처음부터 하지 않았고, 옥외광고와 인쇄매체 광고, 인터넷 광고도 모두 하지 않았다. 그 대신 일반 소비자들을 대상으로 하는 체험형 마케팅에 집중했다. 그는 유서 깊지만 구식은 아닌 전략을 택했는데, 바로 파티에 모인 사람들에게 공짜 음료를 제공하는 것이었다. 유행에 민감하고 영향력이 큰 대학생들에게 에너지 음료를 박스째 주고 알아서 파티와 이벤트를 벌이게 했다. 마케터 입장에서는 비용 지출이 거의 없는 것과 다름없으니 절대 실패할 염려가 없는 전략이었다. 레드 불은 대학가의 파티광인 소수 핵심 그룹과의 연계를 통해 무명의 브랜드에서 전 세계 파티와 바, 클럽에서 중요한 브랜드로 성장했다. 나아가 빠르게 성장하는 에너지 음료라는 신생 시장에서 주도적인 브랜드가 되었다.

레드 불의 전략은 표면적으로 평범한 무료 증정 행사에서 힘을 얻은 것처럼 보이지만 실상은 제품이나 판촉의 문제가 아니었다. 레드 불은 파티와 모임 같은 사교 행사 그 자체가 되었다. 마테쉬츠가 "우리는 제품을 소비자들에게 가져가지 않는다. 우리는 소비자들이 제품에 다가오게 만든다"고 말한 것도 같은 맥락이다. 레드 불의 목표는 최고의 에너지 음료를 만드는 것이 아니라 최고의 파티를 만드는 것이라고 해도 과언이 아니었다. 레드 불이라는 브랜드가 성장할수록 파티도 늘어났고, 레드 불은 활기 넘치는 즐거움과 최고의 이벤트를 의미하는 동의어가 되었다. 대형 행사에는 유명 인사들을 포함한 많은 인파가 몰리고, 시끄러운 음악이 있는 곳에는 언제나 레드 불이 있었다. 요컨대 레드 불은 자신들의 주 타깃인 적극적이고 활력 넘치는 청년층을 사로잡았고, 파티라는 가장 흥분되는 사교 경험을 자신들의 브랜드로 만드는 데 성공했다.

레드 불은 이 전략을 확대해 가장 격렬한 신체 활동인 익스트림 스포츠를 후원함으로써 활동적인 브랜드 이미지를 한 차원 더 끌어올렸다. 모터사이클, 서핑, 스카이다이빙 등은 주류 스포츠는 아니지만 짜릿하고 아슬아슬한 종목들인데, 그 선수들은 젊은 세대 사이에서는 떠오르는 스타처럼 인기를 누렸다. 신체적인 용맹함과 스포츠인으로서 탁월한 기량을 뽐내는 선수들은 남성들에게는 부러움의 대상이자 여성들에게는 선망의 대상이 되었다. 레드 불이 후원하는 선수들은 금세 젊은 층 사이에서 엄청난 추종자들을 거느리게 되었다. 현재 레드 불이 후원하는 세계 정상급 선수들만 500명에 가깝다. 이들은 베이스 점프(빌딩과 교각, 절벽 등에서 뛰어내리는 낙하산 점프) 선수들과 파도타기 프로선수들, 모터크로스(오토바이로 정해진 트랙에서 코너링과 점프 등을 겨루며 빨리 들어오는 순위로 우승자를 가리는 경기) 라이더, 프로 스노보드 선수, 프로 스케이트보드 라이더 등으로, 모두 생명의 위협을 무릅쓰고 엄청난 곡예를 선보이고 있다.

예측 가능한 상투적인 마케팅 전략을 생략함으로써 레드 불은 최첨단 종목 선수들을 후원할 뿐만 아니라 '레드 불 크래시드 아이스'나

'레드 불 플룩탁'처럼 화제성 있는 행사들을 주최했다. '레드 불 크래시드 아이스'는 아이스하키와 스키 활강을 결합한 경기다. 선수들끼리 충돌하고 굴러 떨어지면서 고난이도 코스를 달려 관중들의 아드레날린을 샘솟게 하는 거친 경기다. 독일어로 '비행의 날'이란 뜻의 '레드 불 플룩탁'은 참가자들이 가정에서 직접 만든 비행 장치를 가져와 누가 더 멀리 나는가 겨루는 경기다.

이들 대회는 현장에 참가한 관중의 주목을 받는 데 그치는 것이 아니라 엄청난 언론 노출 효과를 얻을 수 있다. 역설적이게도 레드 불은 광고비로 언론에 비용을 지불하는 일반적인 방법을 피함으로써 훨씬 더 큰 언론 홍보 효과를 거뒀다. 마테쉬츠는 2011년 인터뷰에서 "재정적 측면에서 보자면 우리 스포츠 팀들은 아직 수익을 내지 못하고 있다. 그러나 가치를 따지면 순수하게 광고비를 지출한 것보다 월등한 효과를 내고 있다"고 밝혔다.

기억을 설계하라

모든 마케팅의 궁극적인 목표는 가슴을 설레게 하는 기억을 만드는 것이다. 심리학자 대니얼 카네만이 정의한 두 가지 자아에 따르면 구매 여부를 결정하는 쪽은 '경험하는 자아'가 아니라 '기억하는 자아'이기 때문이다. 그리고 기억을 남기기 위해서는 레드 불이 사용한 무의식을 파고드는 간단하고 확실한 마케팅 공식보다 더 나은 방법은 없다.

내 경험상 브랜드 성공의 세 가지 핵심 요소는 참신함과 신체적인 행동, 감성적인 자극이다. 새롭고 호감을 자아내며, 신체적·감성적으로 자극이 되는 경험을 하게 하면 트랜드는 소비자들의 무의식에 깊이 자리 잡게 된다. 다시 말해 무의식은 행동 반응과 브랜드 구매를 결정하는 곳이다.

그런 의미에서 마케터들은 광고를 계획하는 사람이 아니라 기억을 설계하는 사람들이다. 인쇄광고를 디자인하든, 브랜드 경험을 기획하든, 마케터들은 그저 마케팅 자료를 만드는 것이 아니라 기억을 창조하는 것이다. 브랜드를 어떻게 느끼는가는 실제 일어난 일보다는 브랜드를 경험한 기억에 달려있다. 다른 브랜드와 차별화되고, 신체적으로든 감성적으로든 영향을 끼친 요소들을 떠올리면 판단을 내릴 수 있다. 이때 판단의 기준은 무슨 경험을 했는가가 아니라 브랜드가 만들어낸 최고의 순간과 마지막 인상에 전적으로 좌우된다. 그 인상이 긍정적이든 부정적이든 말이다.

행동경제학자인 대니얼 카너먼은 이런 경향을 '절정과 종결 법칙^{peak-end rule}'이라고 불렀다. 즉 마케터들은 소비자들의 기억을 화려하게 장식할 수 있도록 강렬하고 긍정적이며, 신체적·정서적으로 가장 극적인 경험들을 만들어낼 필요가 있다.

마테쉬츠는 이런 극적인 경험을 브랜드화하는 작업을 총지휘했다. 그는 소비자의 에너지 넘치는 감수성과 레드 불의 특징을 결합한 최고의 결과를 내놓았다. 즉 타깃층의 파티와 익스트림 스포츠에 대한 열정을 이용해 인생이라는 게임을 더 열심히 더 잘 해낼 수 있게 돕는 에너지 드링크에 대한 욕구를 이끌어낸 것이다. 이 즐거움의 공식이 마테쉬츠를 오스트리아 최고의 거부로 만들었고, 레드 불을 에너지 음료 시장에서 가장 강력한 브랜드로 우뚝 세웠다.

<포브스>지에 따르면 레드 불은 2005년 몇몇 국가에서 무려 80퍼센트의 시장점유율을 기록했고, 미국 시장에서는 47퍼센트를 차지했다. 레드 불의 미국 매출은 연평균 40퍼센트씩 증가하는 추세다. 레드

불은 2010년 미국에서 10억 개를 포함해 161개국에서 총 4조2040억 개의 캔을 팔았다. 시장에 진입한 모방상품들로 에너지 음료 시장은 경쟁이 치열해졌지만 레드 불의 수익은 전년 대비 15.5퍼센트 성장한 51억7500만 달러에 달했다.

그러나 레드 불의 성공에 대한 진정한 척도는 이런 숫자에만 있는 것이 아니다. 여기까지 오는 과정에서 얻은 즐거움에 있다. 레드 불은 주식시장에 상장되지 않은 비공개회사의 형태를 유지하고 있다. 그러나 마테쉬츠는 회사를 상장시키거나 회사를 판매할 계획이 없다고 밝히면서 이렇게 말했다.

"돈 문제가 아니다. 재미의 문제이기 때문이다."

레드 불은 이처럼 전통을 벗어난 시도를 통해 거대 식음료 기업들을 앞질렀다. 하버드 경영대학원 경영학과 낸시 F.코엔 교수는 이렇게 말했다.

"새 고객을 유인하고 소비자의 충성도를 높이는 데 있어 레드 불은 코카콜라나 펩시보다 더 효율적인 마케팅 캠페인을 전개하고 있다. 레드 불은 마케팅의 필수 요소인 TV나 신문 등 대중매체 광고에 의존하지 않고 브랜드를 구축해나가고 있다. 마케팅에 없어서는 안 될 도구라고 생각했던 것들이 아마 그렇게 필수적인 것은 아니었던 모양이다."

행동으로 옮기기

인간은 의식적으로 스스로를 바꿔 다른 이미지를 보여줄 수 있는 독특한 능력이 있다. 생각과 신체에 변화를 주겠다는 결심을 행동으로 옮기면 바꿀 수 있다. 브랜딩은 의견이나 태도, 행동을 바꾸는 게 전부는 아니다. 브랜딩은 우리의 존재를 바꾸는 일이다. 축구 선수나 체스 선수, 세계적인 피아니스트가 되려면 누구나 경험을 통해 배워야 하는 것처럼 스타벅스 단골 손님이 되는 것도 행동을 반복하고 반복해 자신의 일부분이 될 때까지 행동으로 옮겨야만 가능하다.

인간은 인식한 후 느끼게 되고, 생각을 거쳐 행동하게 되면 마침내 원하는 존재가 된다. 반복되는 행동을 하게 되면 신체는 문자 그대로 무의식적으로 움직이는 상태가 된다. 이렇게 되면 브랜드는 우리의 신체적 표지로 각인돼 몸이 기억하게 된다. 즉 브랜드가 세포조직에 스며들어 수개월부터 길게는 평생 동안 기억에 남는 무의식적인 행동의 일부가 되는 것이다.

우리가 행동을 해야 하는 또 다른 이유는, 인류가 생존이란 곧 고난이라는 것을 이해하는 유일한 종種이기 때문이다. 진화행동과학자 개드 사드는 "우리가 아는 한 인류는 삶의 유한함을 의식하고, 그로 인해 실존적인 불안을 경험하는 단 하나뿐인 종이다"라고 말했다. 할 일은 너무 많은데 시간은 너무 적다고나 할까. 이런 자각은 인간에게 축복이자 동시에 저주다. 삶의 찬란한 아름다움을 온전히 기쁘게 받아들이게 할 뿐만 아니라 파티는 언젠가 끝나야만 한다는 사실을 냉철하게 깨닫게 하기 때문이다. 이 사실을 부정하면 할수록 오히려 우리가 행동하는 데 큰 부담이 된다. 삶을 헛되이 흘려보내지 말고 당장 일어나 인생에 도움되는 일을 하라며 계속 마음을 괴롭히는 자극으로 작용하기 때문이다. 훌륭한 브랜드들은 더 나은 인생을 더 충실하게 살아가기 위해 행동을 취하겠다는 결심을 격려하고 유도한다.

브랜드 충성도는 제품 선택에 대한 고민을 덜어줘 시간을 절약해줄 뿐 아니라 제품을 뛰어넘어 더 의미 있는 것들과 소비자들을 연결한다. 브랜드들은 소비자들이 더 많은 삶의 순간을 포착하고 얻어낼 수 있게 돕는다.

삶은 브랜드와 마찬가지로 정지된 상황이 아니다. 시간이 흐르는 동안 계속된 행동들이 쌓이고 쌓인 과정이다. 또 목적지에 관한 문제가 아니라 목적지에 가는 동안 걸어가야 할 길에 관한 문제다. 브랜딩의 진정한 목적은 그 길을 따라가는 동안 정서적·육체적으로 충족된 순간들을 통해 소비자들의 활기를 북돋아 그 여정을 최대한 활용하도록 돕는 것이다.

A에서 B로 바뀌는 경험

1974년 심리학자 도널드 더튼과 아서 아론은 남성 참가자들을 대상으로 두 개의 다리 중 하나를 건너게 하는 실험을 했다. 하나는 깊은 협곡 위에 높게 매달려 있는 흔들다리여서 공포를 자아냈고, 나머지 하나는 안전하고 안정적인 낮은 다리여서 참가자들이 두려움 없이 건널 수 있었다. 양쪽 다리 끝에는 매력적인 여성이 기다리고 있었다. 이 여성은 참가자들에게 간단한 설문조사를 한 후 무엇이든 궁금한 사항이 있으면 연락하라고 전화번호를 알려주었다. 이후 참가자들 몇몇은 이 여성에게 전화를 해 데이트 신청을 했다.

그런데 무서운 흔들다리를 건너온 참가자들이 안전한 다리를 건너온 참가자들보다 데이트 신청을 하는 비율이 월등히 높았다. 더튼과 아론은 이 결과에 대해 무서운 다리를 건넌 참가자들은 두려움 때문에 심리적으로 흥분한 상태를 자신이 여성에게 반한 것으로 잘못 받아들였기 때문이라고 결론 내렸다. 안전한 다리를 건넌 참가자들은 심리적인 자극이 부족해 들뜬 기분이 적었던 반면, 이들은 땀이 나서

　

축축해진 손바닥과 고동치는 맥박, 두근대는 가슴을 여성에게 호감을 느낀 증거라고 착각한 것이다.

행동치료사인 나는 치료 과정에서 강렬한 감정과 기억이 일깨워진 환자들의 경우 그 감정을 제3자인 나에게 표출하거나 내 탓으로 돌리는 일이 있곤 했다. 표출된 감정은 자극받은 감정과 기억에 따라 만족감부터 맹렬한 분노에 이르기까지 다양했다.

프로이트는 이렇게 과거에 중요했던 인물이나 상황에 대해 품었던 감정과 태도를 무의식적으로 다른 이에게 나타내는 현상을 '전이 transference'라고 이름 붙였다. 예를 들면 이런 경우다. 분명 파티에서 처음 만난 사람인데 그 사람의 뭔가가 고등학교 때 제일 친했던 친구를 떠올리게 하거나 대학교 때 당신을 찼던 사람과 비슷하다면 당신은 어떤 기분을 느끼겠는가. 그 사람에 대해 아무것도 모르는 상황이고, 현실적으로 아무 근거도 없지만 당신은 이미 그에 대해 분명한 판단을 내렸을 것이다.

브랜드와 소비자의 관계는 사람들끼리의 관계와 상당히 비슷하기 때문에 브랜드 경험도 전이처럼 감정과 태도, 욕구가 대상을 바꿔서 일어날 수 있다. 즉 전이와 같은 메커니즘을 통해 브랜드가 소비자의 이전 경험에 따라 수혜자가 될 수도 있고, 피해자가 될 수도 있다. 소비자들은 과거의 경험이나 과거에 만났던 사람에게서 느꼈던 감정을 무의식적으로 브랜드에 투영하게 된다.

사람들이 무수한 후발 브랜드를 두고 레드 불을 선택하는 이유는 레드 불의 각성 효과 때문만이 아니다. 카페인이나 아미노산, 약초 형태의 흥분제 같은 자극적인 성분들은 다른 모든 에너지 음료에도 있는 것들이다. 레드 불이 후원하는 행사만의 자극적이고 흥분되는 분위기가 레드 불을 선택하는 중요한 요인으로 작용한다. 다마지오가 신체표지 가설에서 말한 것처럼 신체적인 상태가 의사 결정의 열쇠가 된다면, 신체 반응을 이끌어냄으로써 소비자들의 무의식을 공략해 브랜드를 선택하게 하고 브랜드 충성도를 높일 수 있을 것이다.

생리적인 자극은 우리가 누구인지 또 우리가 어떻게 결정을 내리는지를 바꾸는 힘이 있다. 우리가 흥분하면 할수록 평소의 자신답지 않게 깊이 숨겨져 있던 원초적 충동에 굴복할 가능성이 높아진다. 예컨대 행동경제학자 댄 애리얼리와 조지 뢰벤슈타인은 성적인 흥분 상태가 의사 결정에 심대한 영향을 미칠 수 있음을 보여주었다. 이들이 버클리대학교 학생들을 대상으로 실시한 실험에서 남학생들은 성적으로 아주 고조된 상태에 이르면 평소에는 생각조차 하지 못했던 행동을 하고 싶어하는 경향을 매우 높게 나타냈다. 차분한 상태일 때보다 부도덕한 행동을 할 가능성이 2배가 넘었고, 다양한 변태적 성행위를 하고 싶어 하는 경향도 2배 가까이 높았다.

애리얼리는 "우리 모두는 도덕성과 무관하게 흥분상태에 도달하면 어떤 행동을 하게 될지 예측하기 어렵다"고 결론지었다. 그는 또 "아주 뛰어나고 이성적인 사람일지라도 가장 격정적인 순간에는 자기가 알고 있던 자신과는 완벽하게 다른 사람이 된다"고 덧붙였다. 마찬가지로 사람들은 감정적으로 매우 고조된 상황에서 파충류의 뇌 단계의 충동에 훨씬 쉽게 굴복한다. 광란의 파티에서 원초적인 자극을 찾거나 공포와 경외감을 자아내는 익스트림 스포츠에 열광하는 것처럼 말이다.

리얼할수록 좋다

잘 알려져 있다시피 간접적인 경험과 실제로 느끼는 것과는 큰 차이가 있다. 상상할 때나 직접 해볼 때나 똑같은 신경회로가 작동하지만 실제 경험의 생생함과 강렬함은 머릿속 상상과는 결코 비교할 수 없다. 비디오게임이 아무리 재미있더라도 실제상황이 아니라는 것을 알고 있는 것처럼, 똑같은 경험을 머릿속에 그려볼 수는 있지만 결국 상상에 불과하다는 것을 스스로 알고 있기 때문이다.

거울뉴런의 발견은 경험과 상상을 구분하는 데 중요한 정보를 제공했다. 전두엽에 위치한 거울뉴런들은 타인과 공감하고 그에 따라 타인을 모방하는 행동에 관여한다. 거울뉴런이 활성화되면 다른 사람들의 행동과 감정을 간접적으로 상상하고 느낄 수 있게 된다. 광고주들 대부분이 이미 광고에 거울뉴런을 활용하고 있지만 사실 거울뉴런은 방송이나 인쇄물, 인터넷 광고 등의 전통적인 광고를 통해 보는 것보다 실제상황에서 더 잘 작동한다. 다른 사람이 어떤 행동을 하고 있는 것을 보기만 해도 그 사람이 쓰고 있는 것과 똑같은 운동신경세포의 약 20퍼센트가 활성화된다고 한다. 머릿속에서 뇌가 그 사람의 행동을 시뮬레이션하고 있는 셈이다.

라마찬드란 박사는 거울뉴런 이론을 동작뿐만 아니라 촉각까지 포함해 운동신경세포 이상으로 확장시켰다. 누군가가 다른 사람의 몸을 만지는 것을 보게 되면 감각피질의 신경세포가 작동해 몸이 만져지는 사람의 느낌까지 공감할 수 있다는 것이다. 그럼에도 실제로 자신이 만져지는 느낌을 갖지 않게 되는 이유는 피부에 있는 촉각수용체와 통증에 대한 감각수용체의 피드백 신호 때문이다. 감각수용체들이 신경세포가 공감한 느낌을 거부하며 "걱정하지 마. 너를 진짜로 만지는 게 아니야"라는 신호를 뇌에게 보내는 것이다. 그렇지 않으면 공감한 것과 촉각이 인식한 것이 뒤죽박죽이 돼 혼란을 일으킬 것이다. 실제로 일어나는 일이 아니라는 것을 알고 있으면 사람들은 공감하고자 하는 모든 것에 공감할 수 있다.

라마찬드란 박사는 실험을 통해 뇌의 또 다른 놀라운 특징을 발견했다. 사람들은 팔이 마취돼 더 이상 감각을 느낄 수 없는 경우에도 다른 사람이 자신의 팔을 만지는 것을 보면 똑같이 팔이 만져지는 것처럼 느끼곤 한다는 것이다. 마취 때문에 신체 감각이 없는데도 피부의 감각수용체들이 만져지는 듯한 느낌을 거부하거나 상쇄하지 못하기 때문이다. 라마찬드란은 팔이 절단된 환자에게서 똑같은 현상을 발견했다. 다른 사람이 팔을 만지는 것을 보았을 때 팔이 절단된 환자도 똑같이 팔이 만져지는 듯한 감각을 느꼈다. 이런 환각지幻覺肢(절단된 팔이나 다리가 그대로 그 자리에 있는 것처럼 느끼는 증상) 현상은 팔이 만져지고 있다고 느끼는 신호를 거부할 수 있는 피부의 감각수용체가 팔이 절단되면서 상실되었기 때문이다. 팔을 잃어버렸음에도 팔에서 계속 통증을 느낀 환자의 경우 놀랍게도 팔이 온전한 사람이 팔 마사지 받는 것을 보고 통증이 가벼워지기도 했다. 다른 사람이 마사지 받는 것을 마치 자신이 실제로 받는 것처럼 느낀 것이다.

라마찬드란은 이와 같은 공감뉴런을 '간디뉴런'이라 부르고, 타인과 자신을 구분하는 것은 다름 아닌 피부라고 주장했다. 인간은 실제로 기본적인 신경생물학적 기반 위에 연결되어 있다. 또 많은 면에서 집단의식을 공유하고 있다. 라마찬드란은 이렇게 설명했다.

"추상적이고 비유적인 의미가 아니라, 피부가 타인과 당신을 구분 짓는다. 피부가 없으면 당신은 다른 사람의 손길을 뇌로 느끼게 된다. 피부가 없으면 당신과 타인과의 장벽이 사라지는 것이다. 우리는 다른 사람들과 떨어져 있지만 끊임없이 타인을 살피고 주변을 관찰하고 있다. 많은 동양 철학에서 말하듯 진정한 독립된 자아란 없다. 당신은 페이스북과 인터넷을 통해 다른 사람들과 연결된 것이 아니다. 당신은 문자 그대로 공감뉴런을 통해 다른 사람들과 연결되어 있다. 이 방안에도 서로서로에게 말을 거는 신경세포 사슬이 존재한다. 당신의 생각과 타인의 생각을 각기 다른 것으로 구분할 수 있는 특이점도 없다. 이것은 근거 없는 허튼 소리가 아니다. 신경과학의 기초 연구가 밝혀낸 것이다."

브랜드는 사회적 동물의 화폐

사람들 여럿이 모이게 되면 서로 다른 사람들의 뇌 속 신경세포들이 직접 교감하게 된다. 감각적·신체적 체험은 사람들끼리 공유되는 집합의식의 힘을 통해 강조되고 증폭되기 때문에 여럿이 함께 있을 때 일어난 사건이 홀로 있을 때 생긴 일보다 더 즐겁고 흥분되며, 더 쉽게 잊혀지지 않는다. 집에서 혼자 TV나 인터넷을 통해 콘서트나 스포츠 경기를 보는 것보다 현장에서 봤을 때 훨씬 생생하게 기억하는 것도 그 때문이다. 공유된 경험은 위력을 갖는다. 여럿이 함께 나눈 경험은 마음속에 강한 인상을 남겨 이후에 더 크게 나타나게 된다.

우리 모두는 서로를 이어줄 이런 경험들을 진심으로 갈구하고 있다. 누구나 다른 이들과 뭉쳐 집단을 형성하고자 하는 본능적인 욕구와 함께 상호 연대를 맺을 수 있는 타고난 능력을 가지고 있다. 마케팅 교수이자 진화심리학 박사인 개드 사드는 이렇게 말한다.

"브랜드 커뮤니티에 가입하는 것은 소속감을 더하는 일에 불과하다. 그러나 소속감은 무리를 지어 생활하는 모든 동물들에게 핵심적인 요소가 된다."

하버드대학교가 70년에 걸쳐 진행한 성인발달연구를 종합한 정신과 전문의 조지 베일런트 역시 "인생에서 가장 중요한 단 한 가지는

“

사람들의 행동을 제대로 이해하려면
생태학적 시각을 가져야 한다.
사람들의 두뇌뿐 아니라
사회적인 배경을 포함해
환경적 맥락이라는 더 큰 렌즈를 통해
볼 수 있어야 한다.

”

다른 사람들과의 관계"라고 결론지었다.

사람들의 행동을 제대로 이해하려면 생태학적 시각을 갖춰야 한다. 사람들의 두뇌뿐 아니라 사회적인 배경을 포함해 환경적 맥락이라는 더 큰 렌즈를 통해 볼 수 있어야 한다. 노벨경제학상 수상자인 허버트 사이먼은 뇌를 가위에 빗대었다. 이 비유에 대해 심리학자이자 독일 막스 플랑크 인간개발연구소의 '적응행동 및 인지센터' 센터장인 게르트 기거렌처 박사는 이렇게 설명했다.

"가위의 한쪽 날만 보아서는 가위가 어떻게 물건을 자르는지 알 수 없다. 마찬가지로 뇌의 인지기능이나 환경 하나씩만 연구해서는 인간의 행동을 이해할 수 없다. 그럼에도 많은 심리학 연구들이 정신적인 것만을 강조하는 유심론적 방향으로 흐르고 있다. 이것은 사람이 살고 있는 환경 구조를 무시한 채 사고방식이나 논리, 뇌 영상법 등을 통해 그 사람의 행동을 설명하려는 태도다."

뉴로마케팅 일부에서도 환원주의자의 시각을 강조하는 걱정스러운 움직임이 일고 있다. 환원주의는 부분을 통해 전체를 이해할 수 있으며, 물리학과 화학만으로 인간의 모든 행동을 설명할 수 있다는 입장이다. 즉 실험실이라는 격리된 환경에서 3파운드(1200~1400그램) 남짓한 살덩어리에 불과한 뇌 연구를 통해 인간 행동의 해답을 얻으려는 것이다.

뉴로마케팅의 선구자인 스티븐 샌즈 박사는 고객에게서 뇌에서 가장 고급스러운 부분이 어디냐는 질문을 받은 적이 있다고 나에게 말했다. 가장 앞선 기술로 촬영한 뇌 영상 스캔을 수없이 들여다보고, 심지어 분자 수준으로 조사해도 그 부분은 찾을 수 없을 것이다. 뇌의 기능은 분화되어 있고, 기능별로 각각 다른 부위에 넓게 퍼져 있기 때문에 등급을 나누는 것은 불가능한 동시에 우스꽝스러운 일이다.

하지만 마케터에나 비전문가에게 이런 궁금증은 지극히 정상적인 것이다. 확신이 서지 않을 때 우리는 답을 찾기 위해 우리 마음속 깊은 곳을 들여다보곤 한다. 그러나 우리의 삶은 우리 자신보다 더 거대하고 복잡하기 때문에 우리의 행동 역시 우리의 뇌보다 더 거대한 뭔가에 뿌리를 두고 있는 것처럼 느껴지게 마련이다.

우리가 마음이 통하는 소울 메이트나 우리의 아이들, 가족, 친구, 팀, 동료, 이웃 같은 브랜드 커뮤니티와 연결되어 있든 아니든, 모든 사람들은 본능적으로 또 무의식적으로 사회적인 동물이다. 다른 이들로부터 받아들여지고 그들과 동일시되는 것은 우리의 생존과 행복에 꼭 필요한 부분이다. 이와 같은 사회적인 수용을 물질적으로 상징하는 '사회적 통화通貨' 역할을 수행하는 것이 브랜드다. 브랜드는 사회 구성원들끼리 공유하는 관계를 통해, 또 브랜드에 대해 다방면으로 확대되는 집합의식을 통해 힘을 갖게 됐다. 제대로 된 좋은 브랜드를 구매하면 소비자들은 자기 자신보다 더 큰 무언가의 일부분이 된 듯한 느낌을 받게 된다.

마케팅은 소비자와 제품을 파는 회사를 연결시키는 것을 목표로 삼아서는 안 된다. 마케팅의 진정한 역할은 소비자와 다른 소비자를 연결시키는 것이다. 이 두 가지의 차이를 이해하는 브랜드야말로 가장 많은 수익을 내는 것은 물론 가장 사랑받는 브랜드가 될 것이다.

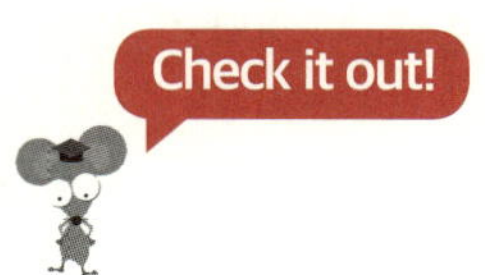

경영 활동을 브랜딩 도구로 바꿔라 막대한 광고비와 유명 대형 광고사와 계약을 통해 손쉽게 브랜드 인지도와 친밀도를 높이고, 나아가 시장점유율을 확대하던 시대는 오래 전에 끝났다. 물론 브랜드 광고가 더 이상 중요한 역할을 하지 못한다는 의미는 아니다. 다만 브랜드 광고가 어떤 것들을 수반하는지 재검토해봐야 한다는 의미다.

당신의 브랜드가 곧 회사 그 자체로 받아들여지고 있다면, 회사의 경영 활동이 마케팅에 활용될 수 있도록 조치를 취하고 있는가? 브랜드 경험은 마케팅 커뮤니케이션과 어떻게 조화를 이루며 적용되고 있는가? 소비자들의 모든 경험은 사업 기회가 아니라 메시지 전달을 위한 또 다른 방식이자 수단으로 보아야 한다. 경영을 위한 결정과 행동은 많은 것을 시사한다. 결과적으로 잠재 고객들에게 브랜드가 남길 인상과 느낌을 좌우하기 때문이다.

소비자들과의 접촉을 늘려라 매체 광고에 배정된 예산 일부를 체험형 마케팅 쪽으로 돌리는 것을 검토해보라. 체험형 마케팅은 대개 그다지 좋지 않은 전략으로 치부되거나 기획 과정에서 미리 세심하게 준비되기보다 나중에 덧붙여지는 경우가 많다. 그러나 브랜딩에는 필수적이다. 마케터들은 이미 진행되어온 기존 이벤트들을 후원하는 것에서 더 나아가 새로운 행사들을 만들어내야 한다. 신선한 이벤트를 통해 제품의 차별화 포인트를 제시하고, 브랜드가 소비자들에게 실질적인 이익이 될 수 있음을 보여주어야 한다. 제품과 소비자들이 브랜드에 부여하는 가치와 의미에 잘 부합하는 경험을 축적해야 한다. 레드 불이 자신들의 에너지 음료에 걸맞게 에너지와 아드레날린을 뿜어내는 행사를 만들어낸 것이 좋은 예다.

기억을 디자인하라 브랜드 경험을 계획할 때는 대니얼 카너먼이 제안했던 '절정과 종결 법칙'을 적용하라. 이 법칙에 따르면 사람들의 기억은 가장 강렬했던 순간이나 가장 마지막 순간에 의해 좌우된다. 따라서 구매 과정이나 온라인 사용자 경험, 고객 서비스 등을 개선하기 위한 방법을 찾으려 한다면 당신이 만들어내고자 하는 최고의 경험과 함께 브랜드 경험 전체를 어떻게 최상의 분위기에서 끝낼 것인가를 분명히 규정해야 한다.

고객들을 놀라고 기쁘게 하기 위해 무엇을 할 수 있을까? 어떻게 하면 고객들이 흡족해하고 더 많은 것을 원하는 상태로 브랜드에 대한 인상을 마무리 할 수 있을까? 브랜드 전체에 대한 인상이 이들 두 가지 기준에 불균형스러울 만큼 크게 달려있기 때문에 어느 한 쪽이라도 제대로 이뤄지지 않으면 브랜드 경험 전체를 위태롭게 하거나 망칠 수 있다. 예컨대 1급 리조트 호텔에서 예상하지 않았던 환영 꽃다발과 무료 샴페인 서비스까지 받으며 나무랄 데 없는 시간을 보냈지만 떠나는 날 당일 룸서비스로 시킨 아침식사가 엉망이었다면 호텔에 대한 좋았던 기억은 그 순간 잊혀질 것이다.

브랜드 전달은 일관성 있게 똑같은 행동이 계속해서 자꾸 반복되면 그 행동은 무의식 속에 굳어지게 된다. 따라서 제품이나 서비스가 고객들과 만나는 접점에서 이뤄지는 브랜드 상호작용은 반드시 항상 동일하게 이뤄져야 한다. 광고와 같은 브랜드 커뮤니케이션을 통해 형성된 제품에 대한 느낌뿐만 아니라 고객들이 직접 제품이나 서비스를 대하고 느끼는 방법에까지 일관성이 있어야 한다. 스타벅스가 좋은 예다. 스타벅스 고객들은 자신이 어느 도시 어느 마을 스타벅스 매장에 가건 어떻게 주문하고 어떻게 커피를 즐겨야 하는지 잘 알고 있다. 하나의 이상적인 경험을 모델로 만들어 브랜드와 판매, 구매 경험 등모든 과정이 모델과 똑같이 이뤄질 수 있도록 만들어라.

소셜 브랜드를 활용하라 소셜 미디어는 오늘날 마케팅 분야에서 맹위를 떨치고 있다. 소셜 미디어라는 매체나 소셜 미디어가 전하는 메시지 모두 사회적 동물인 인간의 본능에 잘 부합한다. 그러나 소셜 미디어는 물론이고 기존 매체들을 마케팅에 이용하기 전에 가장 먼저 생각해야 할 점은 당신이 맡고 있는 브랜드가 그 성격상 모든 사람들이 누리기에 적합한 것인가 하는 부분이다. 사람을 제치고 스마트폰 앱이나 광고를 먼저 생각하는 것은 수레를 말 앞에 다는 것처럼 주객이 전도된 경우다. 특히 소셜 미디어의 경우 미디어 플랜을 짜기 전에 당신의 브랜드에 소셜 DNA가 있는지 확인해야 한다.

카테고리 사용자들에게 어필할 수 있는 브랜드의 특징은 무엇인가? 소비자가 당신의 브랜드를 구매함으로써 얻을 수 있는 차별화되고 자극이 되는 특징은 무엇인가? 브랜드가 소비자에게 부여할 수 있는 공통된 집단 경험은 무엇인가? 중요한 것은, 마케터는 브랜드의 성공과 함께 소비자의 삶을 향상시키며, 소비자가 다른 소비자들과 뜻 깊은 유대관계를 맺을 수 있도록 도와야 한다는 점이다.

7단계의 법칙을 활용하라 7단계의 과정은 기업과 소비자 간의 마케팅 커뮤니케이션을 증진하기 위한 것일 뿐 아니라 마케터의 전략 개발 단계 이전에 도움을 주기 위한 것이다. 브랜드 전략을 개발하기 전에 종이 한 장에 7단계를 전부 적어보고, 각 단계를 성공적으로 해내기 위해 무엇을 해야 할지 써보라.

당신의 브랜드가 주목받으려면 어떤 관습이나 정해진 패턴을 깨뜨려야 할까? 소비자들이 당신의 브랜드를 구입하는 데 부담을 느끼지 않고 편안하게 만들려면 어떤 조치가 필요할까? 소비자들이 브랜드를 구입하고 사용하면서 얻을 수 있는 효과와 이득이 어떤 것이라고 생각하기를 바라는가? 관심을 얻기 위해 바꿔야만 할 핵심이 되는 감정과 느낌은 무엇일까? 브랜드 구입을 망설이는 소비자들의 마음을 바꿔놓을 논리적인 요점은 무엇일까? 당신의 브랜드를 생각하면 함께 떠오르는 연상 작용 중 바꾸거나 더 강화시켜야할 것은 무엇인가? 소비자가 당신의 브랜드가 어떻게 삶을 더 윤택하게 만들 수 있는지 이해할 수 있도록 정보를 주고받는 차원을 넘어 직접적으로 브랜드를 경험하게 하려면 어떻게 해야 할까? 이 7가지 질문을 전략 개발 과정의 뼈대로 삼으면 더 집중적이고 효과적이며, 실행에 옮기기 쉬운 전략을 세울 수 있을 것이다.

07 7단계 | 행동을 취하라

나는 무의식의 엄청난 위력에 대한 호기심 때문에 이 책을 쓰기 시작했다. 그런데 아이로니컬하게도 책을 쓰면서 내가 발견한 것은 의식 속에 내재된 진정한 힘이었다.

"생각을 바꾸다"라는 말 속에는 훨씬 더 깊은 뜻이 있다. 오늘날 과학은 인간에게는 생각을 바꿀 수 있는 힘뿐만 아니라 뇌를 바꿀 수 있는 능력이 있다고 말한다. 뇌의 가소성^{plasticity}이라는 유연한 적응능력 덕분에 의식적인 노력과 학습, 새로운 경험들을 통해 자기 스스로를 바꿀 수 있으며, 문자 그대로 새로운 현실을 만들어낼 수 있다는 것이다. 이와 비슷하게 이 책을 쓰는 과정이 나 자신을 바꿔놓았다. 항상 옆에 있었지만 알아차리지 못했던 것들을 발견하는 감수성을 키웠고, 전에는 상상하지 못했던 신선한 경험들을 할 수 있었다.

생각을 바꿀 때 어려운 것은 우리가 익숙하고 일상적이며 무의식적인 자동적인 방식에 의존하는 것이 훨씬 쉽고 자연스럽다는 점이다. 즉 어디로 가고 있는지 모르는 채 똑같은 일을 계속해서 반복하는 것이다. 인간의 본성은 우리로 하여금 현재 상황에 안주하도록 속임수를 쓴다. 그러나 한편으로 우리가 마음대로 만들 수 있는 생각의 조각들에 접근할 수 있는 특별한 선물을 주었다. 우리가 관심을 쏟기만 하면 실제로 모든 것을 바꿀 수 있다. 끊임없는 노력과 지속적인 집중을 통해, 또 원초적인 뇌의 중추로부터 사색과 자각이 가능한 진보된 뇌 회로로 생각을 바꿈으로써 우리는 생물학적인 관심을 억누르고 스스로 운명을 만들어가는 법을 배울 수 있다. 생물학적인 관심은 과거에는 생존에 큰 도움이 되었지만 더 이상 그렇지 않다.

흔히 승리하는 방법에는 두 가지 길이 있다고 한다. 첫째는 경쟁자들을 물리치는 것이고 두 번째는 자신이 세운 목표를 이루는 것이다. 만약 첫 번째 욕구에 휩싸여 있다면 당신은 유전자의 원초적인 본능에 휘둘리고 있는 것이다. 인류의 유전자는 과거의 환경에서 성공하도록 짜여져 있지만 현재의 세계에서는 그다지 적절하지 않다. 그러나 이런 충동에 좌우되는 것은 당신 혼자만은 아니다. 비즈니스 세계의 대부분은 여전히 공포와 공격성을 강조하는 파충류의 뇌에 의해 움직이고 있기 때문이다. 파충류의 뇌는 다른 사람들을 지배하려 드는 사고능력이 없는 뇌다. 우리가 깨닫지 못하는 것은, 이처럼 자기중심적인 원시적 본능에 의존하면 새로운 해결책을 찾을 수 있는 능력의 통로를 우리 스스로 막아버린다는 점이다.

마케팅과 브랜딩의 미래는 이렇게 경쟁적인 사고방식을 창조적인 태도로 전환할 수 있는 우리의 능력에 달려있다. 그런 의미에서 우리는 뇌 속 전두엽의 존재를 의식하며 지낼 필요가 있다. 전두엽은 다른 사람이 내 파이를 훔쳐갈까 두려워하는 것이 아니라 더 큰 파이를 만드는 방법을 상상하게 만든다. 이기적인 충동을 잠재움으로써 당신은 육체적인 본능과 자기 자신을 넘어 진화하는 동시에 모두에게 더 나은 결과를 가져다줄 방법을 찾을 수 있을 것이다.

마케터들을 잠 못 들게 하는 것 역시 경쟁적인 사고방식이다. 최근 마케터들은 놀랍도록 빠르게 성장하는 디지털 매체와 이것이 생존에 어떤 의미를 갖는지 고민에 빠져있다. 그러나 최첨단의 스마트폰 애플리케이션과 넘쳐나는 테크놀러지 등 마케팅 환경 자체에 대한 관심을 끊는 것도 한 방법이 될 수 있다. 대신 우리의 뇌가 마케팅 환경을 만들어 낼 수 있는 강력한 힘을 가지고 있다는 점을 자각할 필요가 있다. 현재의 문화적 환경에 관심을 빼앗기지 말고 그 누구도 상상하지 못했던 혁신적인 해답을 찾기 위해 집중해야 한다. 그러려면 인간의 행동을 이해하는 데 더 많은 관심을 기울여야 한다. 행동에 주목해 인간을 새로운 차원에서 이해하게 되면 훨씬 쉽게 더 만족스러운 결과를 얻을 수 있을 것이다.

이것은 초자연적이고 불가사의한 영성靈性에 심취한 뉴 에이지 운동이나 철학적·심리학적인 체 하는 무의미한 이야기가 아니다. 인간에 대한 이 같은 새로운 관점은 그동안 신경과학이 쌓아온 명백한 과학적 이해에 기반을 둔 것이다. 오늘날의 상황과 문제들에 대해 두려워하기보다 문제 너머를 볼 수 있는 용기와 창의력을 발휘해보자.